谷中信一編

出土資料と漢字文化圏

汲古書院

①上海博物館副館長濮茅左氏の案内で同館所藏の戰國楚竹書を實見する。

②同館所藏戰國楚竹書の一部

③湖南大學嶽麓書院所藏秦簡の保存処理を實見する。

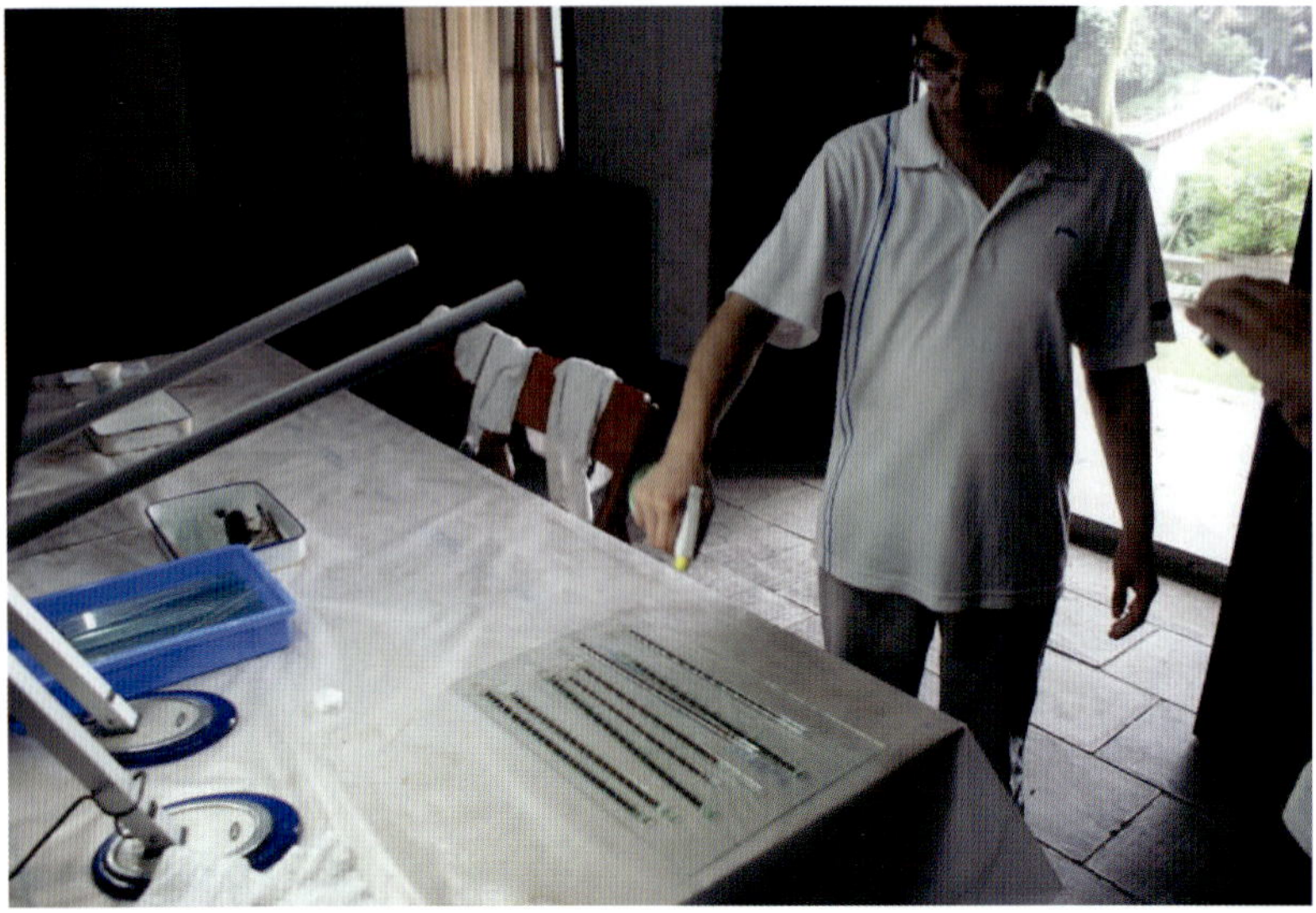

④保存処理中の同秦簡の一部

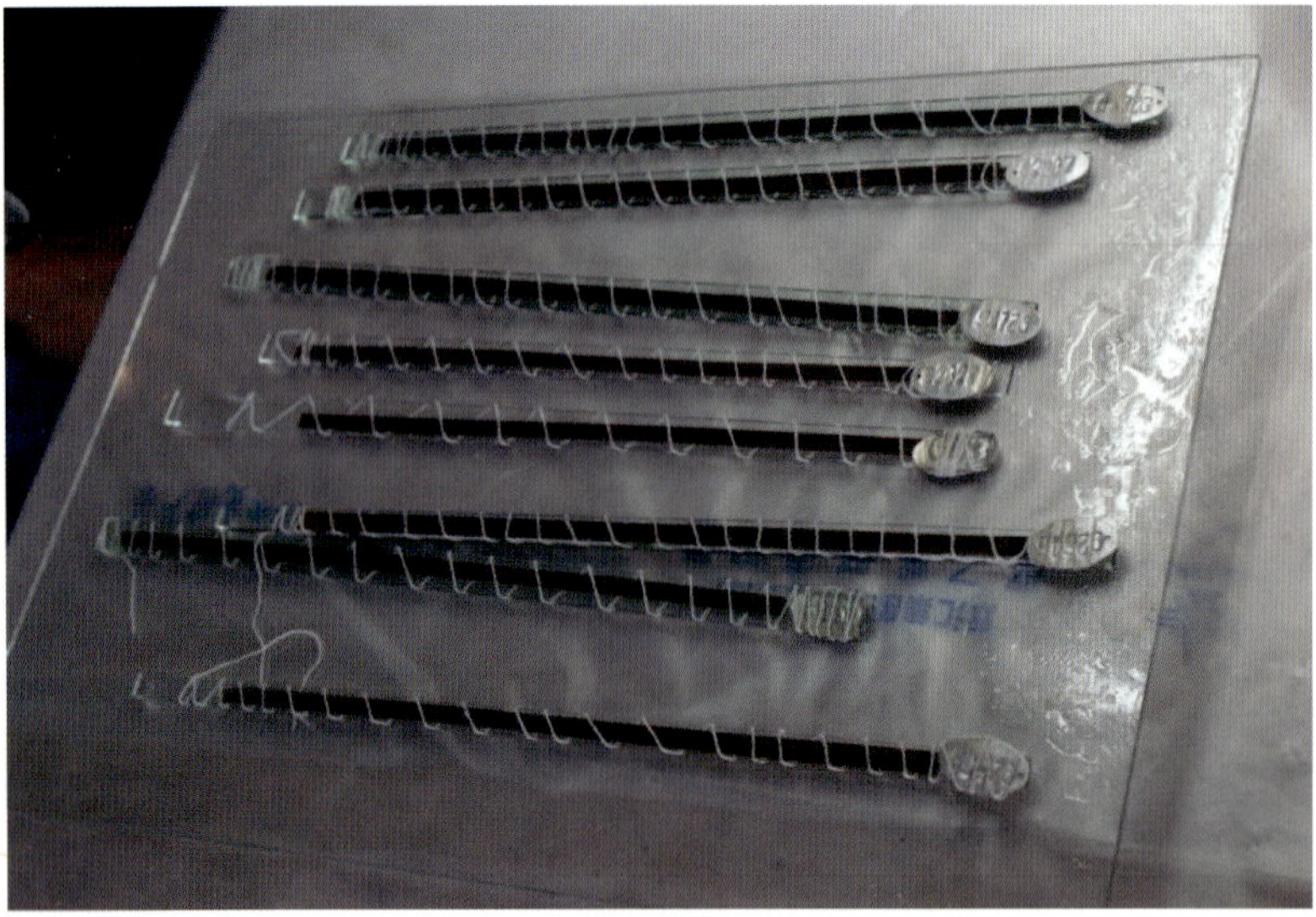

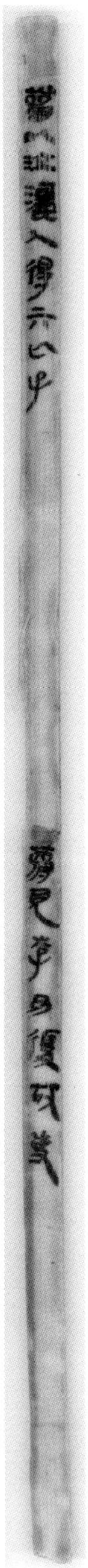

⑤同秦簡『占夢書』1508 號簡の赤外線畫像。赤外線スキャナによるために、極めて鮮明である。「夢以泣灑人得其亡子　夢見李爲復故吏」とあるのが讀み取れる。本簡は『文物』2009 年第 3 期に掲載の一部。陳松長教授の好意により本書にも掲載した。なお本圖版は、三菱財團第 38 回人文科學助成金『嶽麓書院秦簡の基礎的研究』の成果の一部である。

⑥長沙市簡牘博物館三国呉簡出土地點の原寸大復元模型

⑦清華大学所藏戰國竹簡（清華大學出土文獻研究與保護中心提供）

⑧北京大學所藏漢簡『老子』。「老子上經」・「老子下經」とあるのが見える。（北京大學中国古代史研究中心韓巍氏作成パワーポイントより轉載 ）

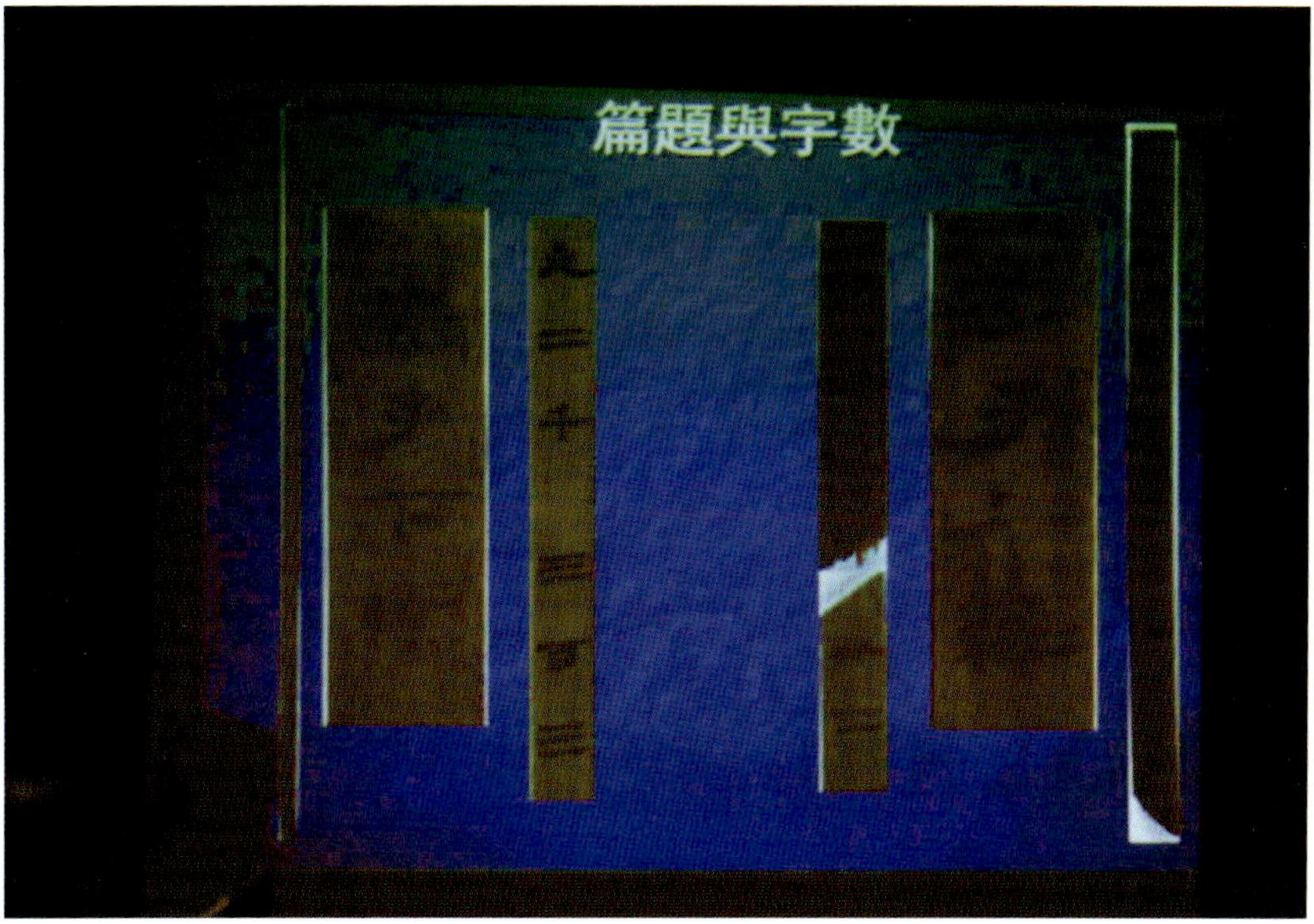

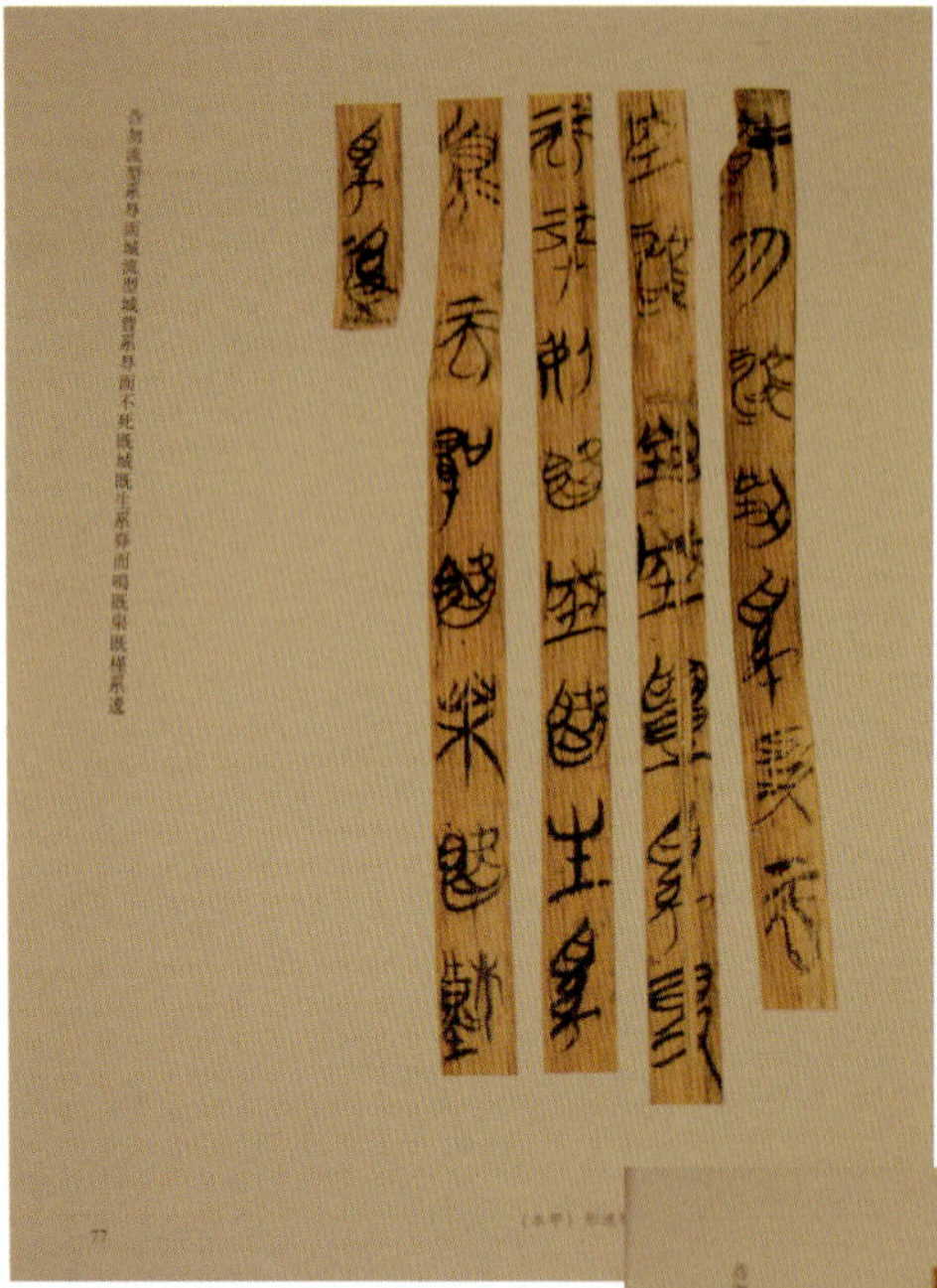

⑨『凡物流形』甲本第 1 號簡（上海古籍出版社刊『上海博物館藏戰國楚竹書（七）』より轉載）

⑩同乙本第 1 號簡（同前）

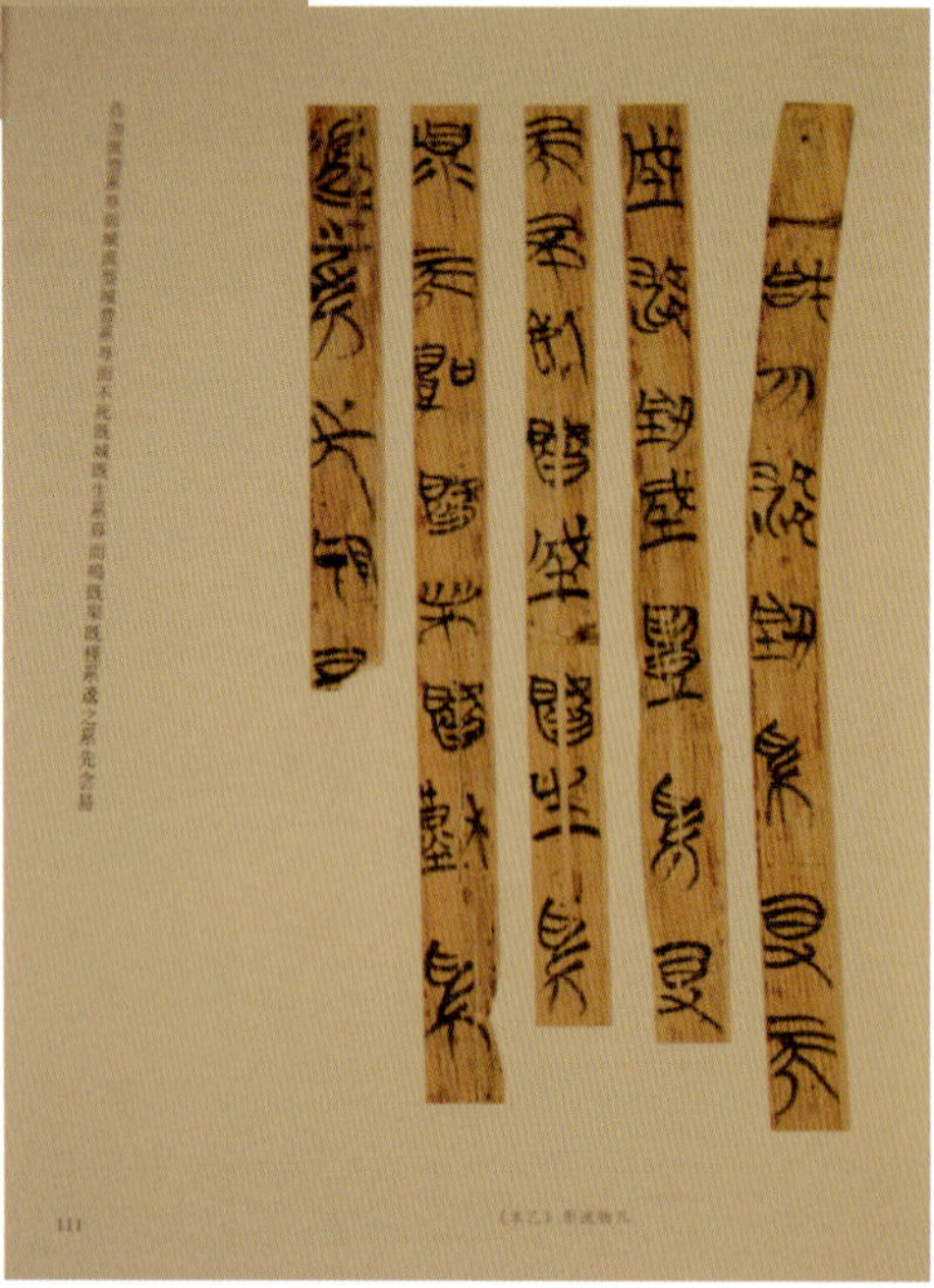

⑪湖北省荊州市郭店村出土の郭店１號墓

⑫湖北省荊門博物館所藏郭店楚簡の一部

⑬奈良時代の平城宮跡から出土したいわゆる「難波津」木簡（奈良文化財研究所提供）

左の寫眞は、その表面で

布由己

「佐久夜己乃波奈□□□」

と釋讀されている。

右の寫眞は、裏面で

「□請請解謹解申事解□奈尓波都尓」

と釋讀されている。

序文

谷中信一

本書は、平成一九年度から二一年度に亘る三年間の日本學術振興會科學研究費助成による基盤研究（b）「新出土資料を通してみた古代東アジア世界の諸相 ― 漢字文化圏の中の地域性 ―」（課題番號：20320009）の研究成果である。

われわれは、三年前に私、谷中を研究代表者として、六名により構成される研究會、「出土資料と漢字文化研究會」を發足させた。爾來、定例研究會を開催し、メンバーによる研究發表を行い、またシンポジウムを開催し、國內外の研究者と學術交流を進め、また上海博楚簡研究會と合同で、陸續と刊行される上博楚簡の釋讀を定期的に行ってきた。

シンポジウムとしては、初年度には臺灣から國立臺灣大學哲學系助教（當時）佐藤將之氏と國立中正大學歷史系副教授・郭景云氏を招いて、「新出土資料を通してみた古代東アジア世界の諸相」と題する小規模のシンポジウムを開催した。翌年には、國立成功大學教授沈寶春氏・玄奘大學教授季旭昇氏・東華大學教授許學仁氏・中興大學教授林清源氏、そして香港から香港恒生商學書院副教授（當時。現在、香港國醫藥大學副教授）袁國華氏、及び山東大學文史哲研究院專任講師西山尚志氏らを招き、「出土資料と地域性―漢字文化圏の時空と構造―」と題してシンポジウムを開催した。

主に、文字學からのアプローチを試みたものであった。三年目に入り、七月に北京大學教授王中江氏を、一〇月に清華大學教授曹峰氏を、一二月に上海復旦大學出土文獻與古文字研究中心教授劉釗氏、同教授施謝捷氏、同講師廣瀬薫雄氏を招いて、學術報告會を開催し、本年一月には、韓國ソウルから仁川廣域市都市開發公社文化財担當部長尹龍九氏、プラトンアカデミー研究員李承律氏、成均館大學東アジア研究學術院研究教授金慶浩氏、武漢大學歴史系教授張昌平氏、奈良文化財研究所研究員丹羽崇史氏を招いて「東アジア出土資料に關する今日的課題」と題するシンポジウムを開催した。

本論集は、そうしたこれまでのわれわれの研究活動の總決算であると同時に、この間にご協力頂いた内外の研究者の方々から届けられたその後の研究成果等をまとめて、ここに結實させたものである。

われわれの研究グループは、右に紹介した研究會の他にも、夏期休暇を利用して、出土資料に關する最新の情報収集を目的として中國大陸に出向き、現地の研究機關を訪問し、また研究者と活發な學術交流を進めてきた。

初年度には、復旦大學文物與博物館學系副教授呂靜氏の仲介を得て、上海博物館副館長の濮茅左氏を訪ね、當館が所藏するいわゆる「上海博物館藏戰國楚竹書」(「上博簡」と略称)の整理と釋讀を氏と共に担當した陳佩芬女史の案内も得て、『上博楚簡』を實見する機會に恵まれた。螢光燈から放射される紫外線が竹簡の保存にとり有害であるため、紫外線をカットした電燈の下でのみ辛うじて見ることが許され、一通り見終えた後は直ちに地下の保管庫に移されていくのであった。(口繪寫眞①②參照)

この後、われわれは湖南省長沙市の湖南大學嶽麓書院を訪ねた。舊知の陳松長教授から、整理と保存作業に着手したばかりの秦簡の實物を見ながら、この貴重な嶽麓秦簡についての詳細な説明を受けた。枚數の多さと、文字の鮮明さに

驚くばかりであった。（口繪寫眞③④⑤參照）

また同市に新築新装したばかりの長沙市簡牘博物館に所長の宋少華氏を訪ね、簡牘の發掘狀況と整理保存についての技術的な諸問題についての現況を聞くことができた。ここは、近年陸續と發見される簡牘についての研究機關であると共に、それらの研究成果を集中的かつ網羅的に展示している博物館として機能している。わが國でも、近年夥しい數量の木簡が發見されているが、今のところこうした博物館はないようである。中國大陸での竹簡を始めとする文字資料の發見が相次いでいることを物語る施設であると言えよう。長沙を訪れる機會があれば是非再訪したい施設である。いわゆる三國呉簡の竹簡が日系スーパーの工事現場から出土したときの狀況を原寸大で復元して展示している樣子は大變興味深かった。（口繪寫眞⑥）

同市の湖南省博物館に陳松長氏の紹介で、喻燕姣研究員を訪ね、馬王堆帛書の原寸大カラー寫眞を見せてもらうこともできた。現物を見るには事前の許可が必要とのことで、實見はかなわなかったが、寫眞とはいえこれも発掘地の長沙で見ることができたのは意義深いものがあった。特に、かつていわゆる黄帝四經のひとつ『十大經』は、『十六經』とすべきではないかとの論爭があったが、われわれは寫眞版によって確かにこれは「六」にも「大」にも讀めそうだとの印象を得た。もちろん印象などで學術上の問題を論じることは許されないが、こうした論爭の原點をわが目で確かめることができたことも、現地に足を運んだことの成果であろう。

翌年は、北京の清華大學に、清華大學教授曹峰氏の紹介を得て、李學勤教授が主任を勤める「出土文獻研究與保護中心」を訪ね、同大學所藏の戰國簡を實見する機會を得た。竹簡の保存のために大變嚴重に管理されており、われわれが實見することを許されたのは、僅か二個のステンレス製の水盤の中の水に沈められたままの竹簡であった。しかも、それらさえ見學者用に特別に配慮してあり、普段は抄寫面が光に當たらないように裏返して保管しているということであった。しかもこれら清華簡は、内容が儒教經典と密接な關係が窺えることから、清華大學百周年記念行事に組み入れて、研究成果を全世界に向けて大々的に刊行していく計畫があるとのことで、彼らの並々ならぬ意氣込みを肌で感じることができた訪問であった。見學後には、曹峰教授の通譯で、李學勤教授はじめ清華簡の整理研究に携わっている十名以上の研究者達と學術交流會を持つことができた。(口繪寫眞⑥參照)

續いて、中國での出土文物を研究する國家機關である中國文化遺產研究院(舊國家文物局)を訪問し、舊知の胡平生教授に加え、劉紹剛・楊小亮氏らと近年の出土資料を巡る最新情報についての意見交換を行った。

三年目の二〇一〇年には、北京大學教授王中江氏から、同大學に新たに發足した「北京大學出土文獻研究所」が主催する「北大『老子』文獻與思想」會議と名附けられた北大所藏漢簡を巡る研究會の招請を受けて出席し、北大漢簡『老子』等についての最新かつ具體的な情報を得ることができた。『老子』のテキストとしては、『馬王堆老子』・『郭店老子』に次ぐ重要な發見であり、今後の全文の公開が期待される。實は、北大簡については前年に僅かな情報は入手していたのであるが、實際に關係者から研究狀況を具に聞くことができたのは、このときが初めてであった。(口繪寫眞參照⑦)

これらの成果の一部は既に、『出土文獻と秦楚文化』第四號及び第五號に詳細な報告書として掲載しているので、それを參照して頂きたい。

さて、本書に收めてある論文一七篇は、いわゆる漢字文化圈で發見された青銅器も含む出土資料全般についての研究論文である。漢字文化圈とは言いながら、中國大陸での新出楚簡に關する論文に集中しているのは、現在の出土狀況を考えればやむを得ないことである。

このところの竹簡類の發見は息つく暇もないほど相次いでいる。ブラックマーケットを通じて香港の古物商に流れた物が再び、中國の大學もしくは篤志家によって買い戻されて、最終的に關係學術機關に引き取られるなどという、とても學術的とは言えない變則的な經緯を辿っていることは遺憾なことであるとはいえ、これも現狀ではやむを得ないことであろう。先に紹介した簡牘博物館館長宋少華氏が、「主動發掘」と「受動發掘」という言葉を使って、考古學者らによる發掘は、鉄道工事やビル工事に伴うもので「受動發掘」にならざるを得ないが、盗掘者たちは常にボーリングなどをしながら目星を附けたうえで行うので「主動發掘」と言わざるを得ず、これではどうしても考古研究者の方に分が惡いと言っていたのが思い起こされる。また、學術的に極めて貴重であることが理由で、古物商の手を通じて高値で研究機關に買い戻されることが續けば、研究機關等への賣り込みを狙った僞物が作られ、それが流通し始めるであろうという懸念もある。

こうしたこと一つ一つは、われわれが新出土資料を研究する上で決して好ましい研究環境であるとは言えないが、從來は傳世文獻によってのみ行われてきた研究に加えて新たな知見が期待できるために、そうしたリスクを承知しながらも、今後も引き續き積極的に研究を進めていかなければならない重要な分野である。

われわれ研究グループは、みなそれぞれ異なる研究分野を持ち、それぞれの研究テーマに沿って研究しているのであるが、その一方で全員が出土資料を扱うという共通點を持っている。このことの意義は大きい。なぜならば、出土資料を單眼ではなく複眼で、言い換えれば對象を立體的に見ることができることになるからである。從って、本論文集は單なる研究成果の寄せ集めとは違う。例えば、『凡物流形』に關する論考が四本あるが、これらは全く別々の視點から獨立して執筆されたのであり、始めから相互的連關を意圖していたわけではないのであるが、先秦思想史や同文化史、中國古文字學、書法史など、それぞれ專攻を異にする立場から議論が展開している。ここから『凡物流形』の思想的・文化的意義がそれを巡る當時の狀況と共に鮮明に浮かび上がってくるであろう。

また郭店楚墓の下葬年代をめぐって、思想史研究の立場と考古研究の立場からそれぞれ論が立てられており、兩者の言い分は全く相容れないのであるが、讀者はそうした白熱した論爭に思わず引き込まれてしまうであろう。（口繪寫眞⑧⑨參照）

本論文集に展開される一七編の論考を足場に新たな知見が掘り起こされ、そしてそこから更に活氣に滿ちた論爭が展開していくならば、編者としてこれ以上の喜びはない。

なお附言しておきたい。東アジア古代史を漢字文化圏という枠組みの中で捉えていこうとする限り、わが國の出土木簡についても十分注意を払う必要がある。そこで、本論文集では僅か一編ではあるが、日本の出土資料を用いた文学研究の成果を盛り込んだ。（口繪寫眞⑩參照）そのことは朝鮮半島における出土資料についても同様のことが言える。今回の論文集では收載することが叶わなかったが、われわれは、右に紹介したように、韓國から研究者を招聘して平壤出土の『論語』竹簡についてのシンポジウムを開催している。現狀では中國大陸出土の竹簡類が主な研究對象ではあるが、今後は、東アジア全域に視野を廣げて行くことが求められる。すなわち漢字文化圏の形成という古代的〝グローバリゼーション〟のもとで、それぞれの地域が長い時間的經過の中で形成してきた獨自の思想文化が、やがてどのような展開を見せていったのか、そのプロセスを検證することである。

東アジアの歴史はまことに悠久である。われわれは、今後の東アジアの行く末を視野に入れながら、傳世資料のように後世の手が加えられないまま、いわば冷凍保存されてきた出土資料という生々しいマテリアルを用いて、古代漢字文化圏の實體そのものを明らかにしていきたいと考えてきた。そうしてこうした研究は、日本のみならず各國・各分野の研究者と連携し協力しながらでなければ、いかに高い目的を掲げたとしてもそれに見合った成果を期し難いことは、われわれのこの三年間の研究を通じて痛感できたことである。

目　次

口繪：①②上海博物館藏戰國楚竹書　③④湖南大學嶽麓書院藏秦簡　⑤長沙市簡牘博物館原寸大復元展示　⑥⑦清華大學藏戰國簡　⑧北京大學藏漢簡　⑨⑩上博楚簡(七)『凡物流形』甲本第1號簡・乙本同　⑪⑫郭店楚墓出土地點・荊門博物館藏郭店楚簡　⑬奈良文化財研究所藏木簡

（縦書き）

出土資料と漢字文化圏

上博楚簡『平王問鄭壽』の歴史的背景について（1）

大西 克也

『平王問鄭壽』が『上海博物館藏戰國楚竹書（六）』（上海古籍出版社、二〇〇七年一二月）において公表されてから三年になろうとしている。この間本篇について書かれた論著は多いが、この故事が如何なる歴史的背景を持つのかに言及したものは、管見の限り數篇に過ぎない。私は、平王十年（前五一九年）から平王十一年（前五一八年）にかけての呉との戰爭が本篇の背景となっており、それを前提として讀み込むことで本篇が語ろうとした真意も明らかになると考える。その根據を以下に書き記し、諸賢のご批判を請いたい。

まず、『平王問鄭壽』の全文と訓讀、日本語譯を記す。別途譯注稿を準備しているので、解釋の根據はそれに讓り、ここでは一切の注釋を省略する。なお竹簡の編聯は沈培（2007）に従い、『平王與王子木』一號簡を『平王問鄭壽』6號簡に接續させ、『平王問鄭壽』七號簡を『平王問鄭壽』から除外した。

【原文】

競（景）坪（平）王𩫏（就）奠（鄭）壽，𧦝（訊）之於𡱝（宗）庿（廟）曰：「𥜿（禍）敗因童（重）於楚邦，懼𥛚

（鬼）神以取〈爲〉妄（怒），囟（使）先王亡所逯（歸）。虐（吾）可（何）改而可?」奠（鄭）壽怠（辭），不敔（敢）倉（答）。王怘（固）訔（訊）之。倉（答）：「女（如）毀新都戚陵、臨昜（陽），殺左尹𧉈（宛）、少币（師）亡惎（忌）。」王曰：「不能。」奠（鄭）壽：「女（如）不能，君王與楚邦懼戁（難）。」奠（鄭）壽告又（有）疾，不叓（事）。盟（盟・明）歲（歲），王復見奠（鄭）壽。奠（鄭）壽出，居逄（路）以須王，與之語（語）。少=（少少）王芺（笑）曰：「歬（前）备（冬）言曰：『邦必芒（亡）』，我及含（今）可（何）若?」倉（答）曰：″臣取〈爲〉君王臣，介備（備）名，君王遷（遷）処（處），辱於孝（老）夫，君王所改多=（多多），君王保邦。」王芺（笑）：「女（如）我得㝃（娩・免），逡（後）之人可（何）若?″倉（答）曰：「臣弗智（知）■。

【訓讀】

景平王、鄭壽に就き、之に宗廟に訊いて曰く。「禍敗楚邦に因重す。鬼神以て怒りを爲し、先王をして歸する所亡からしむるを懼る。吾何を改むれば而して可ならん」と。鄭壽辭し、敢て答えず。王固く之に訊う。答う。「新都戚陵・臨陽を毀ち、左尹宛・少師亡忌を殺すが如くせよ」と。王曰く。「能わず」と。鄭壽、「如し能わざれば、君王と楚邦難を懼れん」と。鄭壽疾有るを告げて、事えず。

明くる歳、王復た鄭壽を見る。鄭壽出で、路に居りて以て王を須ち、之と語る。少々して王笑いて曰く。「前冬に言いて曰く。『邦必ず亡びん』と。我今に及ぶまで何若」と。答えて曰く。「臣、君王が臣と爲りて、介り名に備う。君王處を遷し、老夫に辱くす。君王の改むる所多多あり。君王邦を保たん」と。王笑う。「如し我免るるを得ば、後の人は何若」と。答えて曰く。「臣知らず」と。

【現代語譯】

景平王が鄭壽の家を訪れた時のこと、宗廟に（連れ出して）彼に問いただして言った。「禍が楚の國に相次いでおる。鬼神がお怒りになり、先王の帰る場所（宗廟）が無くなってしまうのではないかと心配しておる。私は何を改めたら良いのだろうか。」鄭壽は辭退して、敢て答えようとはしなかった。王は是非にと問いただした。（鄭壽は）答えた。「新しく造營した戚陵・臨陽の二つの都城を壞し、左尹郤宛と少師費無忌を殺すような方策をお取りください。」王は、「それはできぬ」と言った。鄭壽は、「もしおできにならなければ、王様と楚國には災厄の恐れがあります」と言った。そして鄭壽は病気を理由に出仕しなくなった。

翌年、平王は再び鄭壽に會いに行った。鄭壽は外に出迎え、路で王を待ちうけ、語りあった。しばらくして王は笑って言った。「前の年の冬、お前は『楚の國は必ず滅びるだろう』と言ったが、今日まで自分たちはどうだ。」鄭壽は答えて言った。「私は王様の臣として、ただ名前を連ねるばかりでございますが、王様は駕を枉げて、老いぼれのところにお出ましくださいました。王様がお改めになったことは多々あります。王様は國を保持なさることでしょう。」王は笑って言った。「もし私が災厄を免れることができるとすれば、後の人はどうだろうか？」鄭壽は答えた。「存じません。」

短編であるが、以下にその要點を示す。

本編は楚の平王と臣下の鄭壽の問答を記録したもので、当時禍が楚の國に相次いだため、平王は自分に不徳があるのではないかと思い、鄭壽にその改善方法を尋ねた。鄭壽はそれに對し、①新しく造營した都城である戚陵と臨陽とを廢止すること、②左尹郤宛と少師費亡忌を誅殺することを建議し、もし平王がそれに従うことができなければ、平王と楚國が災難に見舞われると警告する。しかし平王は聞き入れず、鄭壽は病と稱して出仕しなくなる。

翌年、平王は再び鄭壽に會いに行く。その時楚國と平王はともに無事であり、平王は鄭壽に前年の予言はどうなったのかと問いただす。鄭壽は、平王は既に多くの點を改善したので國を保つことができると答え、後世はどうかとの問いには、分かりませんと答えたのである。

さて、この故事に反映されている歴史的背景とはどのようなものか、私が知る限りでは二つの説がある。第一は、平王後期を考える何有祖（2007）の説で、その根據として、平王の奢侈と左尹郤宛や少師費亡忌の危害が擧げられている。第二は、平王即位間もない頃を想定する周鳳五（2007:63）の説で、平王が簒奪して即位した当時、政爭に加わった貴族たちにはそれぞれ目論見があったため、平王は觀從（鄭壽）[2]と盟を結んで政局を安定させようとしたのだと言う。湯淺邦弘（2008:148–149）も靈王期から平王期にかけての混亂した事態を受けていると考えている。

結論から述べると、平王後期を想定する何有祖氏の説が正しいが、その年代はさらに特定が可能であるし、また平王の奢侈とも無關係である。そのことを中心に議論を進めたい。

平王は靈王と兄たちを弑殺して即位したため、当初國内の政情が混亂していたことは、周氏や湯淺氏の指摘される通りで、疑問の餘地はない。しかし『史記』楚世家に「平王以詐弑兩王而自立，恐國人及諸侯叛之，乃施惠百姓。復陳蔡之地而立其後如故，歸鄭之侵地，存恤國中，修政教」とあり、『左傳』昭公十三年に「平王封陳、蔡，復遷邑，致群賂，施舍寬民，宥罪擧職」とあることから分かるように、混亂していたがゆえに、平王は努めて國の内外の安定を圖ったのである。さらに『左傳』昭公十三年に「呉滅州來，令尹子旗請伐呉。王弗許，曰:『吾未撫民人，未事鬼神，未修守備，未定國家，而用民力，敗不可悔。州來在呉，猶在楚也。子姑待之。』」とあり、また昭公十四年に「好於邊疆，息民五年，而後用師，禮也」とあって、平王はその初期には極力戰爭を回避し、國力を充實させようと努めたのである。したがって即位当初の混亂を除けば、平王治世の前半は比較的平穏であったということができる。しかも靈王末期から平王初期にかけての混亂が平王の簒奪によることは明白で、そもそも他人に意見を求めるまでもない。また平王の問いに對する鄭壽の回答内容も、平王後期の土木工事の亂發を批判したもので、明らかに平王初期の状況と異なっている。平王初期に、湯淺氏（2008:151）が言うような奢侈で無計畫な都市建設が行われたとは考えにくい。

それに對し、平王治世の後半には戰爭が多く、しかも楚は相次いで呉に敗れた。『左傳』と『史記』から、平王時代の呉との戰爭の記事を以下に擧げる。

平王四年（前五二五年）

呉伐楚，……大敗呉師，獲其乘舟餘皇。……楚人從而殺之。楚師亂，呉人大敗之，取餘皇以歸。（『左傳』昭公十七年）

平王十年（前五一九年）

呉人伐州來，楚薳越帥師，及諸侯之師，奔命救州來。呉人禦諸鍾離，子瑕卒，楚師熸。……戊辰晦，戰于雞父。……楚師大奔。（『左傳』昭公二十三年）

楚太子建之母在郹，召呉人而啟之。冬十月甲申，呉太子諸樊入郹，取楚夫人與其寶器以歸。……楚囊瓦爲令尹，城郢。（同上）

十年，楚太子建母在居巢，開呉。呉使公子光伐楚，遂敗陳、蔡，取太子建母而去。楚恐，城郢。……楚王聞之怒，發國兵滅卑梁。呉王聞之大怒，亦發兵，使公子光因建母家攻楚，遂滅鍾離、居巢。楚乃恐而城郢。（『史記』楚世家）

平王十一年（前五一八年）

冬，吳滅巢。（『左傳』昭公二十四年・經文）

楚子爲舟師以略吳疆。……吳人踵楚，而邊人不備，遂滅巢及鍾離而還。（『左傳』昭公二十四年）

とりわけ平王十年、十一年の二年間は、楚は吳に連戰連敗という有樣で、この狀況は本篇に言う「禍敗因重於楚邦」と非常によく似ている。ここから平王と鄭壽との對話は、この時代と離れていないことが予測される。

それに引き換え、平王十二年は戰爭がなく、比較的平和な時代であった。本篇の「明歲，王見鄭壽。鄭壽出，居路以須王，與之語。少少王笑曰：『前冬言曰：邦必亡，我及今何若？』」という記事から分かるように、鄭壽が王に警告した翌年は、平王も楚國も無事であり、やはり比較的平和な時代であった。私は、ここから本編の故事は平王十一年と十二年を背景としており、平王が宗廟において鄭壽に尋ねたのは平王十一年（前五一八年）の冬、平王が再び鄭壽に會いに行ったのは平王十二年（前五一七年）であると推測する。

さらに本篇において鄭壽は、新都戚陵と臨陽の廢止を提言している。平王の治世期には築城が非常に多い。『左傳』の記事から下に引用する。

平王六年（前五二三年）

十九年，春，楚工尹赤遷陰于下陰，令尹子瑕城郟。（『左傳』昭公十九年）

楚子爲舟師以伐濮。費無極言於楚子曰：「晉之伯也，邇於諸夏；而楚辟陋，故弗能與爭。若大城城父，而寘太子焉，以通北方，王收南方，是得天下也。」王說，從之。故太子建居于城父。（同上）

楚人城州來。（同上）

平王十年（前五一九年）

楚囊瓦爲令尹，城郢。（『左傳』昭公二十三年）

平王十二年（前五一七年）

楚子使薳射城州屈，復茄人焉；城丘皇，遷訾人焉。使熊相禖郭巢，季然郭卷。（『左傳』昭公二十五年）

本篇に言う「戚陵、臨陽」は史書に見えず、記録から失われたのであろう。しかし望山一號墓楚簡1–116に「戚陵君」の名が見える。(3)「戚」字はに作っており、湖北省文物考古研究所・北京大學中文系（1995：101）が、包山楚簡に頻見する地名「戚郢」の「戚」に同定している。望山一號墓の墓主は楚の王族悼固であり、出自は楚悼王である。平王によって營まれた戚陵は後に悼氏一族の封邑になったようである。

この戚陵は、本來楚の伍參の封邑であった椒ではないかと考えられる。何浩(1991：67–68)は戚陵の地望が『左傳』莊公十九年杜注に見える「湫城」、即ち『水經注』の「秋城」（現在の湖北省鐘祥県西北の漢水西岸）(4)であることを考證する過程において、『通志』氏族略四に「伍參食采於湫，故其子孫以湫爲氏」(5)とあること、伍參の子の伍擧や孫の伍鳴が『左傳』では「椒擧」「椒鳴」に作るいっぽうで、『國語』では「湫擧」「湫鳴」に作ることを指摘している。また『國語』楚語上に「靈王爲章華之臺，與伍擧升焉，曰：臺美夫。」とあり、韋昭注に「伍擧，椒擧也。椒，邑也」と言う。「戚」「椒」「湫」の上古音は、それぞれ清母覺部(*Sthiwk)、精母幽部(*tsjiw)、精母幽部(**tsjiw)で接近している。(6)本篇の戚陵が椒や湫と關係があるとすれば、平王七年に伍胥が呉に出奔した後、平王によって楚の都城としての造營が行われたことになる。

臨陽の地名は包山楚簡三三號簡等にも見えるが、(7)具體的な地望については有力な説はなく、呉良寶（2010：257–258）が言うように「待考」とする他はない。但し包山楚簡53號簡には「九月辛亥之日，臨昜之宧司馬李力可受几旨（幾）。戊午之日，不量廡下之貣（貸），阩門又（有）敗。」とあって、郢と臨陽との距離が、辛亥から戊午の間の七日以内で往復可能であったことから、郢からさほど離れていなかったことが分かる。いずれにしてもこれら二つの都城は郢の近郊にあり、呉の圧力から都を防御する目的で築かれたものに相違ない。

平王の都城造營には、楚の國内にも批判的な意見があった。左に引用する。

平王六年

楚人城州來，沈尹戌曰：「楚人必敗。昔呉滅州來，子旗請伐之。王曰：『吾未撫吾民。』今亦如之，而城州來以挑呉，能無敗乎？」侍者曰：「王施舍不倦，息民五年，可謂撫之矣。」戌曰：「吾聞撫民者，節用於內，而樹德於外，民樂其性，而無寇讎。今宮室無量，民人日駭，勞罷死轉，忘寢與食，非撫之也。」（『左傳』昭公十九年）

平王十年

楚囊瓦爲令尹，城郢。沈尹戌曰：「子常必亡郢。苟不能衛，城無益也。古者，天子守在四夷；天子卑，守在諸侯。諸侯守在四鄰；諸侯卑，守在四竟。愼其四竟，結其四援，民狎其野，三務成功。民無內憂，而又無外懼，國焉用城？今呉是懼，而城於郢，守已小矣。卑之不獲，能無亡乎？昔梁伯溝其公宮而民潰，民棄其上，不亡，何待？夫正其疆埸，修其土田，險其走集，親其民人，明其伍候，信其鄰國，愼其官守，守其交禮，不僭不貪，不懦不耆，完其守備，以待不虞，又何畏矣？《詩》曰：『無念爾祖，聿修厥德。』無亦監乎若敖、蚡冒至于武、文，土不過同，愼其四竟，猶不城郢。今土數圻，而郢是城，不亦難乎？」（『左傳』昭公二十三年）

この二つの築城批判は、ともに沈尹戌の意見である。平王六年に築城した州來（現在の安徽省鳳台県）は呉楚の爭奪の地で、平王元年に呉に滅ぼされた時は、民衆の慰撫や國家の安寧が不十分であることを理由に、平王は奪還のための戰爭を許可しなかった。それから五年が經過した平王六年の時點では、「侍者」が述べるような民は十分に休まったとの意見もあった。しかし沈尹戌は、宮殿の造營が際限なく行われ、人民は驚き懼れ、疲れ果てて生き倒れになるものもあり、寢食もままならぬ有様で、築城は呉への挑發行爲で楚の敗北を招くと批判している。即位後五年も經つと、次第に奢侈の風潮が出てきたのであろう。沈尹戌のこの批判は、平王十年に呉が州來に攻め込んで現實のものとなる。

それと同年の郢の築城（補強工事）は、呉への防備を固めるためであったが、これに對しても沈尹戌は批判を加える。諸侯は四方の防御を固め、隣國と友好を結び、内政を安定させるべきであるのに、首都の守りを補強するようでは滅亡を免れないと言うのである。この予言も周知の通り昭王十年の郢都陷落となって實現する。『左傳』に記載されている沈尹戌の批判や予言は、本篇に描かれた鄭壽と非常に近い。

沈尹戌は、平王十一年に楚が水軍を出して呉の辺境を侵略した時にも、やはり人民の疲れを擧げて邑を失うであろうと予言している。果たして巣と鍾離を失うと、「亡郢之始，於此在矣。王壹動而亡二姓之帥，幾如是而不及郢？《詩》曰：『誰生厲階？至今爲梗』，其王之謂乎！」（郢を失うのはここから始まるであろう。王は一たび戰を仕掛けて二つの邑の長官を失った。こんなことを繰り返してどうして郢に及ばないことがあろうか。『詩』に『いったい誰が禍根を生じて今の災難に至ったのか』とあるが、王のことではないか、『左傳』昭公二十四年）と激しく平王を非難しているのである。

沈尹戌が楚の艱難を予言したのは、時あたかも平王十一年のことで、右に推測した通り鄭壽の予言と同年であった。平王十二年は無事に過ぎ、翌十三年に王は亡くなる。そして昭王元年、郤宛の難が發生するのである。沈尹戌は令尹子常に對して、「夫無極，楚之讒人也，民莫不知。去朝呉，出蔡侯朱，喪太子建，殺連尹奢，屏王之耳目，使不聰明。不然，平王之溫惠共儉，有過成、莊，無不及焉。所以不獲諸侯，邇無極也」（無極が楚の讒人であることは、知らぬ者はありません。蔡の朝呉が出奔し、蔡侯朱が追い出され、太子建が亡命し、連尹伍奢が殺されたのも全て無極のせいです。

王の耳目を覆って、聞く耳も見る目もなくしてしまったのです。そうでなければ平王の溫惠共儉は、成王、莊王をもしのぐものであったことでしょう。諸侯の支持が得られないのは、無極を近づけたためです、『左傳』昭公二十八年）と述べて、費無極を誅殺するよう勧めている。これも鄭壽の主張である。ただ沈尹戌は郤宛を殺せとは言っておらず、この點は鄭壽とは異なる。

以上述べてきたように、平王後期の情勢と沈尹戌の予言や主張を重ね合わせて讀み込むことにより、鄭壽の言説がより現實性を帯びて浮かび上がるのである。ただ、鄭壽が沈尹戌その人であると考える明らかな證據はなく、その父親世代にあたる沈尹壽ではないかとも考えてはみたが、殘念ながらやはり根據に乏しい。(8)

鄭壽は平王に對し、戚陵と臨陽を壞すよう提言した。しかし平王はそれを拒絶したばかりか、上に示したように更なる築城を重ねた。にもかかわらず鄭壽が「君王保邦」と予言を改めたのは如何なる譯があるのか、解釋が必要であろう。(9)

私は、鄭壽のこの「前言撤回」にこそ本篇の妙味があると考える。前年の予言にも關わらず、今に至るまでぴんぴんしているではないかと自慢する平王に對し、王樣は多くの改善をされたので國を保つことができましょうと、前言を飜したのがこの句である。王は鄭壽の進言を拒絶したにも關わらず、なぜ鄭壽はこのような評價をしたのだろうか。これが本篇を理解する上での最大のポイントであると思う。湯淺邦弘（2008：154）は、「本句は自らを改めていない平王への皮肉の言であった可能性が高い」と指摘している。湯淺氏が言うように確かに皮肉には違いない。しかし私は、それ以上に深刻な意味が隠されていると考える。既に述べたように、この物語は、平王十年から十一年にかけて呉の侵攻にさらされた楚の國難を背景としている。本會話が交わされたのは平王十二年のことである。祖國の歴史を熟知している本篇の讀者にとって、この會話の後、平王が國を保ったまま亡くなるまでの時間はわずか一年にすぎなかったこと、そして昭王十年の郢都陥落と、平王の墓が暴かれ、屍體が伍子胥によって鞭打たれたことは常識であったに違いない。鄭壽の二つの予言は、實は全く矛盾していないのである。反省のない平王に對し、もはや鄭壽は正面から諫言しようとはしなかった。わずかばかりの改善を「多多」と言い、殘るわずかの在世期間、國を保てることを予言したのみであった。鄭壽の答えを聞いた平王は、得意満面で「もし私が災厄を免れることができるとすれば、後の人はどうだろうか？」と尋ねる。それに對する鄭壽の答えは「存じません」という一言であった。もちろん本当に知らなかった譯ではない。亡國の予言を憚ったに過ぎない。

以上讀み解いてきたように、本篇が、臣下の諫言に耳を貸さずに滅亡への「厲階」を生ぜしめた平王を題材とした教訓であることは明らかであろう。上博楚簡の整理に携わった李零（2004:273-274）は、これを「語」の一種と見ている。「語」というのは、『國語』楚語上に、楚の太夫申叔時が列擧した太子の教育に必要な九種の文體の一つで、「教之語，使明其德，而知先王之務用明德於民也」とあり、韋昭は「語，治國之善語」と注をつけている。しかし本篇が「治國の善語」であるとは到底考えられない。では本篇はいかなる性質の故事と考えられるだろうか。「語」と同時に掲げられた「故志」というものがある。『國語』本文には「教之故志，使知廢興者而戒懼焉」とあり、韋昭注に「故志、謂所記前世成敗之書」とある。本編はまさに興廢を知らせて懼れ戒める目的で書かれた前世の成敗を記した短編であり、「故志」の實例の一つと見るべきであろう。

注

(1) 本稿は、二〇〇九年一二月一一日に台湾・玄奘大學で開催された二〇〇九年華語言與華文化教育國際シンポジウムで發表した「上博六《平王》兩篇故事中的幾個問題」の第二章を日本語で書き改めたものである。上記論文の修正版は、二〇一〇年四月二一日に復旦大學古文字與古文獻研究中心のウェブサイトに掲載された。

(2) 周鳳五氏が鄭壽を『左傳』に見える觀從に比定するのは、原注釋者の陳佩芬（2007:255）の説に従ったものである。この説が成り立ち難いことは、別稿の譯注で言及する予定である。

(3) 呉良寶（2010:115–116）にも指摘されている。

(4) 椒の地望について、鄭威（2009:97–98）は『水經注』淮水に見える焦陵陂であり、現在の淮河北岸の阜陽から鳳台附近であるという異説を唱えている。鄭氏は「椒」と「焦」とが同音であるという楊守敬・熊會貞『水經注疏』の説を引いているが、上古音は「椒」が精母幽部、「焦」が精母宵部でやや異なっている。

(5) 『通志二十略』氏族略（一三四頁、中華書局點、一九九五年）は、「伍氏以其祖伍參食邑於椒，故其後爲椒氏」に作る。

(6) 本稿の上古音はBaxter（1992）の體系による。前に「*」を附したものはBaxter氏自身の再構音、「**」を附したものは筆者がBaxter氏の體系に従って再構した音であることを表す。

(7) 凡國棟（2007）が指摘している。

(8) 『左傳』襄公二十四年に見える。沈尹が戌の氏であることは、田子方（2008）を参照されたい。

(9) 二〇〇九年華語言與華文化教育國際シンポジウムにおいて、私のコメンテーターを担当された沈寶春教授が提起された問題であることを附言する。

参考文獻

〔中國語〕（拼音順）

陳佩芬2007：平王問鄭壽、馬承源主編『上海博物館藏戰國楚竹書（六）』、上海古籍出版社。
大西克也2010：上博六《平王》兩篇故事中的幾個問題、復旦大學出土文獻與古文字研究中心網站論文、二〇一〇年四月二一日。
http://www.gwz.fudan.edu.cn/SrcShow.asp?Src_ID=1133
凡國棟2007：《上博六》楚平王逸篇初讀、武漢大學簡帛網論文、二〇〇七年七月九日。
何浩1991：楚國封君封邑地望續考、『江漢考古』一九九一年第4期。
何有祖2007：讀《上博六》札記、武漢大學簡帛網論文、二〇〇七年七月九日。
湖北省文物考古研究所・北京大學中文系1995：『望山楚簡』、中華書局。
李零2004：『簡帛古書與學術源流』、生活・讀書・新知三聯書店。
沈培2007：《上博（六）》中《平王問鄭壽》和《平王與王子木》應是連續抄寫的兩篇、武漢大學簡帛網論文、二〇〇七年七月一二日。
http://www.bsm.org.cn/show_article.php?id=611
田成方2008：從新出文字材料論楚沈尹氏之族屬源流、『江漢考古』二〇〇八年第2期。
吳良寶2010：『戰國楚簡地名輯證』、武漢大學出版社。
鄭威2009：西周至春秋時期楚國的采邑制與地方政治體制、『江漢考古』二〇〇九年第3期。
周鳳五2007：上博六〈莊王既成〉、〈申公臣靈王〉、〈平王問鄭壽〉、〈平王與王子木〉新訂釋文註解語譯、『傳統中國研究集刊』第3輯，上海人民出版社。

〔日本語〕

湯淺邦弘2008：上博楚簡『平王問鄭壽』における諫言と予言、淺野裕一編『竹簡が語る古代中國思想（二）』、汲古書院。

〔英語〕

Baxter, William H. 1992: *A Handbook of Old Chinese Phonology*, Mouton De Gruyter.

上海博楚簡『鄭子家喪』の史料的性格
―小倉芳彦の學說と關連づけて―

小寺　敦

序

上海博楚簡『鄭子家喪』は竹簡七簡からなる小篇であり、ほぼ同文の甲本・乙本が存在する。(1) 標題の『鄭子家喪』は本篇冒頭の四文字をとったものである。(2) 上海博楚簡の文獻の多くについて、初期に発表された釋文の編聯は信頼できない。だが『鄭子家喪』は幸いなことに甲本・乙本ほぼ同文であり、かつそれぞれの竹簡の長さと竹簡一本あたりの字數が異なっていて互いに對照させることができる。そのため、この種の竹簡本には珍しいことに、編聯の問題は皆無である。『鄭子家喪』の内容は、鄭の子家の死後、その葬儀をめぐり、春秋五覇の一人ともされる楚の莊王が鄭國を攻撃し、それに對して晉國が救援のために出兵したが、楚國も出兵してこれを擊破した、というものである。關連のありそうな記事が『左傳』・『史記』などにみられ、また鬼神への言及があるところから、『墨子』との關係が既に本篇報告の初期段階で議論されている。[3]『鄭子家喪』には傳世文獻にみられない記事が含まれており、そういう意味でも非常に興味深い史料である。

筆者は機會を得て上海博楚簡『鄭子家喪』の譯注を作成し、それに附論としてその史料的性格に關する若干の見解をつけ加えた。[4]この附論はあくまでも譯注作成の際の見通しに過ぎず、より詳細な檢討・檢證が課題として殘されている。就中、本篇の史料的性格が問題であるが、これは内容の墨家的性格が指摘されているものの、異論もあって決着がついたとはいい難い。つまり、内容を思想的に分析するだけでは、議論可能な事柄に限界があるのである。こういう場合、テキストを構造的に分析する方法論が有効ではないかと考えられる。

そこで想起されるのが小倉芳彦の研究成果である。小倉は今から五〇年近く前に傳世文獻をその内容によって分類し、分析する方法論を考案している。[5]本稿ではこの方法論を出土文獻である『鄭子家喪』に適用して考察を進め、あわせて小倉の方法論それ自身の妥當性についても檢證することとしたい。

一、上海博楚簡『鄭子家喪』の記事内容について

上海博楚簡『鄭子家喪』は甲・乙の二種類の版本からなっている。甲本・乙本はいずれもほぼ同文だが、竹簡の長さや字體が異なる。この二種類の版本について、既に圖版本で陳佩芬により、[6]明らかに書體が異なり、同一人の筆寫ではないとの指摘がなされている。[7]李松儒は兩者の文字を比較し、その影響關係を推定した上で、甲本は乙本をもとにして書かれており、乙本は別の底本をもとに筆寫されているとする。[8]羅運環は上海博楚簡の字體の分類を行い、甲本を「上博鄭子家喪甲體」と呼び、乙本を『君人者何必安哉』甲・乙本・『愼子曰恭儉』と共に「上博君人者體」と呼んでそれ

ぞれを小グループとし、更に兩小グループを七つの大グループの一つである「上博柬大王體」に屬する字體とする。[9]甲乙兩本の簡長を漢尺で考えると、甲本はおよそ一尺四寸、乙本はおよそ二尺である。一般に簡長の長い方が書籍としての格が上になる。その上、甲本には書き損じとしか思えない文字が含まれている。從って、乙本の方が甲本より先に書かれており、乙本は甲本をもとにして書かれたものであるといえる。だから本稿では、原則として乙本をもとに議論し、必要に應じて甲本を參照することにする。[10]

さて、既に述べたように、『鄭子家喪』の標題は冒頭の四文字からとられたものであるに過ぎない。その內容は、標題からイメージされるものとは異なり、楚の莊王を主人公とする說話である。鄭の子家（公子歸生）は、說話の內容に大きな影響を與える存在ではあるが、あくまでも脇役でしかない。その話の筋を箇條書きにすると、次のように本篇を八部分に分割することができる。

①楚に對する鄭の子家の死亡通告。
②楚の莊王、大夫達に對し、鄭に介入することを表明。
③楚、鄭に侵攻、三ヶ月間包圍。
④楚の莊王、鄭に對し、その侵攻理由を說明。
⑤鄭、子家の遺體を處理。
⑥晉、鄭を救援するために出兵。
⑦楚の莊王、鄭より撤兵しようとするも、楚の大夫達、撤兵しないよう說得。
⑧楚・晉、兩棠で戰い、楚が勝利。

本篇の篇名のもとである、鄭の子家に關する説話は、傳世文獻では『左傳』・『史記』に詳しくみられる。『左傳』宣公四年に、

夏、六月乙酉、鄭公子歸生弑其君夷。

楚人獻黿於鄭靈公。公子宋與子家將見。子公之食指動、以示子家曰、他日我如此、必嘗異味。及入、宰夫將解黿、相視而笑。公問之、子家以告。及食大夫黿、召子公而弗與也。子公怒、染指於鼎、嘗之而出。公怒、欲殺子公。子公與子家謀先。子家曰、畜老猶憚殺之、而況君乎。反譖子家。子家懼而從之。夏、弑靈公。書曰、鄭公子歸生弑其君夷。權不足也。君子曰、仁而不武、以無能達也。凡弑君、稱君、君無道也。稱臣、臣之罪也。鄭人立子良。辭曰、以賢則去疾不足。以順則公子堅長。乃立襄公。襄公將去穆氏而舍子良。子良不可曰、穆氏宜存、則固願也。若將亡之、則亦皆亡、去疾何爲。乃舍之、皆爲大夫。

夏、六月乙酉、鄭の公子歸生、其の君夷を弑す。

楚人、黿を鄭の靈公に獻ず。公子宋と子家と將に見えんとす。子公の食指動き、以て子家に示して曰く、「他日我此くの如くんば、必ず異味を嘗めり。」と。入るに及び、宰夫將に黿を解かんとし、相視て笑う。公、之を問い、子家以て告ぐ。大夫に黿を食せしむるに及び、子公を召して與えざるなり。子公怒り、指を鼎に染め、之を嘗めて出づ。公怒り、子公を殺さんと欲す。子公と子家と先んずるを謀る。子家曰く、「畜の老いたるすら猶お之を殺すを憚る、而るを況んや君をや。」と。反て子家を譖せんとす。子家懼れて之に從う。夏、靈公を弑す。書して曰く、「鄭の公子歸生、其の君夷を弑す。」とは、權足らざればなり。君子曰く、「仁にして武あらざれば、以て能く達する無きなり。」と。凡そ君を弑する、君を稱するは、君無道なり。臣を稱するは、臣の罪なり。鄭人、子良を

立てんとす。辭して曰く、「賢を以てすれば則ち去疾足らず。順を以てすれば則ち公子堅長ぜり。」と。乃ち襄公を立つ。襄公將に穆氏を去りて子良を舍かんとす。子良可かずして曰く、「穆氏宜しく存すべきは、則ち固より願うなり。若し將に之を亡さんとすれば、則ち亦皆亡びん、去疾何ぞ爲さん。」と。乃ち之を舍き、皆大夫と爲す。

同宣公十年に、

鄭子家卒。鄭人討幽公之亂、斲子家之棺、而逐其族。改葬幽公、謚之曰靈。
鄭の子家卒す。鄭人、幽公の亂を討ち、子家の棺を斲りて、其の族を逐う。幽公を改葬し、之に謚して靈と曰う。

とある。『春秋』宣公十二年に、

楚子圍鄭。
夏六月乙卯、晉荀林父帥師及楚子戰于邲、晉師敗績。
楚子、鄭を圍む。
夏六月乙卯、晉の荀林父、師を帥いて楚子と邲に戰い、晉師敗績す。

とある。『史記』鄭世家に、

靈公元年春、楚獻黿於靈公。子家子公將朝靈公、子公之食指動。謂子家曰、佗日指動、必食異物。及入見靈公進黿羹。子公笑曰、果然。靈公問其笑故、具告靈公。靈公召之、獨弗予羹。子公怒、染其指、嘗之而出。公怒、欲殺子公。子公與子家謀先。夏、弑靈公。鄭人欲立靈公弟去疾。去疾讓曰、必以賢、則去疾不肖。必以順、則公子堅長。堅者靈公庶弟去疾之兄也。於是乃立子堅、是爲襄公。襄公立、將盡去繆氏。繆氏者殺靈公子公之族家也。去疾曰、必去繆氏、我將去之。乃止。皆以爲大夫。襄公元年、楚怒鄭受宋賂縱華元、伐鄭。鄭背楚、與晉親。五年、楚復伐鄭、晉來救之。六年、子家卒。國人復逐其族、以其弑靈公也。七年、鄭與晉盟□陵。八年、楚莊王以鄭與晉盟來伐、圍鄭三月、鄭以城降楚。楚王入自皇門、鄭襄公肉袒掔羊以迎曰、孤不能事邊邑、使君王懷怒以及弊邑、孤之罪也。敢不惟命是聽。君王遷之江南、及以賜諸侯、亦惟命是聽。若君王不忘厲宣王桓武公、哀不忍絕其社稷、錫不毛之地、使復得改事君王、孤之願也。然非所敢望也。敢布腹心、惟命是聽。莊王爲卻三十里、而後舍。楚羣臣曰、自郢至此、士大夫亦久勞矣。今得國舍之、何如。莊王曰、所爲伐、伐不服也。今已服、尚何求乎。卒去。晉聞楚之伐鄭、發兵救鄭。其來持兩端、故遲。比至河、楚兵已去。晉將率或欲渡、或欲還、卒渡河。莊王聞、還擊晉。鄭反助楚、大破晉軍於河上。

靈公元年春、楚、黿を靈公に獻ず。子家・子公將に靈公に朝せんとし、子公の食指動く。子家に謂いて曰く、「佗日指動けば、必ず異物を食せり。」と。入りて靈公に見えるに及び黿羹を進む。子公笑いて曰く、「果して然り。」と。靈公其の笑う故を問い、具に靈公に告ぐ。靈公之を召して、獨り羹を予えず。子公怒り、其の指を染め、之を嘗めて出ず。公怒り、子公を殺さんと欲す。子公と子家と先んぜんと謀る。夏、靈公を弑す。鄭人靈公の弟去疾を立てんと欲す。去疾讓りて曰く、「必ず賢を以てすれば、則ち去疾不肖なり。必ず順を以てすれば、則ち公子堅長ぜり。」と。堅は靈公の庶弟、去疾の兄なり。是に於いて乃ち子堅を立つ、是れを襄公と爲す。襄公立ち、將に盡く繆氏を去らんとす。繆氏は靈公を殺せし子公の族家なり。去疾曰く、「必ず繆氏を去らんとせば、我將に之を去らんとす。」と。乃ち止む。皆以て大夫と爲す。襄公元年、楚、鄭の宋の賂を受けて華元を縱すを怒り、鄭を伐つ。鄭、楚に背き、晉と親しむ。五年、楚復た鄭を伐ち、晉來りて之を救う。六年、子家卒す。國人復た其の族を逐うは、其の靈公を弑するを以てなり。七年、鄭と晉と□陵に盟す。八年、楚の莊王、鄭と晉と盟するを以て來伐し、鄭を圍むこと三月、鄭、城を以て楚に降る。楚王、皇門自り入り、鄭の襄公、肉袒掔羊し以て迎えて曰く、「孤、邊邑に事うること能わず、君王をして怒りを懷き以て弊邑に及ばしむるは、孤の罪なり。敢て惟だ命を是れ聽かざらんや。君王之を江南に遷し、及び以て諸侯に賜うも、亦惟だ命を是れ聽かん。若し君王、厲・宣王、桓・武公を忘れず、哀みて其の社稷を絶つを忍びず、不毛の地を錫い、復た改めて君王に事うるを得しめば、孤の願なり。然れども敢て望む所に非ざるなり。敢て腹心を布く、惟だ命を是れ聽かん。」と。莊王爲めに卻くこと三十里、而る後に舍す。楚の羣臣曰く、「郢自り此に至り、士大夫亦久しく勞す。今國を得て之を舍つるは、何如。」と。莊王曰く、「伐つを爲す所は、服せざるを伐つなり。今已に服す、尚お何をか求めんや。」と。卒に去る。晉、楚の鄭を伐つを聞き、兵を發して鄭を救う。其の來るや兩端を持す、故に遲れたり。河に至る比い、楚の兵已に去る。晉の將率或いは渡らんと欲し、或いは還らんと欲し、卒に河を渡る。莊王聞き、還りて晉を擊つ。鄭、反て楚を助け、大いに晉の軍を河上に破る。

とある。

『左傳』宣公四年にみえる説話の内容は、『鄭子家喪』のそれとはかなり異なり、『鄭子家喪』で起きる事件の前段にあたる、「食指が動く」の慣用句で有名な説話がある。同十年・十二年には、非常に簡略な文章だが、『鄭子家喪』と共通する可能性のある説話がある。

『史記』鄭世家の内容には、『左傳』と重なる部分がかなりある。楚の莊王が鄭を三ヶ月間圍んだこと、鄭が楚を助けて晉軍を擊破したことは、『左傳』にもみえるが、邲の戰いに關する場面である。そして『史記』鄭世家には、子家を改葬した記事がみえず、莊王が撤兵しようとした時に楚の大夫達が諫める場面はあるものの、その理由が異なる。傳世文獻では、『鄭子家喪』にあるように、子家が正式な埋葬を受けたことは問題とされていないのである。更に、楚・晉の戰場は『鄭子家喪』では兩棠だが、『左傳』では邲、『史記』鄭世家では河上と書かれている。邲の戰いは『左傳』宣公十二年（前五九七年）にあり、『史記』鄭世家の河上は邲のことである。

『史記』では楚の莊王の出兵理由が鄭・晉の同盟にあるが、『鄭子家喪』では子家が正式な埋葬を受けたことにある。これは『鄭子家喪』獨自の内容である。『左傳』では子家に關する説話の中心は、子家による鄭の靈公殺害とその後の鄭の國内政治の推移にあり、子家と邲の戰とは直接關連づけられていない。他方、『鄭子家喪』では子家がその後の事件の原因ではあるものの、記述の重心は楚の莊王とその大夫達との會話と、その後の出兵などの行動に置かれている。讀み方によっては、楚の莊王が諸侯の覇者としていかにふさわしいかを示しているとも解釋可能な内容となっている。兩棠の戰いについては、陳佩芬・葛亮はこれを邲の戰いとしているが、兩者とも特に根據を示していない。(11) ところで『呂氏春秋』仲冬紀至忠篇に、

荊莊哀王獵於雲夢、射隨兕中之。申公子培劫王而奪之。王曰、何其暴而不敬也。命吏誅之。左右大夫皆進諫曰、子培賢者也、又爲王百倍之臣。此必有故、願察之也。不出三月、子培疾而死。荊興師、戰於兩棠、大勝晉、歸而賞有功者。申公子培之弟進請賞於吏曰、人之有功也於軍旅、臣兄之有功也於車下。王曰、何謂也。對曰、臣之兄犯

暴不敬之名、觸死亡之罪於王之側、其愚心將以忠於君王之身、而持千歲之壽也。臣之兄嘗讀故記曰、殺隨兕者、不出三月。是以臣之兄驚懼而爭之。故伏其罪而死。王令人發平府而視之、於故記果有、乃厚賞之。申公子培其忠也可謂穆行矣。穆行之意、人知之不爲勸、人不知不爲沮、行無高乎此矣。

荊の莊哀王、雲夢に獵し、隨兕を射て之に中つ。申公子培、王を劫して之を奪う。王曰く、「何ぞ其れ暴にして不敬なるや。」と。吏に命じて之を誅せしめんとす。左右の大夫、皆進み諫めて曰く、「子培は賢者なり、又王の百倍の臣爲り。此れ必ず故有らん、願わくは之を察せよ。」と。三月を出でずして、子培疾みて死す。荊、師を興し、兩棠に戰い、大いに晉に勝ち、歸りて功有る者を賞す。申公子培の弟、進みて賞を吏に請いて曰く、「人の功有るや軍旅に於いてす、臣の兄の功有るや車下に於いてす。」と。王曰く、「何の謂いぞや。」と。對えて曰く、「臣の兄は暴不敬の名を犯し、死亡の罪に王の側に觸れ、其の愚心は將に以て君王の身に忠にして、千歲の壽を持たしめんとするなり。臣の兄、嘗て故記を讀みて曰く、「隨兕を殺す者は、三月を出でず。」と。是を以て臣の兄、驚懼して之を爭う。故に其の罪に伏して死す。」と。王、人をして平府を發きて之を視しむるに、故記に於いて果して有り、乃ち厚く之を賞す。申公子培、其の忠や穆行と謂うべし。穆行の意、人之を知りて勸むるを爲さず、人知らずして沮むを爲さず、行い此れより高きは無し。

とあり、高誘注に、

荊莊哀王、考烈王之子、在春秋後。
荊の莊哀王は、考烈王の子、春秋の後に在り。

とある。これについて許維遹『呂氏春秋集釋』は、

畢沅曰、此莊王也、不當有哀字。說苑立節篇渚宮舊事御覽八百九十皆作楚莊王。是穆王子也。或有作莊襄王者、亦誤。

畢沅曰く、「此れ莊王なり、當に哀字有るべからず。說苑立節篇・渚宮舊事・御覽八百九十、皆楚莊王に作る。是れ穆王の子なり。或いは莊襄王に作る者有り、亦た誤りなり。」と。

とし、平勢隆郎は許説を根據として、『呂氏春秋』至忠篇にみえる兩棠の戰いと邲の戰いとが同一地であることを推定している。(12)『鄭子家喪』の發見は、奇しくもこうした指摘が正しいことを示すことになった。

以上、『鄭子家喪』の内容は、傳世文獻と共通する部分が少なくないことが明らかである。とはいえ、それが全てではなく、『鄭子家喪』にのみ見られる内容も存在する。こうした史料を單に傳世文獻との異同を指摘するにとどめるのではなく、その構造から分析して史料的性格を明らかにしたいと考える。それには、小倉芳彥が『左傳』で用いたテキスト分類方法が應用できるのではないかと考えられる。次節ではそのことについて検討することにしたい。

二、『鄭子家喪』說話記事内容の信頼性について
―小倉芳彥の『左傳』内容分類を利用して―

前節では、上海博楚簡『鄭子家喪』の内容と構造について、傳世文獻との比較を通して検討した。『鄭子家喪』は、

その内容において傳世文獻と共通點をもつものの、異なるところ、オリジナルなところがあることが明らかになった。『鄭子家喪』は、歴史的事件をもとにした一種の説話であるが、こういう史料を分析するのに役立つと考えられるのが、小倉芳彦による『左傳』の内容分類である。

『左傳』は前近代より、僞書の疑いがつきまとってきた書物である。劉逢祿・康有爲らにみられるように[13]、前漢末の劉歆が僞作したとの説は特に有力である。これに對し、戰國時代以前に成立したとの説もあり、我が國では歴史分野を中心に、鎌田正らによる戰國中期説に從う研究者が少なからずいる[14]。こうした中、小倉芳彦は、

（Ⅰ）事件の推移を比較的忠實に傳えていると思われる實録風の部分。

（Ⅱ）筋の展開に挿入されている演説的な部分。

（Ⅲ）段落の末尾に付けられている〝君子曰く〟という批評、あるいは『春秋』本文の句法についての説明的な部分。

の三種類に形式分類し、『左傳』は（Ⅰ）、（Ⅱ）、（Ⅲ）の段階を踏んで成立したと考えた[15]。『左傳』を史料として用いる場合、（Ⅰ）はだいたい安全であるが、（Ⅱ）・（Ⅲ）は後世の付加部分を含んでいる可能性が高く、扱いにはそれ相應の注意を要するというわけである。

『鄭子家喪』の場合にこの内容分類をあてはめると、（Ⅰ）に相當するのが、①・③・⑤・⑥・⑧、（Ⅱ）に相當するのが、②・④・⑦になり、（Ⅲ）はない。

私は『左傳』の婚姻關係記事を網羅的に調べることにより、小倉芳彦の分類の妥當性についても述べたことがある[16]。そこでは小倉分類は『左傳』の成書の層を基本的に反映していると考えたが、『鄭子家喪』に小倉の内容分類を適用して分析することは、その内容分類の妥當性を検證することにもなる。

近年、出土文獻が增加する中で、漢代以降とされてきた傳世文獻の成書年代は、通行本と同一ではないとしても、ど

うやらそれより遡るらしいことが明らかになってきた。そういうことが明確になること自體は、純粋に學問上の觀點からみて歡迎すべきことである。ただ、その遡上が行きすぎて、傳説かそれに近いテキスト上の言説まで無條件に信頼しようとする風潮が現れているのは問題である。そういう風潮に齒止めをかける上でも有効なのが小倉の内容分類ではないかと考える。

そこで、『鄭子家喪』に小倉の内容分類をあてはめて檢討し、『鄭子家喪』というテキストの構造上の問題や、小倉の内容分類の有効性について論ずることにしよう。

先に『鄭子家喪』を内容ごとに八段落に分類したが、それと傳世文獻とを對照させてみることにする。

①楚への死亡通告を除けば、鄭の子家の死自體は、『左傳』・『史記』鄭世家に記載がある。
②これは楚の莊王の演説であるが、本篇獨特の内容である。
③楚が鄭を三ヶ月間包圍したことは、『左傳』・『史記』鄭世家にみえる。
④これも楚の莊王の演説である。やはり本篇獨自の内容である。
⑤本篇ほど詳細ではないが、『左傳』に關連する記事がある。
⑥晉軍が鄭の救援に出兵したことは、『左傳』・『史記』鄭世家に記載がある。
⑦楚の大夫達が莊王を説得する場面は『左傳』・『史記』鄭世家にみえるが、その理由は本篇獨特である。
⑧兩棠・邲・河上を同一地とすれば、『左傳』・『史記』鄭世家と共通する内容である。

以上をまとめると、次のようになる。

ほぼ完全に對應：③・⑥・⑧
一部對應：①・⑤・⑦
對應せず：②・④

演説調の會話文の部分は、やはり改變を受けやすいということがいえよう。他方、地の文においては、個々の場面ごとの史實性がそれなりに保たれている。個別には史實性がそれなりに保たれているはずの地の文と、演説調の會話文とを合わせると、傳世文獻とはかなり印象の異なる説話ができ上がる。

『鄭子家喪』において、個々の記事は、ある程度傳世文獻と共通した要素が見出せるが、全體としてみると、傳世文獻とはかなり距離のある内容である、ということである。

三、『鄭子家喪』の史料的性格について

次に、『鄭子家喪』が思想的にどういうジャンルに屬する文獻であるか見ていくことにしよう。有力な見解としては、墨家系の文獻とするものがある。例えば、文中に「上帝鬼神」の怒り・「鬼神」の不祥を恐れる表現があることから、圖版本では墨家系思想の影響を受けている可能性がいわれている。そこで、『墨子』において本篇の内容と關係しそうなところについてみてみると、明鬼下篇で鬼神が賢を賞し、暴人を罰することについて多くの議論がなされている。

『墨子』明鬼下篇

子墨子言曰、逮至昔三代聖王既沒、天下失義、諸侯力正。是以存夫爲人君臣上下者之不惠忠也、父子弟兄之不慈孝弟長貞良也、正長之不強於聽治、賤人之不強於從事也。民之爲淫暴寇亂盜賊、以兵刃毒藥水火、退無罪人乎道路率徑、奪人車馬衣裘以自利者竝由此作、是以天下亂。此其故何以然也。則皆以疑惑鬼神之有與無之別、不明乎鬼神之能賞賢而罰暴也。今若使天下之人偕信鬼神之能賞賢而罰暴也、則夫天下豈亂哉。今執無鬼者曰、鬼神者固無有。旦暮以爲教誨乎天下、疑天下之衆、使天下之衆皆疑惑乎鬼神有無之別。是以天下亂。是故子墨子曰、今天下之王公大人士君子、實將欲求興天下之利、除天下之害、故當鬼神之有與無之別、將不可以不明察此者也。

子墨子言いて曰く、「昔三代の聖王既に沒するに逮び、天下義を失い、諸侯力正す。是を以て夫の人の君臣上下爲る者の惠忠ならず、父子弟兄の慈孝弟長貞良ならず、正長の治を聽くに強めず、賤人の事に從うに強めざる存り。民の淫暴寇亂盜賊を爲し、兵刃毒藥水火を以て、罪無き人を道路率徑に退（止）め、人の車馬衣裘を奪い以て自ら利する者竝びに此れ由り作る、是を以て天下亂る。此れ其の故は何を以て然るや。則ち皆鬼神の有ると無きとの別に疑惑し、鬼神の能く賢を賞して暴を罰するに明らかならざるを以てなり。今、若し天下の人をして偕に鬼神の能く賢を賞して暴を罰するを信ぜしめれば、則ち夫れ天下豈に亂れんや。今無鬼を執る者曰く、「鬼神は固より有る無し。」と。旦暮に以て天下を教誨し、天下の衆を疑わしむるを爲し、天下の衆をして皆鬼神有無の別を疑惑せしむ。是を以て天下亂る。是の故に子墨子曰く、今、天下の王公大人士君子、實に天下の利を興し、天下の害を除かんことを求めんと將欲さば、故（則）ち鬼神の有ると無きとの別の當（如）きは、將に以て此れを明察せざるべからざる者なり。」と。

同

是故子墨子曰、嘗若鬼神之能賞賢如罰暴也、蓋本施之國家、施之萬民、實所以治國家利萬民之道也。是以吏治官府之不絜廉、男女之爲無別者、鬼神見之。民之爲淫暴寇亂盜賊、以兵刃毒藥水火、退無罪人乎道路、奪人車馬衣裘以自利者、有鬼神見之。是以吏治官府、不敢不絜廉、見善不敢不賞、見暴不敢不罪。民之爲淫暴寇亂盜賊、以兵刃毒藥水火、退無罪人乎道路、奪人車馬衣裘以自利者、由此止。是以天下治。故鬼神之明不可爲幽閒廣澤山林深谷、鬼神之明必知之。鬼神之罰不可爲富貴衆強勇力強武堅甲利兵、鬼神之罰必勝之。若以爲不然、昔者夏王桀貴爲天子、富有天下、上詬天侮鬼、下殃傲天下之萬民、祥上帝、伐兀上帝行。故於此乎、天乃使湯至明罰焉。湯以車九兩、鳥陳鴈行。湯乘大贊、犯遂夏衆、入之郊遂。王手禽推哆大戲。故昔夏王桀貴爲天子、富有天下、有勇力之人推哆大戲、生列兕虎、指畫殺人。人民之衆兆億、侯盈厥澤陵。然不能以此圉鬼神之誅。此吾所謂鬼神之罰不可爲富貴衆強勇力強武堅甲利兵者此也。……

是の故に子墨子曰く、「鬼神の能く賢を賞し如暴を罰するが嘗若きは、蓋し本之を國家に施し、之を萬民に施し、實に國家を治め萬民を利する所以の道なり。」と。是を以て吏の官府を治むるの絜廉ならず、男女の別無しと爲す者、鬼神之を見る。民の淫暴寇亂盜賊を爲し、兵刃毒藥水火を以て、罪無き人を道路に退（止）め、人の車馬衣裘を奪い以て自ら利する者は、鬼神の之を見る有り。是を以て吏の官府を治むるに、敢えて絜廉ならずんばあらず、善を見るに敢えて賞せずんばあらず、暴を見るに敢えて罪せずんばあらず。民の淫暴寇亂盜賊を爲し、兵刃毒藥水火を爲て、罪無き人を道路に退（止）め、人の車馬衣裘を奪い以て自ら利する者は、此れに由りて止む。是を以て天下治まる。故に鬼神の明は幽閒廣澤山林深谷を爲すべからず、鬼神の明は必ず之を知る。鬼神の罰は富貴衆強・勇力強武・堅甲利兵を爲すべからず、鬼神の罰は必ず之に勝つ。若し以て然らずと爲さんか、昔者夏王桀、貴きは天子爲り、富は天下を有ち、上は天を詬り鬼を侮り、下は天下の萬民殃傲し、上帝を祥り、上帝の行を伐兀す。故に此に於いてか、天乃ち湯をして明罰を至さしむ。湯は車九兩を以い、鳥陳鴈行す。湯は大贊に乘り、夏の衆を犯遂し、之が郊遂に入る。王、推哆・大戲を手禽す。故に昔夏王桀、貴きは天子爲り、富は天下を有ち、勇力の人、推哆・大戲有り、兕虎を生列（裂）し、指畫して人を殺す。人民の衆きこと兆億、侯れ厥の澤陵に盈つ。然れども此れを以て鬼神の誅を圉ぐこと能わず。此れ吾が所謂鬼神の罰は富貴衆強・勇力強武・堅甲利兵者を爲すべからずとは此れなり。……

ここで引用した『墨子』明鬼下篇では、鬼神は賢や善を賞して暴を罰するとされ、いかなる富貴や勇武といえども鬼神の罰の前では役に立たないことが論じられている。『鄭子家喪』における鬼神の怒りに關する認識は、子家が主君を殺したにもかかわらず、然るべき儀禮をもって埋葬されようとしていることに對して下されるところにある。確かに子家は主君を殺したのであるから「暴」をなしたことになるが、『鄭子家喪』ではそのことが直接問題になっているわけではなく、子家が正式な埋葬を受けることの是非が議論されている。

先にみたように、子家が生前、鬼神の罰を示すような禍に見舞われることなく沒したという史實を、『鄭子家喪』の編者が改變することはない。また、『墨子』明鬼下篇には死者に對する祭祀の重要性を述べる部分があるけれども、やはり『鄭子家喪』の論點とは少しずれている。それに、この種の因果應報的な鬼神觀は何も『墨子』に限らない。例えば『左傳』昭公二十年には、齊の景公が疥の病にかかって治癒しないことを理由に、祝史を処刑しようとしたことに對する晏子の會話文で、

對曰、若有德之君、外内不廢、上下無怨、動無違事、其祝史薦信、無愧心矣。是以鬼神用饗、國受其福、祝史與焉。其所以蕃祉老壽者、爲信君使也、其言忠信於鬼神。其適遇淫君、外内頗邪、上下怨疾、動作辟違、從欲厭私、高

臺深池、撞鐘舞女、斬刈民力、輸掠其聚、以成其違、不恤後人、暴虐淫從、肆行非度、無所還忌、不思謗讟、不憚鬼神、神怒民痛、無悛於心。其祝史薦信、是言罪也。其蓋失數美、是矯誣也。進退無辭、則虚以求媚。是以鬼神不饗、其國以禍之、祝史與焉。所以夭昏孤疾者、爲暴君使也、其言僭嫚於鬼神。

對えて曰く、「有德の君の若きは、外内廢せず、上下怨み無く、動きて事に違う無く、其の祝史信を薦めて、愧心無し。是を以て鬼神用て饗し、國は其の福を受け、祝史與る。其の蕃祉老壽なる所以の者は、信君の爲めに使われ、其の言、鬼神に忠信なればなり。其の適たま淫君に遇えば、外内頗邪、上下怨疾し、動作辟違し、欲を從にして私に厭き、臺を高くし池を深くして、鐘を撞き女を舞わし、民力を斬刈し、其の聚を輸掠して、以て其の違うを成し、後人を恤えず、暴虐淫從にして、肆に非度を行い、還忌する所無く、謗讟を思わず、鬼神を憚らず、神怒り民痛むも、心に悛むる無し。其の祝史、信を薦めれば、是れ罪を言うなり。其れ失を蓋い美を數えれば、是れ矯り誣うるなり。進退に辭無ければ、則ち虚にして以て媚を求む。是を以て鬼神饗けず、其の國以て之に禍せられ、祝史與る。夭昏孤疾する所以の者は、暴君の爲めに使われ、其の言、鬼神に僭嫚なればなり。」と。

とある。祝史という祭祀集團が介在しているが、鬼神と國の禍福との關係は『墨子』明鬼下篇に類似する。したがって本篇の鬼神觀を『墨子』のみと關連づけることに、特別な意味があるとは考えられない。

また『鄭子家喪』には「鬼神」の語がみられることから、上海博楚簡『鬼神之明』も想起させる。『鬼神之明』[17]については、曹錦炎が既に最初の釋文で、これが『墨子』の佚文であることを指摘している。これに對し、丁四新は『墨子』の佚文であることを否定する。[18] 西山尚志は傳世文獻との緻密な對照により、『鬼神之明』の一節「貴爲天子、富有天下」が、『墨子』天志上篇・天志下篇にみられる議論に似ており、それが漢代以降失われた單純素朴なロジックであることをいう。[19] 李承律は、『鬼神之明』では、鬼神の明知と賞罰能力について懐疑的な立場がとられ、「鬼神不明」という新しい學説が提起されたことを述べるが、[20] 『鄭子家喪』にはそのような懐疑主義はみられない。楚の莊王が、鄭を攻撃する口實の一つとして（上帝）鬼神の怒りをもちだしているのみである。『鄭子家喪』は墨家の文獻と斷定するには、いまだ考慮の餘地がある。

ただ、本篇はそういった墨家思想の基盤となる鬼神に關する類の思想的影響は受けており、戰國時代の楚地域にはそういう文獻がいくらか存在したことはいえるだろう。

『鄭子家喪』の成書地域については、楚の莊王を稱揚するような內容であるから、出土地と推測される楚地域を楚が實効支配している限りにおいて都合がよい。[21] ただ『鄭子家喪』が楚地域で成書されたのか、他地域で成立した文獻の中、楚の莊王にとって都合のよい說話が、楚地域で拔き出されて副葬されたのかは分からない。

いずれにせよ傳世文獻を含め、この種の說話における演說調の部分（小倉芳彥による『左傳』の內容分類の（Ⅱ）に近い）を、批判的檢討ぬきに史實として信賴して利用することは、かなり危險であることを示している。それから、歷史的な題材をもとにしたこの種の說話が戰國中期に存在し、それらが『左傳』・『國語』・『史記』にみられる說話の材料になったということも想定できよう。

これまでの分析で明らかになったように、既に存在する敍述的な地の文をパーツごとに分割し、新たな說話として再編するという方法は、新しい文獻を創造する上で非常に有効だったと考えられる。この方法をとれば、既存の史料に基づく信賴性と、新たな內容によるオリジナル性との雙方を担保することができる。『左傳』・『國語』といった傳世文獻も、そういう方法で成立したのではないかという見通しを得ることができる。

ここでひるがえって、肝心の『鄭子家喪』そのものがどういう性格をもつ文獻なのか、容易には即斷しがたいところである。既に存在したはずの材料を集めてつぎはぎし、演説調の會話文にオリジナルな要素を加えてできあがったものということができる。歴史的事件を追うための史料としては、殘念ながらあまり役に立たないということになる。だが、思想史的には墨家的な要素がみられ、また戰國文獻の成立の謎を解く手掛かりとして利用可能であり、上海博楚簡の他の篇とあわせて貴重な出土資料といえよう。

結　語

本稿では、上海博楚簡『鄭子家喪』の史料的性格について、小倉芳彦の『左傳』内容分類の方法を適用しつつ検討した。『鄭子家喪』の史料的性格を斷定するのはそう容易なことではないが、既に存在したであろう材料を集めて、それを組み合わせ、獨自の要素を含む演説調の會話文を附加して成立したということはいえる。また、墨家系の文獻であるという指摘に對しては、そう斷定するには疑問の餘地があるという結論になった。

それから、小倉芳彦による『左傳』の内容分類には、一定の妥當性があることも確認できた。説話の地の文で、事件を叙述する部分を改變することは、不可能ではないにしても、かなり困難である。新たに文獻を編纂しようとする人々にとっては、新規に叙述性をもった記事を考案するよりは、既に存在する材料を繼ぎはぎして都合のよいように組み合わせた方が、記事内容の信頼性が担保されるから望ましいのである。オリジナル性については、演説調の會話文のところを工夫すればよい。こうすることによって、そのできあがった文獻を批判しようとする人々に對して、防御線を張ることにもなったであろう。

本稿で扱ったのは『鄭子家喪』というごく短い一篇の出土文獻でしかない。『鄭子家喪』は中國古代における史實を探るには、確かに役立たないかもしれないが、『左傳』や『國語』にみられるような、歴史的事件を題材とする文獻の成立を考える上では、大いに示唆するところがあるのである。

※　本稿は、平成二二年度科学研究費補助金（基盤研究（B））「新出土史料を通してみた古代東アジア世界の諸相—漢字文化圏の地域性—」（研究代表者：谷中信一）による研究成果である。

【釋文】(22)

乙本

①〔奠（鄭）〕子豪（家）喪、鄒（邊）人逨（來）告。（Ⅰ）

②臧（莊）王𦎫（就）夫＝（大夫）而与之言曰、奠（鄭）子豪（家）殺亓（其）君。不穀（穀）日欲㠯（以）告夫＝（大夫）、㠯（以）〔以上、第一號簡〕邦之𤵸（病）、㠯（以）急。於含（今）而遂（後）楚邦囟（應）爲者（諸）医（侯）正。〔含（今）〕奠（鄭）子豪（家）殺亓（其）君、牆（將）保亓（其）𢡱（恭）炎（嚴）、㠯（以）及〈沒〉(23)内（入）陞（地）。女（汝）上帝〔䰠（鬼）〕〔以上、第二號簡〕〔神〕㠯（以）爲芯（怒）、虐（吾）牆（將）可（何）㠯（以）畲（答）。售（雖）邦之𤵸（病）、牆（將）必爲帀（師）。（Ⅱ）

③乃记（起）帀（師）回（圍）奠（鄭）三月。奠（鄭）人情（請）亓（其）古（故）。（Ⅰ）

④王命𠷎（答）之［曰、奠（鄭）］〔以上、第三號簡〕［子］豪（家）遉（顚）復（覆）天下之豊（禮）、弗思𩲡（鬼）神之不恙（祥）、䘑（戕）惻（賊）亓（其）君。我𤕝（將）必囟（思）子豪（家）、［毋㠯（以）城（盛）明（名）立（位）於上、而威炎（嚴）於］〔以上、第四號簡〕下。（Ⅱ）

⑤奠（鄭）人命㠯（以）子良爲褺（執）命、囟（思）子豪（家）利（梨、割）木三嵜（寸）、綖（疏）索㠯（以）紩（紘）、毋敢丁（當、經）門而出、敾（掩）之城〔以上、第五號簡〕𡋯（基）。王許之。（Ⅰ）

⑥帀（師）未還、晉人涉、𤕝（將）救奠（鄭）。王𤕝（將）還。（Ⅰ）

⑦夫＝（大夫）皆進曰、君王之记（起）此帀（師）、㠯（以）子豪（家）之古（故）。含（今）晉［人］〔以上、第六號簡〕［𤕝（將）救］子豪（家）、君王必進帀（師）㠯（以）记（應）之。（Ⅱ）

⑧王安（乃）還軍㠯（以）记（應）之。與之戩（戰）於兩棠、大敗晉帀（師）女（焉）〔以上、第七號簡〕。（Ⅰ）

【訓　讀】

乙　本

①［奠（鄭）の］子豪（家）喪（亡）し、鄴（邊）人𧾩（來）り告ぐ。（第一號簡）（Ⅰ）

②臧（莊）王、夫＝（大夫）に𦤎（就）きて之と与に言いて曰く、「奠（鄭）の子豪（家）、亓（其）の君を殺す。

不𣪘（穀）、日（ひび）に㠯（以）て夫＝（大夫）に告げ、㠯（以）て邦の𤷖（病）とし、㠯（以）て急ならんと欲す。含（今）に於いて而る逡（後）に楚邦をして者（諸）矦（侯）の正を爲さ囟（思）めん。［含（今）］、奠（鄭）の子冢（家）、亓（其）の君を殺し、牆（將）に亓（其）の𢜩（恭）炎（嚴）を保ち、㠯（以）て陞（地）に及∧没∨内（入）せんとす。女（如）し上帝［䰠（鬼）］［神］㠯（以）て惹（怒）を爲さば、虗（吾）牆（將）た可（何）を㠯（以）て畣（答）えん。售（唯）だ邦の𤷖（病）のみは、牆（將）に必ず帀（師）を爲（もち）いんとす。」と。（第一～三號簡）（Ⅱ）

③乃ち帀（師）を记（起）し奠（鄭）を回（圍）むこと三月。奠（鄭）人、亓（其）の古（故）を情（請）う。（第三號簡）（Ⅰ）

④王、之に命げ畣（答）えて［曰く、奠（鄭）の］［子］冢（家）、天下の豊（禮）を遉（顚）逡（覆）し、䰠（鬼）神の不恙（祥）を思わず、亓（其）の君を𢧵（戕）惻（賊）す。我、牆（將）に必ず子冢（家）をして、［城（盛）明（名）を㠯（以）て上に立（位）する毋く、而して炎（嚴）を］下に［戚さ］囟（思）めんとす。」と。（第三～五號簡）（Ⅱ）

⑤奠（鄭）人、命ずるに子良を㠯（以）て命を𢩦（執）ら爲め、子冢（家）をして木を利（梨、割）くこと三𦚔（寸）、紟（疏）索㠯（以）て紻（紘）せ囟（思）め、敢えて門を丁（當、經）て出すこと毋く、之を城丕（基）に𣪠（掩）う。王、之を許す。（第五號簡）（Ⅰ）

⑥帀（師）未だ還らず、晉人渉り、𤖼（將）に奠（鄭）を救わんとす。王𤖼（將）に還らんとす。（第五～六號簡）（Ⅰ）

⑦夫＝（大夫）皆進みて曰く、「君王の此の帀（師）を𨑡（起）つは、子𧰼（家）の古（故）を㠯（以）てなり。含（今）、晉［人］［𤖼（將）に］子𧰼（家）を［救わんとす］、君王必ず帀（師）を進めて㠯（以）て之を𨑡（應）えよ。」と。（第六～七號簡）（Ⅱ）

⑧王、安（乃）ち軍を還して㠯（以）て之を𨑡（應）う。之と兩棠に戰（戰）い、大いに晉帀（師）を敗る。（第七號簡）（Ⅰ）

【現代語譯】

乙　本

①鄭の子家が亡くなり、邊境守備の役人がやってきてそのことを通告した。（Ⅰ）

②（楚の）莊王は大夫たちのところへ赴き、彼らと話していうようには、「鄭の子家は自分の主君を殺した。私は日々大夫たちにこのことを告げ、これが（楚）國の病であり、急を要することであると告げようとしている。今後は楚國を諸侯の覇者としようではないか。今、鄭の子家は自分の主君を殺し、その恭しく嚴かな格式を保ち、その地に沒入しようとしている。もし上帝鬼神がお怒りになれば、私はいかにお答えすればよいのか。（楚）國の病だからこそ、（鄭に對して）軍を用いるのだ。」と。（Ⅱ）

③そこで軍を發し、三ヶ月間鄭を包圍した。鄭の人がその理由を尋ねた。（Ⅰ）

④（莊）王はこれに告げ答えていうようには、「鄭の子家は天下の禮を覆し、鬼神の不吉を思わず、その主君を傷つけ害した。私は子家が名を盛んにすることによって上位に位させることなく、かえってその威嚴を下位に滅ぼそうとするのである。」と。（Ⅱ）

⑤鄭の人は子良に命令を出させ、子家に棺の木を三寸に割き、それを粗末な縄で束ねさせた上で、門から出すことのないようにさせ、子家の遺體を城壁の下に埋めさせた。（莊）王はこれを許可した。（Ⅰ）

⑥楚の軍が撤兵せずにいると、晉の人は渡河し、鄭を救援しようとした。（莊）王は撤退しようとした。（Ⅰ）

⑦大夫たちはみな進み出て、「君王たるあなた様がこの軍を發したのは、子家のことがあったからです。今、晉の人は子家を救おうとしております。あなた様は軍を進めてこれを迎撃して下さい。」と。（Ⅱ）

⑧そこで（莊）王は軍を引き返して晉軍を迎撃した。その晉軍と兩棠で戰い、大いにこれを撃破した。（Ⅰ）

簡帛研究關連サイトのアドレス

簡帛網…… http://www.bsm.org.cn/

簡帛研究網…… http://www.jianbo.org/

復旦大學出土文獻與古文字研究中心…… http://www.gwz.fudan.edu.cn/

注

(1) 馬承源主編『上海博物館藏戰國楚竹書』（七）（上海古籍出版社、上海、二〇〇八年十二月）、陳佩芬「『鄭子家喪』譯注」（同上）。

(2)『上博七』『鄭子家喪』校讀」（復旦大學出土文獻與古文字研究中心、二〇〇八年十二月三十一日）は、本篇冒頭四字目の「喪」字を直接「亡」に隷定する。それに従えば、篇名が『鄭子家亡』になってしまうが、ここは「喪」に隷定し、「亡」の假借字としておく。

(3) 陳佩芬前掲論文。

(4) 拙稿「上海博楚簡『鄭子家喪』譯注―附・史料的性格に關する小考―」（『東京大學東洋文化研究所紀要』一五七、東京、二〇一〇年三月）。馬承源「前言：戰國楚竹書的發現保護和整理」（馬承源主編『上海博物館藏戰國楚竹書』（一）、上海古籍出版社、上海、二〇〇一年十一月）にあるように、上海博楚簡は正式な發掘で發見された竹簡群ではなく、香港の骨董市場に流れてきたところを見出されたものであるから、成立年代のみならず、その真僞が議論の遡上に上り得る。これらの問題については、既に公表した上記譯注や、拙稿「湖南大學嶽麓書院秦簡を拝見して」（出土資料と漢字文化研究會編『出土文獻と秦楚文化』四、日本女子大學文學部谷中信一研究室、東京、二〇〇九年三月）參照。そこでも述べたが、この種の出土資料を扱って研究を進める場合、真僞問題に關わる多少のリスクは織り込み濟みであることをご理解いただきたい。

(5) 小倉芳彦「ぼくの左傳研究とアジア・フォード問題」（『歴史評論』一九六三―五、東京、一九六三年五月、同『中國古代政治思想研究―左傳研究ノート―』（青木書店、東京、一九七〇年三月）所收）。

(6) 以下、馬承源主編『上海博物館藏戰國楚竹書』（七）（前掲書）を「圖版本」と稱することにする。

(7) 陳佩芬前掲論文。

(8) 李松儒「『鄭子家喪』甲乙本字跡研究」（簡帛網、二〇〇九年六月二日）。

(9) 楚簡帛字體分類研究（三）（簡帛網、二〇〇九年七月二八日）。

(10)『鄭子家喪』本文については、本稿末尾に乙本のみを掲げておく。甲本も含めた『鄭子家喪』に關する詳細については、拙稿前掲論文參照。

(11) 陳佩芬前掲論文、葛亮「上博七『鄭子家喪』補說」(復旦大學出土文獻與古文字研究中心、二〇〇九年一月五日)。

(12) 平勢隆郎「楚王と縣君」(『史學雜誌』九〇―二、東京、一九八一年二月)四一―四二頁、同『左傳の史料批判的研究』(東京大學東洋文化研究所、汲古書院、東京、一九九八年十二月)二五九頁注五三。楊伯峻『春秋左傳注』(中華書局、北京、一九八一年三月)も孫人和『左宧漫録』「兩棠考」などを引いて、『呂氏春秋』至忠篇の兩棠を邲の地とする。

(13) 劉逢祿『左氏春秋考證』二卷(『皇清經解』一二九四―五卷)、康有爲『新學僞經考』(萬木草堂、一八八八年)。

(14) 『左傳』戰國中期成書説をとる研究は、日本だけでも新城新藏『東洋天文學史研究』(弘文堂、東京、一九二八年九月)、鎌田正『左傳の成立とその展開』(大修館、東京、一九六三年三月)、平勢隆郎前掲書などがある。

(15) 小倉芳彦前掲論文。

(16) 拙著『先秦家族關係史料の新研究』(東京大學東洋文化研究所、汲古書院、東京、二〇〇八年三月)。

(17) 曹錦炎「鬼神之明 融師有成氏」(馬承源主編『上海博物館藏戰國楚竹書』(五)、上海古籍出版社、上海、二〇〇五年十二月)。

(18) 丁四新「上博楚簡『鬼神』篇注釋」(『楚地簡帛思想研究』三、湖北教育出版社、武漢、二〇〇七年六月)。

(19) 西山尚志「上博楚簡『鬼神之明』的「貴爲天子、富有天下」」(簡帛研究網、二〇〇七年五月十四日)、同「上海博楚簡『鬼神之明』譯注」(出土資料と漢字文化研究會編『出土文獻と秦楚文化』第四號、日本女子大學文學部谷中信一研究室、東京、二〇〇九年三月)注【4】。

(20) 李承律「上博楚簡『鬼神之明』の鬼神論と墨家の世界觀研究」(「出土文獻と漢字文化研究會」第一一回定例研究會報告、東京大學、東京、二〇〇九年四月二十五日)。

(21) そういう意味では、本篇の成書年代については、秦への抵抗勢力が本篇を密かに副葬したと言い張れないことはないが、やはり馬承源「前言：戰國楚竹書的發現保護和整理」（前掲注４書）のような、上海博楚簡成立年代に關する多數說がいうように、白起拔郢以前の方が說明しやすいことになる。

(22) ここは乙本のみを掲げる。甲本も含めた詳細な釋文については、拙稿前掲注4論文參照。なお、各文章ブロック末のローマ數字は、小倉芳彥による『左傳』の內容三分類に對應している。

(23) 甲本により、「沒」字の誤りとする。復旦大學出土文獻與古文字研究中心研究生讀書會前掲論文に從う。

上海博楚簡『君子爲禮』の構成について

今田裕志

はじめに

馬承源主編『上海博物館蔵戦國楚竹書（五）』（上海古籍出版社　二〇〇五年十二月）には『競建内之』『鮑叔牙與隰朋之諫』『季庚子問於孔子』『姑成家父』『君子爲禮』『弟子問』『三德』『鬼神之明　融師有成氏』の八篇が収録されている。特に、本稿は『君子爲禮』の構成に注目し、主に竹簡の形制上の問題について考察するものである。(1)

『君子爲禮』の整理者は張光裕。發表當初より張光裕は内容的にも鋭い分析を行ってきた。筆者は出來るだけ張説を尊重して讀解を心がけたつもりではあるが、その後の學説はまさに日進月歩の勢いで展開しているため、やむを得ず再検討しなければならなくなった。特に簡文を確定する上で、竹簡の形制を再び分析することが重要であると考える。この作業により『君子爲禮』の實態が多少なりとも明らかになれば幸甚である。

先行研究概観 ― 編聯について

さて、ここでは先行研究のうち、編聯について言及している論考を概観してゆく（數字は簡號）。

①張光裕(2)：1↓2↓3↓4、5↓6↓7↓8、9、10、11↓12↓13↓14↓15↓16

張光裕によれば、『君子爲禮』は全十六簡からなる。完簡の長さは54.1㎝～54.5㎝の間。第一契口は上端から10.5㎝の位置にあり、第一契口と第二契口の間が13.2㎝、第二契口と第三契口の間が19.5㎝である。そして第三契口は下端から10.3㎝の位置にある。契口の全ては右側にある。篇名は第一號簡冒頭に「君子爲禮」とあることによる。

案ずるに、張光裕は竹簡の形狀を分析し、書體の差異を明らかにし、さらに簡文の文意によって『君子爲禮』の整理を確定したことがうかがえる。特に、文意による配列を重視し傳世文獻の『論語』『禮記』等と對應させて上記のような編聯として整理したものと推測できる。

②陳劍(3)：1↓2↓3↓9↓4↓（5↓6）↓7＋8↓11↓15＋13＋16＋14＋12＋『弟子問』22［10＋『弟子問』18］

陳劍による配列方法について特筆すべき點が二點ある。一つは、第九號簡の冒頭部分（「韋(回)」）と以降の文に注目し、第一號簡、第二號簡、第三號簡の文意が孔子と顏淵の問答であることから接續可能と判斷したことである。もう一つは、『上海博物館藏戰國楚竹書（五）』所收の「弟子問」の二つの簡への接續を指摘したことである。その根據として『弟子問』第二十二號簡が上記のように接續するのは、『君子爲禮』の第十一號簡、第十五號簡、第十三號簡、第十六號簡、第十四號簡、第十二號簡の內容を子貢と行人子羽との問答であり、そこに『弟子問』第二十二號簡の、孔子が子貢の意見を評するという内容が承けることによる。また、『弟子問』第十八號簡については『君子爲禮』第十號簡の後半部分に缺字無く接續するものと見なしている。

③陳偉(4)（上記陳劍説の3→9→4を修正）：3→9A→4→9B

圖版によって『君子爲禮』第九號簡内の接續の不自然さを指摘した上で當該簡を前半（「韋（回）蜀（獨）智（知）人所亞（惡）也」から「蜀（獨）⿰貝畐（富）人所□」まで）と後半（「也貴而能壤（讓）」から「長貴□（富）而」まで）に分割して第四號簡の前後に配置し、孔子と顔淵との問答を復元させた。

④徐少華(5)：1→2→3→9→4→5→6→7+8→10→11→15+13+16+14+12

徐説も文意によって孔子と顔淵との問答、君臣それぞれの禮の具體的な作法、子貢と行人子羽との問答の三章に區分している。主に第十一號簡以降の編聯について論及しているが(6)、この點については既に陳劍が述べていて、徐少華が陳説に気づいていなかった不備を福田哲之が指摘している。

⑤劉洪濤(7)

整理者が第六號簡の冒頭字を「正」と誤釋しているため拼合不可とする。第七號簡を7A+7Bと分割し、7Aは他の簡に、7Bは第八號簡に接續可能とする。

劉説は第七號簡の「高」字の割れている箇所に注目しているのは、整理者が「高」と楷書化しているが筆畫の角度が不一致のため「高」ではなく別字と見なしている。

①淺野裕一(8)：1↓2↓3↓9A↓4↓9B、5↓6↓7↓8、10、11↓15+13+16+14+12

上記の陳劍説を基本として陳偉説と福田説を勘案している。

⑦福田哲之(9)：『弟子問』3（5↓6↓7前後）に歸屬。

『弟子問』第三號簡の頂端から第一契口までの距離と、『君子爲禮』の頂端から第一契口までの距離がほぼ同一であることと、『君子爲禮』第五號簡と第六號簡及び第七號簡上段の文の形式が似通っているため、『弟子問』第三號簡が『君子爲禮』中に分篇すべきと説く。

⑧李守奎(10)：1↓2、3↓9之一＋4＋9之二↓9之四、5＋6↓7＋8、11、15、13＋16＋14↓12、10、9之三

上記の陳劍説を基本として陳偉説を採用している。さらに第九號簡を四分割して文意によって配列している。

以上が編聯について言及している先行研究のあらましである。

張光裕による竹簡の整理結果を基に諸研究者が修正を加えてゆくことになるが、簡長については殆どの諸研究者は張光裕の説を踏襲している。そして、陳劍による配列方法がそれ以降の編聯に關する研究の流れを大きく変えたことがうかがえる。その後、陳偉と福田哲之による修正と増補が行われて現在に至る。とはいえ、次に指摘する二つの問題を看過したまま先行研究を踏襲するわけには行かないであろう。

編聯に關する二つの問題

まずは、張光裕がまとめた「釋文考釋」所收の圖版に基づき筆者が『君子爲禮』の形制を調査した結果を提示する。(11)

【『君子爲禮』形制一覽（単位：㎝）】圖版は實寸の約85パーセント程度縮小されている。

因みに、竹簡の形狀について、上下平方形完整が第一號簡と第三號簡。上端のみ平方形完整が第二號簡、第九號簡、第十號簡、第十一號簡、第十二號簡。上端のみ平方形が第五號簡。下端のみ平方形完整が第四號簡（ただし左角が削れている）、第六號簡、第十四號簡。上下残欠が第七號簡、第八號簡、第十三號簡、第十五號簡、第十六號簡に見られる。

では、上記の一覽表を根據として編聯に關する二つの問題を取り上げてみよう。

第一點は、『君子爲禮』に所屬する簡の形制について。

先行研究のうち、劉洪濤の説について、問題の文字は「高」字であることは間違いなく、また第七號簡を分割して他の簡に接續することは竹簡の形制上不可能である。よって本稿では劉説を採用しない。

次に、第十一號簡の第二契口の位置が他簡のものと異なる。それに伴い、同簡第二段の簡長が『君子爲禮』の他の簡に比べて顕著である。また、第十一號簡は上端から19.4㎝までの斷簡とそれ以降の24.7㎝の斷簡から成り立っている。これにより、第十一號簡は、おそらく本來『君子爲禮』に歸屬しない簡で、文意から『君子爲禮』に組み込まれてしまったものと推察される。また、第六號簡及び第七號簡には契口及び綴縄の跡が見られない。その狀態で第六號簡・第七號簡はそれぞれ二十五字現存していることにも注意しなければならない。この二つの簡は『君子爲禮』のうち記載字數がきわめて多いものである。これにより、第六號簡及び第七號簡も別簡の疑いがある。

	簡長（字数）			簡長（字数）		簡長（字数）		簡長（字数）		
簡号	簡	長	字数	第1段	第1契口	第2段	第2契口	第3段	第3契口	第4段
	(張)	(今田)	(張)							
1上	54.1	25.1	44	9.0(10)	有	11.6(10)	有	4.5(4)		
1下	(54.1)	21.2	(44)					12.2(11)	有	9.0(8)
2上	50.5	24.9	37	9.0(9)	有	11.6(9)	有	4.3(4)		
2下	(50.5)	18.0	(37)					12.1(10	有	5.9(5)
3上	54.5	25.4	42	9.2(8)	有	11.3(10)	有	4.9(4)		
3下	(54.5	21.4	(42)					12.3(10)	有	9.1(9)
4	27.6	23.5	19					14.5(11)	有	9.1(8)
5	17.5	15.1	12	9.3(8)	有	5.8(4)				
6上	37.2	25.4	25					22.6(18)	無	2.8(2)
6下	(37.2)	6.3	(25)			6.3(5)				
7上	32.0	25.2	25			20.0(18)	無	5.2(4.5)	無	
7下	(32.0)	2.2	(25)							2.2(2.5)
8	10.5	8.9	9	8.9(9)						
9上	47.8	25.6	29	20.3(17	無	5.3(4)	有			
9下	(47.8)	15.0	(29)			15.0(10?)				
10	22.6	19.3	16	9.0(8)	有	10.3(7)				
11上	51.8	25.1	39	9.0(9)	有	14.0(12)	有	2.1(2)		
11下	(51.8)	18.6	(39)					12.1(10)	有	6.5(6)
12	12.3	10.5	9	8.9(8)	有	1.6(1)				
13	7.5	6.5	6	6.5(6)						
14	17.0	14.6	12					5.4(4)	有	9.2(8)
15	.3	17.3	14	5.7(5)	有	11.6(9)				
16	.0	5.7	4	5.7(4)						

第二點は、『上海博物館藏戰國楚竹書（五）』所收の『弟子問』との關連について。

張光裕は兩簡の切口すなわち契口の位置と文字の特徵（「而」「也」「子」「其」「韋」）などから『君子爲禮』と區別したと說く。(12) これに對して、陳劍は竹簡の保存狀態と文意から先述の通り接續が可能であると說く。

この陳說に福田哲之が反駁した。福田は、張說を踏まえて、特に『弟子問』第十八號簡および同『弟子問』第二十二號簡の文意と「也」「子」「不」「毋」字の筆法と形體、そして契口の位置をもとに改めて檢討した。その結果、兩簡が筆者を異にした別個の冊書であると說く。(13)

次に福田は『弟子問』第三號簡については、草野友子の報告を踏まえた上で、(14)『弟子問』第三號簡の頂端から第一契口までの距離が10.4㎝、『君子爲禮』の頂端から第一契口までの距離が10.5㎝であることと『君子爲禮』第五號簡と第六號簡及び第七號簡上段の文の形式が禁止事項の提示で似通っているため、『弟子問』第三號簡が『君子爲禮』中に分篇すべきとも說く。(15)

海老根量介は『弟子問』第三號簡について、福田が論據とする各簡文に見られる「毋」の書體のみの比較をもって『君子爲禮』への歸屬の難しさを指摘している。さらに、『弟子問』第三號簡の内容は「軟弱で考えが定まらずに教えることがあってはならない。中心となってはかりごとをすることがあってはならない」と述べているのに對して、『君子爲禮』第五號簡と第六號簡及び第七號簡の内容は、身體の一部を用いた立ち居振る舞いについて述べていることから歸屬の根據を否定している。(16)

案ずるに、『弟子問』第十八號簡および同『弟子問』第二十二號簡との關連については「釋文考釋」の圖版を確認したところ先述の福田說が妥當である。そのため、『君子爲禮』への歸屬は不可能である。

次に『弟子問』第三號簡との關連について。『君子爲禮』第一號簡、第二號簡、第三號簡、第十號簡、第十一號簡、第十二號簡と『弟子問』第三號簡の上端から第一契口までの距離はほぼ同一である。よって、各簡の第一契口の位置と上端からの距離についての考察は福田が指摘する通りである。

しかし、福田が示唆した『弟子問』第三號簡の歸屬の可能性—第五號簡と第七號簡に直接あるいはその前後へ接續する—は、各簡の第一契口の位置と上端からの距離がほぼ一致するとはいえ、現時點で『君子爲禮』全體の簡長を推定すると不可能である。

次に、『君子爲禮』と『弟子問』の文意が相似している點について。福田は『弟子問』第三號簡の文の形式「毋又（有）～」が、『君子爲禮』第五號簡と第六號簡及び第七號簡上段の文の形式「毋～」とやや異なることを既に認めている。確認すると、『君子爲禮』第五號簡と第六號簡及び第七號簡における禁止事項の提示が全て「毋～」に統一して記述されているので、突如「毋又（有）～」の形式が割り込むことは考えにくい。さらに、『弟子問』第三號簡の内容が後にふれる『君子爲禮』第五號簡と第六號簡及び第七號簡の内容と異なるため、兩簡の内容の共通性が皆無であるという海老根説は正しい。

なお、本來『君子爲禮』ではなく別の冊書に歸屬する疑いがある第六號簡、第七號簡、そして第十號簡と第十一號簡、さらに『弟子問』諸簡の形制及び字體と文意を比較したところ、兩者は必ずしも一致するとは言えない。特に、後に觸れる文意については明らかに差異が確認できる。よって、前者は後者とは無關係であることが判明した。

以上の分析結果から、拙文の筆者は『君子爲禮』が『弟子問』と關連しないという立場で下記の假編聯案を提示する。（17）

1→2→3→9A→4→9B、5、6→7→8、10、11、15→13、16、14→12

※網掛け部分は『君子爲禮』への歸屬に特に疑問があると見なした簡番號である。

『君子爲禮』の内容

ここでは、筆者が提示した編聯案に基づき『君子爲禮』の内容について考察する。[18]『君子爲禮』は文意から考えると四章に大別することができる。[19]なお、網掛け部分は『君子爲禮』への歸屬に問題がある簡に記された文である。〈原文〉〈訓讀文〉〈現代語譯〉の後に若干の考察を加える。

【第一章】第一號簡→第二號簡→第三號簡前半

〈原 文〉

彥(顏)困(淵)時(侍)於夫=子=(夫子。夫子)曰「韋(回)。君子爲豊(禮)。以依於息(仁)。」彥(顏)困(淵)复(作)而畣(答)曰「韋(回)不毋(敏)、弗能少居也。」夫子曰「迯(坐)、虗(吾)語女(汝)。言之而不義**(第一號簡)**口勿言也。視之而不義、目勿視也。聖(聽)之而不義、耳勿聖(聽)也。逋(動)而不義、身毋逋(動)安(焉)。」彥(顏)困(淵)退、尃(數)日不出、■[門人問]之曰、「虗(吾)子可(何)其朕(瘠)也。」曰、「肰(然)、虗(吾)新(親)餌(聞)言於夫

〼**(第二號簡)**子。欲行之不能、欲迲(去)之而不可、虗(吾)是以朕(瘠)也。」■**(第三號簡前半)**

〈訓 讀 文〉

顏淵、夫子に侍す。夫子曰く、「回や。君子は禮を爲す。以て仁に依る」と。顏淵作ちて答へて曰く、「回は不敏にして、少らく居ること能はず」と。夫子曰く「坐せ。吾汝に語らん。之を言ひて不義なれば、口は言ふ勿れ。之を視て不義なれば目は視る勿れ。之を聽きて不義なれば、耳は聽く勿れ。動きて不義なれば、身は動く勿れ」と。顏淵退き、

数日出でず。…

（門人）之に問ひて曰く、「吾子何ぞ其れ瘠るるや」と。曰く、「然り。吾親しく言を夫子より聞くに、之を行はんと欲すれども能はず、之を去らんと欲すれども能はず。吾是を以て瘠るなり」と。

〈現代語訳〉

顔淵は孔先生の側に附き従っていた。孔先生は次のように仰った。「回よ、君子は禮を行う。そのために仁を據り所とするのだ」と。顔淵は立ち上がって次のように答えた。「回は機敏ではありませんので、少しの間もこの場に居ることができません」と。孔先生は次のように仰った。「座れ。わたしはおまえに語ろう。もしそこで言うことが義でなければ、口を閉ざして言ってはならない。もしそこで見ることが義でなければ目を閉ざして見てはならない。もしそれを聞くことが義でなければ、耳をふさいで聞いてはならない。もしそこで動くことが義でなければ、體を動かしてはならない」と。（そのように語られた）顔淵は孔先生の側を退出して、数日の間自分の部屋から出てこなかった。…（門人が）顔淵に次のように尋ねた。「あなたはどうしてそのようにやつれたのですか」と。顔淵は次のように答えた。「その通り。私は身近で孔先生よりお言葉をお聞きしたのですが、それを行うことができず、だからといってそこから離れることができないのです。だから私はやつれているのです」と。

〈考察〉

第一章については既に張光裕等多くの諸研究者が禮に關連する文章と指摘している。

『論語』顔淵では

顔淵問仁。子曰、克己復禮爲仁。一日克己復禮、天下歸仁焉。爲仁由己、而由人乎哉。

顔淵曰、請問其目。子曰、非禮勿視、非禮勿聽、非禮勿言、非禮勿動。顔淵曰、回雖不敏、請事斯語矣。

とあり、仁を説明するのに禮を擧げているが、簡文では禮ではなく義に作る。また簡文では仁と義と禮の關係について直接説明していないが、簡文の筆者は先の『論語』顏淵の一文を踏まえた上で「禮」を「義」に置き換えている。簡文でも義ではなくとも禮でも文意が通ることは確認できる。しかし、簡文では禮と義とを同格に扱っていない。それどころか仁と同樣に主要な德目である義と、仁や義の德目を實踐する具體的な手段としての禮を區別して讀者に認識させる意圖があったのではないだろうか。このため、簡文の筆者は敢えて『論語』顏淵の一文をもとに作文したものと推察する。なお、因みに『荀子』大略に

親親・故故・庸庸・勞勞、仁之殺也。貴貴・尊尊・賢賢・老老・長長、義之倫也。行之得其節、禮之序也。仁、愛也。故親。義、理也。故行。禮、節也。故成。仁有里、義有門。仁非其里而處之、非仁也。義非其門而由之、非義也。推恩而不理、不成仁。遂理而不敢、不成義。審節而不和、不成禮。和而不發、不成樂。故曰、仁・義・禮・樂其致一也。君子處仁以義、然後仁也。行義以禮、然後義也。制禮反本成末、然後禮也。三者皆通、然後道也。

とあり、仁と義と禮は趣旨を一にしているが、仁は義によって成立し、義を行うには禮によらなければならない。また、仁義という根本に立ち返り細部にわたる禮まで整えてこそ禮となると說く。この場合の禮とは主要な德目を調整する働きを持つ手段であろう。

以上、第一章では君子が禮という實踐手段を用いるには仁を根據とし、その手始めとして仁が包攝する義に注目していることがうかがえよう。

【第二章】　第三號簡後半→第九號簡A→第四號簡→第九號簡B

〈原文〉

彥(顏)困(淵)時(侍)於夫=子=(夫子。夫子)曰**(第三號簡後半)**韋(回)、蜀(獨)智(知)人所亞(惡)也。蜀(獨)貴人所亞(惡)也。蜀(獨)䝾(富)人所□⧄**(第九號簡A)**[也。顏]⧄困(淵)迡(起)、法(去)笞(席)曰、「敢留(問)可(何)胃(謂)也。」夫子曰智(知)而比信斯人、欲其**(第四號簡)**也。貴而能壤(讓)、□斯人、欲其長貴□䝾(富)而⧄**(第九號簡B)**

〈訓讀文〉

顏淵、夫子に侍す。夫子曰く、「回や。獨知は人の惡む所なり。獨貴は人の惡む所なり。獨富は人の□所なり。」…顏淵起ちて去りて曰く、「敢て問ふ。何の謂ぞや」と。夫子曰く、「知にして能く信なれば、斯の人其の…を欲するなり。貴にして能く讓なれば、則ち斯の人其の長く貴□せんことを欲するなり。富にして…

〈現代語譯〉

顏淵は孔先生の側に附き從っていた。孔先生は次のように仰った。「回よ、自分だけ判るというのは人に嫌がられる。自分だけ身分が高いというのは人に嫌がられる。自分だけ金持ちというのは人に□」と。…顏淵は立ち上がって席を離れて(近づいて)次のように言った。「敢えてお伺いしますが、それはどういう意味ですか」と。孔先生は次のように仰った。「知者でありながら誠實に(人に)あたるから、それに(接した)人は、…するのを望む。身分が高い立場でありながら(相手に對して)へりくだって(人に)あたるから、その(接した)人は長く貴□であってほしいと望む。金持ちでありながら…

〈考察〉

第二章については、張光裕[20]や廖名春[21]が郭店楚簡『成之聞之』に見られる語との關係性について指摘している。殊に、張光裕は「貴而能壞」について郭店楚簡『成之聞之』第十七、十八號簡の「福而貧賤、則民欲其福之大也。貴而能讓、則民欲其貴之上也。」を引用して對應させている。しかし、この引用文についてもう少し檢討する必要がある。廣瀬薰雄・渡邉大によれば郭店楚簡『成之聞之』第十五後半、第十六、第十七、第十八號簡は智や富、地位があっても驕った態度を取らなければ民はさらに爲政者の智や富、さらに地位が大きくなることを希求することを指摘している。(22) いわゆる謙讓思想の核を示しているといえよう。(23) 謙讓思想と同樣の例について、李承律が郭店楚簡『唐虞之道』等に見る謙遜思想として詳細に論じている。これによれば、①對人關係における一般的な處世術としての謙遜ではなく、主體は最高統治者。②君主が謙遜という消極的態度をとる目的は、天下の王になることにある。つまり、君主による、君主觀としての謙遜が述べられているという二點の特徵があると指摘している。

第二章は第一、第二、第三、第九A、第四、第九B號簡の一篇にあることから、篇首の「君子」を事實上の主語と見なす。その內容を改めて注目すると、君子が「知者」「上位者」であっても誠實な態度で驕らなければ、その態度を受けた人からは君子がさらなる知が身につき、さらなる地位にいてほしいと望まれている。この點は、郭店楚簡『成之聞之』第十五後半、第十六、第十七、第十八號簡の內容ときわめて類似している。また、前文の「韋、蜀智人所亞也。蜀貴人所亞也。蜀䝠人所□」に見える蜀（獨）のままでは人（民）から望まれるどころか恨まれる對象となる。そこで謙讓謙遜という消極的な態度をすすめて人（民）からの確固たる歸服を得ると說く。よって、第二章の內容は謙讓謙遜思想の一例である。

また、第一章と第二章は竹簡の形制に從い、ほぼ整った狀態で編聯されていることがうかがえる。よって、同じ冊書に屬していることは疑いない。

【第三章】第五號簡、第六號簡→第七號簡→第八號簡

〈原文〉

☐好。凡色毋惪（憂）、毋恌、毋作（怍）、毋訞（謡）、毋☐（第五號簡）字（俛）見（視）毋昊（側）睍（視）。凡目毋遊、定見是求。毋欽毋去、聖（聽）之晋徐、爯（稱）其衆寡（寡）（第六號簡）☐[illegible]而秀。脊毋癹（廢）、毋[illegible]（竦）、身毋躽（偃）、毋倩（傾）■行毋𣥠（蹶）、毋䌛（揺）、足毋[illegible]〔下仅〕（卑）、毋高。其才（在）☐（第七號簡）☐[illegible]（廷）則欲齊＝（齊齊）、其才（在）堂則☐（第八號簡）

〈訓讀文〉

…好。凡そ色は憂ふる毋れ。恌む毋れ。作る毋れ。怯ゆる毋れ。毋…俛視して側視する毋れ。凡そ目は遊ぶこと毋れ。定見して是を求む。欽むこと毋れ。去ること毋れ。聲の晋徐たるや、其の衆寡を稱す…[illegible]而秀、肩は廢す毋れ。竦つ毋れ。身は仰ぐ毋れ。傾く毋れ。行いは走る毋れ。揺らす毋れ。足は低くする毋れ。其れ…に在し…廷…れば則ち齊齊たらんと欲し、其の堂に在れば則ち…

〈現代語譯〉

…好。およそ顔の表情は、心配がらず、緩めてはならない。怒らず、怯えてはならない。…してはならない。頭を低くして脇見をしてはならない。およそ（ものを見る）目というのは、気ままにしてはならず、視線を定めることに注意する。（その場で）かがみ込んではならず、離れてはならない。その呼び聲を聴いたらゆっくりと行い、人の多寡をはかる。…[illegible]而秀。肩を落としてはならないし、いからせてもならない。體を仰け反らせてはならない。傾けてはな

らない。行動としては急いで走ってはならず、ぐらつかせてはならない。足は低くして（屈めて）はならない。高く上げてはならない。…にいて…。朝廷にいれば、嚴かで重々しい態度であることを望み、堂にいれば、…。

〈考察〉

張光裕はこの段落について『禮記』曲禮や玉藻等の篇と比較して禮を實踐する際の注意について述べていると説く。

第五號簡では憂・喜・怒・懼の四種の感情を顔に出してはならないという意を表す文が記されている。編聯において第一章と分斷されているものの、形制上から考えるに當該の簡文の主語は君子ではないだろうか。張光裕が第五號簡の文と對應するとして郭店楚簡『成之聞之』第二十四號簡の「形於中、發於色」を引用している。この引用文を再考してみると、先述の廣瀬薫雄・渡邉大によれば「「求己」という内面的な行爲が外に現れて民がみな信ずるという狀態になるという意味」である。この行爲はあくまでも爲政者についてである。よって當該文は、爲政者である君子が具體的な「求己」の態度や行動を説いているものと推察する。對して、第六號簡、第七號簡、第八號簡は第五號簡の文意と趣を異にしている。朝廷や堂においてとるべき態度を示しているが、この行動の主體は臣下であると考える。例えば『禮記』曲禮上に、

侍坐於君子、君子欽伸、撰杖屨、視日蚤莫、侍坐者請出矣。侍坐於君子、君子問更端則起而對。侍坐於君子若有告者曰「少間」願有復也。則左右屏而待。毋側聽、毋噭應、毋淫視、毋怠荒。遊毋倨、立毋跛，坐毋箕、寢毋伏。斂髮毋髢、冠毋免、勞毋袒、暑毋褰裳。

とあり、同じく『禮記』曲禮上に、

登城不指、城上不呼。將適舍、求毋固。將上堂、聲必揚。戸外有二屨、言聞則入、言不聞則不入。將入戸、視必下。入戸奉扃、視瞻毋回。戸開亦開、戸闔亦闔。有後入者、闔而勿遂。毋踐屨、毋踖席、摳衣趨隅。必慎唯諾。

とあるのは臣下の行動を指している例證である。

先に述べたとおり、第六號簡と第七號簡は形制上『君子爲禮』への歸屬が難しいと推測された簡である。兩簡と斷簡である第八號簡の文意を讀解した限り、主語が君子ではなく君子に仕える臣下である可能性が高い。これまで主語が君子であったのが突然臣下に轉じるのは竹簡の形制が原因であろう。

以上のことから、第六號簡、第七號簡、第八號簡は本來『君子爲禮』ではない別の冊書の一部であるにもかかわらず、竹簡の整理の段階で文意が禮に關連するため一つに纏められてしまったと推察する。

【第四章】第十號簡、第十一號簡、第十五號簡→第十三號簡、第十六號簡、第十四號簡→第十二號簡

〈原文〉

昔者中（仲）尼[illegible]（箴）徒三人、第（悌）徒五人、芫（玩）贅（嬉）☒**（第十號簡）**行子人。子羽䎽（問）於子贛（貢）曰「中（仲）尼與虗（吾）子產篙（孰）＝（賢）。」子贛（貢）曰「夫子紿（治）十室之邑亦樂、紿（治）[illegible]（萬）室之邦亦樂。肰（然）則☒**（第十一號簡）**☒畏（夔）與[illegible]（禹）篙（孰）＝（賢）。」子贛（貢）曰、「[illegible]（禹）紿（治）天下之川☒**（第十五號簡）**☒□以爲[illegible]（己）名、夫☒**（第十三號簡）**☒子紿（治）時（詩）箸（書）☒**（第十六號簡）**☒□非以[illegible]（己）名、肰（然）則＝（賢）於[illegible]（禹）也與[illegible]（舜）**（第十四號簡）**篙（孰）＝（賢）。」子贛（貢）曰、「[illegible]（舜）君天下☒**（第十二號簡）**

〈訓讀文〉

昔、仲尼には箴むる徒三人、悌する徒五人、玩嬉の徒…行「子」人子羽、子貢に問ひて曰く、「仲尼と吾が子產とは

孰か賢なるか」と。子貢曰く、「夫子十室の邑を治むるも亦た樂しみ、萬室の邦を治むるも亦た樂しむ。然らば則ち…夔と禹とは孰か賢なるか」と。子貢曰く、「禹は天下の川を治め…、以て己が名と爲す。夫子は詩書もて…治め…も亦た以て己が名とす。然らば則ち禹より賢ならば舜と孰か賢なるか」と。子貢曰く、「舜は天下…に君たり…

〈現代語訳〉

昔、仲尼には（先生を）諌める弟子が三人、年長者を敬う弟子が五人、學問を樂しんで研鑽しあう弟子が…。行人子羽、すなわち公孫揮が子貢に尋ねて次のように言った。「仲尼と吾が子産とではいずれが賢いだろうか」と。子貢は次のように言った。「孔先生は十戸の村を治めても樂しみ、一萬戸の國を治めても樂しみました。ゆえに…「夔と禹とはいずれが賢いだろうか」と。子貢が次のように言った。「禹は天下の河川を治め…、□そのために自分の名前を得ました。孔先生は『詩』『書』によって…治め、…」「…そのために自分の名聲を得た。ゆえに、禹よりも賢いのであれば舜といずれが賢いのだろうか」と。子貢は次のように言った。「舜は天下…に君として…。

〈考察〉

第四章は、斷簡が目立ち、契口の位置も異なる簡も含まれているのが特徴である。

第十號簡について、淺野裕一[22]や李守奎[23]が『君子爲禮』においてどの位置に配列するべきか困難を極めている。

ところで、第四章に記されている「中尼」について、張光裕の指摘のとおり第十號簡及び第十一號簡において孔子を字（あざな）で記しているところが特徴的である。なお、『君子爲禮』第一章及び第二章では孔子を「夫子」と記していることに注意を要する。

先述の通り、第十號簡及び第十一號簡は竹簡の形制上、上端から第一契口までの距離が『君子爲禮』の他の簡とほぼ一致している。しかし、第十一號簡の第二契口の位置が他の簡と異なる點に注意しなければならない。おそらくは、整理者が第十一號簡の第一契口の位置と「中尼」という語に合う簡を對應させるべく、別簡を「第十號簡」として配列したのではないだろうか。この點は『弟子問』第三號簡が『君子爲禮』に含まれるという誤解が生じる狀況と同様である。つまり、形制上一致していても語構成が異なれば別簡の疑いがある。

内容について見てゆくと、公孫揮と子貢との問答が記されているが、孔子と子產のうちどちらが賢いかが論點となっている。ところが、次の論點は歷代の帝のうちどちらが賢いかということに移り、そこに孔子の業績が組み入れられている。これは先に述べた通り、斷簡と本來別簡であるものを含めてしまったことによる編聯の困難さが現れた結果といえよう。從って、淺野裕一のように第四章に基づき孔子素王説を論ずる場合、[24]形制上問題がある第十一號簡とそれ以降の斷簡を證左にすることは、『君子爲禮』以外ならば可能かもしれない。

おわりに

以上の檢證結果に基づき、竹簡の形制・語構成・文意に特に問題がある簡を別の冊書に屬する簡群と見なして省いた。その上で『君子爲禮』の編聯案を次の如く提示する。

1→2→3→9A→4→9B、5、15→13、16、14→12

網掛け部分は、なお歸屬に問題を殘していると見なした簡番號である。

『君子爲禮』は、『論語』や郭店楚簡『成之聞之』等のように一文獻でありながら様々な内容を備えている。主に君子の「仁義禮の運用」「謙讓謙遜」「求己」を論じている。このような文獻的性格から『禮記』のみならず『論語』の成書過程を考える上でも重要な役割を果たす冊書といえよう。

『君子爲禮』各章のさらなる解析は始まったばかりである。また、『君子爲禮』への歸屬が認められなかった簡群の、本來の所屬についてもなお考究の餘地がある。今後の研究課題としたい。

注

(1) 張光裕「君子爲禮」（「釋文考釋」、馬承源主編『上海博物館藏戰國楚竹書（五）』上海古籍出版社　二〇〇五年十二月）

(2) 前揭注(1)を參照。

(3) 陳劍「談談《上博(五)》的竹簡分篇、拼合與編聯問題」簡帛網 http://www.bsm.org.cn/　二〇〇六年二月十九日

(4) 陳偉「《君子爲禮》9號簡的綴合問題」簡帛網 http://www.bsm.org.cn/　二〇〇六年三月六日

(5) 徐少華「論《上博五・君子爲禮》的篇聯與本文結構」（新出楚簡國際學術研討會『會議論文集（上博卷）』所收）二〇〇六年六月二十六日

(6) 戰國楚簡研究會：戰國楚簡研究會「「新出楚簡國際學術研討會」參加記」（大阪大學中國學會『中國研究集刊』第41號（別冊特集號）戰國楚簡　二〇〇六）所收）二〇〇六年十二月）

(7) 劉洪濤「上海博物館藏戰國竹書《君子爲禮》的拼合問題」簡帛網 http://www.bsm.org.cn/　二〇〇六年九月六日

(8) 淺野裕一「上博楚簡『君子爲禮』と孔子素王説」（湯淺邦弘『上博楚簡研究』（汲古書院　二〇〇七年）、もと大阪大學中國學會『中國研究集刊』第41號（別冊特集號）戰國楚簡　二〇〇六所收　二〇〇六年十二月）

(9) 福田哲之「出土古文獻復原における字體分析の意義―上博楚簡の分篇および拼合・編聯を中心として―」（湯淺邦弘『上博楚簡研究』（汲古書院　二〇〇七年）もと大阪大學中國學會『中國研究集刊』第41號（別冊特集號）戰國楚簡二〇〇六　所收　二〇〇六年十二月）

(10) 李守奎ほか『上海博物館藏戰國楚竹書（一－五）文字編』（作家出版社　二〇〇七）
(11) 拙稿「『君子爲禮』譯注」（出土資料と漢字文化研究會編『出土文獻と秦楚文化』第6號所收）刊行予定
(12) 前掲注(1)を參照。
(13) 前掲注(3)を參照。
(14) 草野友子「『上海博物館藏戰國楚竹書（五）』について－形制一覧と所收文獻提要－」（大阪大學中國學會『中國研究集刊』第41號所收）二〇〇六年六月
(15) 前掲注(9)を參照。
(16) 海老根量介「上海博楚簡『弟子問』譯注」（出土資料と漢字文化研究會編『出土文獻と秦楚文化』第5號所收）二〇一〇年三月
(17) 前掲注(11)を參照。
(18) 前掲注(11)を參照。字釋などはすべてこれに基づいた。
(19) 前掲注(5)及び前掲注參照。
(20) 前掲注(1)を參照。
(21) 廖名春「《上博五・君子爲禮》篇校釋劄記」http://www.confucius2000.com/　二〇〇六年二月二十八日
(22) 廣瀬薫雄・渡邉大「『成之聞之』譯注」（池田知久編『郭店楚簡儒教研究』所收）汲古書院　二〇〇三年二月
(23) 李承律『郭店楚簡儒教の研究―儒系三篇を中心として―』　汲古書院　二〇〇七年十一月
(24) 前掲注(8)を參照。

【底本】

「君子爲禮」（馬承源主編『上海博物館藏戰國楚竹書（五）』上海古籍出版社　二〇〇五年十二月）

張光裕「君子爲禮」（「釋文考釋」、馬承源主編『上海博物館藏戰國楚竹書（五）』上海古籍出版社　二〇〇五年十二月）

【参考文獻】

文物精華編輯委員會『文物精華』第二集（文物出版社　一九六三）

『説文解字　附檢字』（中華書局　一九六三）

郭錫良『漢字古音手册』（北京大學出版社　一九八六）

高亨等『古字通假會典』（齊魯書社　一九八九）

張光裕『包山楚簡文字編』（藝文印書館　一九九二）

王輝『古文字通假釋例』（藝文印書館　一九九三）

滕壬生『楚系簡帛文字編』（湖北教育出版社　一九九五）

荊門市博物館『郭店楚墓竹簡』（文物出版社　一九九八）

古文字詁林編纂委員會『古文字詁林』第一卷（上海教育出版　一九九九）

張光裕『郭店楚簡研究　第一卷文字編』（藝文印書館　一九九九）

古文字詁林編纂委員會『古文字詁林』第五卷（上海教育出版　二〇〇二）

李守奎『楚文字編』（華東師範大學出版社　二〇〇三）

何琳儀『戰國古文字典』上・下（中華書局　二〇〇四）
「弟子問」（馬承源主編『上海博物館藏戰國楚竹書（五）』上海古籍出版社　二〇〇五年十二月）
張光裕「弟子問」（「釋文考釋」、馬承源主編『上海博物館藏戰國楚竹書（五）』上海古籍出版社　二〇〇五年十二月）
李守奎等『上海博物館藏戰國楚竹書（一―五）文字編』（作家出版社　二〇〇七）
白於藍『簡牘帛書通假字字典』（福建人民出版社　二〇〇八）

出土資料の思想編年をめぐる諸問題
―上博楚簡『凡物流形』を中心にして―

李　承律

一、はじめに

近年、中國古代思想史の研究分野においては、豊富な思想内容を含む出土資料の出現と増加に伴い、従來の思想史の再構築や書き替えを展望するか、逆にそれへの盲信に注意や反省を促すような議論が活發に行われている。ここで言う出土資料とは、戰國時代のものとしては郭店楚簡（一九九三年湖北省荊門市出土）と上博楚簡（一九九四年香港文物市場で發見・出土地未詳）が、漢代のものとしては銀雀山漢簡（一九七二年山東省臨沂県出土）・定州漢簡（一九七三年河北省定州市出土）・馬王堆帛書（一九七三年湖南省長沙市出土）・阜陽雙古堆漢簡（一九七七年安徽省阜陽市出土）などがそれに當たる。さらに最近では、いずれも寄贈されたものであるが、清華大學では戰國時代の竹書が整理の段階にあり、北京大學では前漢時代の竹書がこれまた整理の段階にある。前者は古本『尚書』や『逸周書』系統の資料が含まれていることで注目を浴びており、後者は前漢時代の『老子』が含まれていることで期待が寄せられている。今後これらの資料が公表され研究が進展すれば、思想史の再構築や書き替えをめぐる議論にさらなる拍車がかけられることはほぼ間違いないと予想される。

こうした新資料の出現、それが思想史の再構築や書き替えを可能にする主要な原動力となることは間違いあるまい。しかし、實際それを遂行するには、乘り越えなければならない高いハードルが少なくない。そのハードルの一つに本稿で取り上げる「思想編年」の問題がある。思想史學は時代の推移と思想の流れを歴史的に究明することを研究對象とする學問分野である。その際、思想の發生・形成・展開・受授・繼承・變容等々といった時間的歴史的順序を考察の對象とする思想編年は、避けて通れない問題である。特に近現代のテキストとは違って、誰が、いつ、どこで、どのように書いたのか、その正確な文獻學的諸情報が判明しない古代の文獻や資料を用いて思想史を描く際、思想編年の問題は常につきまとう非常に厄介な問題である。

我々が思想の歴史を描く時、最も有効な手段となるのは、言うまでもなく文字資料である。二一世紀となった今、中國古代の場合、文字資料は、大きく分けて傳世文獻と考古資料とに區分される。思想の編年を明らかにするためには、まずこれら兩方の資料の成書年代がある程度はっきりしていなければならない。ところが、傳世文獻は前述のような文獻學的諸情報は勿論、資料の眞僞、ひいては思想の最小單位である思想家個人の存在や生涯すら不分明な場合が多いため、それを正確に把握することは非常に困難である。それゆえ、傳世文獻だけに依存してなされてきた從來の思想編年には、研究主體の立場や姿勢・方法・史觀、もしくは資料の取捨選擇といった主觀的營みなどの原因とあいまって、數多くの異見が存在するのが現狀である。傳世文獻の絶對年代を解明するのは至難の業であるが、種々の文獻資料の大體の編年がある程度明らかにされなければ、思想史を描くのは不可能に近いだろう。

こうした觀點から見ると、近年陸續と發掘・發見されている出土文字資料のような考古資料は、遺跡・副葬品の年代鑑定や炭素十四による年代測定といった科學的根據に基づいて、まだ正確とまでは言えないものの、テキストの成書年代をある程度推定できるという意味で、思想編年の問題を解く一つのカギが得られたと言えよう。本稿では、思想史研究に内在する思想編年の諸問題を解明する一環として、考古資料の一種である出土文字資料の側の思想編年の問題を取り上げてみたい。その際、抽象的な議論はなるべく避けるために、上博楚簡『凡物流形』の思想編年の問題を例にして論ずることにする。なお、思想史をどう描くかという方法論の問題も重要ではあるが、今回はそこまで立ち入って議論する餘裕はないため割愛することにする。

二、考古資料を用いた思想編年の諸問題

先に考古資料の一種である出土文字資料は、科學的根據に基づいてテキストの成書年代をある程度推定することができ、そのような意味で思想編年の問題を解く一つのカギが得られたと言ったが、考古資料の場合も問題はそれほど單純ではない。實は考古資料の年代の推定方法にも深刻な問題が潛んでいるのである。

一つ例を擧げてみよう。前述した郭店楚簡は墳墓から發掘されたものであるから、當然その墳墓の年代がこの資料の年代の下限を決める決め手となる。簡報によれば、この竹簡群が出土した郭店一號墓からの出土品の中には、紀年資料が含まれていないため、年代を推定するしかないが、墓葬の形と構造や鄰接する楚墓から出土した器物との比較から、この墳墓は戰國中期偏晩の特徴を持っており、その下葬年代は前四世紀中期から前三世紀初の間とされている。(1)

筆者はかつてこのような年代の決め方に疑問を提起したことがある。その疑問とは、一言でいえば、戰國中期偏晚説の中に潛んでいる方法論上の諸問題のことを指す。筆者はそれを次の二つの方面から檢討した。一つはいわゆる考古類型學に内在する諸問題であり、もう一つは白起拔郢の問題である。前者は楚墓の年代を推定する方法の問題であり、後者は楚墓の下限を決定する基準の問題である。これらの問題についての詳細な議論は、前稿ですでに考察したので(2)、ここではその要點だけを絞って提示すると、次の通りである。

まず前者の問題においては、第一に、比較の對象として用いられている器物の種類と數に問題がある。郭店一號墓からは全部で五八種の器物が出土したが、そのうち實際に比較の對象として用いられているのは一四種、つまり全體の二四・一％に過ぎない。しかも、他の楚墓には見られないユニークな特徴を持つ器物があるにもかかわらず、それらは比較の對象から外されている。

第二に、比較の對象として用いられている器物どうしの類似性を判斷する基準にも問題がある。考古學界の報告書によれば、①「一致」、②「相同」、③「如出一範」、④「相似」、⑤「近似」、⑥「相近」、⑦「接近」のように、判斷結果を表す七つの表現が使われている。①～③は比較される兩器物が同形である可能性が非常に高いことを表したものと考えてよいだろう。ところが、④～⑦は類似の程度を表す言葉ではあるが、果たしてどれほど類似しているのか、判斷基準が非常に曖昧であるという缺點があるのは否めない。類似性が時代性とどれほど直結しているのか、そのような類似性を科學的ないし數量的に換算できるのか、甚だ疑問である。

第三に、直接比較の對象となっている長江中流一帶の楚墓の下葬年代にも問題がある。直接比較の對象となっている楚墓は、雨臺山楚墓、包山一・二號墓、武昌義地三・十二號墓、望山一號墓、當陽趙家湖楚墓である。これらの楚墓の中には紀年資料を含むもの（包山二號墓）とそうでないものとがある。紀年資料を含む楚墓の場合も、實は干支が合わない問題があるため、絶對年代の確實性について疑問が提起されている。しかも紀年資料を含まない楚墓の場合は、絶對年代が分からないため、事實上他の楚墓の年代推定の基準として用いられないにもかかわらず、郭店一號墓の年代推定の基準として用いられている。

第四に、考古類型學的方法によって推定された年代も、雨臺山楚墓のように、僅か數年後に大幅に變更される場合がある。こうした例は單に雨臺山楚墓にのみ該當するわけではない。他の楚墓の場合もしばしば見られる現象である。これはつまるところ、考古類型學的方法は決して客觀的もしくは科學的方法ではなく、蓋然性の高い方法であることを示す實例であろう。言い換えれば、研究者の主觀的判斷の介入する餘地がいくらでもあることを如實に示す例であると考えられる。

考古類型學が科學的データによって楚墓の年代を推定するわけではないことを示すもう一つの事例がある。後者の白起拔郢という歷史的事件がそれである。郭店一號墓の下葬年代を戰國中期偏晩という時、「偏晩」の基準となっているのがまさしくこの事件である。白起拔郢とは、前二七八年、秦の將軍白起が楚都郢を陷落し、先王の墓地の夷陵を燒いたが、そのために楚の頃襄王が東北の陳城に遷都し、秦は占領地域に南郡を設置したとされる、歷史的に非常に有名な事件を指す。

問題は、南郡が設置された後、その地域に楚墓は全く存在しなかったとする中國考古學界の根強い認識にある。(3) その根據としては、次の二點を擧げる場合が多い。一つは、この事件のため楚の首都である江陵地區一帯が白起によって徹底的に破壞され都市全體が廢墟に没落したとする點であり、もう一つは、秦の被占領地への統治と規制が嚴格で堅固であったため、政治制度・思想・儀式・風俗・慣習をはじめとする楚文化の特徴がすべて秦化してしまったとする點である。郭店一號墓が前二七八年前に造營されたとする決定的な根據は、實は考古學界のこうした認識にあるのである。

　しかし、白起によって果たして江陵地區一帯が徹底的に破壊されたかどうかは、少なくとも『史記』の記録だけでは判斷しにくい。むしろ夷陵を焼いたということ以外は何の記録もないのである。しかも、秦楚兩國は、この事件が發生した同じ年に兩國の王が襄陵で會盟し、六年後には兩國の間で平和協定が結ばれるのである。また秦の被占領地政策において、統治と規制が嚴格で堅固であったとする見解に對しても、近年簡帛資料研究を通じてそれを反證する見解が出ている。例えば、睡虎地秦簡の秦律と『日書』を中心に社會史的觀點から秦代を研究した工藤元男氏が、秦の占領政策の性格を「緩やかで現實的な法治主義」と規定したのはその一例である。(4)

　しかも、もし白起拔郢以降楚墓が全く存在しなかったとすれば、それはつまり前二七八年から秦の天下統一に至る約五十年間、江陵地區には、楚出身の貴族や知識人や一般庶民が一切存在しなかったか、すべて秦に同化したということになる。それは言い換えれば、楚文化の徹底した秦文化化を意味するが、楚出身という意識が非常に強かった當時の楚の人々が果たして自國の文化を棄てて異質的な秦文化をそれほど早く受け入れたのか甚だ疑問である。秦の二世皇帝元年に反亂を起こして國號を張楚とし陳王となった陳勝、それをきっかけに楚の復興を旗幟に蜂起した項羽、そのような項羽との戰いで勝利を収めついには中國の皇帝となった劉邦、彼らはみな楚への意識が非常に強かった楚出身の人物である。南郡が設置された後、楚文化がみな秦文化に同化されたとするならば、彼らを通して垣間見られる強い楚意識はどのように説明できるか疑問である。

　以上指摘したように、考古學界で提示した郭店一號墓の戰國中期偏晩説はあくまでも一つの「推定」に過ぎないにもかかわらず、それが今度は他の楚簡の年代判定の基準となって一人歩きをしている。例えば、前述の上博楚簡は、郭店楚簡出土の一年後、香港の文物市場で發見されたものである。そのため、出土地と出土狀況は全く知られていない。ただ湖北地域から出たものだとか、郭店一號墓と同じ墓地から盗掘されたものだとか、上博楚簡には二篇の賦が含まれているが、傳世の賦はいずれも戰國晩期に屬する作だから、この竹書中の賦も同時期の作だとか、という推測はなされている。またこの資料は炭素十四の測定方法によって測定したが、二二五七±六五年という結果が得られたという。この結果によれば、上博楚簡の年代は前三七二年から前二四二年の間ということになる。このことは、この資料の科學的測定年代は、戰國中期から戰國末期という一三〇年の幅があることを意味する。ところが、整理者の上海博物館側は、この資料を主に郭店楚簡との比較から、楚の國が都の郢を遷都する前に造營された貴族墓の中に副葬されていた副葬品であると結論づけている(5)。都の郢を遷都する前というのは、他ならぬ白起拔郢以前を指す。郭店一號墓の下限を決める際に適用した白起拔郢という基準をここでも同様に適用していることが見て取れる。そうすると、白起拔郢という基準によって導き出されたこうした結論は、果たして科學的根據に基づくものだと言えるのだろうか。

なお、炭素十四の測定方法にも一つ問題がある。一般に炭素十四の測定を行う場合は、竹簡の標本を用いて測定するとされている。それはそれで問題があるわけではない。ところが、例えば上博楚簡を例にすると、それは百篇を越える個別の文獻から構成されている。これら個別の文獻は、當然のことながら、それぞれ抄寫年代が異なる可能性が十分ある。とすると、個別の文獻の抄寫年代を知るためには、文獻ごとに標本を取り出して測定するのが最も理想的ではあるまいか。しかしながら、現實は必ずしもそうではないようである。今後出現する出土資料の年代測定を行う際は、この點も一つ考慮すべきではないかと考えられる。

勿論このような問題提起をするのは、考古學の無用論を主張するためでもなければ、思想史的な方法がより客觀的で科學的だということを提唱するためでもない。しかも考古學に全く門外漢の筆者にとって、何か別の觀點から考古學的な對案を提示できるわけでもない。考古學の右のような諸問題は、今後他でもなく考古學的な理論や方法によって解決されるべきであろう。ただし、研究主體の主觀を完全に排除することはできない限界はあるものの、本文研究と敎義研究[6]の方法によってテキストや思想の中身をきちんと分析し、思想史的觀點からそれらの相對年代や編年の構築を行う思想史學的方法も全く無用ではない、と筆者は考えている。次章ではそれを上博楚簡『凡物流形』という出土資料を例にして試みてみたいと思う。

三、上博楚簡『凡物流形』の先行研究よりみた思想編年の諸問題

上博楚簡『凡物流形』は、二〇〇八年十二月に出版された『上海博物館藏戰國楚竹書』第七冊に収録されている文獻の一つである。[7]整理者によれば、この文獻は甲本と乙本の二種のテキストからなっているが、書體と形態の両面において明確な相違を示しているため、それぞれ別の抄寫者が抄寫したものとされている。甲本は一部の竹簡に殘缺の部分もあるが、全體的に保存状態がよく、ほぼ完全な形を保っている。それに對し、乙本は破損したものや散逸したものが多く、全體的に保存状態が悪い。[8]甲本・乙本ともに内容は基本的に同じであるが、乙本の方が比較的整っており、甲本の方は錯字や衍字や脱字がある。そのため、甲本は乙本を書き寫した副本であるとする見解もある。[9]以上の理由により、本稿で『凡物流形』の原文を引用する際は、形態と内容が比較的完全に保存されている甲本の方を用いることにする。

さて『凡物流形』の思想的特徴と編年について論ずる前に、本章では、先行研究で『凡物流形』の成書年代と思想編年をどのように見ているのかについてまず検討することにする。先行研究を検討する理由は、出土資料の思想編年をめぐる現在の研究にどのような問題があるのか、その一端を浮き彫りにするためである。

『凡物流形』の成書年代と思想編年については、まず整理に當たった曹錦炎氏は、『凡物流形』を『楚辭』天問篇の姉妹篇あるいは楚辭類作品とし、屈原時代より早い楚辭資料であるという見解を提示している。[10]そして曹錦炎氏の後の

研究では、管見の限り、おおむね次の二つの説が出されている。一つは戰國前期（前四〇三～前三四三年）とする説であり、もう一つは戰國中早期とする説である。

まず戰國前期説を唱えるのは淺野裕一氏である。淺野氏は『凡物流形』を『問物』と『識一』とに分け、兩文獻はもともと全く異なる文獻であったが、轉寫を重ねる間に錯亂によって接合されたという。そのうち『問物』は「有問無答」という特異な形式で一貫しているが、それは同樣の形式を持ち屈原の作とされる『楚辭』天問篇より先行するものであるという。同氏がそのように主張する根據は、他でもなく前章で述べた上博楚簡の戰國晚期説（前三〇〇年頃）にある。『問物』は先に言った接合が生ずる以前にすでに成立していたわけだから、その成立年代は遲くとも戰國前期にまで遡るという。そして思想編年と關係のある發言として、同氏は『楚辭』天問の源流を苗族の創世歌に求める伊藤清司氏の説に贊同しつつ、『問物』は發問句を連ねる長編敘事詩の形式を取る苗族の創世歌と『楚辭』天問篇を繋ぐ中間型と言えるという。なお、『識一』の成書年代や思想編年についての具體的な言及はないが、『識一』を含む道家思想の宇宙生成論の淵源も苗族の創世歌にあったという。(11)

次に戰國中早期説を唱えるのは王中江氏と秦樺林氏である。まず王中江氏は、『凡物流形』は戰國中早期の黃老學の作品に屬するとし、思想編年と關連しては、老子のあと道家哲學が黃老學へと展開する一つの表れであるという。その理由についてはそれほど詳しくは述べていないが、第二十號簡と第二十九號簡に四例見える「一言」について説明する中で若干述べている。すなわち、黃老學において「一言」は時には「統一された法律」を指すが、それは黃老學が法家の「法」を道家の「道」に融合した結果である。ただし『凡物流形』はまだ「一言」を統一された「法律」の上で實現しておらず、「法」についても言及していない。このことは『凡物流形』が既知の黃老學と違うところであり、『凡物流形』は黃老學の早期にあるかも知れないという。そして、思想編年を老子のあととする根據は、『凡物流形』に見える

『老子』と類似するいくつかの表現をいずれも老子からの影響と見なすところにある。[12] その後發表した論考では、次のように言ってこの點をもう一度強調する。すなわち、『凡物流形』で「執一」「得一」「執道」を強調することから言うと、『凡物流形』は黃老學と非常に類似しているが、「一」を法律規範と結びつけていないことから言うと、既知の黃老學とは區別がある。このことから判斷すると、『凡物流形』という作品そのものとその政治思想は、黃老學發展の早期段階にあるかも知れないという。[13]

秦樺林氏は、『周易』の彖傳は『凡物流形』の重要な思想の來源の一つであるが、『凡物流形』の「凡物流形」と「終則或始」は彖傳の「品物流形」（乾卦）と「終則有始」（蠱卦・恒卦）を、『凡物流形』の「聞之曰、一生兩、兩生三、三生女（母?）、(母?) 成結。」・「十圍之木、其始生如蘖（蘖）。足將至千里、必從弁（寸）始。」はそれぞれ今本『老子』第四十二章・第六十四章を、『凡物流形』の「修身而治邦家」は『禮記』大學篇の「身修」・「國治」及び中庸篇の「修身」・「治天下國家」を、『凡物流形』の「逐高從埤、至遠從邇」は中庸篇の「遠必自邇……高必自卑」を引用して出來たものと考え、成書年代をその後とする。すなわち、彖傳は『凡物流形』の前に出來、『凡物流形』は彖傳は勿論、『老子』、『禮記』大學篇・中庸篇の後に出來たものとする。また『凡物流形』の「流形成體」が『莊子』達生篇に三例見えることから用語や思想が類似しているとし、兩者の時代は接近しているとする。具體的には前三〇〇年より遲い時期に書かれた達生篇よりやや早いとし、『凡物流形』の作者は莊子の生存年代よりやや早いか、最も遲い場合は同時であるとする。さらに上博楚簡の炭素十四の測定結果、上博楚簡の墓葬年代を前四〇〇年から前三〇〇年の間とする李零氏の説、『凡物流形』を屈原時代の『楚辭』より早いとする曹錦炎氏の説に基づき、戰國中期（前三世紀）より遲くはないとする。[14]

その他に、曹峰氏は『凡物流形』の成書年代については言及していないが、思想編年と關連しては、『凡物流形』の思想の來源について追究した後、『管子』四篇は別の形式で『凡物流形』の文章構造と思想構造を含んでおり、『凡物流形』は『管子』四篇より最も重要で根本的な資源を吸收したとする。さらには、『管子』との一致や對應は決して偶然ではなく、『凡物流形』の特殊なテキスト構造は、それが他人から思想の資源を得るほかないことを決定づけているとする。『凡物流形』の後六章（曹峰氏は『凡物流形』を全部で九つの章に分ける）の內容は、『管子』四篇、就中內業篇を創作した者と關係のある人（あるいは集團）から來たものであり、その知識や言葉の使い方に『管子』の背景があるのは間違いないとする。それから、『老子』との關係については、『老子』の影響は顯著ではあるが、むしろ『管子』を仲介にして間接的に『凡物流形』の中に浸透していったという。(15)

以上の檢討によって浮き彫りにされる問題は次の通りである。

第一は、上博楚簡の成書年代の問題である。整理者をはじめ、先行研究で『凡物流形』の成書年代を戰國中早期かそれ以前と見なすのは、基本的には前述の上博楚簡「戰國晚期」説が決定的な根據となっている。ただこの問題については前章ですでに述べたのでここでは割愛する。

第二は、比較の對象として用いられている諸文獻の成書年代及びそれらの諸文獻と『凡物流形』との先後關係の問題である。比較の對象として用いられている諸文獻の成書年代については、古くから様々な説があり、いまだ意見の一致を見ていない。したがって、この問題はここで輕々しく論ずる事柄ではないが、可能な限りより明確な根據や手がかりを提示できるものに限定して論ずることにしたい。なお、この問題と關連してより深刻な問題は、郭店楚簡と上博楚簡の出現を契機に、長い歴史を持つ資料批判的な方法論は殆ど姿を消し、信古的な學風が蔓延していることである。それは一言でいえば、傳説と史實の混同とも言うべき問題である。

第三は、『凡物流形』の文字判定と原文解釋の問題である。この問題は『凡物流形』の資料的性格や思想的特徴を正確に理解することと直結する最も基本的な問題である。しかしながら、殆どの研究において、文字判定と原文解釋に深刻な誤讀や誤釋が見られる。これこそ『凡物流形』に對する正確な理解を妨げる最も重大な原因である。

第四は、『凡物流形』と『楚辭』天問篇及び苗族創世歌との關係の問題である。これは『凡物流形』の資料的性格や思想内容と關連する問題である。この問題がクリアされれば、それに連動して『凡物流形』が屈原時代より早いか否かの問題も自ずとクリアされることと考えられる。

第五は、『凡物流形』と『周易』彖傳、『禮記』大學篇・中庸篇など儒家系の諸文獻との關係の問題である。これは思想内容と關連する問題である。先行研究によってすでに指摘されているように、『凡物流形』にはこれらの篇に見えるのと類似の語句がいくつか含まれている。それが果たして『凡物流形』の成書年代や思想編年を決定づけるバロメーターとなれるかどうか檢討の餘地がある。

第六は、『凡物流形』と『老子』・『莊子』・『管子』四篇など道家系の諸文獻との關係の問題である。これも思想内容と關連する問題である。『凡物流形』に見える「一」や「道」の思想が『老子』などに見えるのと類似しているように見えるのは事實である。しかし、果たして思想の本質や作者の意圖まで類似していると言えるのかどうかは問題である。

第七は、『凡物流形』と黄老學あるいは黄老思想との關係の問題である。これは思想的特徴や所屬學派と關連する問題である。戰國時代に黄老思想を唱える人物や學派が存在していたのは事實のようであるが、その實態については資料不足のため、まだ判明していないところが多い。それを解明するためには、黄老學の系譜や思想の展開の問題、黄老系統に屬する文獻の問題などについて多角的な分析が必要となる。ただ本稿はこれらの問題を解明することが目的ではないので、この問題を取り上げることは割愛する。

次章では、まず『凡物流形』の思想的特徴について簡單に述べ、それからこれらの七つの問題のうち、第四から第六の問題を中心に考察することにする。第二と第三の問題は、第四から第六の問題について考察を進めていく中で、少しずつ觸れることにする。

四、上博楚簡『凡物流形』の思想的特徴

『凡物流形』の思想編年を解明するためには、當然のことながら、まず當篇の全體の内容について綿密な分析を行わなければならない。ただ今回は紙面の制約上、内容全體の詳細な分析は別稿に譲り、ここでは各章の要點だけを簡略に述べることに止めたい。ただし、思想編年の問題を考察する際、最も誤釋が多いか殆ど考慮の對象となっていない二つの章については、若干の分析を加えることにする。それは第五章と第八章である。ちなみに、本稿では『凡物流形』を全部で九つの章に分けたが、それは第二章以下に見える八つの「聞之曰」を基準とした。

第一章は都合六つの問いから構成されている。具體的には、妊娠一ヶ月の胎兒のような萬物の形の形成、その形から體の構成、三番目の問いは未詳、生まれた生命の「鳴く」という言葉で代表される生命活動、陰陽の位の安定、水火の調和と維持の順に問うており、それらの原因を追究している。言い換えれば、流形→成體→生→不死のような萬物の存在及び生命活動といった運動、陰陽・水火のような自然界を構成する二大要素、竝びにそれによる自然界の秩序の安定と維持といった諸現象を現象せしめる原因について問うているのである。なお、本章の冒頭には「聞之曰」がないが、このことは第一章こそ作者自らの問いであることを意味するものであろう。その内容は萬物の存在と運動及び自然界の秩序の安定と維持といった諸現象を現象せしめる窮極的根源的實在に關するものである。本章は、それを第三章までさらに問いかけながら、第四章以下で答えを導き出そうとする前書に當たると思う。

第二章からは「聞之曰」が冠されていて、自分のオリジナルな説ではなく傳聞であることを示しているところに特徴がある。第二章は都合十八の問いから構成されている。ここでは人類の生・老・死、天が下した「五度」の利用、自然界における「五氣」の使い分け、人間の政治世界における「五言」の公平さ、人間世界の九つの政治的領域の源泉、鬼神の存在と正體や祭祀の方法、天道への隨順、百姓の和合等の問題につき、その原因や存在理由や方法などについて問うている。そして最後は、天の明るさを獲得する方法、鬼の靈妙さを用いる方法、先王の知惠を備える方法について問うている。この三つが恐らく、作者が現實の政治において最も緊要なものと考える要諦であろう。本章の問いがこの三つの要諦と深く關わっているのは言うまでもない。なお、人類の生と關連して、それを支配するものの實情はまだ分かっていないとし（「未知左右之情」）、天地をあらゆる存在の始めと終わりを成り立たせるもの（「天地立終立始」）と述べているところは、看過できない重要なポイントである。ここで言う「支配するもの」とは、後に言う「一」を暗示的に表現したものであり、天地について「あらゆる存在の始めと終わりを成り立たせるもの」とするのも、一は萬物の終始の根本である天地よりもさらに根源的なものだということを言うために用意されたものと考えられる。

第三章は全十七の問いから構成されているが、それはさらに第十一號簡の「問」の字を中心に、五つの問いからなる前半部分と十二の問いからなる後半部分とに分かれている。「問」以下は作者が引用した傳聞の中にもともとあった疑問文のように思われる。前半部分の問いには、太陽のヒガサ、月のツキガサ、水の東流、太陽の大きさと熱さとの關係のように、自然現象に對する原因追究という共通點がある。後半部分の問いには、天地それぞれの固有の性質、天・地・雷神（?）・帝（?）の誕生、土・水・草木・禽獸・雨・風のような自然物や自然現象に固有する性質に對し、それらを存在させたり運動させたり現象させたりする實在への追究という共通點がある。なお、本章の冒頭には今本『禮記』中庸篇や郭店楚簡『老子』甲本第二十六～二十七號簡（今本第六十四章）などによく似た文章がある。その意味するところは必ずしもはっきりしないが、恐らく窮極的根源的實在（一）と萬物（多）との關係を説く本章の主旨を比喩的に表したものと推測される。

第四章からは疑問文の形式は殆ど見えず論述形式となっている。第四章では「道」を明らかにすれば、世界のあらゆるものを知り尽くすことが可能であることを述べる。いわば道への明察による全知全能性の獲得とも言えるものである。これが第二章で問うた要諦に關する答えともなろう。ただなぜそのようになるのかについては論及がない。またこれは外部の世界（多）に對し個別的に知をめぐらすことの無用性を唱える主張にもつながる潛在的可能性はあるが、そのような説明も本章にはない。

第五章では「心」の問題について説く。それは「曰」の字を中心に「心が心に勝つ」主體性の問題を説く前半部分と、「貴君→貴心→貴一」の三段階を述べる後半部分から構成されている。前半部分では心が心に勝つことの重要性を説きながらも、單にその段階に止まることを「小徹」竝びに「小成」といって低く評價する。後半部分では百姓は君のみを貴び、君は心のみを貴び、心は一のみを貴ぶとして、一を最高存在・最高價値に位置づけた上で、最後に第四章で述べたのと同様、一の獲得による全知全能の全世界への發揮を述べる。貴君とあるのによれば、全知全能を發揮する主體は他ならぬ君主である。

第六章は前半部分の字句に未詳なところがあるため正確な意味はまだよく分からない。ただ「古いものは新しいものになる」（「陳爲新」）とか「人間は死ねばまた人間になる」（「人死復爲人」）とか「水は天に戻る」（「水復於天」）という表現、またそれを月の滿ち缺けの現象によって比喩しているのによれば、恐らく生命の永遠の循環を述べているように思われる。そして最後に、その循環について述べた言葉の意味を明らかにするためには、糸口となるものを一つに定めることから始まるべきだとして、一に關する論證を次章に讓る。

第七章では前章を受けて「一→兩→三→女→結」のような生成論、一が世界の窮極的根源的實在であること、一を明らかにすれば全知全能を發揮できること、道を明らかにすることが修身という主體性の獲得と國家統治の方法であることを述べる。

第八章は前半部分では「察一」・「得一」・「守一」について述べ、後半部分では五官による一の感覺的認識について述べる。前半部分の「察一」については、一を明らかにすれば萬物が失われることはないが、それは主觀の側の内省によって明らかにできることを言う。このことは第五章で「貴心」、第七章で「修身」をいうのと論理的に繫がりがある。「得一」については、「一を得る」ことを「天下を併合する」ことと同樣のものとして意義づける。これによれば、「得一」の究極の目的は、天下統一にあることが分かる。「守一」については、一を保持すれば天地の模範となることを言う。後半部分では、一は味（味覺）・臭（嗅覺）・聲（聽覺）・見（視覺）・操（觸覺）といった人間の五つの感覺によって捉えることができるが、作爲的に掌握したり破壞したりすると破滅することを述べる。

第九章では何かについて言うことが肝心であること（その何かとは他ならぬ一である）、竝びにそれが政治の持續的發展、人民の獲得、萬民の利益、天地の模範となることに繫がることを述べる。そして最後に、一の偉大さと政治的有用性について說くことで締めくくる。

このように見てくると、『凡物流形』の思想的特徵は、一を言うことで首尾一貫していること、一と道を同樣の概念として捉えていること（ただ論述の中心は一にある）、一を天地萬物の存在と運動及び自然界・宗教界・人間界の諸現象と秩序の安定・維持を可能ならしめる窮極的根源的實在として位置づけていること、その一を身につけるプロセスとして「察」・「得」・「守」の三段階を提示していること、一を身につける究極の目的はそれを捉えた全知全能の聖人（現實においては君主）による天下統一と一元的支配にあること、一の偉大さと政治的有用性を強調すること、大略これらの六點に絞ることができる。第一章から第三章にある全四一の問いは、こうした一を導き出すために用意されたものに違いない。したがって、形式的にはともかく、内容的に「有問無答」を理由に、全篇を二つに分けて意識的に區別する必要は別にないと考えられる。

とすると、先行研究に内在する問題のうち第四の問題、すなわち『楚辭』天問篇及び苗族創世歌との關係の問題は自ずとクリアされるであろう。まず形式の面から見ると、『凡物流形』において第一章から第三章の問いは、第四章以下で論述する一を導き出すために用意されたものであるから、「有問無答」の楚辭類作品と性格づけることはできない。次に内容の面から見ると、天問篇と苗族創世歌には、前述した『凡物流形』の思想的特徴と類似のものは殆どない。しかも苗族創世歌は、それがいつ頃出來たものなのか、『凡物流形』と同等のレベルで比較可能な材料なのかも不分明なものである。とすると、『凡物流形』を苗族創世歌と天問篇の中間型とする思想編年は、これ以上成り立つことはできなくなる。

では『凡物流形』を『周易』象傳や『禮記』大學篇・中庸篇のような儒家系の文獻の影響を受けてなったとする第五の問題はどうだろうか。それが何を根據にしているかについてはすでに指摘した通りであるが、結論を先に言うと、これも成立し難いとせねばならない。なぜなら、儒家系の文獻から影響を受けたとされるいくつかの語句、すなわち、「品物流形」、「終則有始」、「身修」・「國治」及び「修身」・「治天下國家」、「遠必自邇……高必自卑」は、表現の類似性は認められるものの、あらゆる物を存在・運動させる窮極的根源的實在を想定しない點で、思想の本質的な部分においては『凡物流形』と全く繋がりがないからである。

そうすると、最後に殘るのは、道家系の諸文獻との關係に關わる第六の問題である。まず『凡物流形』と『管子』四篇との關係を見てみると、兩文獻において共通の問題として取り上げられているものに「心」の問題がある。事實この両者には心に對して共通の認識を示しているところもある。例えば、『凡物流形』の第五章に「心が心に勝たないと大亂が起こる。」（「心不勝心、大亂乃作。」）とあるが、心術下篇には「心の中に又心有り。」（「心之中又有心。」）とあり、内業篇には「心以て心を藏す。心の中に又心有り。彼の心の心なり。」（「心以藏心。心之中又有心焉。彼心之心。」）とあって類似の表現が見られる。しかし、このような類似性は實は表面的なものであって、両者の間には思想上重要な相違がある。例えば、内業篇の場合は、

凡そ心の刑は、自ら充ち自ら盈ち、自ら生じ自ら成る。其の之を失う所以は、必ず憂樂喜怒欲利を以てす。能く憂樂喜怒欲利を去れば、心乃ち反濟す。彼の心の情は、安にして以て寧なるを利とす。煩わす勿く亂す勿ければ、和乃ち自ら成る。……彼の道の情は、音と聲とを惡む。心を修め音を靜かにすれば、道は乃ち得可し。(16)

という文章に端的に示されているように、心と道の關係において心の自主性の方に重きが置かれているところに特徴がある。このことは、心術上篇のうち經に當たる部分の冒頭に、

心の體に在るは、君の位なり。(17)

とあり、その説に當たる部分に、

心の體に在るは、君の位なり。……心術は、無爲にして竅を制する者なり。故に君と曰う。(18)

とあって、心の問題を全篇の中心に据えている點とうまく符合している。またこのことは、同じく心術上篇に、

人の職とする所の者は精〈情〉なり。欲を去れば則ち宣〈寡〉、宣〈寡〉なれば則ち靜なり。靜なれば則ち精、精なれば則ち獨立す。獨なれば則ち明、明なれば則ち神なり。神は至貴なり。(19)

とあって、心が「神」、すなわち神妙な力を備えることを最も尊貴とすることからも窺い知ることができる。また内業篇には、

心能く靜を執らば、道將に自ら定まらんとす。[20]

とあって、心が安靜さを堅持すれば、道はおのずとその心の中に定着するとまで言っている。これらの點から見れば、『管子』四篇においては、道より心に重きが置かれており、道は心術を説明するための副次的な役割をする概念であるとせねばなるまい。

ところが、『凡物流形』の第五章には、

次のように聞いている。「……心がもし心に勝つことができれば、これを小徹（小さな悟り）という。何を小徹というのか。人々は「心を清くすること」を明察だと思い込んでいる—これは實を言うと明察ではないのだ。なぜそれが心を清くすることだということを知っているのか。それは彼らが何の動搖もなく心を落ち着かせているからである。しかし、それでは言葉を少なくすることができようか。それでは專一にすることができようか。そもそもこのようなことを小成（小さな成就）という。だからこそ次のように言うのである。『人民が貴ぶのはただ君主のみであり、君主が貴ぶのはただ心のみであり、心が貴ぶのはただ一のみである。』と。……」と。[21]

とあって、ここでは明らかに「心が心に勝つ」ことを「小徹」（圖版では「少𢿱」に作る）とし、心を清くすること（白）を「小成」（圖版では「𡭗𡋮」に作る）としている。このことは、心の自主性を部分的に肯定はするものの、『管子』四篇ほど積極的に全面的に評價はしていないことを意味する。

ところで、『凡物流形』と『管子』四篇との強い繫がりを主張する學者の中には、「少」と「𡭗」を「要」や「本」の意で解釋したり、[22] あるいは「𡭗」を「訬」の異體字として「崇」に讀んだり、[23] あるいは「𡭗」を「操」に讀んだり、[24] あるいは「少」は「朝」に讀んで『莊子』大宗師篇にあるような「朝徹」に解釋し、「𡭗」は「訬」の異體字として

「眇」や「妙」に讀んだりする學者もいる。(25) このように古文字學的もしくは音韻學的に難しい操作をして全く別の字や義に讀もうとする意識の中には、『凡物流形』と『管子』四篇との近似性を強調しようとする意識が先に働いているように見える。そのため、「少」と「㕻」を「小」に讀むと、『管子』四篇の心術の思想とは異なる別の思想になってしまうから、この兩字を高次元のより積極的な意味で解釋しようとしたのだと思われる。

しかしながら、この兩字はそのような難しい操作をして讀む必要はなく、「小」に讀んではじめて文意が通じる、と筆者は考える。なぜなら、『凡物流形』では「小徹」の後に、「人々は『心を清くすること』を明察だと思い込んでいる」とあって、作者は心術に重きを置くことや心の自主性をやたら強調することに批判の念を抱いているからである。このことは、その後すぐ「人民が貴ぶのはただ君主のみであり、君主が貴ぶのはただ心のみであり、心が貴ぶのはただ一のみである」として、「貴心」を「貴一」より價値的に一段階低く位置づけていることからも窺い知ることができる。『莊子』天下篇で宋銒・尹文の説とされる「白心」説も、勿論『凡物流形』の批判の對象であろう。要するに、『凡物流形』では一と心の關係の問題において、明らかに一に重きを置いているのである。これは『管子』四篇の思想との重要な相違の一つである。

『凡物流形』と道家系の諸文獻との關係を議論する際、必ず取り上げるべきものに「一」という概念がある。ただ本稿では紙面の制約上、一という概念を詳細に考察する餘裕はないため、ここではその概略だけを述べることにする。

一という概念について言えば、まず『管子』四篇の中には、『凡物流形』のように一を世界の窮極的根源的實在とする思想は全く含まれていない。心術下篇と內業篇に「執一」という語があるのはあるが、この場合の一は意・心・氣・事を専一にすること、もしくは物を一つにすることを意味するのであって、窮極的根源的實在としての一を意味するわけではない。この點を見ても『管子』四篇との思想的影響關係を強調しすぎるのは隱當ではないと思う。ただ『管子』

四篇には『凡物流形』の一とほぼ同義で使われている「道」という語がある。『管子』四篇の中で道は多義的な概念として使われてはいるが、世界の窮極的根源的實在としての道の片鱗も散在している。そしてそのような道の思想は、例を擧げるまでもなく、先秦から漢代の道家系の諸文獻に數多く見られる。

一方、こうした道ではなく、存在論的な意味での、窮極的根源的實在としての一について論及する例としては、馬王堆帛書『老子』甲本（今本第三十九章）に、

> むかし一を得たもののありさまは、天は一を得て清く、地は一を得て落ち着き、神は一を得て靈妙な働きをし、谷は一を得て水を湛え、侯王は一を得て最高統治者となったのである。……[26]

とあって、一が天・地・神・谷・侯王といった世界の五つの偉大なる存在の屬性を存在論的に規定したとされている。このような思想は、馬王堆帛書『老子』では他に今本第十章（「抱一」）・第二十二章（「執一」）に當たる部分にも見え[27]るし、『莊子』大宗師篇や『韓非子』解老篇などにも見える（兩方とも主語は道）。このことから見ると、右のような意味での一の思想は、戰國時代のある時期から漢初にかけて非常に流行っていたと推測される。また馬王堆帛書『老子』甲本（今本第十四章）には、

> 目で見ようとしても見えないので、これを微（こま）かいと呼ぼう。耳で聴こうとしても聞こえないので、これを希（かす）かと呼ぼう。手で觸ろうとしても何の感觸もないので、これを夷（おぼつか）ないと呼ぼう。この三者は人間の感覺によってつきとめることはできないため、これらをまとめて一と見なすのである。一はその上は遠くにあるわけでもなく、その下は近くにあるわけでもない。極まりがないため名付けることはできないが、物のない状態に立ち返っている。これを形の次元を越えた形、物の次元を越えた姿という。またこれをぼんやりとしたおぼろげなものともいう。後ろから追いかけようとしてもその後ろ姿は見えず、前から出迎えようとしてもその頭は見えない。しかし、

今の道をしっかり握りしめ、今のあらゆる事柄をきちんと處理するならば、太古の始原的實在を把握することができる。これを道の原理という。(28)

とあって、ここでも『凡物流形』と同様、一と道の兩概念を區別なく使っているが、ここでは特に認識論的な見地から一について説明しているところに注目する必要がある。すなわち、一というものは視覺・聽覺・觸覺のような人間の感覺では捉えることができないとされている。それは恐らく一や道の性質を「無爲無形」(『莊子』大宗師篇)と考え、「物を物とする者は物に非ず」(『莊子』知北遊篇)という存在として捉えていたからであろう。道家思想家たちが道家的に理想化した聖人に無爲の態度を取ることを要請する理由は、そうしてこそ無爲無形の一や道を捉えることができると信じていたからである。一般に道家思想家たちはそのような性質を持つ一や道を人間の感覺的作用は勿論、知的作用でもっても捉えにくいものとして考えていたし、これが當時の道家思想家たちにとって一般常識であった。その點は『管子』四篇においても全く同じである。

ところが、『凡物流形』では次のようにそれとは正反對のことを述べている。

次のように聞いている。「……一は、それを口で嚙めば味がし、鼻で嗅げば臭いがし、もので叩けば音がし、目に近づければ見ることができ、手に持てば持つことができる。しかしながら、これを握りしめれば失われ、破れば枯れ、損なえば滅んでしまう。……」と。(29)

つまり、一は人間の五つの感覺によって捉えることができると、非常に明確な口調で語っているのである。一方では一を窮極的根源的實在として形而上の次元で言いながら、他方では感覺で捉えられるとして形而下の次元で議論するわけだから、これは明らかに矛盾である。しかし作者はそれを矛盾として考えていないのである。矛盾の問題はともかく、こうした特徴は『老子』・『莊子』・『管子』四篇といった道家系の諸文獻と決定的な相違を示す部分である。さらに言えば、握・敗・賊は、作爲の領域に屬する行爲であり、そのようにしてはかえって一や道がスポイルされるとして、一般に道家思想家たちの間で否定されてきた行爲であるので、特に問題はない。ところが、作爲と言えば、實は咀・嗅・鼓・近・操といった行爲も、同様に作爲の領域に屬する行爲のはずである。しかしながら、『凡物流形』ではそのようにして一を把握できると述べている。このことも、作爲に關する考え方が『凡物流形』と他の道家系の諸文獻との間で開きがあることを意味する。『凡物流形』の作者が「無爲」という言葉を全く使っていないのは、もしかするとこうした考え方と關連があるかも知れない。作爲の問題はともかく、一や道を人間の感覺によって捉えられるとする『凡物流形』の思想、竝びにこのような思想を含む出土資料が出現したことの意義は非常に大きい。このような思想が出現した原因を思想史的な觀點から言えば、時代と社會の變化に伴い、ある目的意識が働いて、從來のような一や道の存在論がそれの形而下化という趨勢に出會って矛盾を抱えたまま極端にまで走り、その結果「道家思想のコペルニクス的轉回」とでも言うべき現象が起きて、『凡物流形』のような思想が誕生したのではないか、と筆者は考えている。[30] 紙面の制約上、それを思想史的に解明する作業も別稿に讓りたい。

五、むすびに—『凡物流形』の思想編年

では、『凡物流形』の思想編年はどのように考えればよいのだろうか。前述のように『凡物流形』は道家系の諸文獻と思想的に共通するところもあるものの、本質的な相違もあるため、兩者の影響關係をストレートに結びつけることはできない。また『莊子』や『管子』四篇の場合は、各篇各章ごとに成書年代や成立事情が異なり、學者ごとに成書年代に對する意見が違うため、これらの文獻を思想編年のバロメーターにすることには限界がある。『凡物流形』も地下よ

り出土した資料ではあるが、出土地點と出土情況が不明のため絶對年代が分からないし、炭素十四の測定値もその誤差の範圍が上下六五年もあるため、これもバロメーターにすることはできない。このままでは『凡物流形』の思想編年を推測することは絶望的かのように見える。

ただし、手がかりが全くないわけではない。その手がかりとは他ならぬ『老子』である。周知のように、現存の『老子』には戰國時代に抄寫された郭店楚簡『老子』をはじめ、前漢高祖期から呂后期の間に抄寫されたと思われる馬王堆帛書『老子』甲本、文帝期に抄寫されたと思われる馬王堆帛書『老子』乙本、そして今本の都合四種のテキストがある。それに二〇〇九年に北京大學に寄贈された竹書中に含まれている『老子』を加えると、都合五種のテキストがあることになる。この竹書の抄寫年代は前漢武帝期と推定されている。(31)

ところで、一つ興味深い事實がある。それは窮極的根源的實在としての一について論及のある章、すなわち今本第十・十四・二十二・三十九章に當たる内容が郭店楚簡には全く含まれておらず、前漢初期に抄寫された馬王堆帛書にはじめて見られることである。のみならず第四十二章に當たる内容も郭店楚簡にはない。我々はこのような事實を目の當たりにしてどのように判斷すればよいのだろうか。これには次のような三つの可能性を想定することができると思う。第一は、郭店一號墓は盜掘の被害を被ったがために、たまたまその部分を含む竹簡の一部だけが散逸してしまった可能性である。第二は、『史記』老子列傳にあるように『老子』は最初から今本のような五千餘言の體裁を有しており郭店本はそれを拔粹したものであるが、拔粹の過程で一に關して論及のある部分をわざわざ抄寫しなかった可能性である。第三は、郭店本は現存最古の『老子』であり、郭店本から馬王堆本へと展開する過程の中で、一に關して論及する章が增えていった可能性である。

まず第一の可能性は非常に低いだろう。なぜなら、いくら盜掘の被害を受けたとしても、一に關する部分が一遍になくなる確率はそれほど高くはないからである。第二の可能性もそれほど高くはないと思う。郭店本が五千餘言本の拔粋本であると主張する代表的な學者は李學勤氏であるが、その説が成り立たないことについては、すでに前稿で指摘した通りである。(32) 殘るのは第三の可能性であるが、これは郭店本が形成過程にあるテキストであるという認識に基づくものである。(33) 筆者も基本的にはこの認識に贊同するものであり、前述のように第一と第二の可能性は高くないと考えられるので、ここでは第三の可能性の方向で議論を進めることにする。そうすると、窮極的根源的實在としての一に關する議論は、郭店楚簡『老子』の段階ではまだ存在しなかったか熟しておらず、それ以降から馬王堆本が抄寫された時期にかけて活發な議論が行われた結果、馬王堆本に徐々に附け加えられていったことになる。

もう一つのバロメーターとして考えられるのは、今本『孟子』と今本『荀子』という書物である。今本『孟子』には、當時儒家の強力なライバルとして楊朱と墨翟は取り上げられているが、老子や莊子といった道家的思想を有する個人や學派が視野に入っていた痕跡は殆ど見あたらない。その痕跡がはじめて見られるのは今本『荀子』である（解蔽篇・天論篇）。ということは、孟子とその學派が活動していた時期には、道家系統の思想家たちはさほど大きな勢力を形成しておらず、荀子とその學派が活躍していたその前後の時期となってはじめて思想史の表舞臺にその存在をアピールするような勢力を形成するようになったことを意味するのではあるまいか。

存在論及び生成論的な意味での一の思想がメインテーマとなっている點、そのような一の思想が傳聞という形式で書かれている點、一（もしくは道）より心術に重きを置く思想を批判的に捉えている點、一は人間の感覺によって把握できるとしている點から考えると、『凡物流形』のような議論が思想史上で可能であるためには、少なくとも次の五つの議論が先行していなければなるまい。第一は、存在論的な意味での一や道に關する議論である。第二は、生成論的な意味での一や道に關する議論である。第三は、認識論的な意味での一や道に關する議論である。第四は、一や道の形而下化に關する議論である。第五は、道家的な心術に關する議論である。第一と第三の議論は郭店楚簡『老子』にも見えるから、それ以前からあったはずである。しかし、第二と第四・五の議論は郭店楚簡『老子』には見えず、馬王堆本『老子』や『莊子』の中でも比較的後の作である秋水篇や『管子』四篇や『韓非子』解老篇などに部分的に見られる思想である。なお、戰國中期か後期あたりに成立したと思われる『莊子』齊物論篇の「南郭子綦・顔成子游」章に第一の議論のみが若干見え、第二から第五の議論が全く含まれていないことにも注意すべきである。以上述べてきたことを總合的に考えると、『凡物流形』の思想編年は、恐らく郭店楚簡『老子』の後、荀子とその學派が活躍していたその前後の時期に成立したのではないかと推測される。

數十年前とは違って、多くの思想關連の出土資料が發見されつつある今現在、多くの學者たちによって、様々な角度から、傳世文獻の思想編年に對する見直しの作業が着々と進んでいる。しかし、それは出土資料の考古年代の問題をはじめ、文字判定や原文解釋、ひいては資料批判や思想史の理解など、依然として多くの問題を孕んでいる。これらの問題を科學的な確かさでどのように解明するか、これこそ今日の思想史家の直面している課題であろう。

〔附記〕"This academic research is conducted with the financial support of the Foundation Academic Platonica"

注

(1) 劉祖信「荊門楚墓的驚人發現」(『文物天地』一九九五―六、一九九五年十一月)、湖北省荊門市博物館「荊門郭店一號楚墓」(『文物』一九九七―七、一九九七年七月)、荊門市博物館篇『郭店楚墓竹簡』(文物出版社、一九九八年)の「前言」を參照。

(2) 拙論「郭店一號楚墓より見た中國「考古類型學」の方法論上の諸問題と「白起拔郢」の問題」(池田知久監修『郭店楚簡の思想史的研究』六、「古典學の再構築」東京大學郭店楚簡研究會編、二〇〇三年二月、三～二三頁／後に拙著『郭店楚簡儒教の研究―儒系三篇を中心にして―』(汲古書院、二〇〇七年)に收録)及び「간백 연구 서설(簡帛研究序說)」(『오늘의 동양사상(今日の東洋思想)』十五、藝文東洋思想研究院、韓國、二〇〇六年十月、二二四～二二五頁)を參照。

(3) 郭德維『楚系墓葬研究』(湖北教育出版社、一九九五年)がその代表的な例である。

(4) 工藤元男『睡虎地秦簡よりみた秦代の國家と社會』(創文社、一九九八年、三五九頁)を參照。

(5) 馬承源「前言：戰國楚竹書的發現保護和整理」(馬承源主編『上海博物館藏戰國楚竹書(一)』、上海古籍出版社、二〇〇一年十一月、二頁)、「馬承源先生談上博簡」(上海大學古代文明研究中心・清華大學思想文化研究所編『上博館藏戰國楚竹書研究』、上海書店出版社、二〇〇二年三月、三頁)を參照。

(6) 狩野直喜『中國哲學史』(岩波書店、一九五三年第一刷發行、一九五七年第二刷發行、一二～一四頁)を參照。

(7) 馬承源主編『上海博物館藏戰國楚竹書(七)』(上海古籍出版社、二〇〇八年十二月)に曹錦炎氏による甲乙兩本の圖版と釋文・注釋が收録されている。以下、底本と略稱する。

(8) 底本、二三一頁。

(9)　顧史考「上博七〈凡物流形〉上半篇試探」（復旦大學出土文獻與古文字研究中心ＨＰ（http://www.gwz.fudan.edu.cn/SrcShow.asp?Src_ID=875）、二〇〇九年八月二十三日）を參照。

(10)　底本、二二二頁。

(11)　淺野裕一「上博楚簡『凡物流形』の全體構成」（『中國研究集刊』四八、二〇〇九年六月、五四～五七・六三頁）、同「苗族創世歌と上博楚簡『凡物流形』《問物》―『楚辭』天問の淵源―」（『中國研究集刊』五〇、二〇一〇年一月）。

(12)　王中江「《凡物流形》的宇宙觀、自然觀和政治哲學―圍繞〝一〟而展開的探究幷兼及學派歸屬」（『中國哲學』二〇〇九―六、二〇〇九年、四九・五三・五六・五八頁）。

(13)　王中江「《凡物流形》的〝貴君〟、〝貴心〟和〝貴一〟」（『清華大學學報（哲學社會科學版）』二〇一〇―一、二〇一〇年、八九頁）。

(14)　秦樺林「從楚簡《凡物流形》看《彖傳》的成書年代」（『周易研究』二〇〇九―五、二〇〇九年、三〇～三一頁）。

(15)　曹峰「上博楚簡《凡物流形》的文體結構與思想特徵」（『清華大學學報（哲學社會科學版）』二〇一〇―一、二〇一〇年、八一～八二頁）。

(16)　『管子』内業篇「凡心之刑、自充自盈、自生自成。其所以失之、必以憂樂喜怒欲利。能去憂樂喜怒欲利、心乃反濟。彼心之情、利安以寧。勿煩勿亂、和乃自成。……彼道之情、惡音與聲。修心靜音、道乃可得。」。

(17)　『管子』心術上篇「心之在體、君之位也。」。

(18)　『管子』心術上篇「心之在體、君之位也。……故曰（衍文）、心術者、無爲而制竅者也。故曰君。」。

(19)　『管子』心術上篇「人之所職者精〈情〉也。去欲則宣〈寡〉、宣〈寡〉則靜矣。靜則精、精則獨立矣。獨則明、明則神矣。神者至貴也。」。

(20)『管子』内業篇「心能執靜、道將自定。」。

(21) 上博楚簡『凡物流形』第二十六・十八・二十八號簡「䎽(聞)之曰、……心女(如)能𠡦(勝)心、是𦝤(謂)少(小)𢾁(徹)。𦃞(奚)𦝤(謂)少(小)𢾁(徹)。人白𢀷(爲)戠(察)。𦃞(奚)㠯(以)晢(知)亓(其)白」。𠔊(終)身自若」。能𡧍(寡)言虗(乎)、能貣(一)虗(乎)、夫此之𦝤(謂)尐(小)𢦏(成)。曰、𦣻(百)眚(姓)之所賷(貴)售(唯)君、君之所賷(貴)售(唯)心、心之所賷(貴)售(唯)貣(一)。……」。

(22) 王中江前揭論文、「《凡物流形》的宇宙觀、自然觀和政治哲學」(五七頁)、「《凡物流形》的〝貴君〟、〝貴心〟和〝貴一〟」(八六頁)。

(23) 楊澤生「說《凡物流形》從〝少〟的兩個字」(簡帛HP(http://www.bsm.org.cn/show_article.php?id=999)、二〇〇九年三月七日)。

(24) 顧史考「上博七〈凡物流形〉下半篇試解」(復旦大學出土文獻與古文字研究中心HP(http://www.gwz.fudan.edu.cn/SrcShow.asp?Src_ID=876)、二〇〇九年八月二十四日)。

(25) 曹峰「再論《凡物流形》的〝少徹〟和〝訬成〟」(簡帛研究HP(http://jianbo.sdu.edu.cn/admin3/2010/caofeng001.htm)、二〇一〇年一月十一日)、同『楚地出土文獻與先秦思想研究』(臺灣書房出版有限公司、二〇一〇年、一七〇～一七二頁)。

(26) 馬王堆帛書『老子』甲本第五～六行「昔之得一者、天得一以淸、地得〔一〕以寧、神得一以霝(靈)、浴(谷)得一以盈、侯〔王得一〕而以爲正。……」。なお、馬王堆帛書『老子』からの引用は、國家文物局古文獻研究室編『馬王堆漢墓帛書〔壱〕』(文物出版社、一九八〇年)を底本とした。ただ圖版を見て釋文を改めたところもあり、缺文は乙本によって補った。譯の際は、池田知久『老子』(東方書店、二〇〇六年)も參照した。

(27) 第四十二章の一は、道から生まれたものとされている點で、窮極的根源的實在と見なすことはできない。

（28）馬王堆帛書『老子』甲本第一一五～一一八行「視之而弗見、名之曰⿱微耳（微）。聽之而弗聞…、名之曰希。捪之而弗得、名之曰夷…。三者不可至（致）計（詰）…、故⿴囗束（捆）〔而爲一。一〕者、其上不攸」、其下不忽。尋（繩）尋（繩）呵不可名也、復歸於无物…。是胃（謂）无狀之狀、无物之〔象。是胃（謂）沕（忽）朢（恍）。隋（隨）而不見其後、迎〕而不見其首。執今之道、以御今之有…、以知古始。是胃（謂）〔道紀〕。」

（29）上博楚簡『凡物流形』第十九・二十號簡「⿰昏耳（聞）之曰、……是古（故）弌（一）虘（咀）之又（有）未（味）、⿰鼻巳（嗅）〔之又（有）⿰鼻巳（臭）〕、鼓之又（有）聖（聲）、⿱斤心（近）之可見、⿰睪攵（操）之可⿰睪攵（操）■。⿰睪攵（握）之⿰貝勿（則）遊（失）、敗之⿰貝勿（則）高（槁）、⿱戠木（賊）之⿰貝勿（則）烕（滅）。……」。

（30）「形而下化」という用語と意味については、池田知久「中國思想史における「自然」の誕生」（『中國―社會と文化』八、一九九三年六月、一九頁）を參照。

（31）「北京大學出土文獻研究所工作簡報」一（二〇〇九年十月、三～四頁）を參照。

（32）拙論「出土文字資料와 中國古代思想史（出土文字資料と中國古代思想史）」（『史林』三一、韓國、二〇〇八年十月、七九～八二頁／日本語版：『人文科學』一四、大東文化大學人文科學研究所、二〇〇九年三月、一八七～一八九頁）を參照。

（33）許抗生「初讀郭店竹簡《老子》」（『中國哲學』二〇、遼寧教育出版社、一九九九年一月、九三頁）、池田知久「尚處形成階段的《老子》最古古本―郭店楚簡《老子》」（『道家文化研究』一七、三聯書店、一九九九年八月、一八一頁）、谷中信一「郭店楚簡『老子』及び「太一生水」から見た今本『老子』の成立」（郭店楚簡研究會編『楚地出土資料と中國古代文化』、二〇〇二年三月、一〇六頁）を參照。

『凡物流形』甲乙本の系譜關係
―楚地におけるテキスト書寫の實態とその背景―

福田　哲之

序　言

現在までに公表された上海博物館藏戰國楚竹書には、以下のごとく同じ内容をもつ甲乙兩本のテキストからなる四篇の著作が存在する。

『天子建州』甲本・乙本（『上海博物館藏戰國楚竹書（六）』所收）
『鄭子家喪』甲本・乙本（『上海博物館藏戰國楚竹書（七）』所收）
『君人者何必安哉』甲本・乙本（『上海博物館藏戰國楚竹書（七）』所收）
『凡物流形』甲本・乙本（『上海博物館藏戰國楚竹書（七）』所收）

各篇の甲乙兩本は、本文・字體の兩面において顯著な共通性を示し、それぞれが極めて近い系譜關係にあることが知られる。また、その中に『鄭子家喪』『君人者何必安哉』のごとく原本が楚地で著作されたと見なされる楚王故事が含まれること、さらに『天子建州』乙本、『君人者何必安哉』甲本・乙本、『凡物流形』甲本に稚拙性を帶びた特異な書風が認められることなどから、これらは楚地において何らかの關聯のもとに書寫されたテキストであった可能性が指摘される。本稿ではこうした餘測のもとに『凡物流形』甲乙本の系譜關係を中心に檢討をおこない、楚地におけるテキスト書寫の實態とその背景について考察を加えてみたい。

なお以下の檢討は、馬承源主編『上海博物館藏戰國楚竹書（七）』（注1）（以下『上博（七）』と略記）所收「凡物流形（甲本・乙本）」の圖版にもとづき、引用は復旦大學出土文獻與古文字研究中心研究生讀書會「《上博（七）・凡物流形》重編釋文」（注2）（以下「重編釋文」と略記）に從う。

一、甲乙本の系譜關係にかかわる先行研究

はじめに『上博（七）』にもとづき、『凡物流形』甲乙本の書誌情報を［表一］にまとめておく（注3）。

［表一］『凡物流形』甲乙本の書誌情報

	殘存簡數（完簡數）	簡長cm	編線	殘存字數
甲本	三十（二十三）	三十三・六	兩道	八百四十六
乙本	二十二（三）	四十	三道	六百一

この表からも知られるように、兩本の殘存狀況は大きく異なっており、甲本に比して、乙本は殘缺や缺失簡が多く、殘存字數で二百四十五字少ない。

『凡物流形』甲乙本は、まず『上博（七）』に寫眞圖版とともに曹錦炎氏の原釋が公表され、續いて復旦大學讀書會による「重編釋文」が發表された。後者は原釋にもとづき、釋讀・綴合・編聯に全面的な修訂を加えたものであり、その後、李松儒「《凡物流形》甲乙本字跡研究」（注４）は、甲本に認められるＡＢ二類の字跡の分析から、「重編釋文」およびこれに補充整理を加えた顧史考・王中江・張崇礼氏らの排列の妥當性が裏附けられるとしている（注５）。

當初、曹氏の原釋の段階では、兩本の本文にはそれぞれ獨自の誤脱や衍文が認められ、甲本に比して乙本の混亂の度合いがとくに大きいと見られていた。したがって、兩本の間には他方が一方を書寫したというような直系の系譜關係は想定し得ず、本文の復原にあたって、兩本はそれぞれ獨自の價値をもつと考えられたのである。ところが「重編釋文」によって修訂が加えられた結果、乙本の本文は、甲本の誤脱と見なされる二箇所（乙本簡17ｄ・簡13ｃ）と甲本の竹簡の缺失部に該當する簡16「而」字とを除いて、すべて甲本と對應しており、兩本間の異同において誤寫と見なし得る例はすべて甲本の側に存在することが明らかとなった。

こうした兩本の本文の關係を踏まえて、顧史考「上博七《凡物流形》簡序及韻讀小補」（注６）は、甲本のみに誤寫や誤脱が存在することを根據に、甲本は乙本を書寫したものであるとの見解を示している。また、一上示三王（程少軒）「《凡物流形》甲篇抄自乙篇的一個證據」（注７）は、甲乙兩本の「而」字の字形を比較し、乙本に一貫して認められる「〃左脚〃弯一下」の寫法の影響が甲本の一部に認められることを指摘し、乙本が甲本の底本であることの傍證としている。

兩氏の見解に對して、逆に甲本が乙本の底本であるとするのが、先にも紹介した李松儒「《凡物流形》甲乙本字跡研究」である。李氏の論文は「一、《凡物流形》甲本字跡研究」と「二、《凡物流形》甲乙本字跡對照研究」との二章で構成され、第一章では上述した甲本のＡＢ二類の字跡に關する見解、第二章では甲乙本の字跡の比較對照にもとづく兩者の關係について檢討が加えられている。以下では第二章を中心に、李氏の議論の要點を見ていこう。

李氏はまず具體例を示しつつ、甲乙兩本の間にきわめて緊密な字形の繼承關係が存在することを指摘し、兩本の間には「一、甲本抄於乙本」「二、乙本抄於甲本」「三、甲・乙兩本同時照抄一個底本」の三種の系譜關係が想定されるとする。

このうち「一、甲本抄於乙本」について、先に紹介した一上示三王氏および顧史考氏の見解を取り上げ、一個の文字の寫法の違いによってテキストの書寫の關係を判定することはできず、また代表性のない脱文・衍文などから、テキストの書寫の順序を判定することはできないとし、書寫本文の依照性あるいは書寫時間の前後性に關しては、字跡の特徴が含んでいる多種の要素を考慮する必要があると述べる。その上で李氏は甲本と乙本との書寫の相違について、整理者である曹錦炎氏の見解を提示した後、新たに「1. 抄寫速度的變化」「2. 誤字」「3. 用字不穩定」「4. 〃衍符〃和脱文・衍文」の四項目にわたって檢討を加え、最終的に以下のごとく結論づけている。

> 根據上述的誤字・用字不穩定・脱文・衍文等幾方面對《凡物流形》甲・乙本的字跡對比考察、甲本抄自乙本的情況是不太可能的。我們猜測、《凡物流形》是先由甲本根據一個底本進行抄寫、乙本是在甲本基礎上進行校改與謄抄。不過、乙本和甲本同時抄寫同一底本的可能也不能排除。

すなわち李氏は、誤字・用字不穩定・脱文・衍文などを中心とする兩本の字跡の比較分析の結果、甲本が乙本を書寫した可能性は低く、『凡物流形』はまず甲本が一個の底本によって書寫され、乙本は甲本の基礎の上に校訂を加えて書き寫されたものであるとし、さらに、甲本と乙本とが同一の底本から同時に書寫された可能性も排除できないとするのである。

この李氏の見解で疑問とすべきは、甲本が乙本を書寫した可能性は低いとする根據が、「乙本的字跡清晰、如果是以其爲底本抄寫、甲本是不會多次出現這樣的錯誤」や「但如果是以乙本爲底本的話、因乙本用字很穩定、就不應該出現甲本簡13・簡17〝天〟〝而〟相混淆的情況」との記述に見られるごとく、整寫された乙本を底本として甲本が書寫されたとすれば、甲本に見えるような誤字や用字不穩定といった現象は生じないはずである、という一點にほとんど限られていることである。

しかし、たとえ底本がどのように整寫されていたとしても、轉寫の際に誤寫を生じる可能性が皆無ではないことは、言うまでもあるまい。誤寫の誘因はテキストが整寫されたものか否かにかかわらず常に存在し、誤寫の發生は書寫者の學力・性格・年齢などの諸条件によっても大きく左右される。事實、李氏自身も「1．抄寫速度的變化」において、甲本はＡＢいずれの書寫者も書寫速度が乙本の書寫者にくらべて速く、その結果、單字・文字分布の兩面で、甲本は潦草であるのに對し、乙本は工整であることを指摘し、また「2．誤字」では甲本に誤字が生じた要因として、甲本の書寫者の技量はただ寫すことのみにあって識字水準は比較的低かったこと、また、テキスト書寫の仕事を早く終わらせるために書寫速度だけを重んじて對校をしなかったことなどの可能性を擧げている。このような甲本書寫者の實態を考慮すれば、むしろ底本がいかに整寫されていたとしても、誤寫は容易に生じ得たと見るべきではないだろうか。

さらに李氏は「4．衍符和脱文・衍文」において、甲本に見える二箇所の脱文を指摘したのち、「乙本根據別本核校而加以補足」と述べ、甲本の脱文が乙本に存在するのは、乙本が別本との對校により補足したためであると見なしている。しかし、それを裏附ける具體的な根據はどこにも示されていない。したがって、甲本の脱文を乙本が別本により補足したとの見解は、あくまでも甲本が乙本の底本であるとの前提から導き出されたものであり、この論法は論證すべき結論を潛在的に論證の前提とする循環論法に他ならないのである。

以上の論述を通して、李氏の見解は十分な論據を伴うものではなく、甲乙兩本の關係については、なお愼重な檢討が必要であることが了解されよう。次章ではこうした狀況を踏まえ、あらためて兩本の系譜關係について檢討を加えてみたい。

二、本文の比較分析

テキストの系譜關係を明らかにする上で重要な手がかりを提供するのが、轉寫の際に生ずる本文の誤謬である。本章では先學の指摘を踏まえながら、兩本の系譜關係という觀點から、あらためて本文誤謬について檢討を加えておきたい。

まず兩本に見える單字の異同をすべて列擧する。これらのうち釋讀に疑問の餘地が殘る⑥⑦を除く六例の異同は、いずれも乙本に對して甲本に誤謬性が認められる。⑥については「重編釋文」が疑問符附きで提示する乙本の「入」が文意の面で妥當であり、釋讀に疑問のない甲本の「人」は誤謬の可能性が高い。また⑦について「重編釋文」は甲乙兩本とも存疑とするが、假にこの釋讀にしたがえば、文意の面で乙本の「夂（終）」が順當であり、甲本の「禾（和）」では疏通しにくい。

①乙本簡8「其入（?）中」——甲本簡10「其人中」
②乙本簡11ａ「事先智」——甲本簡16「事之智」
③乙本簡11ａ「聖人尻於其所」——甲本簡16「聖人⿸尸示於其所」
④乙本簡19ｂ「可先智」——甲本簡26「可之智」
⑤乙本簡12「一而思」——甲本簡17「一天思」
⑥乙本簡12「天下而」——甲本簡17「而下而」

⑦乙本簡14ｂ「而夊不」——甲本簡20「而禾不」
⑧乙本簡22「所容大」——甲本簡29「所谷大」

ただしここで留意すべきは、誤謬の認定はあくまでも釋讀する側の判斷にもとづくため、正しいとされる本文が必ずしも原本に結びつくとは限らないという點である。また、轉寫の際に書寫者が親本の本文に修正を加える可能性も否定し得ないため、誤謬はテキストの前後關係を決定づけるものではないということも考慮しておく必要がある。しかしこれらの諸點を十分に踏まえた上においても、誤謬性をもつ本文（單字）がすべて甲本の側に存在するという事實は、本文の系譜上、乙本が甲本よりも上位に位置することを強く示唆する、と言ってよいであろう。

これらの單字の異同に比べて、次に取り上げる脱文の場合は、誤謬の發生とテキストの前後關係とを比較的明瞭に把握することが可能であり、系譜建設においてより信頼性の高い觀點と見なされる。甲乙兩本を比較すると、以下のごとく甲本に二箇所にわたる脱文が認められる。

①乙本簡17ｄ「戠神而同戠同而僉」——甲本簡24「戠神而同・・而僉」
②乙本簡13ｃ「䖒之又未敗之又敗鼓之又聖」——甲本簡19「䖒之又未敗・・・鼓之又聖」

文脈および構文の検討から、甲本本文の誤謬であることはほぼ確實であり、目移りを誘發したと見なされる重出文字（①は「同」字、②は「敗」字）の存在から、甲本の書寫者の不注意による誤脱であることが知られる。したがって、甲本における二箇所の脱文の存在は、本文の系譜上、乙本が甲本の上位にあることを積極的に裏附けるものと言ってよい。

ここでこれまでの検討結果を整理しておこう。本文誤謬を中心とした比較分析を踏まえれば、「乙本抄於甲本」の成立する餘地はほとんどなく、假に乙本が甲本を書寫したものであったとすれば、李氏が推定したように誤寫や誤脱を補訂し得る別本の存在を想定する必要がある（「系譜Ⅰ」參照）。

［系譜Ⅰ］

しかし上述のとおり、乙本には別本による校訂や脱文の後補を示す痕跡は認められず、甲乙兩本の他の箇所にも別本との交渉を窺い得るような手がかりは見いだされない。

それでは、李氏が可能性を排除し得ないとした、甲乙兩本が同じ底本をもつ關係はどうであろうか（「系譜Ⅱ」參照）。

［系譜Ⅱ］

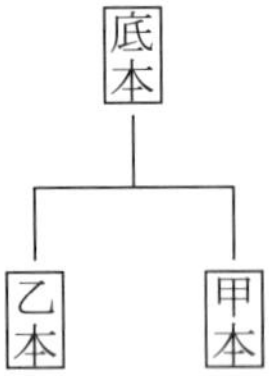

假にこの推測にしたがった場合、甲乙兩本は同じ底本を個別に書寫したことになるため、それぞれに轉寫の際に生じた獨自の誤寫や誤脱が存在する可能性が高い。しかし上述のごとく、誤寫・誤脱と認定し得る例は甲本のみに存在して乙本には認められず、甲乙兩本が共通の底本に依據したことを窺い得る痕跡も見いだされないのである。

本章における本文誤謬の分析を踏まえれば、甲乙兩本の關係として最も蓋然性が高いのは、乙本を甲本の直系の親本とする系譜關係であると考えられる（「系譜Ⅲ」參照）。

〔系譜Ⅲ〕乙本——甲本

ただし、これまでの論述は〔系譜Ⅰ〕〔系譜Ⅱ〕の可能性を完全に否定し得るものではないため、最終的に〔系譜Ⅲ〕を證明するためには、乙本から甲本への直接的な影響關係を示す證據の提示が必要となる。次章ではこのような意圖から、兩本の字體について比較分析を加えてみよう。

三、〔系譜Ⅲ〕の證明

前章で提起した〔系譜Ⅲ〕が立證されるためには、甲乙兩本の交渉を示す痕跡が存在し、しかもそれが、乙本から甲本への影響關係を示し、さらにそうした事例が複數にわたって指摘される必要がある。こうした點からあらためて注目されるのは、甲本の「而」字の一部に乙本の寫法の影響が認められることを指摘し、甲本の底本が乙本であることの證左とした一上示三王（程少軒）「《凡物流形》甲篇抄自乙篇的一個證據」の見解である。ただし、一上示三王氏が乙本の影響ありとした「而」字は、いずれも李松儒氏が指摘するＡＢ二組の字跡のうちのＢ組に屬しており、それらが後半部分に集中するのは、Ｂ組が後半に偏在する結果であって、必ずしも乙本の字體の影響が顯在化したとは見なしがたい。また乙本の影響が左脚のみに限定され、右脚が異なる點も疑問の餘地があり、さらに李氏の批判にもあったように、このような影響關係を論ずる場合は、一個の事例のみでは説得力をもたず、複數の證據の提示が必要とされよう。

そこでこうした諸點に留意しながら、あらためて兩本の字體について比較分析を試みた結果、乙本から甲本への影響關係を示すものとして、以下の三つの事例が指摘される。

まずはじめは「水」偏（左偏）にみえる形體變化である。［表二］に甲乙兩篇の「水」偏（左偏）の全用例を對照して掲げた。この間の竹簡の順序は諸家に異同がなく、各本における書寫の順序に對應すると見てよい。ここでは条件を一定にするために甲本A類（No.１～９）に絞って比較を行う。

［表二］「水」偏（左偏）の形体変化

（各欄内の算用数字は簡番號、甲本各欄のA・Bは李松儒氏による字跡の類別を示す）

No.	乙本	甲本
1、	 1	 A 1
2	 1	 A 1
3	 2	 A 2
4	 2	 A 3
5	 8	 A 10
6	 8	 A 10
7	 9	 A12a
8	 9	 A 14
9	 11a	 A 16
10	竹簡缺失	 B 15
11	 22	 B 29

乙本の「水」偏は、上部の三画を獨立させて「乙」字型に屈曲させたような形體を示し、それが№１から№４まで連續している（以下、便宜上このような形體を屈曲型と呼ぶ）。№５は缺損があるため明瞭に把握しがたいが、№６からは「川」字を上下に重ねたような形體に變化し、それが最後の№11まで連續している（以下、便宜上このような形體を垂直型と呼ぶ）。一方、甲本A類は、乙本とは寫法が異なるものの類似の形體をもつ屈曲型が№１から№５まで連續し、№６・№７で中間的な様相を示しながら、№８・№９では明確に垂直型に變化している。

以上の分析を整理すると［圖一］のごとくである。甲乙兩本がきわめて緊密な關係をもつことがあらためて確認されると同時に、乙本における屈曲型から垂直型への變化が甲本に先行することから、兩本の影響關係は乙本から甲本へという方向性をもつことが明らかとなる。

［圖一］「水」偏の形體變化

乙本　№
- 1・2・3・4　屈曲型
- 5？（缺損）
- 6・7・8・9・10・11　垂直型

甲本　№
- A組：1・2・3・4・5　屈曲型
- A組：6・7　中間型
- A組：8・9　垂直型
- B組：10・11　垂直型

次は「人」字の位置の變化である。［表三］に甲乙兩本の「人」字の全用例を對照して掲げた。ただし№５の乙本簡８は、形體・配置の兩面で乙本の他の「人」字と明瞭に相違し、別字である可能性が高いと見なされることから、ここでは検討の對象から除外する（注８）。

乙本の「人」字は、例外なくすべて竹簡の左半分のスペースに左に寄せて書寫されている。同様の配置は、「人」字

［表三］「人」字の位置の變化

No.	乙本	甲本
1	 2	 A 2
2	 3	 A 4
3	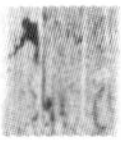 4	 A 5
4	 5	 A 6
5	 8	 A 10

No.	乙本	甲本
6	 11a	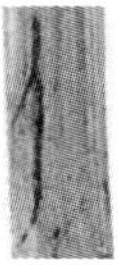 A 16
7	竹簡缺失	 A 18
8	 17d	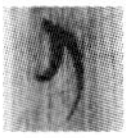 B 24
9	 17d	 B 24
10	竹簡缺失	 B 12b

と共通構造をもつ「身」字（簡5）、「十」字（簡7）、「千」字（簡7・簡11ａ）などの諸字にも一貫して認めることができ、乙本書寫者の寫法の特色と見られる。一方、甲本ではＡＢ兩類とも基本的に竹簡の中央の位置に書寫されているが、Ａ類では№３・№６のごとく左寄りのものが含まれており、寫法に搖れが認められる。とくに№６は、第一画の左払いの起筆を左に寄せ、意圖的に右側を空けようとした形跡が濃厚である。このような甲本Ａ類の「人」字にみえる寫法の搖れは、乙本を實見しつつ書寫した結果、乙本の寫法に誘發されて生じたものと見なされる。

以上の二例は、いずれも甲本に見える字體變化の要因を乙本に求め得るものであるが、さらに懷疑を重ねるならば、甲乙兩本がそれぞれ共通の底本から影響をうけ、それがたまたま乙本から甲本へという方向性を示すように見えるに過ぎないとの反論も予想される。そこで、乙本固有の要素が直接的に甲本に影響したことをより有力に示す例として、乙本簡1にみえる「之」字の補入を取り上げてみたい。

【圖二】乙本簡1末尾部「……系（奚）逡（後）之系（奚）先会（陰）昜（陽）」

→

【圖三】甲本簡2冒頭部「之系（奚）先会（陰）昜（陽）之𡰥（凥）系（奚）……」

［圖二］に掲げたのは乙本簡1の末尾部分であり、簡末の「昜（陽）」字の下半部以後が殘缺している。注目されるのは「遂之系」の「之」字（矢印部分）に後補の痕跡が認められる點である。「之」字が「遂」字と「系」字との間に補入されたものであることは、字間や運筆の相違から明白であり、カラー圖版によれば「之」字は墨色がやや薄く、明らかに前後の文字と相違している。

一方［圖三］に示したごとく、甲本では簡2の簡頭に「之系先」の部分が位置する。甲本簡2は完簡で簡の上端に缺損はなく、その前に續く簡1も完簡で末尾が「系遂」で終わり、簡2に連續している。ここで注目されるのは、甲本簡2簡頭の「之系」の二字が密着して一字のように書寫されている點である。甲本の簡頭部分はどの竹簡もほとんど空白をとらずに書き出されており、「系」字を書いた後に「之」字を補入したとは考えにくく、筆跡からも「之系」は一連の運筆によるものと見なされる。また語彙や形態面から「之系」を合文と見ることも困難である。

こうした狀況を踏まえれば、甲本簡2簡頭に見える「之系」の不自然な密着は、乙本を實見しながら書寫した甲本の書寫者が、乙本簡1の「之」字の補入箇所をそのまま忠實に轉寫したために生じたものであり、前章に示した［系譜Ⅰ］および［系譜Ⅱ］においては決して生じ得ない現象であると考えられる。

以上、本章では乙本から甲本への影響關係を示す具體的な證據として三つの事例を取り上げ、個別に檢討を加えた。その結果、甲乙兩本には緊密な影響關係が認められ、しかもそれらはすべて乙本から甲本へという一方向を示すことが明らかとなった。筆者の分析によれば、その逆の可能性を示す例は認められず、［系譜Ⅲ］に對する反證は見いだしがたいようである。前章および本章における檢討結果を踏まえれば、甲本が乙本を底本として書寫されたテキストであることは、ほぼ立證し得たと言ってよいであろう。

四、甲乙兩本のテキストとしての性格

乙本と甲本との直系の親子關係が證明されたことにより、乙本の本文が系譜上、甲本の上位にあることが明らかとなる。乙本本文の正當性については、すでに内容面から指摘されていたところであるが、前章の検討結果は、それを系譜面から裏附けるものと言えよう。

ここであらためて問題として浮かび上がってくるのは、甲乙兩本はそれぞれどのような性格をもったテキストなのか、という點である。直系の親子關係にある二つのテキストが別々の墳墓から出土したとは考えがたく、兩本は同じ墓主の周辺に存在していた可能性が高い。しかも上述のごとく、親本である乙本と子本である甲本との間には字體・本文の兩面で顯著な異質性が認められるのである。以下ではこの問題について、字體と符號との兩面から考察を加えてみたい。

まず、字體から見ていく。乙本の字體が工整なのに對し、甲本は潦草であり、甲本の書寫者の識字水準が比較的低かったと見られることは、上述のごとくすでに李松儒氏の指摘するところであるが、この點については、兩本の系譜關係が明らかにされたことによって、さらに明瞭な把握が可能となる。

まず注目されるのは、搖れのない安定した字體で整寫された乙本にもとづきながら、甲本の書寫者が少なからぬ誤寫を生じているという事實である。

例えば、A類では「事先|智」（乙本簡11a）→「事之|智」（甲本簡16）、「可先|智」（乙本簡19b）→「可之|智」（甲本簡26）のごとく、「先」字を「之」字に誤る誤寫を重ねており、一方、B類でも「一而|思」（乙本簡12）→「一天|思」（甲本簡17）、「天|下而」（乙本簡12）→「而|下而」（甲本簡17）のごとく、同一簡において「而」と「天」との混亂を生じている。親本の乙本では「而」と「天」とが形體面から例外なく明瞭に書き分けられており、甲本の書寫者もそれを認識

していた形跡が認められるが、それにもかかわらず一部にこうした混亂が生じていることは、讀解力においても、なお未習熟な面があったことを示唆するであろう。さらに前章で指摘したごとく、「之」字の後補により密着した乙本簡1「之系」二字を、甲本簡2ではそのままの形で轉寫しているという事實も、甲本の書寫者が文意を十分に消化しないままに親本を書寫していた狀況を物語っている。

しかし同時に留意すべきは、甲本の書寫者は決して文字書寫に通じていなかったわけではなく、すでに『凡物流形』を閱讀・書寫するために必要な一定の基礎的な學力を備え、文字書寫においても自己の書寫習慣をもつ段階にあったと推測される點である。これは李松儒氏が指摘した書寫速度という點からも傍證し得るが、さらに具體的な事例として、甲本A組に見える「心」字（偏旁を含む）の形體を取り上げてみよう。まず乙本および甲本A組の「心」字（偏旁を含む）の具體例として［表四］に「心」「愈」の二字を對照して掲げる。

［表四］　乙本および甲本A組の「心」字（偏旁を含む）

	心	愈
乙本	 19b	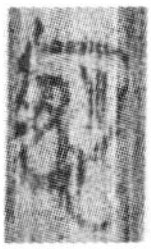 11b
甲本A組	 A　26	 A　5

例に示したごとく、乙本はいずれも右払い（磔法）を下方に長く伸ばす通常の形體に作る。これに對して、甲本A組の竹簡に認められる「心」字および「心」部に屬する十二字はすべて左払い（掠法）を下方に伸ばすy型の形體に作っており、この形體はA組書寫者が親本である乙本とは無關係に用いた寫法であることが知られる。なお、甲本B組は乙本と同様、通常の形體に作るが、ここでは甲本A組のみに論點を絞る。

y型の「心」字は、下部を∪型に結ぶ形體に作る際に、右からの結びがたまたま下方に少しはみ出したような例外を除き、管見の及んだ古文字資料には認められず、甲本A組書寫者がもつ一種の書き癖であったと見なされる。このように甲本の書寫者は、親本である乙本の字體を比較的忠實に轉寫する一方、一部の文字についてはみずからの書寫習慣にしたがう形で書寫を進めたことが知られる。ただし上述のごとく、通常の「心」字の形體からすれば、甲本A組の書き癖は俗體もしくは訛體に屬するものであり、こうした點にも書寫者の水準の一端が露呈されているとも言えよう(注9)。

次に符號に注目したい。甲乙兩本の本文中には、墨點（短横を含む）を中心として、墨鉤、墨節など各種の符號が存在するが、これらはいずれも句讀や段落、篇末などを標示する機能をもち、テキスト閲讀の便宜のために附されたものと考えられる。甲乙兩本に見える符號を對照して掲げると［表五］のごとくである(注10)。

これによって、乙本の殘存簡に確認される十七個の符號のうち、№17を除く十六個はすべて甲本に繼承されており、甲本が獨自に附したことを證し得る符號は見いだされないことが明らかとなる。また形體面においても短横型の墨點を中心に、№18墨鉤L型（句讀號）、№21墨節（句讀號）、№24墨鉤乙型（篇末符號）など、甲本の書寫者は乙本の符號の形體をほぼそのまま踏襲している。こうした狀況は、テキストの閲讀という面においても兩者がきわめて緊密な關係にあったことを示唆する。

［表五］甲乙兩本の符号とその対応関係

No.	乙本	甲本
1	 5	 A 5
2	 5	 A 6
3	竹簡缺失	 A 8
4	 7	 A 8
5	 7	 A 9
6	竹簡缺失	 A 9
7	竹簡缺失	 A10
8	 8	 A10
9	 8	 A10
10	 8	 A11
11	 9	 符号痕跡アリ A14
12	 9	 A14
13	 19b	 A26
14	 19b	 A26
15	 13b	 A18
16	 13b	 A18
17	 20	 符号ナシ A28
18	 18b	 A25
19	竹簡缺失	 B21
20	竹簡缺失	 B21
21	 13c	 B19
22	竹簡缺失	 B20
23	竹簡缺失	 B29
24	 22	B30

それでは甲乙兩本の系譜關係と上述した分析結果とを踏まえるならば、兩本のテキストとしての性格について、どのような結論を導き出すことができるだろうか。

字體分析によれば、甲本の書寫者は一定の學力を備えながらも、なお書寫力および讀解力の兩面において未習熟な段階にあったことがうかがわれる。このような書寫者が、正確なテキストの伝寫にたずさわる書寫專從者であったと想定することは困難であり、誤寫や誤脱を含み、稚拙性を帯びた書風をもつ甲本が、流伝を目的として書寫されたテキストであったとは考えがたい。一方、符號の分析によれば、甲本書寫者は親本の本文のみならず、主語や句切れ・文末などを示す各種の符號についても忠實に轉寫しており、閲讀の面においても親本の〃讀み〃を忠實に繼承せんとする意圖がうかがわれる。

工整な字體で書寫された精良なテキスト（乙本）を親本として、いまだ十分に習熟した段階に至っていない書寫者により、誤寫や誤脱を含む疎漏なテキスト（甲本）が生産されるという状況は、おそらく教學の場を想定することによって、はじめて整合的な理解が可能となるであろう。そして、符號の分析を通して明らかとなった緊密な〃讀み〃の繼承性も、兩本が教學の場に存在したテキストであることを物語っている。すなわち、乙本は教學の場における課本であり、甲本は學習者が乙本にもとづいて學書した習本（注11）であったと見なされるのである。

結　語

本稿では、『凡物流形』甲乙本の關係について検討を加え、乙本と甲本とは系譜上、直系の親子關係にあり、甲本は乙本を底本として書寫されたものであることを明らかにした。さらに、それを踏まえて字體と符號との兩面から甲乙兩本のテキストとしての性格について考察を加え、甲本は教學の場において、乙本を課本として書寫された習本と見なされることを指摘した。最後に甲乙兩本からなる他のテキストとの關聯について私見を提起し、本稿の結びとしたい。

はじめに述べたように、現在までに公表された上海博物館藏戰國楚竹書には、同じ内容をもつ甲乙兩本からなる四篇の著作が存在し、兩本はいずれも極めて近い系譜關係にあると見なされる。これらのうち『天子建州』乙本、『君人者何必安哉』甲本・乙本、『凡物流形』甲本には、稚拙性を帶びた特異な書風が見られ、さらに以下のごとき三點の共通性が認められる。

（一）誤寫や訛體と見なされる異體字が散見される。

（二）字間が不均一で文字の大きさも不揃いであり、編縄が文字にかかって文字の一部が見えない狀況が認められる。

（三）複數（二人）の書寫者による分担書寫が認められ、しかも同一簡の途中から交代する現象が見いだされる。

筆者は前稿において『君人者何必安哉』甲乙本について検討を加え、兩本が共通の親本をもつ兄弟の系譜關係にあることを明らかにし、課本にあたる同一の底本をもとに書寫された二種の習本と見なされることを指摘した（注12）。そして本稿における『凡物流形』甲乙本の検討によって、乙本と甲本とは親子の系譜關係にあり、甲本は課本である乙本を書寫した習本と見なされることを明らかにした。『天子建州』甲乙本についても、同様に整斉な書風をもつ甲本を底本として、稚拙性を帶びた書風をもつ乙本が書寫された可能性が高い。

ここで問題となるのは、『鄭子家喪』甲乙本に、他の諸篇に見られるような明瞭な稚拙性を帶びた書風をもつテキストが含まれていない點である。しかし『鄭子家喪』甲乙兩本にも同様に緊密な系譜關係が認められ、字體の共通性から『鄭子家喪』乙本は同じく楚王故事に屬する『莊王既成　申公臣霊王』『平王問鄭寿』と同じ書寫者の手になる可能性が高いことが指摘されている（注13）。さらに稚拙性を帶びた書風をもつ『平王與王子木』は『平王問鄭寿』の末尾字と同一の竹簡に書寫者を交替して連續して書寫されており、『鄭子家喪』乙本の書寫者と稚拙性を帶びた書風をもつ『平王與王子木』の書寫者とは空間的にも近い場所にいたことが知られる（注14）。これらを踏まえれば、課本と習本とのいずれに屬するかはしばらく措くとしても、『鄭子家喪』甲乙本を『莊王既成 申公臣霊王』『平王問鄭寿 平王與王子木』とともに、教學にかかわる一連のテキストであったと見ることは十分に可能であろう。

以上の諸點にはなお愼重な検討を要する部分も殘されているが、これまでの考察を踏まえれば、甲乙兩本からなるテキストは、いずれも教學の場を背景とする課本あるいは習本であったとの推測が可能となる。そしてこの推測が大過ないものであるとすれば、これらの諸篇を副葬品とする墓主は、楚國の王室や貴族の子弟教育にたずさわった人物だったのではないかと考えられる。

注

(1) 馬承源主編『上海博物館藏戰國楚竹書（七）』（上海古籍出版社、二〇〇八年）

(2) 復旦大學出土文獻與古文字研究中心研究生讀書會「《上博（七）・凡物流形》重編釋文」鄔可晶執筆（復旦大學出土文獻與古文字研究中心網、二〇〇八年十二月三十一日、『出土文獻與古文字研究 第三輯』復旦大學出版社、二〇一〇年七月に再收）、本稿の引用は再收版による。

(3) 甲本の殘存簡のうち簡27は、李鋭「《凡物流形》釋文新編（稿）」（孔子2000網、二〇〇八年十二月三十一日）が指摘するごとく、字體面から別篇の可能性が高く、内容や乙本との對應關係からもその妥當性が裏附けられることから、ここでは検討の對象に含めなかった。

(4) 李松儒「《凡物流形》甲乙本字跡研究」（簡帛網、二〇〇九年六月五日、『簡帛 第五輯』上海古籍出版社、二〇一〇年十月に再收）、本稿の引用は再收版による。

（5）李松儒氏が甲本に見えるＡＢ二類の字跡分析から妥當性が高いとした排列と、ＡＢの字跡分布は以下の通りである。本稿における檢討もこの排列に從った。なお、枠で圍んだ数字は甲乙兩本の比較から聯接が確證される竹簡番號、＋は直接接續、…は間に缺失を含むことを示す。

甲本

竹簡	字跡
[1+2+3+4+5+6]	A
[7]	A
[8+9]	A
[10+11]	A
[12a+13b+14]	A
[16]	A
[26]	A
[18+28]	A
[15+24]	AB B
[25+21]	AB B
[13a+12b]	B
[22+23+17]	B
[19]	B
[20+29+30]	B

乙本

[1 … 2+3+4+11b+5] [6] [7] [8] [9+10a] [11a] [19a+ b] [13a+ b+20+21] [10b … 17a+ b+ c+ d] [18a+ b] [15+16 … 12] [13c … 14a] [14b … 22]

（6）顧史考「上博七《凡物流形》簡序及韻讀小補」（簡帛網、二〇〇九年二月二十三日）

（7）一上示三王（程少軒）「《凡物流形》甲篇抄自乙篇的一個證據」（復旦大學出土文獻與古文字研究中心網、二〇〇九年三月九日）

（8）本文第二章で述べたごとく「重編釋文」は當該字を「入?」と釋している。文意からすれば妥當な見解であり、あるいは「内（入）」の外郭「冂」のみの略體字の可能性も考慮されよう。

（9）こうした払いの方向を逆にした訛體の例は、『君人者何必安哉』乙本簡2「飤」字、「必」字にも見いだされる。

（10）ここで、甲本簡25（［表五］№18）および甲簡19（［表五］№21）の符號についての李松儒氏の見解にふれておきたい。李氏は甲本簡25の墨鉤の前後でＡ組からＢ組へ書寫者が交替することから、甲本簡25の墨鉤は書寫書の交替にかかわる符號とする。しかし［表五］№18に示したごとく、甲本簡25に對應する乙本簡18ｂの當該箇所に同樣の符號が存在し、本文の文脈において句切れにあたることから、乙本を踏襲した句讀號と見なされる。この符號が書寫者の交替を示すものではないことは、李氏が甲本簡25と同様、同一簡の途中で書寫の交替が見られるとする簡15の「四海」と「[臣耳]之」との間に符號が見られないことからも傍證される。また、李氏は「4・〝衍符〟和脱文・衍文」の衍符の例として甲本簡19の墨節をあげるが、［表五］№21に示したごとく、甲本簡19に對應する乙本簡13ｃの冒頭部分には、同じ箇所に同様の墨節が存在した痕跡が明瞭に認められる。文脈から判斷して、この墨節は主語を明示するために附された句讀號であり、衍符とは見なしがたい。

（11）先に提出した拙稿「上海博物館藏戰國楚竹書の特異性―『君人者何必安哉（甲本・乙本）』を中心に―」（『中國研究集刊』第五十號、二〇一〇年、淺野裕一編『竹簡が語る古代中國思想（三）―上博楚簡研究―』汲古書院、二〇一〇年に再收）では「習字簡」という語を用いた。しかしこの語では、例えば敦煌漢簡や居延漢簡などに見いだされる特定の文字や點画の一部などを繰り返し練習したような習書との区別が明確化されない恐れがある。そこで本稿では、一定の學力を有する學習者が、學書と内容理解との兩面を目的として、爲政者の心得や教養に資する書物を書寫したテキストという意味で「習本」という語を用いることとした。

（12）拙稿「上海博物館藏戰國楚竹書の特異性―『君人者何必安哉（甲本・乙本）』を中心に―」（前掲注11）

（13）李松儒「《鄭子家喪》甲乙本字跡研究」（前掲注4）は、『鄭子家喪』乙本と『莊王既成 申公臣霊王』および『平王問鄭寿』との間に認められる緊密な字跡の共通性から、これらは同じ書寫者の手になると指摘している。さらに李氏は『鄭子家喪』甲乙本の關係について、甲本は乙本を底本として書寫されたものであり、乙本に認められる誤字や脱文が甲本で正當な本文となっているのは、甲本の書寫者が別本によって校訂を加えた結果であるとする。李氏の見解のうち『鄭子家喪』乙本と『莊王既成 申公臣霊王』および『平王問鄭寿』とを同じ書寫者と見る點については、妥當な見解であると思われるが、甲乙兩本の系譜關係については、別本との交渉を裏附ける根據が示されておらず、なお愼重な検討が必要であろう。ただし兩本が極めて近い關係にある點は、李氏が提示する字跡の比較によって十分に首肯される。

（14）『平王問鄭寿』と『平王與王子木』との關係および『莊王既成 申公臣霊王』をはじめとする楚王故事四章の性格については、拙稿「別筆と篇題—『上博（六）』所收楚王故事四章の編成—」（『中國研究集刊』第四十七號、二〇〇八年、淺野裕一編『竹簡が語る古代中國思想（三）—上博楚簡研究—』汲古書院、二〇一〇年に再收）參照。

楚地出土文獻に見える「執一」の思想
―上博楚簡（七）『凡物流形』を中心に―

谷中　信一

はじめに

楚地出土資料中、例えば郭店楚簡における『大一生水』における「大一」、上博楚簡『凡物流形』における「執一」などの「一」の語を持ついくつかの概念は、先秦から漢代にかけての思想史を研究するうえで極めて重要な意味を持っていると考えられる。

道家における「一」の概念は、これまでも重視され研究されてきたが、近年多くの出土文獻が現れたことによって、研究のための新たな材料が加わると共に、それに應じた新たな視點が必要となってきた。本稿では、こうした問題意識に立脚して、楚地出土文獻における「一」の概念を、とりわけ「執一」の思想を中心に据えて、傳世文獻におけるそれを參照しつつ考察することとした。主な資料は上博楚簡（七）所收の『凡物流形』である。

（一）「一」の用例

本章では、出土文獻・傳世文獻などに廣く見える「一」の語の主な用例と、それが持つ意味について考察していくこととする。

今本『老子』では「抱一」（第十章、第二十二章）、「得一」（第三十九章）などと見えており、『莊子』では、「守一」（在宥）、「治一」（天地）、「通一」（同）、「處一」（秋水）、「貴一」（知北遊）、「抱一」（庚桑楚）、「原一」（天下）などと見えている。なお、庚桑楚の「抱一」は、「老子曰、…」とあるので『老子』との關係が想定される。

『管子』では、「執一」（心術下、内業）、「能一」（心術下、内業）、「崇一」（正）、「得一」（内業）などの用例が、『韓非子』では、「執一」（揚權）、「用一」（揚權）、「通一」（揚權）などの用例が、『荀子』では、「結一」（勸學）、「歸大一」（禮論）「執一」（堯問）の用例が、『呂氏春秋』では、「執一」篇があり、かつその中に「執一」の用例が見え、さらに『淮南子』では、「得一」（原道、俶眞）、「知一」（精神）、「體太一」（主術）、「執一」（齊俗、詮言）、「失一」（詮言）などの用例がそれぞれ見えている。この他、『孟子』に「執一」（盡心上）の用例があるのが注意される。このように、道家文獻に多いことは間違いないが、必ずしも道家に限定されないことが看て取れる。

次に出土文獻に目を轉じてみよう。

まず、馬王堆漢墓帛書は以下の通りである。

『經法』では、「執一」（論）が、『十大經』では、「正一」（正亂）、「守一」（成法）、「復一」（成法）、「握一」（成法）、「執一」（順道）、「能一」（十大）の用例がある。

郭店楚墓竹簡は、『老子』甲本に「居一」（第22號簡）と見え、『語叢二』に「正一」（第40號簡）と見えている。[1]なお、『老子』は甲乙丙三本を通じて、傳世本にはあった「抱一」「得一」などの語は見えておらず、先に示した「居一」のみである。しかもこの場合の「一」は、右に引用したような思想概念としての「一」ではなく、「天・地・道・王」のいわゆる「四大」のうちの「一大」を占めるという意味に過ぎないことが注意される。

次に上博楚簡では、『凡物流形』に、「能一」（第18號簡）「貴一」（第28號簡）、「執一」（第22號簡）「得一」（第17號簡）有一（第21號簡）、「失一」（第21號簡）などと見えており、「一」の用例がひときわ目立っている。しかもこれらの「一」は以下に詳しく述べるように單なる數詞としてではなく、ある狀態・ある境地・ある地位などをめぐってその究極のありさまを説明するための語として用いられていることに氣附く。それは、「一」がある種の全體性・完全性・包括性・統一性などを意味するからのように思われる。

さて、これらの「一」の語を含む用例を見渡して氣附くのは、傳世文獻と出土文獻とを問わず、「執一」の語が最も廣く使われていることであろう。

（二）上博楚簡（七）『凡物流形』における「一」・「執」について

本テキストには、いくつかの數詞が使われている。例えば、「四」は甲本第15・16號簡に、「五」は甲本第3・4號簡や乙本3號簡に、「九」は甲本第4號簡や乙本第4號簡に、「十」は甲本第9號簡や乙本第7號簡に、「百」は甲本第8・16・22・23・25號簡や乙本第11・18・20號簡に、「千」は甲本9・15・16號簡や乙本第7・11號簡に、それぞれ見えており、いずれもごく普通の字體で記されている。

ところがここに問題にしようとする「一」については、原テキストは例えば同じ上博楚簡（七）所収の『君人者何必安哉』（乙本）第4號簡に見えるごとき一般的な「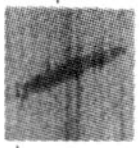」の字形をもって表記していない。また、楚簡には、「一」と釋しうる字體として「」（郭店楚簡『五行』第17號簡）があることが知られている。しかし、本テキストの「」字はそのどれにも該當していないにもかかわらず、多くの文字學者によって「一」に釋讀されている。なぜこの字を「一」に釋しうるかについての詳細な考證についてここでは詳しく紹介するいとまはないが、本論では大勢に従って「一」に釋しておく。前節に示した『凡物流形』中の「一」の用例は、「」字を「一」と讀むことを前提として釋讀したものである。

「」字を「一」に釋して考察を進めていくこととして、次に「戠」と隷定されている文字についてはこれを「執」と讀んでおいたのでこの點について以下述べておきたい。

この問題となる二字（）を「執一」として釋讀した場合、非常に大きな思想史的意義を持つことが予想される。ところがこれを「執」と讀むことについては異論もあるようである。すなわちこれまでの研究では、原釋が「識」に讀んでおり、他にも「守」「祟」などと讀む説がある。そうした諸説ある中で、本論ではこれを「執」に釋すこととしたわけであるが、その理由を以下に述べておこう。

さて、この「執」と讀むこととした文字は、甲本だけで下に示すように一二例見えている。

「」(第14號簡)、「」(第18號簡)、「」(第20號簡)、「」(第22號簡)、「」(同)、「」(同)、「」(第23號簡)、「」(第24號簡)、「」(同)、「」(同)、「」(同)、「」(第25號簡)

たしかに原釋のようにこれらすべてを「戠」に隷定し、「識」の異體字として扱うことは至極妥當のように思われるが、廖名春「《凡物流形》校釋零箚(二)」(簡帛研究 2009/01/02)は、原釋を前提としながらも、「」を「道」に釋して「得道」の意に讀むべきとしている。「識道」は「得道」と同義であるということなのであろう。

また、復旦大學出土文獻與古文字研究中心研究生讀書會「《上博(七)・凡物流形》重編釋文」(復旦 2008/12/31)は、「守」もしくは「執」に釋し得る可能性を示唆している。

楊澤生「説《凡物流形》從〝少〟的兩個字」(簡帛網 2009/03/07)は、何有祖「《凡物流形》札記」(簡帛網 2009/01/01)が該字を「察」に釋すべきとしていること、徐在國「談上博《凡物流形》中的〝詧〟字」(復旦 2009/01/06)がこれを「崇」に釋すべきとしていること、王中江「《凡物流形》編聯新見」(簡帛網 2009/03/03)が「執」に釋すべきとしていることを紹介しつつ、これを音韻學上からも「〝少〟に從って聲を得ている該字は明らかに「執」に讀まれるべきである」と論證している。

そこで、該字を「執」と釋した上で、改めてその用例を見てみると以下のようになる。

「執道」（第14號簡・第22號簡）
「人白爲執」（第18號簡）
「執此言」（第20號簡・第25號簡）
「能執一則百物不失。如不能執一則（百物具失。）」（第22號簡）
「執智而神、執神而同、執同而僉、執僉而困、執困而復。」（第24號簡）
「執此言、起於一端。」（第25號簡）

以上の「執」字は、すべて「しっかり手中に摑み取って放さない」という意味で解釋できよう。このような意味に解するのならば、意味の上だけからは、該字を「識」（但し、傳世文獻・出土文獻ともに「識一」の用例は皆無。）や「守」（『莊子』在宥篇に「守其一」の用例あり。帛書『十大經』成法篇に「守一」の用例あり。）や「崇」（『管子』正篇に「崇一」の用例有り。）や「得」（『管子』內業篇に「得一」の用例あり。）などのいずれに釋したとしても、意味はあまり變わらないであろう。

だがここで該字を「執」に釋することが可能ならば、他の傳世文獻・出土文獻を通じて「執一」概念の思想史的考察が可能になることを忘れてはなるまい。そうしてその意義は、先秦から漢代にかけての思想史研究にとって決して小さくないと思われる。以下に、「執一」概念に絞って考察してみよう。

（三）「執一」概念の思想史的意味(2)

「執一」の用語を各文獻毎に抜き出してみよう。

まず傳世文獻では、以下の通り。

『孟子』に、

孟子曰、「楊子取拔一毛而利天下、不爲也。墨子兼愛。摩頂放踵利天下、爲之。子莫執中、執中爲近之。執中無權、猶執一也。所惡執一者、爲其賊道也。擧一而廢百也。」（盡心上）

『管子』に、

①「執一之君子執一而不失。能君萬物。日月之與同光。天地之與同理。聖人裁物。不爲物使。心安是國安也。心治是國治也。治也者心也。安也者心也。治心在於中。」（心術下）

②「一物能化謂之神。一事能變謂之智。化不易氣。變不易智。惟執一之君子能爲此乎。執一不失。能君萬物。君子使物。不爲物使。得一之理。治心在於中。治言出於口。治事加於人。然則天下治矣。一言得而天下服。一言定而天下聽。公之謂也。」（内業）

『韓非子』に、

用一之道、以名爲首。名正物定、名倚物徙。故聖人執一以靜、使名自命、令事自定。不見其采、下故素正。因而任之、使自事之、因而予之、彼將自擧之。正與處之、使皆自定之。（揚權）

『荀子』に、

堯問於舜曰、我欲致天下。爲之奈何。對曰、執一無失、行微無怠、忠信無勸、而天下自來。執一如天地、行微如日月、忠誠盛於內、賁於外、形於四海。天下其在一隅邪。夫有何足致也。（堯問篇）

『呂氏春秋』に、

①夫孝三皇五帝之本務而萬事之紀也。夫執一術而百善至、百邪去、天下從者、其惟孝也。（孝行）

②天地陰陽不革、而成萬物不同。目不失其明、而見白黑之殊。耳不失其聽、而聞清濁之聲。王者執一、而爲萬物正。軍必有將、所以一之也。國必有君、所以一之也。天下必有天子、所以一之也。天子必執一、所以摶之也。一則治、兩則亂。今御驪馬者、使四人、人操一策、則不可以出於門閭者、不一也。（執一）

③善爲上者、能令人得欲無窮、故人之可得用亦無窮也。蠻夷反舌殊俗異習之國、其衣服冠帶、宮室居處、舟車器械、聲色滋味皆異、其爲欲使一也。…故古之聖王、審順其天而以行欲、則民無不令矣、功無不立矣。聖王執一、四夷皆至者、其此之謂也。（爲欲）

④執一者至貴也。至貴者無敵。聖王託於無敵、故民命敵焉。…（爲欲）

⑤先王不能盡知、執一而萬物治。使人不能執一者、物感之也。故曰、通意之悖、解心之繆、去德之累、通道之塞。貴・富・顯・嚴・名・利六者、悖意者也。容・動・色・理・氣・意六者、繆心者也。惡・欲・喜・怒・哀・樂六者、累德者也。智・能・去・就・取・舍六者、塞道者也。此四六者不蕩乎胸中則正。正則靜、靜則清明、清明則虛、虛則無爲而無不爲也。（有度）

『淮南子』に、

①故聖王執一而勿失、萬物之情測矣、四夷九州服矣。夫一者至貴、無適於天下。聖人託於無適、故民命繫矣。（齊俗）

②民有道所同道、有法所同守、爲義之不能相固、威之不能相必也、故立君以壹民。君執一則治、无常則亂。…故君失一則亂、甚於無君之時。（詮言）

以上であるが、『老子』『莊子』は道家文獻であるにも拘わらず、「執一」の用例は全く見られない。

次に、楚地出土文獻ではどうであろうか。

馬王堆帛書『經法』論篇に、

①天執一、明【三、定】二、建八正、行七法、然后□□□□□□之中无不□□矣。

②岐行喙息、扇蜚（飛）耎動、无□□□□□□□□□不失其常者、天之一也。天執一以明三。日信出信入、南北有極、【度之稽也。…】

同『十大經』順道篇に、

①大庭氏之有天下也…執一毋求。

などの用例を見ることができる。

それぞれの文脈の中に位置づけられての「執一」の概念であるが、「執」そのものには、「守」（『禮記』曲禮下注）、「持」（同疏）、「制」（『淮南子』主術訓注）、「主」（同説山訓注）「處」（『禮記』樂記注）などの訓詁が古來あり、これに沿った解釋を「執一」の用例においても當てはめるならば、その意味もおよそ推測できる。つまり、「執一」とは、「一」をしっかり執り守ってそこから外れないこと、である。

そこで、各用例において「執一」の主體を見てみると、『孟子』では「子莫」（趙岐・朱熹注によれば、魯の賢人といわれるが、未詳）、『管子』①では「聖人」、同②では「君子」、『韓非子』では「聖人」、『荀子』では「堯」、『呂氏春秋』では①が君主（ただし、ここは「執一術」、つまり「一」ではなく「一術」を「執」することを言うと解すべきであって、②以下の用例とは少しく意味を異にしている。）、同②が「王者」、同③④が「聖王」、同⑤が「先王」、『淮南子』では①が「聖王」、同②が「君」、馬王堆帛書『經法』では①②ともに「天」、『十大經』は「大庭氏」（黄帝より前に天下を支配していたとされる傳説神話上の人物）である。

以上から「執一」の主體の多くは、天下に君臨する爲政者という點で、究極の理想的爲政者のこととして語られているると歸納して大過あるまい。

そうした中で、『經法』①②だけが、例外的に、「執一」の主體を「天」としている。これは、「執一」の思想史的意味を考察する上で重要である。つまり、天地宇宙の運行が円滑円満であるのは、「天」が「執一」しているからだとする帛書の思想は、廣大無辺の宇宙すら「執一」によってその秩序は確保されていることを言うものであり、こうした發想から類推的に導き出されたのが、廣大無辺の天下を治めるのも同様に「執一」によるべきであるという理論なのであろう。このことは、『管子』①や『荀子』の用例がこの相關關係を明示的に説いていることから確認できる。

以上から、おおよそ「執一」が政治上の概念であることが知られたわけであるが、なぜ「一」を執り守ることで、「萬事「萬」端にわたる支配を確實にすることができると言うのであろうか。『管子』①の「執一不失。能君萬物。」は、「一」と「萬」の對比を巧みに表現したうえで、「執一」の意味を明らかにしている。『呂氏春秋』②「王者執一、而爲萬物正」や同じく⑤「執一而萬物治」、『淮南子』①の「聖王執一而勿失、萬物之情…、四夷九州服矣。」もそのように讀んで差し支えなかろう。

そうして『淮南子』②「君失一則亂、甚於無君之時。」とあるように、「一」を失えば政治は「亂」に陥ることは言うまでもないとして、「一」ではなく「兩」を「執」するような場合も、『呂氏春秋』②「天子必執一、所以摶之也。一則治、兩則亂。」と、やはり「亂」に陥るのである。

このように「一」こそが重要なのである。では、この「一」とは一體何を指して言う語なのだろうか。既にこれまでの考察から推し量りうるのは、「一」とは數詞の類ではなく、先にも述べたように、ある種の全體性・完全性・包括性・統一性、あるいは根源性などを意味する概念のように思われる。こうした概念は偉大な「一」、究極の「一」といった意味を込めて、「大一」もしくは「太一」と稱されることもあるのであろう。このことを思わせるのが『經法』①②である。

ところで上記引用文中、「執一」に對して唯一否定的なのが『孟子』であった。改めて、孟子における「執一」の意味を考えてみる。

孟子は、楊子の「爲我」を、そして墨子の「兼愛」を批判し、さらに子莫（おそらくは人名であろうが不詳）なる思想家の「執中」を批判していることは間違いない。そして子莫の唱える「執中」が、一見中庸主義で、正論のように見えるが、孟子の立場からすれば「無權」（つまり機械的、固定的な中庸主義）であるゆえに、結果として「執一」と少しも變わらないではないかと批判するわけである。つまり、孟子にとっては、「執一」は「執中」よりさらに批判すべき對象であったということになる。

では、孟子が批判した「執一」とはいかなる意味だったのだろうか。從來の解釋では、子莫の「執中」は「無權」故に、結局、楊子の「爲我」や墨子の「兼愛」などと同様に「擧一而廢百」、すなわち一端（＝極端）に偏ることが「執一」という語の意味であった。(3)「執一」を特別の思想的立場を表す用語として理解されていたわけではなかったのである。

確かにこのように解することもできようが、一方で、孟子の活躍した戰國時代中期において「執一」思想を立てる者が存在したことは『管子』などを見ても明らかであろう。楊子の「爲我」思想や墨子の「兼愛」思想と同様に、孟子はそれに對しても鋭い舌鋒を向けていたと見るべきではなかろうか。そうした中で、孟子は子莫の「執中」（これも恐らくは自己の思想的立場を端的に表す概念であった）に對しては、「執一」よりはいくらかましであるというように留保を附けた上での評價を與えたのだろうと思われる。

つまり「執一」を「爲我」「兼愛」「執中」などと竝ぶある思想的立場を表す概念であったと解するのである。ではこの儒家の孟子によって批判された「執一」思想を唱えたのはどのような思想家であったのかと言えば、先の用例を通観すれば、これが道家系の思想であったと推測できる。楊子の「爲我」思想も養性や隱逸を旨とするらしいことから、道家傾向を帯びていると推測されるのであるが、この「執一」思想は、極めて政治思想としての色彩が強いものであり、その意味では、道家傾向といっても、戰國中期から次第に形成されてきた黄老道家に屬すると考えられる。『管子』や馬王堆帛書『經法』などを主な出典としていることからもそれは間違いあるまい。戰國末期の『荀子』や『韓非子』、それに秦漢時代に述作された『呂氏春秋』や『淮南子』などにも見られるのは、黄老思想がさらに廣く流行していった事實を裏附けている。

(四)『凡物流形』における「執一」思想

本題に立ち返って、『凡物流形』における「執一」の思想を考察して、そこから本篇述作の背景を探ってみよう。

『凡物流形』の「執一」思想は、これまで檢討してきたことからも明らかなように、他文獻の用例と一體的に考察することが可能である。つまり、『凡物流形』においても典型的に見えるこの「執一」思想を、孟子は批判をしていたのだと考えて大過あるまいと思われる。

なぜなら、孟子にとっては「仁」と「義」こそが執るべき手段であり、方法であり、また目的でもあった。「親を無みする」墨家も、「君を無みする」道家（養性的、隱逸的）も、更には黄老道家のように「執一」を標榜して、ものごとをいわばマクロ（前節に述べたように「一」の語に與えられた全體性・完全性・包括性・統一性あるいは根源性を指す）に捉えるばかりで、いわばミクロ的現實世界における、例えば孟子が頻りに唱える仁・義・礼・智の四端説や仁義王道説などの政治や倫理における個別具体的諸規範を輕視しているとして容認し難かったであろうと思われる。

孟子の「四端説」に觸れたついでに、本篇中の「執此言、起於一端。」に注意しておきたい。とりわけこの「一端」をどのように解すべきであろうか。

當然『孟子』のいわゆる四端説の「端」の語が參照されるであろう。ところで孟子では、これら四つの「端」が自己の標榜する仁義礼智などの諸德に近づくための「端緒」の意であるとされている。

そうすると、本篇における「一端」とは、「一之端」、すなわち「一」という究極の真理に近づいていくための端緒をいうものと解することはできないであろうか。つまり、これらの言葉をしっかり保持すること（＝「執此言」）が、とりもなおさず「一」を獲得していく端緒に起つ（＝「起於一端」）と言うのである。

以上、ひとまず「執一」概念を通じて、本篇が戰國時代中期の思想界を反映していることが推測されたので、次にやや詳細に「執一」概念の意味を明らかにしていこう。

本篇での「執一」の用例は

能執一則百物不失。如不能執一則百物具失。（第22～23號簡）

の僅か一例であるが、この「執一」を考える上で無視できないのは、第14號簡・第22號簡に見える「執道」の概念である。そこで次に「執一」と「執道」兩概念の意味とその差異を考察していこう。

(a)「執一」の用例とその意味

聞之曰、「能執一則百物不失。如不能執一則百物具失。」如欲執一、仰而視之、俯而察之、毋遠求、度於身稽之。得一圖之、如弁天下而抯之。得一而思之、若弁天下而治之。此一以爲天地旨。是故一咀之有味、嗅〔之有臭〕、鼓之

有聖、欣之可見、操之可操。握之則失、敗之則高、賊之則滅。執此言、起於一端。（之を聞きて曰く、「能く一を執れば則ち百物失はれず。如し一を執ること能はざれば則ち百物具に失はる。」と。如し一を執らんと欲すれば、仰ぎて之を視（み）、俯して之を揆（はか）り、遠くに求むること毋く、身に度りて之を稽（かんが）ふ。一を得て之を圖るは、天下を幷せて之を扣（と）るが如し。一を得て之を思ふは、天下を幷はせて之を治むるが若し。此の一は以て天地の旨爲り。是の故に一は之を咀（か）めば味（あじはひ）有り、之を嗅げば臭（にほひ）有り、之を鼓（たた）けば聖（こゑ）（＝聲）有り、之を欣（ちか）（＝近）づくれば見る可く、之を操（たぐ）れば操（あやつ）る可し。之を握れば則ち失ひ、之を敗（やぶ）れば則ち高（か）（槁）れ、之を賊（そこな）へば則ち滅ぶ。此の言を執るには、一端より起る。）

以下はその口語訳。

このように聞いている、「〝一〟をしっかり執り守ることができれば、何ものも失うことがない。もし〝一〟をしっかり執り守ることができなければ、すべてを失ってしまう。」と。もし〝一〟をしっかり執り守ろうと望むのならば、（天を）振り仰いでよく見、（地に）伏してこれをよく治め、遠くに求めるのではなく、身の程をわきまえてこれをよく考えなければならない。〝一〟を得てこれをよく計ることは、天下を併合して（これを）治めるのと同じである。〝一〟を得てこれをよく思うことは、天下を併合して（萬事を）決めていくのと同じである。（つまり）この〝一〟こそが天地の根本なのである。このようなわけで、〝一〟はこれを口に含めば味わいがあり、鼻で嗅げば匂いがあり、手で叩けば音が聞こえ、目に近づければ見ることができ、手にたぐり寄せれば操ることができる。しかしこれを握りしめようとすればどこかに失せてしまい、これを打ち負かそうとすれば（おのれ自身が）硬直してしまい、これを損ない傷つけようとすれば（おのれ自身が）滅びるのである。この言葉をしっかり保持するためには、〝一〟の端緒に立たねばならない。

ここに特徴的に見られる思想は、

1、天下を治めるための必須条件として「執一」が説かれている。

2、「一」は、天地萬物の根本原理であり、治世の根本原理である。

3、「一」は、人が自在に操作できず、依存する（＝「執一」）ことのみが可能である。

これらは、いずれも「一」の圧倒的偉大さを言うものである。こうした「一」の性格は、當然『老子』における「道」に近いことが推測されるので、以下に兩者を比較してみよう。

視之不見、名曰夷。聽之不聞、名曰希。搏之不得、名曰微。此三者、不可致詰。故混而爲一。其上不皦、其下不昧、繩繩不可名、復歸於無物。是謂無狀之狀、無物之象。是謂惚恍。迎之不見其首、随之不見其後。執古之道、以御今之有。能知古始、是謂道紀。（第十四章）

では、「道」を視覺・聽覺・觸覺など五官による認識を超越した存在としたうえで、それを「一」に言い換えて説明している。

一方、本篇における「一」は、先に見たように、視覺・聽覺・觸覺で認識することは可能であるけれども、それを自在に操ることはできないといっている。本篇における「一」の超越性は、『老子』の「道」と同様であると見なせるが、その性質には相當に隔たりがあると言わねばならない。

また、

曲則全、枉則直、窪則盈、敝則新、少則得、多則惑。是以聖人抱一爲天下式。不自見、故明。不自是、故彰。不自伐、故有功。不自矜、故長。夫唯不爭。故天下莫能與之爭。古之所謂曲則全者、豈虚言哉。誠全而歸之。（第二十二章）

では、聖人があらゆる事態に即應できる柔軟性を備えているのは「抱一」によるからだとして、これこそが天下の規範（＝「天下式」）であることを言う。文中は「執一」ではなく「抱一」と言っているけれども、この「抱」は「執」に通じる語であり、「一」は他ならぬ「道」を言うものであることは疑いない。そうして「抱一」する「聖人」は、天下にライバルがいなくなる（天下莫能與之爭）、すなわち天下に君臨できるとして、「一」こそは天下を得るための必須条件であることを言う。

さらに、

昔之得一者、天得一以清、地得一以寧、神得一以靈、谷得一以盈、萬物得一以生、侯王得一以爲天下貞。其致之一也。天無以清、將恐裂。地無以寧、將恐發。神無以靈、將恐歇。谷無以盈、將恐竭。萬物無以生、將恐滅。…（第三十九章）

では、天下に君臨しようとする「侯王」に止まらず、他の侯王に比すべきある種の存在、例えば「天」「地」も、「得一」こそが最重要であることを言う。先の二十二章同樣、「執一」とは言わず「抱一」と言ってはいるものの、「一」に對する觀念は同一であると言える。

このように、「一」に對する發想には兩文獻では共通點が少なくないのであるが、「執一」の語そのものは『老子』には見えない。

ただし、

執古之道以御今之有能知古始是謂道紀（第十四章）

執大象、天下往往而不害。安平太。…（第三十五章）

とあるのは、いずれも「執道」と同樣の意味で解して差し支えなかろう。(4)

以上によって、本篇における「執一」の「一」は、ほぼ『老子』における「道」に通じる思想であると言ってよいであろう。とすれば、ここに矛盾があると言わねばならなくなる。それは『老子』の「道」は五官による認識を超越している一方、本篇の「一」は五感による認識を可能としている點である。「道」＝「一」とした場合、明らかに矛盾している。この矛盾をどのように解釋すればよいか。『老子』における五感による認識を超越した「道」の方が、本篇における五感による認識は可能とした「一」より遥かに高次の實在と言わねばならないからである。

それでは、本篇においては「道」はどのように捉えられているであろうか。「一」よりも高次の實在として捉えられているのであろうか。次にはこの點を検討していく。

（b）「執道」の用例とその意味（1）

聞之曰、「執道、坐不下席、端文、圖不與事、先智四海、至聽千里、達見百里。」是故聖人居於其所、邦家之危安存亡、賊盗之作、可先智。（之を聞きて曰く、「道を執れば、坐して席を下りず、文を揣めれば圖りて事に與からず。四海を先智し、千里を至聽し、百里を達見す。」と。是の故に聖人は其の所に居りて、邦家の安危存亡、賊盗の作ること、先んじて智るべし。）

以下はその口語訳。

このように聞いている、「道を固く守っていれば、座ったままで席を離れることはない。文を揣めていれば、考えるだけで直接手を下すことはない。これは天下の様子を前もって知ることができ、千里の彼方のことも聞き取ることができ、百里の彼方の物も見通すことができるからである。」と。このようなわけで聖人はその場所にじっとしているだけで、國家の安危存亡や盗賊の發生などを前もって知ることができるのである。

上文を、『老子』の以下の文と比較してみよう。

不出戶、知天下。不窺牖、見天道。其出彌遠、其知彌少。是以聖人不行而知、不見而名、不爲而成。（第四十七章）

兩者の表現は相當に異なっているけれども、「その場を動くことなくして居ながらにして萬事を見通すことができる」ことを言うところに明らかな共通性がある。

また、本篇は「執道」していればとして述べているのに對し、『老子』では直接そのようなことを言う語句はないが、「道」を實践する聖人について述べているわけであるから、この點でも思想上の共通性を指摘することは十分可能である。しかも本篇における「執道」概念も政治思想として理解されるべきであることが知られ、その意味で、先に檢討した「執一」概念と大差ないことが知られるのである。

（c）「執道」の用例とその意味（2）

聞之曰、「一生兩、兩生參、參生女(母)、女(母)成結。」是故有一、天下亡不有。亡一、天下亦亡。一又、亡〔目〕而智名、亡耳而聞聲。卉木得之以生、禽獸得之以鳴。遠之施天、近之施人。是故執道、所以修身而治邦家。（之を聞きて曰く、「一は兩を生じ、兩は參を生じ、參は母を生じ、母は結を成す。」と。是の故に一有れば、天下有らざる亡し。一を亡へば、天下も亦た亡ふ。一又れば、目亡くして而も名を智り、耳亡くして而も聲を聞く。卉木は之を得て以て生じ、禽獸は之を得て以て鳴く。之を遠くにしては天に施し、之を近くにしては人に施す。是の故に執道するは、身を修めて而も邦家を治むる所以なり。）

以下はその口語訳。

このように聞いている、「一が二を生じ、二が三を生じ、三が母を生じ、その母こそが萬物の生成に繫がっていく。」

と。このようなわけで、「一」があれば必ず天下を保有し、「一」を失えば天下もまた失ってしまう。「一」があれば、目がなくても名を知ることができ、耳がなくても聲を聞くことができ、草木はこれによって芽生えることができ、鳥獸もこれによって聲を上げることができる。かくして（この「一」を）遠くは天に施し、近くは人に施すのである。このようなわけで道をしっかり執り行うことこそ、身を修め、國家を治める手段となるのである。

ここでは、「執道」が「修身」「治國」と結びつけられている點が注意される。これらは、「齊家」「平天下」とともに儒家の掲げる政治と道德の關係を有機的に結びつけている基本理念であることを前提に考えると、この「執道」が、儒家の掲げる理念すらも取り込んで有效であろうとするものであろうか。

またそれ以上に重要と思われるのが『老子』との比較である。

道生一、一生二、二生三、三生萬物。萬物負陰而抱陽、沖氣以爲和。…（第四十二章）

本篇が引用する一節は、この「道生一、一生二、二生三、三生萬物」を明らかに彷彿とさせる。しかし、『老子』と根本的に違うのは、『老子』は「道生一」と說き起こして、「一」を超えてさらに「道」に遡っていることである。

本篇は「聞之曰」とあることから間違いなく引用句であることがわかるのであるが、現行本『老子』第四十二章から引用されたのであれば、當然「道生一」が冒頭にあるはずである。この一句を省いて引用する理由はどこにもないであろう。にもかかわらずこの一句が見えないのは、そもそも本篇の引用は『老子』からのものではなかったと言わねばなるまい。ではこの點をどのように考えたらよいであろうか。

可能性のひとつは、既に「一」から萬物は生成していくといった素樸とも思える生成論が先行しており、本篇はそれを引用したということである。その後で、この一節がやがて「道」の思想と結びついて、「道生一」の句が加えられて『老子』第四十二章に見るようなレトリックとして完成していったのであろう。というのも、この「道生一」が『老子』の生成論にとっては單なるレトリックに過ぎないと考えられるからである。なぜなら、これまで論じてきたように「道」と「一」は同格なのであって、本來原因と結果ではなく、イコールで結ばれるべき關係にあるからである。

またもし、第四十二章では單なるレトリックなどでなく、「道」は明らかに「一」よりも上位に位置する實在として認識されていたのであれば、他の章に見てきたような「一」と「道」とを同格に位置づける認識とは矛盾をきたすとしなければなるまい。

先に提起した矛盾と、ここに提起した矛盾を、可能ならば同時に解消したいものである。果たしてそれは可能であろうか。

この點を考察するに當たり、注意すべきは、この『老子』の生成論を考察する際に缺かすことのできない第四十二章が、郭店『老子』甲・乙・丙いずれの中にも見ることができないことである。そればかりか、本論で引用した『老子』各章、具體的には「抱一」の語が見える第十章、及び第二十二章、「得一」の語が見える第三十九章、「混而爲一」「執古之道」の語が見える第十四章、「不出戸、知天下…」の句が見える第四十七章なども、皆郭店『老子』甲乙丙三本中に見えないのである。すなわち、傳世本『老子』との接點はいくつか見出すことができたのであるが、郭店『老子』との接點はほとんど見ることができなかったというわけである。(5)

以上の事實から、郭店『老子』から傳世本『老子』へと、『老子』の思想が形成されていく過程で、既に先行していた「一」の思想が、その意味上の類似性の故に「道」の思想のなかに取り込まれていったとは考えられないであろうか。

（五）馬王堆帛書の用例とその意味

先に指摘したように、『經法』論篇では、

①天執一、明【三、定】二、建八正、行七法、然后□□□□□□□之中无不□□矣。

②岐行喙息、扇蜚（飛）耎動、无□□□□□□□□□不失其常者、天之一也。天執一以明三。日信出信入、南北有極、【度之稽也。…】

同『十大經』順道篇に、

大庭氏之有天下也…執一毋求。[6]

などの用例を見ることができるに止まる。

論篇の主意は、「いかに天地にのっとり、四季の變化に従い、動靜の變化に應じて、自己の統治策を制定するか、を論述する。君主は自然法則に基づいて人事を審察し、「六柄」を把握し、「三名」を詳しく視るべきである。…」と言うところにあると言われることを考慮すれば、①②はいずれも、「執一」の主體が「天」となっていて、「天」が「執一」することによって自然界の秩序は保たれるとあるけれども、その主意は君主も「執一」することによって、その統治を完成させるべきであることを言うものに他ならない。このように考えるならば、前節で検討した「執一」の意義と少しも違わないことに氣附くのである。

おわりに

以上述べてきたように、「執一」の思想は、戰國中期から漢初にかけて廣く流行していたこと、そして出土文獻においては『凡物流形』に特に顯著であることが確認できたと同時に、少なくとも傳世本『老子』には見られた「一」の思想が、郭店『老子』には見られないことも確かめられた。

この事實は、傳世本『老子』と郭店『老子』との間には思想的にいささかの隔たりがあること、従って單純に郭店『老子』を抄節本と見ることには愼重でなければならないことを教えている。むしろ、これまでしばしば指摘してきたように郭店『老子』は形成途上のテキストであって、いわゆる『道德經上下五千言』は未だ存在していなかったと考えるべきであろう。

ただ、『凡物流形』における「執一」がなぜあのように特殊な操作を經た後でなければ「執一」に釋讀できないような字體を用いたのか。その理由は依然として謎のままであると言わなければならないが、ひとつ推測できるのは、本論でもしばしば論及したように、「執一」の「一」が全體性や完全性・包括性・統一性あるいは根源性を意味する原理的な概念であることから、單なる數詞としての「一」と區別することを意圖したためではないかということである。

なお小考は、二〇一〇年五月に、臺灣・台南市・嘉南薬理科技大學で開催された「楚系簡牘帛書辭典編纂プロジェクト國際學術研討會」における報告を骨子としている。

注

(1)　ここは、「凡過正一、以失其他（者也）」と釋讀されている
(2)　『大漢和辭典』では、「執一」の項に、①ひとつをとり守る。意を專らにする〔荀子、堯問〕執一無失　②一事だけを固く守って變通を知らない。〔孟子、盡心上〕執中無權、猶執一也。〔集注〕執中而無權、則膠於一定之中而不知變、是亦執一而已矣。③天理を把握すること。〔呂覽、有度〕執一而萬事治。〔淮南子、人間訓〕執一而應萬。と解説する。これは辭典という性格上そうした説明にならざるを得ないのであって、ここで考察すべきは、①②③それぞれの意味で解説される「執一」の用例に通

底する思想を明らかにすることである。

(3) 宇野精一『孟子』四七〇頁（集英社　一九七三）は、「執一」を「一事を固執する」と解釋している。小林勝人『孟子』下三五三頁（岩波文庫　一九七二）は、「ただひとつの立場だけを主張する」と解釋している。

(4) 第四十一章「大器晩成。大音希声。大象無形。道隱無名。夫唯道、善貸且成。」とあるのを參照すれば、「大象」とは「道」を指していることがわかる。「…爲者敗之、執者失之。是以聖人無爲、故無敗。無執、故無失。」（第六十四章）や「天下神器、不可爲也。爲者敗之、執者失之。」（第二十九章）などのように、「執」と言う語には否定的なニュアンスも時に見られるが、語としての「執」が忌避されたわけではない。

(5) 第三十五章「執大象…」の句は、丙本に見えており、「大象」を「道」の意義に解することができる。

(6)『管子』勢篇に類似する文があるものの「裕徳無求」となっており、「執一」の語は見えない。なお、『管子』勢篇と帛書『十大經』の成立時期であるが、内容的には『國語』越語下との關連も指摘でき、三者間には複雜な影響關係のあったことが窺われる。從って、戰國時代中期より後の述作であろうと推測できるが、相互の前後關係はなお未詳である。

『凡物流形』における「一」の思想構造とその位置[1]

王中江
谷中信一 譯

はじめに 「一」と『凡物流形』及び黄老學

新出土文獻中『凡物流形』は、『黄帝四經』「道原」・『太一生水』・『恆先』に續く思想性の比較的強い重要な佚文であり、間違いなく形而上學的作品である。なかでも「一」の概念はキーワードとして重要である。この佚文中、「道」字は「天道」の語を含めて僅かに三例見えるのみであるが、これに對して「一」字は非常にはっきり見えており、前後凡そ十九例を數える（そのうちの二例は「一言」という合成語になっている）。文中の「執道」と「執一」の語は、他の文獻では互いに互換性を持っているが、『凡物流形』中では「道」は明らかに二次的な位置に置かれており、「一」こそが最重要概念に位置づけられる。このために『凡物流形』の思想形態を十分に把握するためには、文中に見えている「一」の概念について考察することが非常に必要になってくる。[2]

諸子學では、ある學派にとっての核心的用語がそれとは異なる學派と區別するためのある標識として或いは分水嶺としての意味で用いられることがあるとすれば、「一」こそは道家、より具體的にいえば黄老學とそれ以外の學派と分けるひとつの標識となる概念なのである。それ故、『凡物流形』中の「一」を究明しようとするならば、これを道家、とりわけ黄老學の中に置いて見る必要がある。傳世文獻によれば、『老子』・『莊子』・『管子』、『韓非子』・『呂氏春秋』・『文子』・『鶡冠子』・『淮南子』等の文獻に「一」の語が見え、新出土文獻では、黄帝四經（とりわけ『十大經』「成法」・「道原」の両篇）、『太一生水』・『恆先』、そして本論で考察する『凡物流形』等に「一」は見えている。

思想形態から言えば、黄老學の「一」は「道」の代名詞であり、また「道」と併用され、宇宙・自然そして人類を貫いている高度で形而上學的な一大伽藍を支えている。人類が現實に直面している世界とは、無限に多様な事物そのものであり、自然領域において見れば、それは無限の物理的客體であり個體として現象している。社會領域において見れば、それは無數の意識を有する個人や無數の事柄や活動として出現している。人類の理性は、早くから世界に多様さや雜多さをもたらしている根源的かつ統一的本質について探求してきた。先秦においては、黄老學が萬物の本原及びその統一的本質を「道」と名付け、更にはこれを「一」或いは「太一」と名付けてきた。新出土文獻から讀み取ることができるように、儒家はこうした方面に疑問を抱いたり、またこれに答えたりといったことに、さしたる關心を向けなかった。黄老學が「一」（或いは「太一」）によって世界萬物の本質や統一性を解釋しようとしたとき、これを「道」に措定したのである。最高にして「唯一」の「一」が、本來數字の「一」の意味を持っているために、直感的にそれを萬物の「多」や、人間・百姓の「多」との特殊な「數量關係」として對比的に捉えることができた。そうして「一」は、その本來の意味として「數の始」の意味から轉じて「萬物の始」の意味を獲得するに至った。萬物の「多」は、天・地・人の「三才」という枠組みを用いて説明すると、つまり天が覆い盡くす一切、地が載せる一切、そして人が參與する一切というわけである。黄老學における「一」は、「唯一」にして最高の生成者であり、普遍的な本來性であるともされる。これに對して宇宙における具體的な事物は、「多」として扱われる。換言すれば、宇宙における「萬物の多」に對して、「一」は萬物の「生成者」であり「統一者」であるということである。これを人間社會における「百姓の多」と對比させれば、「一」は「聖人」(「余一人」)を通じて政治的役割(統治と統一の役割)を演じることとなる。こうして黄老學における思索と問題解決のための思想主題は、「一と多の關係」の問題として概括できる。黄老學中の「一」と「多」の關係という基本構造を踏まえて、その用例を探し出してみると、「一」に屬する要素と、これに對して「多」に屬する要素とを、次のように抽出することができた。

本稿で、筆者は『凡物流形』中の「一」を材料として、これを黄老學の「一」の思想史と結合させ、全體から局部、局部から全體というように雙方向的視座を持って、『凡物流形』に見える「一」の思想構造を具さに考察するとともに、また『凡物流形』の黄老學における位置とそれら相互の關係を考察していこうと思う。

「一」と「多」の對照表

宇宙	
一	多
太一・道・恒先・恒一・泰初・無・無有・無形・無名・無象・大象・根・本・要・常・宗・主・簡・易・齊一・同一・一氣・母	有・形・象・有形・有名・有象・物・萬・萬物・形名・萬殊・萬異・千生・百物・群生・子・衆異・衆妙・殊形・殊能・時・古・今・名・性・情・化・變化・各異・雜・衆末・繁・煩惑・險難
社会	
大・貴・高・上・聖人・王・君・侯王・孤・寡・不穀・吾・執一・抱一・用一・得一・守一・治一・貴一・復一・抱道・執度・知一・無為・無欲・無事・清・虚・靜・因・循・法度・正・公正・專心・一心・一言・一意・希言・寡言・總・不多	小・下・賤・天下・民・萬民・萬事・百事・百姓・衆・衆人・群臣・百言・千言・萬言・奇・自然・化・自化・自事・自命・自定・自清・自富・自朴・自賓・自生・自均・自壮・自試・自成・自施・自正・自作・自喜

一 生成者としての「一」及びそれぞれ異なる宇宙生成モデル

『凡物流形』における「一」の構造のひとつは、第一にそれが宇宙生成の本源でありまた萬物の創生者とされていることである。ではそうした思想はどのようにしてできたのであろうか。一般に黄老學におけるこうした發想はすべて宇宙生成モデルとして示される。例えば『老子』・『莊子』・『文子』・『列子』・『淮南子』などの傳世文獻や、郭店楚簡『太一生水』・上博簡『恆先』などの新出土文獻の中に、われわれは「一」が宇宙生成モデルにおいてどのように位置づけられているかを見ることができる。『凡物流形』もその種の新たな文獻なのである。とはいえ、黄老學の宇宙生成モデルはそれぞれ異なっており、それぞれに示される「一」にも自ずから違いがある。『凡物流形』の宇宙生成モデルは，次の一節に端的に述べられる。すなわち「聞之曰、一生兩、兩生叄、叄生母、母成結。」である。『凡物流形』中の「一」は、先ず「一生兩、兩生叄、叄生母、母成結」という生成モデルの中に位置づけられる。「一が兩を生ず」と言っていることからすれば、この生成モデルにおける「一」は、一切の生成の起點であり原初として位置づけられていることがわかる。このために、「一」は宇宙の生成者であり萬物の創生者と見なされる。この意味から言えば、『凡物流形』中の「一」は、『老子』第四十二章に言う「道生一、一生二」中の「一」と同義ではない。『老子』における「道生一、一生二、二生三、三生萬物」のモデルでは、「道」が生成の本原とされ、「一」はその道から二次的に生み出されたのである。

この老子と異なるのは、『凡物流形』中の「一」は「道」であり、道もまた「一」であって、それ以外の別な用法は見えないことである。黄老學における「道」と「一」は一般には互換可能であり、互用できる最高の形而上學的概念なのである。大雜把に言えば、「一」即「道」、「道」即「一」と言うことすら可能である。ある場合には、「一」は「道」の最高の述語として解釋された。例えば黄帝四經『十大經』成法篇に「一者、道之本也」とあるように。また『韓非子』揚權篇は、「道」が「獨一無二」であることを言うのに「一」の語を用いて、「道不同於萬物、德不同於陰陽、衡不同於輕重、繩不同於出入、和不同於燥濕、君不同於群臣。凡此六者、道之出也。道無雙、故曰一。」と言っている。さらに多くの場合、黄老學は「一」を「道」とし、或いは「一」を「道」の稱號として名付け、或いは「一」を「道」の本質と見なした。前者の例としては、黄帝四經『道原』に「一者其號也、虛其舍也、無為其素也、和其用也。」とあるのがそれであり、また『文子』精誠篇に「道無形無聲、故聖人強爲之形、以一字爲名。」とあるのなどもそうであり、この二つの用例では、「一」を「道」の「號」や「名」としている。また後者の場合は、例えば『太一生水』の「太一」がそれである。また黄帝四經『道原』における「一」もそうである。すなわち「恆先之初、迵（迥）同太虛。虛同爲一、恆一而止。」とあり、また『呂氏春秋』大樂篇や『淮南子』詮言訓に描き出される「太一」も同じ類である。すなわち「道也者、至精也、不可爲形、不可爲名、強爲之〔名〕、謂之太一。」「洞同天地、渾沌爲樸、未造而成物、謂之太一。」のように、「一」に「太」を加えて修飾しているが、それは「一」の「至高無上性」を強調することに目的がある。『凡物流形』・『太一生水』・黄帝四經・『文子』における「一」や「太一」もこれと同樣である。「一」が更に容易に宇宙の始まりの原初「未分化」の「統一狀態」を表現できたことにより、また「一」が「唯一」として、「萬物」の多さと一層容易に對比させることができたことにより、「一」それ自體が「道」の名稱とされたばかりでなく、さらには「道」そのものと見なされることとなった。『凡物流形』における「一」も「道」なのであるが、それは「一」による形而上學が打ち立てられている。『凡物流形』中の「一」と「道」の關係を生成モデルの中に當てはめて見ると、『凡物流形』は直接には「一」を生成の始點としており、其の他の例えば『文子』九守篇の「渾而爲一」や、『呂氏春秋』の「太一出兩儀」や『太一生水』の「太一生水」や黄帝四經の「虛同爲一」等は、みな「一」・「太一」を創生の起點としているのである。

人類の好奇心の一つに根源への意識がある。この根源意識は社會の起源を問題にするときは人類の原始狀態(或いは「自然狀態」)について構想し、宇宙の起源を問題にするときは宇宙の原始狀態について構想する。われわれは黄老學においてこれら二つの根源意識を讀み取ることができるのであるが、ここでの主な關心は、黄老學、特に『凡物流形』における「一」が要はどのような狀態を指して言っているのかということである。黄老學においては文獻毎に異なった記述が見られる。『老子』が描き出す「道」の原初狀態は、「道沖、而用之或不盈。淵兮似萬物之宗、湛兮似或存。吾不知誰之子、象帝之先。」(第四章)・「道之爲物、惟恍惟惚。惚兮恍兮、其中有象。恍兮惚兮、其中有物。窈兮冥兮、其中有精。其精甚真、其中有信。」(第二十一章)などである。『恆先』が描き出す「原初」の狀態は、「恆先無有、樸・靜・虛。樸、大樸。靜、大靜。虛、大虛。」である。『凡物流形』の生成モデルにおいては、「一」が生成の起點とされており、それは言うまでもなく原初狀態のことであるのだが、『凡物流形』はその「原初狀態」としての「一」については何ら記述していない。これは確かなことである。

黄老學においては、「一」から展開される生成過程は、總じていえば「混から分に至る」・「簡から繁に至る」・「少から多に至る」の過程である。ここからわれわれは容易にスペンサー(Spencer)の宇宙進化論を想起することできる。『凡物流形』の「一」を原初狀態とし生成起點として創生過程を構想していることについて言うならば、それは頗る特殊である。但し、この生成モデルにおける宇宙もやはり「一」から「多」へ至るプロセスなのである。われわれは先にこのモデルそれ自體が持つ特殊性について見てきた。整理者は「聞之曰、一生兩、兩生參、參生母、母成結」の一節の釋文には問題があるとしてはいるものの、『凡物流形』中のこの一節が通行本『老子』第四十二章に言う「道生一、一生二、二生三、三生萬物」の一節と類似するところがあることは指摘している。例えば、すべて三字一句であることや、ある次元が別な次元を生み出す(X生Y)などである。確かに、これまでの生成モデルの中では、これほど『老子』とよく似たモデルはなかったのであり、しかもこのことはだれでも直感的に氣づき得るほどである。

但し『凡物流形』のモデルと『老子』のモデルとの間には頗る大きな違いがある。兩者が設定している生成起點と生成者が異なっている他の主要な違いは、『老子』の生成モデルの終わりの部分は「三生萬物」とあるのに對し、『凡物流形』では「叁生母、母成結」としているところである。その中間段階における『老子』の「一生二」の「二」と「二生三」の「三」が、『凡物流形』の「兩」と「叁」の意味する所と同じかどうかについては、なかなか判斷が難しい。一般に『老子』の生成モデルにおける「二」と「三」についての解釋は、「二」は分化した後の「陰陽二氣」、「三」は陰陽結合後に形成した「和氣」とされている。そしてこの「和氣」が最終的に萬物を生じていくのである。『淮南子』天文訓に「道（曰規）始於一、一而不生、故分而爲陰陽、陰陽合和而萬物生。故曰、一生二、二生三、三生萬物。」とあるのを見ても、「二」は「陰陽二氣」であり、「三」は「和氣」のことだとわかる。[3]『列子』天瑞篇の「太易→太初→太始→太素」（「太易者、未見氣也。太初者、氣之始也。太始者、形之始也。太素者、質之始也」）といった四段階生成モデルにおいては、「一」は「一者、形變之始也。清輕者上爲天、濁重者下爲地、沖和氣者爲人、故天地含精、萬物化生。」に見るように「形變之始」とされている。

『凡物流形』においては、「氣」の用語はわずか一例だけ見える。すなわち「五氣幷至」の「氣」である。問題は「五氣」とは一體何を指すのかと言うことである。『左傳』昭公元年には、医和の「六氣説」がある。「六氣」とは「陰・陽・風・雨・晦・明」のこととされる。『釋名』は「五行者、五氣也」と言う。曹錦炎氏は、『凡物流形』の「五氣」は「五行之氣」であるとしている。もしその通りとすれば、「五行之氣」は一般に言われている「陰陽之氣」とは異なるであろう。『凡物流形』にも「陰陽」の概念はある。「陰陽之序、奚得而固。」がそれである。「氣」であれ、「陰陽」であれ、『凡物流形』はそれらを萬物生成とは直接關連づけていない。このために、「兩」と「叁」は畢竟するところ「陰陽二氣」と「和氣」のことではありえない。やはりこれは問題であろう。道家生成論の大傳統からいえば、異なる「氣」を持ち出してきて解釋することもできるかもしれない、つまり「兩」とは「一」が生じた「陰陽二氣」のことであり、「叁」とは「兩」が生じた「和氣」であるというものである。

續いて問題となるのは、「叁」が産み出す「母」と、「母」が成し遂げた「結」とは何か、ということである。「母」は道家の宇宙生成論で使われる比喩表現であり、人類を生み育てる母親から連想して、宇宙萬物を生育するのにも母がいたと考える。つまり根源である。『凡物流形』の「母」は、生成のプロセスにおいて第三段階におかれており、老子が「道」を「天地の母」とするというときの「母」とか、『太一生水』が「太一」を「[爲]萬物母」というときの「母」などとは異なり、萬物を産み出すプロセスの中間に位置づけられていることから、「天地」として理解できるかも知れない。道家生成モデルにおいて、「天地」は萬物が生成していくプロセスの「有形」の大いなるものであり、兩者は時に「萬物の母」としても認識される。『莊子』達生篇に「天地者、萬物之父母也。」と言われるのもその一例である。『凡物流形』は直接には「天地」を萬物の母とはしていないが、「天地」の特殊な地位は強調している。「母」が成し遂げたものを最終段階としての「結」としているのである。黄老學において、「一」の創生プロセスの最終段階に構想されるのは多くの場合、「萬物」を産出することで、例えば『老子』では、道から始まる創生プロセスの最終段階に「三生萬物」が言われる。また『呂氏春秋』大樂篇のモデルでは、「萬物所出、造於太一」となる。つまり「太一出兩儀、兩儀出陰陽。陰陽變化、一上一下、合而成章。…萬物所出、造於太一、化於陰陽。」である。『淮南子』の生成モデルの最終段階も「萬物」を産出することであるが、ただその最初の段階は「一」ではなく「道」である。「道始生虛廓、虛廓生宇宙、宇宙生氣。氣有涯垠、清陽者薄靡而爲天、重濁者凝滯而爲地。清妙之合專易、重濁之凝竭難、故天先成而地後定。天地之襲精爲陰陽、陰陽之專精爲四時、四時之散精爲萬物。」（『天文訓』）・「道者、一立而萬物生矣。」（『原道訓』）とあることからも明らかであろう。ところが『凡物流形』は、「一」が最終的に生じるものを「萬物」とは言わずに、「結」と言っている。「結」の本義は、「締結」である。秦樺林氏は、『鶡冠子』泰錄篇の「故神明錮結其紘、類類生成、用一不窮」を引いて、「結」には凝聚・聚合の意があると言う。(4) そうだとすれば、「散爲多」とは反對の意味になってしまう。『凡物流形』の生成論の第四段階の「母成結」の「結」は、當然萬物の生成のことであり、つまり言うところの「品物流形」なのである。「結」には、「成」「完成」の意がある。『左傳』襄公十二年に「使陰里結之。」とあるように、「天地の母」が成し遂げる「結」を萬物の産生と解釋してよい。

二　「一」及び萬物の存在や活動の根據

『凡物流形』における「一」の構造の二つ目は、それが萬物存在や活動の基礎や根據として構想されていることである。既に述べたように、黄老學の生成論における「道」・「一」・「太一」・「恆先」などはすべて萬物生成の本原とされ、それらが産み出すものは「多」である。つまり自然界の物質的存在すなわち「萬物」である。生成者としての「一」と被生成者としての「多」は、黄老學において常に無形と有形、無象と有象、無名と有名、不可感と可感等の關係として現れている。『凡物流形』において「一」と相對する「萬物」の「多」とは、ひとつひとつ具體的な形や色を持った事物のことである。前後の兩部分で論及している内容は生みだす「一」と、生みだされる「多」との關係として概括できよう。後半の部分が明らかにするのは、前半部で提起された問題全體に對する回答である。生みだす主體としての「一」については既に檢討してきたので、次に『凡物流形』において「一」から生み出された客體としての「物」と「自然」が一體いかなるものか考察していく。それは、「一」を用いてこうした自然やその現象の原因をどのように解釋しているかということでもある。

『凡物流形』において説かれる自然事物の「多」は、「自然」現象の原因（「なぜ」）を追求する場合に現れている。それらは一連の問題として、四十あまり提出されているが、それに「直接」の回答は與えていない。どのような「自然」現象について追求しているかということ自體が、『凡物流形』の作者の「自然」現象に對する觀察や興味・思考傾向を示している。(5) 『凡物流形』が追求する自然事物の**「多」**は、抽象的に「物」とか「百物」として表現される。「物」とは自然界のあらゆる物の總稱であり、『凡物流形』が「百物」というときは、古代哲學では多くの場合「萬物」と稱されており、また「品物」とか「庶物」とかとも稱される。「物」は一般に「形」「體」を備えて存在し、また變化する。『凡物流形』においては、「形」と「體」はそれぞれ意味が異なり、「形」は主に品物初生の様子を、「體」は主に品物成長の様子をそれぞれ指している。「凡物流形、奚得而成。流形成體、奚得而不死。」における「流」の原意は水の流れゆく様である。『凡物流形』の「流形」とは、物が生成變化しつつそれぞれの形質を備えていくことを言い、これは『易』乾卦彖傳に「品物流形」とあり、『詩經』大雅の行葦篇に「方苞方體」とあるのと類似している。「成體」とはそれぞれの形質が成熟していくことを言う。物や形や體において『凡物流形』が追求する具體的な自然物は、二方面に分けることができる。その一つは「天地」という自然であり、もう一つは天地間に存在している物としての「自然」である。

既に述べたように、古代哲學における「天地」とは、萬物の中で最も顯著かつ最も影響力のある存在であり、時にはそれは「生成者」と見なされ、ある種の根源的な意味を與えられてきた。『凡物流形』における「天地」もこうした意味を持っている。「天地立終立始、天降五度。」とある一節の、天地によって確立された「終と始」は、天地間の事物の終と始を指すものでなければなるまい。また『凡物流形』に言う「五度」とは上天が降臨してきたことを言うものであり、さらに「順天之道」という表現からは、「天」が「地」に對してより「根源的」であることがわかる。『凡物流形』の「天地」に對する探求には、二つの問が立てられている。一は天地はなぜ高遠なのかということ(「天孰高、地孰遠」)。二は「天地」は誰が作ったのかということ(「孰爲天、孰爲地」)である。つまり『凡物流形』はさらに踏み込んで「何(誰)が天と地を作ったのか」と探求する。このことから知りうるのは、『凡物流形』が天地は「ある種の」根源性を有していると認識しているのと同時に、天地よりも更に根源的な天地を産み出した「根源者」が存在していることをも認識しているということである。『凡物流形』が探求する「天地」間の「自然」は、さらに天上と地上に二分される。天上に屬するのが日月・雷電・霆・風雨等であり、地上に屬するのが水火・草木・禽獸・土・民人・百姓・鬼神等である。鬼神以外はすべて、人々の意識の中では常識的な自然である。自然の事物は變化する。そうして異なる形態や現象を持つものとして自然の事物は言い表わされる。『凡物流形』の自然事物の現象やその變化の原因の探求は、ある場合はとても單純である。例えば、草木はなぜ生えるのか、禽獸はなぜ鳴くことができるのか、土地はなぜ平らになるのか、水はなぜ澄むのか、人にはなぜ生死があるのか、なぜ風・雨・雷電・霆等があるのか、太陽は昇ったばかりのときはなぜ熱くないのか、太陽は南中したときはなぜ小さくなってしまうのか（「日之始出、何故大而不炎。其入中、奚故小焉。」）。こうした自然現象は誰でもよく知っていることであり、往々にして當たり前のこととされている。『凡物流形』の上半部分におけるこうした自然事物や現象の原因に對する探求は、現代の學術分類に從えば、物理學の問題になるのであろうか。だが古代哲學においては、哲學と物理學の間に嚴格な區別があったわけではない。

一般的にわれわれは、多くの自然現象に對してそれが何かは知っているが、それがなぜかまでは知らないものである。古人にとってはなおさらそうであった。だからこそ『凡物流形』はいくつかの自然事物と現象に對して好奇心一杯にその原因を探求している。道家哲學は、宇宙と自然をトータルに解釋し、萬物の起源について解釋するばかりか、それがなぜなのかをも解釋しようとしている。『淮南子』詮言訓は、萬物はすべて「太一」から生じるとしたうえで、鳥・魚・獸等などの個別の自然に對しても具體的に説明している。「洞同天地、渾沌爲樸、未造而成物、謂之太一。同出於一、所爲各異、有鳥、有魚、有獸、謂之分物。方以類別、物以群分、性命不同、皆形於有。隔而不通、分而爲萬物、莫能及宗、故動而謂之生、死而謂之窮。皆爲物矣、非不物而物物者也、物物者亡乎萬物之中。」とあるのがそれである。『淮南子』詮言訓の自然事物の存在やその活動根據についての解釋もトータルである。事實、これが黄老學の形而上學の基本的傾向なのである。黄老學は一般に「道」と「一」とに萬物の存在と活動についての根據を求めている。『老子』第三十九章が「一」を用いて、天・地・神・谷・侯王がなぜ清・寧・靈・生・正であるかを解釋しているように。(「昔之得一者、天得一以清、地得一以寧、神得一以靈、谷得一以生、侯得一以爲天下正。」) 黄老學の文獻において、われわれは少なからず「得」とか「得之」といった用語を見かけるが、これは黄老學が「萬物」が存在し活動する理由を説明しようとする場合の基本的な方式である。比べてみると、『凡物流形』は、「一」を「萬物」の根據とする場合、二通りの方式を用いていることがわかる。一つは「一」があるからこそ天下のすべてが存在しうるのであり、「一」がなければ天下のすべてがあり得ないという全體的な認識である。すなわち「是故有一、天下亡不有。亡一、天下亦亡一有。」である。二つは草木の生命や禽獸の鳴き聲はすべて「一」を得たことによる作用であるという具體的な認識である。すなわち「草木得之以生、禽獸得之以鳴。」である。この「一」の解釋は、ちょうど『凡物流形』の上半部分の「草木奚得而生。禽獸奚得而鳴。」という問いに對應している。このことから『凡物流形』は、自然現象やその他の原因についての探求では、すべて「一」によって解釋していることが分かる。例えば「流形成體、奚失而死。又得而成、未知左右之情。」といった、人の生死循環についての探求もそうである。

「一」(或いは「道」)がなぜ萬物存在や活動の基礎・根據となりうるのかと言えば、それが超越性と無限の力を持っているからである。黄老學は、常に無形・無象・無聲・無味などの、感じることも、觸れることもできない等の語でそれを描き出す。こうした例は多く、例えば『老子』第十四章の「視之不見、名曰夷。聽之不聞、名曰希。搏之不得、名曰微。…迎之不見其首、隨之不見其後。」や、『管子』内業篇の「道也者、口之所不能言也、目之所不能視也、耳之所不能聽也。」等などがある。『凡物流形』中の「一」も、上述したような黄老學の「道」や「一」に對する描述の仕方とそれほど違わず、「是故一、咀之有味、嗅[之有臭]、鼓之有聲、近之可見、操之可操、握之則失、敗之則槁、賊之則滅。」とあるように、超越的であり絶對的な存在としているが、一方でそれは直接體驗し接觸することができるものとされている。『凡物流形』の「一」に對するこうした記述は非常に獨特なもので、黄老學の大傳統では一般にこのようには記述しない。『凡物流形』は「一」を萬物の創生者であり萬物の本質とする一方で、それは感知できるものであることを言う。このことは形象的な比喩を用いて「一」や「道」について説明するもので、それは玄妙であるけれども、また非常に親しむことや近づけることができるとしている點で、いささか『韓非子』解老篇の「道…以爲近乎、游於四極。以爲遠乎、常在吾側。以爲暗乎、其光昭昭。以爲明乎、其物冥冥。而功成天地、和化雷霆、宇内之物、恃之以成。」に類似している。ただ理論面から言えば、『凡物流形』の記述の仕方は黄老學全體の傾向と違っていない。黄老學全體の傾向とは、「一」や「道」を「感知できる」ということへの一連の「否定」を通して説明することなのである。

三　「一」と「聖人」と政治原理

『凡物流形』における、「一」の第三番目の構造とは、それが「一人の聖王」と「多數の百姓」（或いは「一君」と「萬民」）の相對關係の中で「聖王」が政治原理を掌握していなければならないとする「治道」が説かれていることである。『凡物流形』における「一」が、多數の萬物を生成する本原であり、多數の萬物の存在や活動の根據であるとされていることについては、既に述べてきた通りである。本節では、『凡物流形』における「一」が、「聖人」の政治原理としていかに位置づけられることとなったかを見ていこう。黄老學全體から見れば、人間の構造・秩序や活動と宇宙のそれとの間には、高度に統一的かつ協同的な關係があるとするのである。

黄老學全體の思想としては、「君王」は人間社會の「一」であって、多くの百姓を統治しなければならず、そのために必ず掌握していなければならない寶物こそが「一」なのである。黄老學は、一般に「執一」・「守一」・「得一」・「抱一」を言う。換言すれば、黄老學においては、人間社會の「一」は「君王」と結びついており、君王の専有物である。同様に、黄老學の「道」は、主要には政治指導者すなわち「聖人」（或いは「聖王」・「明王」）のものであって、一般人が掌握しなければならない原理ではない。黄老學は、「道」や「一」、とりわけ「一」を「聖人」や「君王」が掌握しなければならない政治原理としている。裏返していえば、「聖王」を「一」の化身として見ているのである。

『凡物流形』ではどうであろうか。『凡物流形』中にも、「執一」・「執道」・「得一」や「有一」・「無一」等の語が見えるものの、いったい誰がそうした行爲の主體者なのか、本文中では「直接説いて」いないが、テキスト全體を見通すと、「道」や「一」を掌握したり運用したりするのは、一般人ではなく、政治的人物、すなわち「聖人」とか「君王」であることがわかる。(6) このことは以下の三文例から知ることができる。その第一は、「執道、所以修身而治邦家」である。ここでは「執道」が「治邦家」と對に述べられる。「執道」は最終的には「治邦家」のためであり、これは「道」を掌握し運用する者が「治邦家」を行う政治的人物だというのである。その第二は、文中の「執道、坐不下席」で、これが下文の「是故聖人居其所」と呼應しあっていること。その第三は、文中の「心之所貴、唯一」が「君」を指していること。この三例によって、『凡物流形』の「執一」・「守一」の政治主體が、確かに「一人」の統治者、つまり「聖人」或いは「君王」のことであると分かる。

「執一」する者が「聖人」であるというのは、裏返せば、「聖人」が「執」らねばならない「一」とは具體的に何を意味するのかということであろう。黄老學において、聖王が執る「一」とは、例えば「無爲」・「清靜」・「無欲」・「因循」・「一言」・「一名」・「一心」・「一意」等いくつかの共通した觀念であり、さらには一定の統一的な法律規範或いは法度を指している。黄老學が展開していく過程で、道家の「一」と法家の「法」が結合して、「一」はさらに「法度」の代名詞ともなっていった。『老子』中には、「抱一」・「執一」と「法」の關係を見ることはできないが、黄老學においては、聖人の「執一」が具體的に「執一法」として説かれる。黄帝四經『十大經』成法篇に「吾聞天下成法、故曰不多、一言而止、循名復一、民無亂紀。」とあるのはその例である。聖人の「執一」とは、その他「無爲」・「清靜」・「無欲」・「因循」・「一言」・「一名」・「一心」・「一意」等共通した理念を掌握することを意味している。こうした「執一」は、「執法度」の「一」と矛盾するものではない。例えば「執無爲」とは同時に「執法度」のことである。ただ『凡物流形』中には、「無爲」・「清靜」・「無欲」・「因循」・「一心」・「一意」等の概念は全く見えないし、「法」についても論及がない。この點から見ると、『凡物流形』は、黄老學の政治概念、とりわけ「無爲」・「虛靜」・「無欲」・「法度」等の重要な概念の使用が非常に少ないと言える。しかしそうではあっても、われわれはその「一」が全く中味のない符號として扱うことはできない。

『凡物流形』の「一」は、具體的には「一言」とか「寡言」を指して言う。「一言」はもちろん黄老學の政治概念の一である。孔子も例えば「一言以蔽之」・「一言興邦」(『論語』子路篇)等などのように「一言」を言うが、それは「ひとこと」の意である。つまり「一言」は多くないが、重要な「一言」にこそ根本的な意味があるというわけである。老子は無爲の政治を主張し、それに對應して「行不言之教」と言い、「多言數窮」とか「希言自然」とも言う。それは「一言」と言わないだけで趣旨は同じである。黄帝四經や『管子』中には、明瞭に「一言」を「一」とする用法がある。「吾聞天下成法、故曰不多、一言而止、循名復一、民無亂紀。」(『十大經』成法篇)とか、「執一不失、能君萬物。君子使物、不爲物使。得一之理、治心在於中、治言出於口、治事加於人、然則天下治矣。一言得而天下服、一言定而天下聽、公之謂也。」(『管子』内業篇)などがそれである。『凡物流形』では、「一言」や「寡言」を「一」とする用例を見いだすことができる。「聞之曰、一言而終不窮、一言而有衆、一言而萬民之利、一言而爲天地稽。」・「能寡言、吾能一吾、夫此之謂小成。」がそれである。これら兩文を比較してみると、前者は『管子』の「一言得而天下服、一言定而天下聽」に類似しており、後者は黄帝四經『名刑』

の「能一乎。能止乎。能毋有己、能自擇而尊理乎。」が參照されよう。

「執一」の聖人「一人」が相對しているのは「多」である。『凡物流形』においては、この「多」が「百姓」「衆」或いは「萬民」を專ら指している。「一言而萬民之利」という場合の「一言」は「君王」に屬し、ここからもたらされる「利」は「萬民」に屬している。「百姓之所貴、唯君」では、「多」である「百姓」に對應しているのは、明らかに「一君」なのである。『凡物流形』には「能執一、則百物不失」といった言い方もあり、ここでの「多」は百姓の多と關連する「百物」の多に言い換えられている。このほか、『凡物流形』中の「多」は「衆」・「天下」・「天地」とも言われる。百姓・萬民の「多」とはまず數量上の「多」であり、黄老學が自然領域を規定する場合に用いる「多」の語(表參照)は、一定程度「百姓」や「萬民」の「多」を規定するためにも用いられる。とりわけそれらのうちで、萬物・百物・殊形・殊能・時・古今・情・變化などは、皆そうした意味である。「百姓」を意味する「多」には、さらに「天下」・「百事」・「萬言」等の語もある。この點において『凡物流形』が用いる用語はさらに少なく、ただ「天地」・「百物」・「天下」・「邦家」・「四海」・「千里」等の語が見えるのみで、これらは皆統治しなければならない「百姓」の「多」を意味する。

統治者が直面しているのは、いつでも無數の人による無數の行爲である。黄老學においては、百姓の「多」に對しては、君王がただ「一」をもってのみ統治することができると言う。このために「一」に依ってのみ複雜な政治世界のすべてに秩序をもたらすことができ、そこには何らの遺漏もないということになる。ここに至って、「一」の政治原理とは、「以一治多」原理そのものであり、これこそが黄老學の政治思想を貫通する「一貫之道」なのである。ここにこそ、なぜ司馬談が道家の思想を概括して「指約而易操、事少而功多」と言い、なぜ『漢書』藝文志が道家を「知秉要執本」と言ったのか、その理由がある。黄帝四經『十大經』成法篇の「夫唯一不失、一以趨化、少以知多。…彼必正人也、乃能操正以正奇、握一以知多、除民之所害、而持民之所宜。抱凡守一、與天地同極、乃可知天地之禍福。」は、まさにその典型的な用例である。『凡物流形』においては、「是故有一、天下無不有。無一、天下亦無一有。聞之曰、能執一、則百物不失。如不能執一、則百物具失。」にそれを見いだすことができる。ここにも明白に「以一治多」原理が内在している。

なぜ黄老學が熱心に「以一知多」・「以一治多」の政治原理を立てたのか。それは簡單に言えば、彼らは「一」を「天下」や「百姓」に對して普遍的に應用できると信じたからである。黄老學は、聖王はただ普遍的な「一」に依據することによってのみ、扉の外に出ることなく、天地を貫通することができ、千里の外・四海の中一切の事柄を決斷することができると聲高に言う。黄帝四經『十大經』成法篇は、黄帝と力黑の對話を借りて、これについて具體的に説明している。すなわち「昔天地既成、正若有名、合若有形、［乃］以守一名。上捦之天、下施之四海。吾聞天下成法、故曰不多、一言而止(已)、循名復一、民無亂紀。…昔者皇天使鳳下道一言而止(已)。五帝用之、以朳天地、［以］揆四海、以懷下民、以正一世之士。…［凡有］所失、莫能守一。一之解、察於天地。一之理、施於四海。」とあるのがそれである。『凡物流形』は「道」とか「一」が「普遍的」であることを信じており、その説き方は上に述べた内容と頗る類似している。「［一］得而解之、上賓於天、下播於淵。坐而思之、謀於千里。起而用之、陳於四海。」とあるのがそれであり、もう一つは、「得一［而］圖之、如并天下而助之、得一而思之、若并天下而治之。守一以爲天地稽。」というものである。「一」の普遍的な應用力に基づけつつ、さらに進んで、黄老學は聖人が「一」を掌握しさえすれば、直ちに超越的な認識力と洞察力を身につけることができることも言う。こうした用法は『凡物流形』に三例ある。その一は、「無［目］而知名、無耳而聞聲。」であり、その二は、「聞之曰、執道、坐不下席。端冕、箸不與事、之〈先〉知四海、至聽千里、達見百里。是故聖人處於其所、邦家之危安存亡、賊盜之作、可之〈先〉知。」であり、その三は、「握之不盈握、敷之無所容、大之以知天下、小之以治邦。」である。聖人が門戸を出ることなく遙か彼方の事柄も知り、聽き、觀ることができるのは、掌握している「道」が普遍的だからなのである。

さらに一歩を進めて問題にすべきは、「一」がなぜ普遍的に應用できるのか、「一」の普遍性はどこから來るのか、である。

この問題は、「一」（或いは「道」）の本性及びその萬物との關係から決まってくる。黄老學においては、「一」が「多」である「萬物」を創生する、つまり「萬物」それぞれにそれぞれの「得」（或いは「德」）を獲得させるわけである。そして萬物はそれぞれ「一」による共通の「德」を持っていることから、萬物は「一」へと到達する。「一」が萬物に對して普遍的に應用できるとするそのわけは、「一」の統一性が實質的に「萬物」に内在しているからなのである。裏返して言えば、「萬物」には互いに共通する性質と一致する性質があるということである。『莊子』天下篇は、彭蒙・田駢・愼到の思想が「齊萬物以爲首」にあるとしており、『呂氏春秋』不二篇は田駢の思想を「貴齊」説として概括している。「齊萬物」とは萬物を「一同」することであり、その説くところは、萬物に「統一性」を與え「整齊畫一」できるというものである。萬物が自己の性情や能力に従って活動しているときの「統一」とは「一」であることであり[7]、なかでも最も重要なのは、『管子』形勢に「民之情、莫不欲生而惡死、莫不欲利而惡害。」とあるような、「趨利避害」の共通した「人情」である。『愼子』内篇が、さらに一般的な「自爲」の概念を用いて、「人莫不自爲也、化而使之爲我、則莫可得而用。是故先王不受祿者不臣、不厚祿者不與入。人不得其所以自爲也、則上不取用焉。故用人之自爲、不用人之爲我、則莫不可得而用矣、此之謂因。」と説いているのもそれである。

一人一人がこうした「性情」を持っているということは、その他の人たちも皆そうだということであり、それはまた天下中のすべての人がそうであるということになって、一人の人間の情性を認識することは、そのまま天下の人々の共通した性情を認識することに等しいこととなる。こうして、黄老學におけるある種のロジックが生まれてくる。つまり「多」の中の「一個」の個體から天下すべての個體のことを推理したり、自分自身や自分に身近な事物から他者や遠くの物事について推理するというロジックである。こうして見てくると、『老子』第四十七章の「聖人不出戸、知天下。不窺牖、見天道。…是以聖人不行而知、不見而明、不爲而成」も難なく理解できるであろう。『淮南子』主術訓の「而君人者不下廟堂之上、而知四海之外者、因物以識物、因人以知人也。故積力之所擧、則無不勝也。衆智之所爲、則無不成也。」に見えるロジックは、『凡物流形』においては、「如欲執一、仰而視之、俯而察之。毋遠求、度於身稽之。」や「毋遠求、度於身稽之」などに見ることができる。つまり先ず自分自身の中から尺度を捜し出し、自分自身の尺度がわかれば、他者のひいては天下の尺度もわかるのだという。こうして、「一と多」のロジックは「萬物之一」と「萬物之多」との間のロジックへと變形していったのである。

四　「一」と「心」の修煉及び「貴一」

『凡物流形』中の「一」についての第四の構造は、聖王が「心」を修煉する際の目標であり「專一」の對象とされていることである。こうした意味からいえば、聖王はいかにして「一」を通して社會政治秩序を作り上げることができるのかということが、そのまま、聖王が心を「專一」に修煉し、併せて「一」を「心」中に内面化していく問題へと形を變えていく。『凡物流形』に「百姓之所貴、唯君。君之所貴、唯心。心之所貴、唯一。」という注目を引く一節がある。『凡物流形』の「百姓之所貴、唯君」という語句は、傳世文獻には見えない。ここに言う意味は、「百姓」が重んじるものはただ「君主」一人だというもので、單に「貴君說」と呼んでおこう。この論斷から、またここで使われた「唯」の字から見る限り、それは百姓が尊貴とする對象を「君主」に限定していて、そこから君主の意義を絕對化しているかのような疑いが出てくるのだが、實際はそのようなことはない。『凡物流形』がその他のところで說いている君主は「一言而萬民之利」の「利民」であったり、「一」によって「邇之施人」の「惠民」であったりするところからして、それは「君王」それ自體を目的化しているのではなく、人々の利益のため君王は政治に從事すると見るべきである。このために、君主やその權威は必要なものであることとなり、「貴君」の語はまさにそうした意味で理解されるべきである。『凡物流形』において、われわれは次のような言い方に出會う。「吾欲得百姓之和、吾奚事之。」ここの「吾」字は、『老子』の用法と共通しており、統治者である「聖王」とか「君王」の立場にある者の自稱としての「吾」なのである。『凡物流形』の作者は、百姓から擁護してもらうためとか、自分は先ずは百姓に奉仕しなければならないなどと言って、「治者」の立場から問題を投げかけた。ただ本當に百姓に奉仕できるためには、君主は何をなすべきだというのか。そこで『凡物流形』が提出したのが「貴心」であった。

統治者が先ず第一に思いを向けねばならないのは統治者自身の主體であるとし、このことから、さらに統治の中心を外在的な客觀行為から内在的な行為主體そのものへと移し替えることであるとしたのであった。この點で、統治者はいかに統治するかという問に對する『凡物流形』の第一の答は、自己の内心に思いを向けることであった。政治を司る君主が先ず始めに思いを向けねばならないのが自己の内心であるというのはなぜなのだろうか。『凡物流形』の出した答は「心不勝心、大亂乃作。」ということであった。この一節における初めの「心」字は、理性的・合理的意識や意志を意味しており、次いで現れる「心」字はそれとは異なり、非理性的・非合理的意識や意志を意味している。『管子』心術上篇に言う心術を經て形成される「無爲而制竅」の「心」とは、指導性を備えた「正心」を意味している。ただ感覺器官や外物によって「亂心」させられて、その結果、心が安寧を得られなくなってしまうこともある。例えば『管子』内業篇に「其所以失之、必以憂樂喜怒欲利」とある「心」は、そうした不合理な「心」を意味しているのである。

『凡物流形』において、「心不勝心」がもたらすものは「大亂」であった。この論法に従えば、「心如能勝心」ならば「大治」が得られるはずである。だが『凡物流形』はこのようには言わず、内心の葛藤によってある種の心が別の心に打ち勝つことができたことを「少徹」と稱している。つまり「心如能勝心、是謂少徹。」と言うのである。これにさらに問や解釋を加えて、「奚謂少徹。人白爲識。奚以知其白、終身自若。」と言っている。「少」を原整理者は「小」に讀んでいるが、そのまま「少」に讀んでよい。「少」には「要」の意味がある。『荀子』修身篇に、「少而理日治」とあるのがそれで、この解釋に基づけば、「少徹」は「要徹」に解釋できる。つまり根本的なもの、簡要なものに對する徹悟ということである。この根本こそが「一」なのである。『尸子』分篇に「明王之治民也、事少而功立、身逸而國治、言寡而令行。事少而功多、守要也。身逸而國治、用賢也。言寡而令行、正名也。」と説いているのもそれである。『管子』においては、聖王の統治に求められる心的狀態は「專一」狀態だということである。『凡物流形』の表現では「終身自若」となる。「徹悟」の境地とは「心の純潔」を保つことであるから、『凡物流形』はこれを「白」と稱している。ただこうした純潔は一時的であってはならず、「終身自若」が求められる。現在われわれは道家が「人の精神をして專一ならしむ」（『史記』論六家要旨）となぜ主張するか、またなぜ道家が統治者としての君主はまず自己の「內心」に關心を向けなければならないとしているのかを知るようになった。『管子』四篇・『凡物流形』はいずれも靜寧とか純潔とかの心境を政治の出發點と見なしている。例えば『內業』に「氣意得而天下服、心意定而天下聽」とあるのがそれである。

人心が純潔であるとか靜寧であるとかと言っても、それは心の中が空っぽで何も考えないというわけではなく、不合理なものや心を亂したりして何らかのよくない影響をもたらすものを排除できるようにすることを意味している。これは、荀子が説く「虛一而靜」はこれに近い。『凡物流形』や『管子』四篇が「心を專らにする」對象は、技藝や、また個々の具體的な仕業でもない。『管子』四篇に見られるように、君主が專ら關心を注ぐのは「道」や「一」である。君主は純潔な心を保持しつつ、同時に「道」や「一」に自己を同一化するのである。確かに『凡物流形』では、「心之所貴、唯一」と言うように、「心」が唯一向けなければならない對象は「一」であった。この「一」こそは、既に述べてきた最高の政治原理としての「一」であり、黃老學中に表現が異なるがその趣旨が共通する「一」であり、「法律」としての「一」であり、具體的には『凡物流形』における「一言」の「一」でもあった。このことは『凡物流形』が「能寡言、吾能一吾、夫此之謂少成」と言っているのと一致する。『凡物流形』の「能寡言、吾能一吾」とは、内心を専一にした上で「一」への集中を打ち立てること、すなわち「貴一」することである。ここで貴ぶ「一」とは、具體的には「寡言」や「一言」を意味している。

心が「貴一」するとは、「心」を「一」に固定することである、これは政治主體としての聖王を客觀視した上で、聖王の統治が「統一」的で安定した客觀的基準や尺度を持つようにさせようとしている。『管子』や『凡物流形』が關心を払う「心」の「專一」狀態とは、廣義には政治上の「心術」である。ただし黄老學におけるこの種の「心術」とは、心を「一」に集中するための修煉であり、「心」を客觀的な「一」に固定し、「一」を通して聖王の心を「客觀化」し、そこから統治を實際の客觀性に向かわせようとすることなのである。

結　語

以上は、筆者が、黄老學の「一」の思想史全體を視野に入れて、『凡物流形』の「一」の思想構造とその展開について考察したものである。僅か八百字余りの佚文から、われわれは宇宙・自然・社會を貫いている「一」という中心概念が、畢竟どのような基本構造と形態を有しているかということとともに、こうした構造が黄老學の「一」の思想史の中でどのように位置づけることができるか、また『凡物流形』それ自體の特色がどこにあるのかを見てきた。形而上學とは、それぞれ内容を異にしてはいても、一般に最高の概念(假說)や根本原理を用いて世界とそこに現れる現象を解釋しようとするものである。黄老學は一種の形而上學である。その基本的な思想形態は、「一」(或いは「道」・「太一」)という最高の概念や原理を用いて、世界を解釋したり把握しようとする。「一」とは本來數字の始めの意味なのであるが、黄老學はこれを世界の「唯一」の本原であると解釋したとき、數の始めの「一」とそれ以外の「すべての數」との關係のように、それは「本原の一」と

「世界の多」或いは「萬物の多」との關係として類推され、やがて形式上では直觀的であるが、實質上では極めて抽象的であり絶對的でもある「一」と、無限の「多」とが、相對する「一多關係」として捉えられていったのである。「一多關係」とは、黃老學が世界全體を把握するための方法であるばかりか、その産物でもあったわけである。

筆者は、「一」の概念を主な判斷根據として、『凡物流形』という佚文が黃老學の文獻であると判定した。既に述べたごとく、四つの視點から『凡物流形』の「一」の思想構造の位相を考察してきた。そこでわれわれは、「一」を根據にして、なぜ『凡物流形』を黃老學の文獻であると斷定できるのか、より具體的に實証してきた。明らかに、『凡物流形』は老子に言及せず、黃帝にも假託していない。「黃老」を稱することが、黃老學であると判定するための形式的な基準だとするならば、『凡物流形』は明らかにこの基準に合致していない。しかし思想の實質を黃老學がどうかを判定する根本基準とすれば、『凡物流形』はこの基準にまさしく合致している。黃老學の實質的意義は、老子道家哲學を基礎として、主に法家思想を融合し、さらに儒家・名家・陰陽家の思想を吸收して、形成された非常に複雜な思想形態を持つ。「論六家要旨」が、まさしく「其爲術也、因陰陽之大順、采儒墨之善、撮名法之要」と言っているように。

注

(1) 谷中信一先生の招きで、筆者は二〇一〇年七月一九日に開催された「出土資料と漢字文化研究會例會」において、曹峰教授の通譯により、本論を報告し、裨益するところが多かった。ここに謝意を記しておく。

(2) 『凡物流形』の編聯に關しては、復旦大學出土文獻與古文字研究中心研究生讀書會「『上博（七）凡物流形』重編釋文」（復旦大學出土文獻與古文字研究中心網　二〇〇八年一二月三一日）・李鋭「『凡物流形』釋文新編（稿）」（孔子二〇〇〇網　二〇〇八年一二月三一日）を參照して頂きたい。筆者は研究思想を研究している過程で、幾度も簡相互の前後關係を丁寧に調べていたおり、思いがけず「復旦讀書會釋文」の編聯にはなお不十分なところがあることを見つけ、さらに検討を加えて、程なくして編聯し直したものを『凡物流形』編聯新見」（載『簡帛研究網』二〇〇九年三月三日）として發表した。その後、顧史考がそれ以前に（「上博七『凡物流形』簡序及韵讀小補」武漢大學簡帛網　二〇〇九年二月二三日）を發表していて、私とほぼ同様の編聯をしていることを知った。注釋に關しては、谷中信一氏の「『凡物流形』（甲本）譯注」（出土資料と漢字文化研究會編『出土文獻と秦楚文化』第五號　二〇一〇年三月）を參照して頂きたい。研究方面に關しては、淺野裕一氏「『凡物流形』的結構新解」（武漢大學簡帛網　二〇〇九年二月二日）・曹峰氏「上博楚簡『凡物流形』的文本結構與思想特徵」（載『清華大學學報』二〇一〇年第一期）・王中江「『凡物流形』的宇宙觀、自然觀和政治哲學――圍繞「一」而展開的探究幷兼及學派歸屬」（載『哲學研究』二〇〇九年第六期）及び「『凡物流形』的「貴君」、「貴心」和「貴一」」（載『清華大學學報』二〇一〇年第一期）を參照。

(3)『文子』九守篇にも同様の解釋があるが、具體的な對應關係はない。

(4)秦樺林氏「『凡物流形』第二十一簡試解」（復旦大學古文字網　二〇〇九年一月九日）參照。

(5)原整理者は『莊子』天運篇中に『凡物流形』の自然に對する探求と類似したところがあると見ている（上博七　二二二頁參照）。曹峰氏は、『逸周書』周祝解中の一段は『凡物流形』の上半部分と部分的に内容が似ていると言う。曹峰氏「從『逸周書』周祝解看『凡物流形』的思想結構」（簡帛研究網　二〇〇九年三月九日）參照。

(6)谷中信一氏は、嘉南藥理科技大學通識教育中心主催「二〇一〇年經典教學與簡帛學術研討會」（五月）に提出した「楚地出土文獻所見『執一』思想―以上博簡(七)『凡物流形』爲中心」において、道家と『凡物流形』の「執一」の用法について、啓發に富んだ論を展開している。

(7)『淮南子』齊俗訓の「齊民之俗」（即ち「民情」）と「齊萬物」の語は、彭蒙・田駢・愼到らの「齊萬物」思想の反映としてみることができる。

天水放馬灘秦簡『日書』乙種「行忌」考

名和　敏光

近年の出土資料の内に多くの『日書』文獻が含まれており、これらを對比することにより、相互に内容を補完し、判讀不明部分を解讀し、誤釋を正すことができるのである。

『天水放馬灘秦簡』が出版された後、(1)天水放馬灘秦簡『日書』に關する論考も數多く發表されているが、馬王堆漢墓帛書『出行占』と睡虎地秦墓竹簡『日書』乙種との對比から、それぞれの内容を補完しうるものを發見したので、檢討した。諸家の指正を乞う次第である。

本論では天水放馬灘秦簡『日書』乙種第三一五—三一六號簡を檢討する。まず整理者の原釋文に、(2)

●凡爲行者毋起其鄉之忌日西毋起亥未東毋起丑巳北毋起戌寅南毋起辰申（三一五）

●凡六行龍日丙丁戊己壬戌亥不可以行及歸（三一六）

とある。

これといくらか同様の内容が睡虎地秦墓竹簡『日書』(3)乙種第一四二—一四三號簡に、(4)

行忌：凡行者無犯其大忌、西□□□巳、北毋以□□□□戌寅、南毋以辰・申。●行龍戊・己、行忌。（一四二）

凡行、祠常行道右、左〼（一四三）

と見える。實は整理者の復原・綴合には誤りがあり、

行忌：凡行者毋犯其大忌。西【毋以亥・未。東毋以丑】・巳、北毋以戌〈戌〉・寅、南毋以辰・申。●行龍戊己、行忌。（一四二）凡行、祠常行道右左〼　（一四三）

と改めるべきである。(5)

また、馬王堆漢墓帛書『出行占』第二〇行に、

凡行者毋犯其鄉之大忌日西毋犯□未東毋犯□巳北毋犯戌寅南毋（上部）…不可以行至（下部）

とあるのと對照でき、(6) この文も、

●凡行者毋犯其鄉之大忌日、西毋犯【亥】・未、東毋犯【丑】・巳、北毋犯戌・寅、南毋【犯辰・申】。□□□□□□□□不可以行至。(7)

と欽字を補い、加點することができる。(8)

以上の三つの文書を比較することにより、天水放馬灘秦簡の整理者は「犯」字を「起」字に誤釋していることが解るのである。(9)

天水放馬灘秦簡『日書』乙種第三一五號簡の「起」字の圖版を見ると、(10)

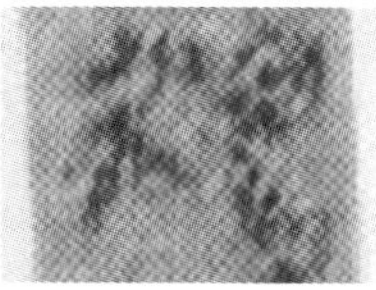
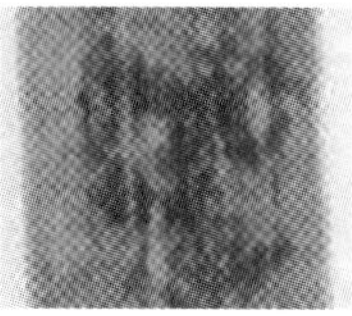
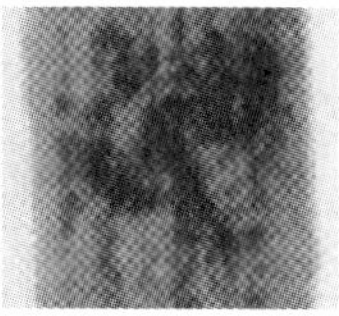
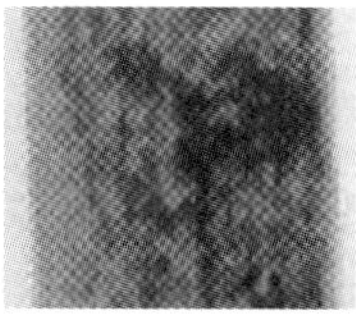
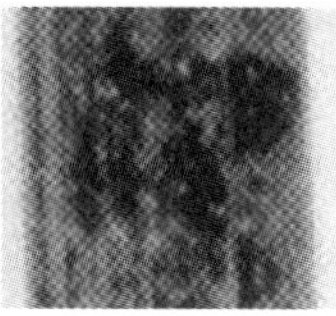

であり、睡虎地秦墓竹簡『日書』乙種第一四二號簡の「犯」字の字形は、(11)

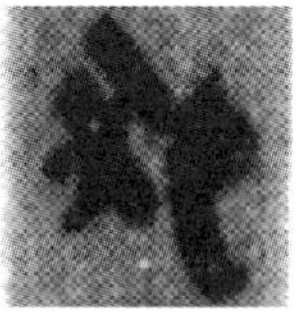

であり、また馬王堆漢墓帛書『出行占』第二〇行の「犯」字の字形は、

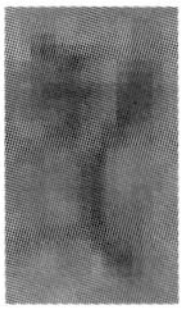
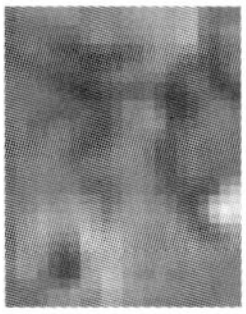

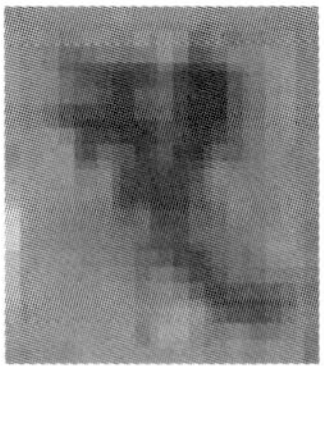

である。圖版により天水放馬灘秦簡『日書』乙種第三一五號簡の該字の偏は「犬・犭」であることがはっきり解るので、「犯」に釋字して誤りないであろう。

参考に天水放馬灘秦簡『日書』乙種中の「起」字を見ると、

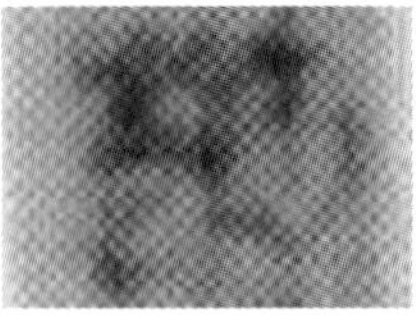

一七

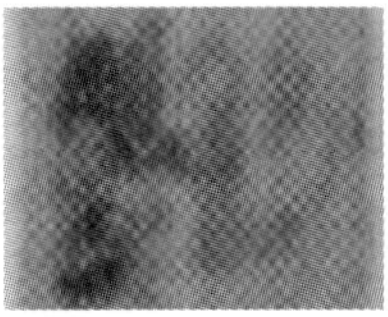

二一

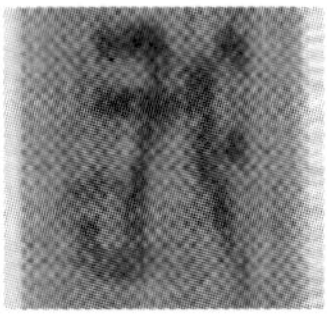

一〇六

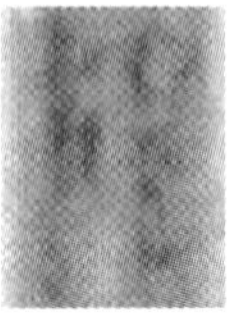

一三一

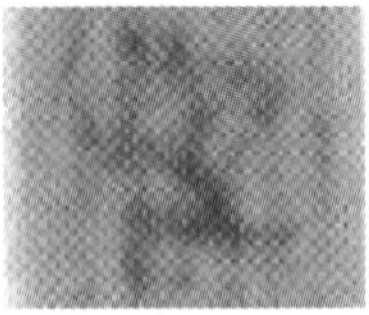

一五八

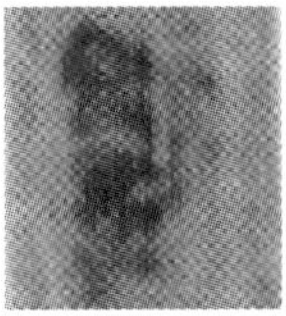

一九六

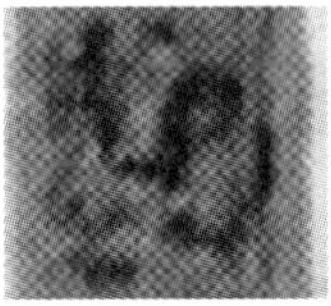

三〇八

三二八

となっている。

以上から、天水放馬灘秦簡『日書』乙種第三二五―三二六號簡の釋文は、

●凡爲行者毋犯其郷之忌日、西毋犯亥・未、東毋犯丑・巳、北毋犯戌・寅、南毋犯辰・申（三二五）。●凡六行
龍日、丙丁戊己壬戌亥、不可以行及歸。（三二六）

と修正することができる。

また、馬王堆漢墓帛書『出行占』第二〇行後半部分の「□□□□□□□不可以行至。」の内容は、天水放馬灘秦簡『日書』乙種第三二六號簡に「●凡六行龍日、丙丁戊己壬戌亥、不可以行及歸。」と雲夢睡虎湖地秦簡『日書』乙種第

一四三—一四四號簡に「●行龍戊己、行忌。（一四二）凡行、祠常行道右左☐（一四三）」とあることから、「龍日」と「行忌」に關係のある内容であることを指摘することができるであろう。

附記：
本論は、作成の過程で廣瀬薫雄氏からの教示を受けた。記して謝意を表す次第である。

注

(1) 甘肅省考古文物研究所『天水放馬灘秦簡』中華書局、二〇〇九年。
(2) 注(1)第一〇二—一〇三頁。
(3) 睡虎地秦墓竹簡整理小組編『睡虎地秦墓竹簡』文物出版社、一九九〇年九月。
(4) 注(3)第二四三頁。
(5) 劉樂賢「『出行占』摘釋」『簡帛數術文獻探論』湖北教育出版社、二〇〇三年二月第一版、二〇〇四年五月第二次印刷、第一一八頁。「睡虎地秦簡『日書』釋讀札記」『華學』第六集、紫禁城出版社、二〇〇三年六月、第一一四—一二一頁。劉樂賢の同様の結論は、曾て私も「馬王堆漢墓帛書古佚書《出行占》綴合考」紀念馬王堆漢墓發掘三十周年國際學術討論會（二〇〇四年八月七日湖南省長沙）、「馬王堆漢墓帛書「出行占」について」中國出土資料學會二〇〇四年度第二回例會（二〇〇四年一二月一一日流通經濟大學）において指摘した。内容は以下の通り。

工藤氏は『雲夢睡虎地秦簡』乙種（一〇三七・一四三）

行忌　凡行者毋犯其大忌。西□□□巳、北毋以□□□□戌・寅、南毋以辰・申。●行龍戊己、行忌。

を引き、その缺字に「毋以未」「丑亥東毋以」を補い、

行忌　凡行者毋犯其大忌。西【毋以未】・巳、北毋以【丑・亥、東毋以】戊〈戌〉・寅、南毋以辰・申。●行龍戊己、行忌。

（行忌　凡そ行く者は其の大忌を犯す毋かれ。西するに【未】・巳を【以てする毋く】、北するに【丑・亥を】以てする毋く、【東するに】戊〈戌〉・寅を【以てする毋く】、南するに辰・申を以てする毋かれ。●行の龍は戊己、行忌なり。）

と復元する（『睡虎地秦簡よりみた秦代の國家と社會』創文社、一九九八年二月、二二五―二二六頁）。寫眞版でこの簡を見ると、

「行忌　凡行者毋犯其大忌西」

「巳北毋以」

「戊寅南毋以辰申●行龍戊己行忌」

の三つの殘簡と解る。工藤氏は編寫組の新舊釋文に基づき第一簡・第二簡・第三の各簡の間に缺字を補ったが、本《出行占》に據れば、第二・第三の簡が直接綴合され、第一簡・第二簡の間には「毋以亥未東毋以丑」の八字を補い、

行忌　凡行者毋犯其大忌。西【毋以亥・未。東毋以丑】・巳、北毋以戊〈戌〉・寅、南毋以辰・申。●行龍戊己、行忌。凡行、祠常行道右左☐。

となることが明らかになる。確かに、この出行の日と方位の關係であれば、工藤氏の復元より合理的である。

	工藤説	馬王堆	
東	戌（11）・寅（3）	丑（2）・巳（6）	（2＋4＝6）
西	未（8）・巳（2）	亥（12）・未（8）	（8＋4＝12）
南	辰（5）・申（9）	辰（5）・申（9）	（5＋4＝9）

北　丑（2）・亥（12）　戌（11）・寅（3）　（11＋4－12＝3）

工藤氏原圖

圖Ⅴ　「行忌」の構圖

↓

綴合修正後

圖Ⅴ　「行忌」の構圖

（6）陳松長編著『馬王堆帛書藝術』上海書店出版社、一九九六年一二月、カラー圖版第一一頁及第一三〇—一三七頁。上部：カラー圖版第一一頁及白黑圖版第一三四頁『陰陽五行』乙篇部分（二）、釋文見第一三五頁。下部：白黑圖版第一三〇頁『陰陽五行』乙篇部分（一）、釋文見第一三〇頁。

（7）『出行占』第二六行に「天一居。一日困。二日觸地。三日責、吉。四日小生。五日大本。六日小逆。七日大毛。八日小毛。九

曰小得。【十日大得。十二】曰大成、吉。十二日宮軍。」という文章がある。圖版を見ると、第二〇行「南毋」の位置と第二六行「九日」の「日」の位置がほぼ同じであり、「不可以」の「不」の位置と「大成吉」の「吉」の位置がほぼ同じである。これにより、第二〇行「南毋」と「不可以」の閒に、除了可以補「犯辰申」三字を補う外に、八字程度の缺字があることが推測できる。

(8) 注(4)。

(9) これは、二〇一〇年七月三〇日に復旦大學出土文獻與古文字研究中心を訪問し、廣瀬薫雄氏と『出行占』を釋讀したときに、廣瀬氏とともに發見したことである。

(10) 注(1)第四八頁。また、『書法』一九九〇年第四期に『天水放馬灘秦簡』の圖版が掲載されており、その中に第三一五號簡の上部が含まれている（第三二頁第二行上半部。但し『書法』圖版の作成者は、誤って第三一五號簡と第三一九號簡を一緒にしてしまっている）。『書法』の圖版は中華書局のものよりはっきりしており、その中に「犯」字も含んでいる。このことは、復旦大學出土文獻與古文字研究中心大学院生：程少軒氏から教示を受けた。

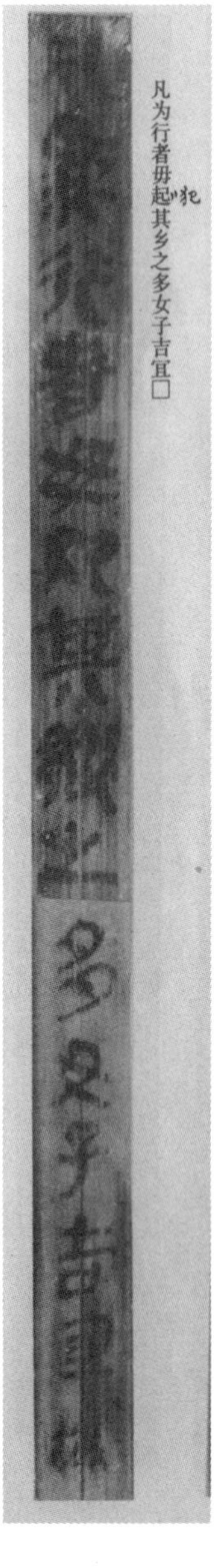

(11) 注(3)第一三〇頁。

甘肅省天水放馬灘一號秦墓「志怪故事」註記

池澤　優

昨年、『天水放馬灘秦墓』（以下、發掘報告と略稱）が出版された。甘肅省天水市放馬灘で秦墓が發掘されたのは一九八六年のことだから、正式報告の出版まで四半世紀かかったことになる。言うまでもなく、正式の發掘報告を待つまでもなく、一號墓出土の『日書』竹簡は部分的に『河西簡牘』（二〇〇三年）に發表されていたが、本稿で扱う「志怪故事」（發掘簡報での原名は「墓主記」、以下、本文書と略稱）は發掘簡報に掲載された極めて状態の悪い寫眞を除くなら、事實上、始めて公開されたものになる。筆者はこの竹簡が前から氣になっており、既に所見も發表しているが（池澤、二〇〇八）、そこでは文獻それ自體の分析を行う紙幅が殆どなかったため、ここで改めて論じたい。

最初に、出土状況と本文書に關する研究状況を簡單にまとめておこう。放馬灘は天水市の東南七〇kmの秦嶺山脈の山の中にあり、當時の所屬は北道區黨川郷、現在は麥積區黨川郷であり、東四〇kmで陝西省、西二〇kmには麥積山石窟がある。一九八六年に林場の宿舍を建設中に墓葬が發見され、甘肅文物考古研究所が發掘を行った。山の麓の東西に長い

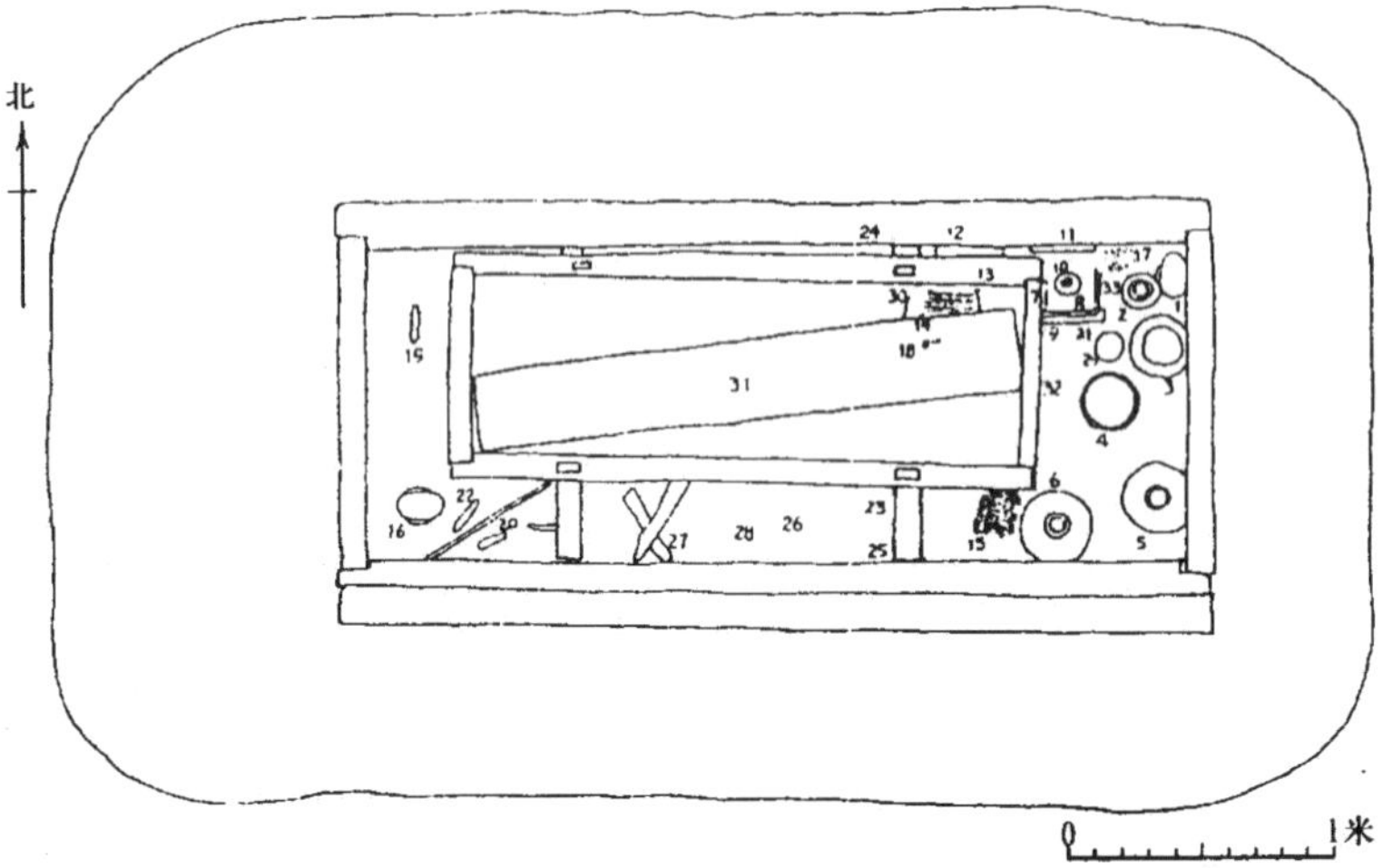

图 1-2　放马滩 M1 号秦墓平面图

1、16.漆耳杯　2.Ⅱ式陶壶　3.Ⅴ式陶罐　4、10.Ⅳ式陶罐　5.陶瓮　6.Ⅲ式陶罐　7-9、11、12、21 地图　13.木锤　14.竹简　15.竹席　17、25-27.粮食　18、19、22、23.木棒　20.木匕　24.木尺　28.木屑　29.漆盘　30.毛笔及笔套　32.陶鉴　33.算筹

區域内に百以上の墓葬が存在したが、大部分は住居の下、もしくは農耕地となり、結局、發掘されたのは十四座（秦墓十三、漢墓一）にとどまる。發掘報告は、秦墓を單棺小型墓（七、九號墓）、單棺大型墓（二、六、八、十二號墓）、一棺一槨小型墓（三、四、十、十一號墓）、一棺一槨大型墓（一、十三、十四號墓）の四種に分類している。時代は早ければ戰國中期、遲くとも始皇統一の前であるとされる。五號漢墓は一棺一槨の小型墓で、後に「放馬灘紙」と通稱されることになる紙本地圖を出土した。前漢文帝・景帝期であるとされる。概ね秦墓の隨葬品は少なく、また保存状態は劣悪であって、竹簡を出土した一號墓は例外に屬する。

一號墓は長さ5m、幅3m、深さ3mの土坑の中に、長さ3.3m、幅・高1.5mの槨を設置し（槨と土坑の間は白膏泥で埋める）、槨室の北寄りに長さ2.2m、幅0.85m、高0.7mの棺を置く構造である。頭は東向きなので、頭箱、邊箱、脚箱があることになり、陶罐、陶壺、漆盤、物差、木板地圖四枚（内一枚は發見されたとき三つに分斷していた）など主要な隨葬品は頭箱から見つかった。邊箱には耳杯などの他、食料が隨葬されたらしい。但し、發見時には椁室内に浸水し、輕い器物は浮かんでいる狀態であったことを考慮に入れる必要がある。棺内からは毛筆、筆套（筆入れ）、算籌[1]、竹簡が墓主の頭部脇から見つかり、また、屍體の上に棺とほぼ同じ長さの木板が斜めに載せてある狀態であった。この木板が何を意味するのかは、不明である（上圖參照）。

さて竹簡であるが、全てで四六一枚、積水中に漬かっていたため、竹がもろくなり、汚泥のせいで毛筆、筆套、算籌を含めて固着した狀態であった。これは元の編册の狀態が維持されていることを意味する。よく知られているように、放馬灘の竹簡は三種類から構成される。

①日書・甲：七三枚。長27.5㎝、幅0.7㎝、厚0.2㎝。上中下の三カ所に編縄の跡があり、各簡の上下1㎝程度を空白にする。上編と中編の間、中編と下編の間はそれぞれ8.5㎝。殘存する纖維から、編册の後、布に表裝されたと考えられる。「月建」「建序」「亡盜」「吉凶」「禹須臾」「人日」「生子」「禁忌」の八章から成る。

②日書・乙：三八一枚。長23㎝、幅0.6㎝、厚0.2㎝。編册の狀態は甲種と同じ。「月建」「建序書」「門忌」など三十九章から成る。

③志怪故事：七枚。長23㎝、幅0.6㎝、厚0.2㎝。

發見された時の殘存形態は、①を一番内側に收巻し、その上に②を巻きつけ、更にその上に③を巻きつけた狀態であった。發掘報告は②と③が同じ大きさで、更に書風は類似し、同一人の手に依るものと推測される、とする。一方では、②と③が同册であったかは定めにくいと言うものの、②と③が本來、一繫がりの文獻であったことを印象づけている。

次に、現在に至るまでの放馬灘「志怪故事」の研究狀況を簡單に押さえておきたい。最初に發掘簡報が發表された時に、何雙全（一九八九）が竹簡の紹介を行ったが、その中で本文書に登場する丹なる人物が墓主に他ならないと考え「墓主記」と名づけ、八枚の竹簡から成るとした。何雙全の釋文は以下の通りである。

八年八月己巳、邽丞赤敢謁御史、九寠人王里樊野曰丹[于]邽守、七年、丹矢傷人垣離里、中面、自刺矣。棄之於市、三日、葬之垣離南門外。三年、丹而復生。丹所以得復生者、吾屋圭舍、卜、屋吉。論其舍、卜、尚命者、以丹未當死、……與司命史公孫強北出趙氏之北。邽相立之上盈四年、乃聞犬吠雞鳴、而卜會其狀。頭益少麋、墨、四支不用。丹言曰、死者不欲多衣……。

釋文は四號簡まで（但し、三號簡は一部のみ）、また簡報で八號簡とされたものは發掘報告では「日書」乙二七六に移動している。

これに對して、一九九〇年に李學勤は、一～五、七號簡のみを一連のものと認めて以下のように釋讀した上で、『搜神記』に現れるような蘇生譚（志怪）であるとした。

卅八年八月己巳、邸丞赤敢謁御史、大梁人王里□□曰丹□、今七年、丹刺傷人垣雍里中、因自刺殹(也)。棄之於市。三日、葬之垣雍南門外。三年、丹而復生。丹所以得復生者、吾犀武舍人、犀武論其舍人□命者、以丹未當死、因告司命史公孫強。因令白狗(?)穴屈(掘)出丹。立墓上三日、因與司命史公孫強北出趙氏、之北地柏丘之上、盈四年、乃聞犬犻(吠)鶏鳴而人食、其状類(纇)益(嗌)少麋(眉)、墨(黑)。四支(肢)不用。丹言曰、死者不欲多衣(?)、市人以白茅爲富、其鬼受(?)於它而富。丹言、祠墓者毋敢殼〻(嘔、嘔)鬼去敬(驚)走。已収腏而𩞁之、如此□□□□食□。丹言、祠者必謹騷(掃)除、毋以□𣲰(洒)祠所。毋以羹沃(澆)腏上、鬼弗食殹(也)。（ここでは李學勤の字説を踏まえ、（）として讀みを示す。）

この李學勤の研究が突破口となり、特にそれが死者の蘇生という珍しいテーマに關するものであるため、何本かの論文が發表された。ただ、その數は多いとは言えない。むしろ、例えば雍際春の研究（二〇〇二）が示すように、同墓出土の地圖を論じる上で、墓主の性格を考えるために本文書に言及するような研究が多いという印象を受ける（つまり、本文書は墓主生前の履歴を反映する「實話」として扱われる傾向が強かったということである）。

そうして昨年の報告書の出版に至るのであるが、その前に二〇〇三年に何雙全が『簡牘』において、本文書の釋文を新たに公表している。そこでは文書の標題は「墓主記」としているものの、既に李學勤の主張を基本的に認めて、「志怪故事」であるとしており、また、その釋文も基本的に報告書のそれと同じである。ただ、報告書の第六簡を文書の最後に配置するところが異なる。なお、二〇〇三年の書で、本文書を「《墓主記》の八枚の簡」と紹介しているが、これは誤植であろう。そこに掲示された寫眞には七本の竹簡しかないからである（何雙全、二〇〇三、四〇～四二頁）。

（一）放馬灘一號秦墓「志怪故事」釋文

次に、發掘報告に掲載された釋文を、寫眞、ならびに筆者が作成した摹本[2]と共に掲げる。

第一簡

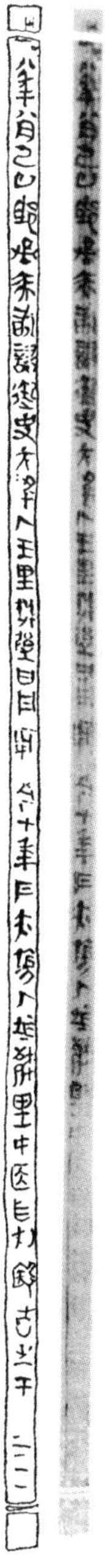

八年八月己巳邽丞 赤 敢 謁御史 大梁人王里樊野 曰丹葬 爲 十年丹矢傷 人垣 雍 里 中因自刺殹〔棄〕之于〔市〕〔三〕〔日〕

第二簡

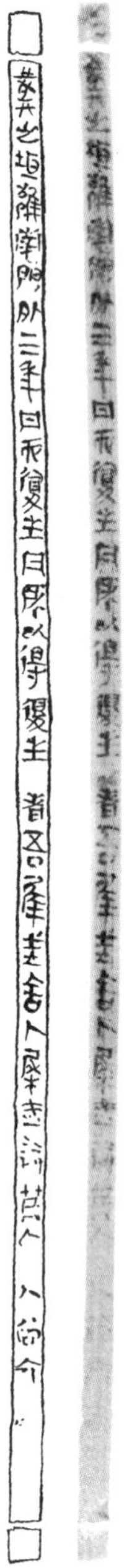

葬之垣雍南門外三年丹而復生丹所以得復生者吾犀武舍人犀武[論]其[舍]人尚命[者]以[丹]

第三簡

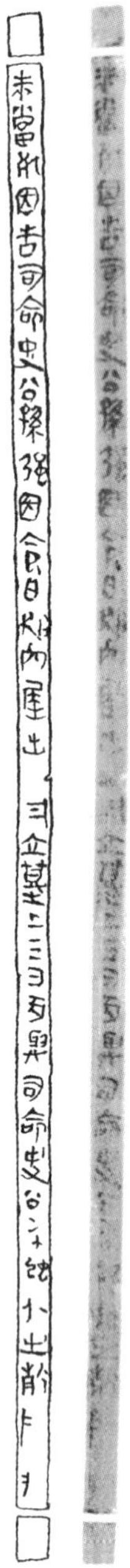

未當死因告司命史公孫強因令白狗穴屈出丹立墓上三日因與司命史公[孫]強[北][出][趙][氏][之][北]

第四簡

地相丘之上盈四年乃聞犬吠鶏鳴而人食其状類益少麋墨四支不用丹言曰死者不[欲]多衣

第五簡

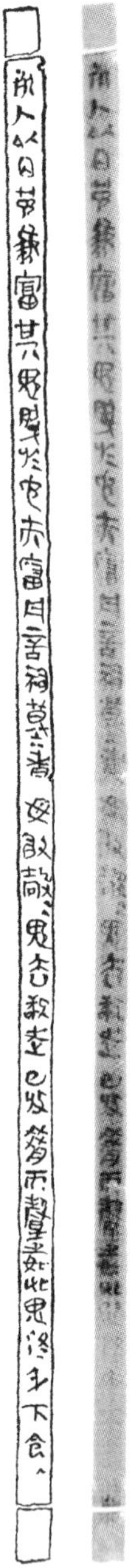

死人以白茅爲富其鬼勝於它而富丹言祠墓者毋敢殻〻鬼去敬走已收腏而罊之如此鬼[終][身]不食[殴]

第六簡

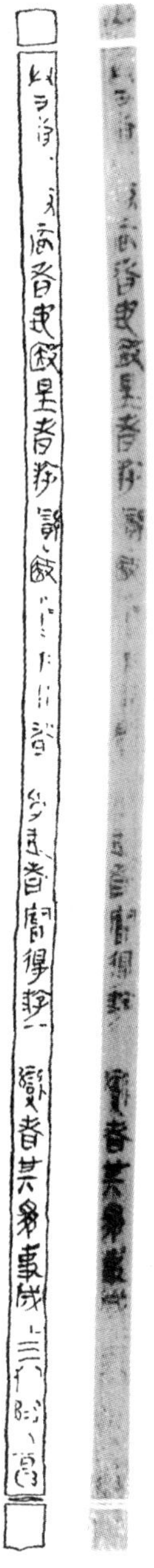

［丹］曰［者］□［毆］ 辰者地毆星者游［變］毆□ □者 ［受］［武］者富得游 變者其爲事成ㄴ三［游］［變］［會］□

第七簡

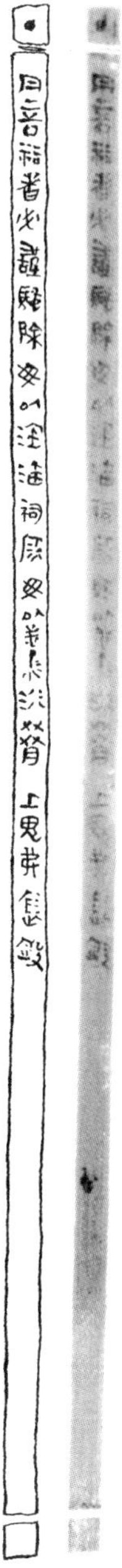

・丹言祠者必謹騷除毋以淘海祠所毋以羹［沃］腏上鬼弗食毆

發掘報告の「後記」（一六三頁）によれば、釋文の作成は何雙全、張邦彦、任歩雲が行い、李均明、劉樂賢、陳松長、陳偉、彭浩らの意見を受け、何雙全がそれらを総合して改訂した、となっている。寫眞を見て筆者が感じたのは、予想以上に不鮮明だということであった。實際、幾つかの文字は寫眞に殆ど痕跡がなく、なぜそのような釋になったのか、不明である（上の釋文では、そのような文字は［］で記載した）。實物を見れば可能ということなのかもしれない。これについては、やはり「後記」に竹簡を脱水することができず、水中で撮影したため、とされている。ただ、赤外線寫眞も二〇〇八年に撮影されており（一二八、一六三頁）、なぜ、それが報告書に含まれなかったのか、不明である。また、修正意見を提出した研究者が、實物や赤外線寫眞を見ているのかも不明である。

従って、この不鮮明な寫眞しか見ることができない立場からは、諸研究者の釋文と字説を比較するのにとどめ、その適否の大部分については保留せざるを得ない。

(二) 六號簡の問題

七本の竹簡の内、六號簡を本文書に入れることには異論がある。曹方向は第一字は不明ながら、「丹」ではないとし、王輝は「凡」であるとする。寫眞を見る限り、「収」のような形に見え、「凡」であるとは斷言できない。しかし、「丹」ではあるまい。第二字は曹・王氏ともに「日」であるとし、これは認められる。つまり、六號簡冒頭は「□日者□毆。辰者地毆。星者斿變毆。」であり、「丹」字がない以上、これを「志怪故事」に入れる必然性はないことになる。曹氏は「日書」乙三四四簡「日爲夫。辰爲妻。星爲子。欲夫妻之和、而中數毆。良君者少者失」の後に來るのではないかと推測する。充分に可能性があろう。

(三) 註釋

八年八月己巳

何雙全の初釋は「八年」とし、始皇帝八年(214BCE)とする。問題は、始皇帝八年八月の朔日は癸巳であり、八月に己巳はないことである。李學勤は下文の「今七年」を同じ王の七年に丹が殺人を犯して自殺したと理解し、それから三年で「復生」、四年で「人食」、計七年經過すると十四年になるから、八年では辻褄が合わない、そこで「八」字の上にもう一字ある（三竪筆と見る）と推測し、「卅八年」と釋する。しかし、始皇三十八年でもやはり干支が合わないので、秦昭襄王三八年（269BCE）とする。つまり、「今七年」は昭襄王七年（300BCE）で、それから「三年」經過して「復生」し（297BCE）、更に「盈四年」で「人食」（293BCE）、それを昭襄王三十八年に報告した、とするわけである。これに對し、張修桂は後文「今七年」は惠文王後元七年（318BCE）とし[3]（根據は「七年」から三年後の「北出趙氏」を『史記』秦本紀に言う惠文王十年の義渠の戰いに當てること）、「八年」を秦昭王八年（299BCE）であるとする。また、惠文王八年でも干支は矛盾するので、「己巳」を「乙丑」と釋することで解消する。雍際春は簡文は全て天地に空白があるから、李學勤が「卅」と釋した場所に文字があるべきではないとして「八年」と釋し（また、實際、寫眞を見ても、その部分に文字があるとは思えない）、惠文王後元八年（317BCE）にあてる。理由は後文の「七年」が同王の年號だとすると、李學勤が言うように「三年」「盈四年」と矛盾するからで、在位中に改元があった惠文王のことと考える以外に方法はないというものである（『史記』秦本紀によると惠文王は324BCEに王を稱して改元する）。干支の矛盾は「己巳」を「乙巳」と釋すことで解消する。よって、「今七年」は改元前の惠文君七年（331BCE）、「三年」經過して「復生」（328BCE）、「盈四年」で「人食」（324BCE）、改元後の惠文王後元八年に報告したことになる。しかし、「己巳」の字は明瞭で、疑問の餘地はない。

發掘報告では、以上の諸説を紹介した上で、赤外線寫眞によって確認した結果、李學勤が「卅」と讀んだのは汚れであり、文字ではないとする（ちなみに何雙全『簡帛』では「卅八年」に作っている）。ただ、干支が合わない點に對する言及はない。それは後述するように、當初「今七年」としていた部分を「葬爲十年」（葬の十年後）と改釋したため、上述の矛盾が解消されたからであろう。方勇は、發掘報告の始皇帝八年は認めがたいとするが、具體的にどう理解するのか、言及はない。宋華強は後文の犀武は伊闕における秦との戰いで死んでいるから（『戰國策』魏策。宋氏は秦昭王十四年とする）、それ以前の昭王八年（299BCE）であると推測し、干支は誤記であるとする。

遺物から下葬年代が早ければ戰國中期、遲くとも始皇統一の前と推測された以上、秦惠文王八年、昭王八年、始皇八年の三つの可能性があり、犀武の釋に問題がないのならば、一番可能性が高いのは昭王八年ということになる。筆者は必ずしも犀武生前の話としなくても解釋は可能と考えるが、話にリアリティがあるためには、その記憶が鮮明である時期に書かれる必要があり、始皇八年では遲すぎると思われる。但し、このことは本文書が昭王八年に書かれたことを必ずしも保證しない。今まで本文書について論じた諸氏は、この話が少なくとも部分的には實話である、もしくは「八年八月己巳」に本文書（もしくは、その原本）が書かれたことを前提にしているように思うが、後述するように、「八年八月己巳」に起こった現實の出來事と考える必然性はあまりない。もし本文書に言うところが架空の話であるとすれば、干支についても杜撰があってもむしろ當然であり、曆との不一致にさほど神經質になる必要はないであろう。

邽丞赤

何雙全初釋、李紀祥、雍際春、李紀祥は「邽」と釋し、『史記』秦本紀「武公十年、伐邽・冀戎、初縣之」の邽縣（現在の天水付近）にあてる。李學勤、方勇、宋華強、王輝は「邸」と釋し、「氐」（氐道、現在の天水西南）と解する（『漢書』地理志下「隴西郡……縣十一、狄道、上邽、安故、氐道、首陽、予道、大夏、羌道、襄武、臨洮、西。」）。これは木板地圖一（M1.7, 8, 11A）の解釋にかかわる問題である。先ず本字は木板地圖の「邽丘」とは異なり、左旁上部の「土」の二横畫の右半分がない。一方、同地圖の「邸」とも異なる。王輝は秦封泥、包山楚簡を擧げて、「全て放馬灘簡のこの字と同形である」と言うが、實はそれ程近くはない。從って、兩説共に從いがたいように思われるが、「邽」「邸」の内、どちらかというと後者に近いので、暫定的にそれを採用する。

敢謁御史

李學勤は「謁」を「告」（『爾雅』釋詁）、「白」（『説文』）の義とし、「御史」については『史記』「藺相如傳」の「秦御史前書曰……」を擧げる。御史は「事を記す」を司管する史官であり、雍際春は丹は邽縣で尊崇された方士であって、邽縣の丞が中央の御史に報告したのは、推薦あるいは奇聞を報じるためで、丹本人がそれを名譽として、そのコピーを保存し、隨葬されるに至ったのであると推測する。

大梁人王里樊野曰丹

「大梁」を何雙全の初釋は「九宴」と釋す。「梁」は左半が欠けるが、問題あるまい。「王里」の次の二字を何雙全は初釋の段階から「樊野」と釋し、雍際春はそれに從って、王里に居住する、名は樊野、別名丹という人物と解する（三二頁）。方勇は發掘報告の釋を認めて「樊埜」、地名と考える。一方、李學勤は「王里」を邸縣の里名、次の二字を欠釋として、身分を表す語が入ると解し、大梁出身で、邸(氐道)縣王里に居住する丹という名の人物と讀む。何雙全『簡帛』では「大梁人王里、樊野曰、〝丹葬……丹而復生。〟」と句讀する。これによると、大梁人の王里の樊野という人物が、丹の復生について報告（申告）したことを引用したということになる。宋華強は下の字（發掘報告の「野」字）を「巫」とし、丹は「王里の巫」であると言う。極めて興味深い説であるが、字は「巫」とはかけ離れていると言わざるを得ない。上の字は二「木」と「大」（もしくは「廾」）に從い、「爻」の要素は確認できないが、「樊」の可能性は高く、下の字も「木」旁は確認できないが、「野」と認めて良かろう。

葬爲十年

この一句を何雙全初釋、雍際春は「[于]邽守、七年、」と釋し、丹なる人物が邽縣の守に對し以下のように奏上した、という意味に解する。「邽守」について發掘簡報は『漢書』百官公卿表「縣令・長、皆秦官。掌治其縣、萬戸以上爲令、秩千石至六百石。減萬戸爲長、秩五百石至三百石。皆有丞、尉、秩四百石至二百石、是爲長吏」を引き、統一前の邽縣の長官と解する。既に言及したように、李學勤は「□今七年」と釋し、紀年としたために、それが何王の七年なのかをめぐっての議論があった譯だが（李學勤は昭襄王七年（300BCE）、雍際春は惠文君七年（331BCE）、何雙全『簡帛』では「丹葬、今七年」）、發掘報告では「喪爲十年」としたことによって、丹の喪（葬）から七年あるいは十年、即ち丹の自死の事件が起きたのが、今（「八年八月」）から七年あるいは十年前のことと讀むことが可能になった。丹の死から復生までが三年、復生から人食までが四年なので、これは辻褄が合う。

ただ、「葬」「爲」「十」いずれも問題がある。「葬」字はそもそも不明瞭だが、二號簡一文字目と違いすぎる。方勇は「報」、宋華強は「去」と釋すが、無理がある（特に後者は二縱畫はいずれも誤記で、それを取り去ると「去」に見えるというもので、論外である）。「爲」は殘畫とするのであろうが、これも五號簡六文字目と差が大きい。他簡、例えば「日書」乙一六五簡と比べるなら、「今」であるとして良いと思われる。「十」は確かに「七」と紛れやすいが、王輝が言うように、「七」は横畫が長く、「十」は縱畫が長いという一般原則に照らせば、ここは「七」の方が可能性が高い（但し絶對的ではない）。

よって「□今七年」と釋し、「今から七年前」の義である可能性が高いと考えておくべきであろう。死から復生まで三年、人食まで四年、合わせて七年で符合するのは偶然ではないと宋華強が言うのは、もっともであろう。

丹矢傷人垣雍里中、因自刺殹。

李學勤は「矢」を「刺」と釋し、方勇は「朿」と釋し、「刺」と讀む。「垣雍里」を何雙全初釋は「垣離里」と釋すが、李學勤は『史記』秦本紀、『戰國策』魏策三に見える韓の地名で、魏に近いと解する（『史記集解』「河南卷縣有垣雍城」）。字は「垣雍」で問題ないが、ここは里の地名なので、必ずしも卷縣の垣雍城に比定できるとは思えない。「因」字は何雙全初釋に「面」に作る。なお、「殹」字は何雙全初釋・『簡帛』共に「矣」に作る。

棄之于市。三日、葬之垣雍南門外。三年、丹而復生。

何雙全初釋のみは「三年」を紀年と解し、荘襄王三年（248BCE）とするが、それ以降は「三年して」の義に解することは、前述の通りである。「而」を李學勤は「得」の意味とする。「三日」「三年」いずれも三であることについて、ドナルド・ハーパーは葬送儀禮における三の要素（死から殯まで三日、葬まで三ヶ月、三年の喪）の影響であるとする。

丹所以得復生者、吾犀武舍人、

「吾犀武舍人」の部分を何雙全初釋は「吾屋圭舍、卜」と釋す。李學勤は「犀武」と釋し、また「舍人」について『漢書』高帝紀注「親近左右之通稱也、後遂以爲私屬官號」を引用している。犀武は魏の将軍で、秦昭王十四年（293BCE）に伊闕の戰いで戰死している（『戰國策』西周策「秦攻魏將犀武軍於伊闕、進兵而攻周」、「犀武敗於伊闕、周君之魏求救」、「犀武敗、周使周足之秦。」『戰國策集注彙考』「黄丕烈曰、……犀即犀別體耳。」魏策一「秦敗東周、與魏戰於伊闕、殺犀武。」）。[4] 雍際春は「犀首」と釋す。犀首は本名は公孫衍、紀元前四世紀後半の人。魏出身で、惠文君五年（333BCE）に秦の大良造になり、後、張儀と對立して秦を離れ、魏の相になるが、張儀の死後（309BCE）、再び秦の宰相になる（『史記』張儀列傳・犀首傳）。雍氏は丹は犀首の幕僚であり、罪を犯して死んだと僞って隠れていたが、秦から戻った犀首に逃亡を請願し、その手引きによって趙を經て秦に逃げたのであって、その經歴を隱蔽するために「復生」の話をでっち上げたのだとする。ただ、「犀」下の一字を「首」と釋すのは不可能ではないが、可能性は低い。

この部分から以下にかけて、何雙全『簡帛』は「丹所以得復生者、吾犀武舍人犀武論其舍人、尚命者」と句讀しているが、どう讀むのか、よく分からない。宋華強は「吾」字を「語」と讀み、「犀武の舍人に語り」の義だとする。その理由は、先ず、ここの文章は丹の自述ではなく、「吾」では辻褄が合わないこと（つまり、文義上、「丹が復生できた理由は、彼が犀武の舍人であり……」ということなので、「わたし」ではなく「かれ」でなければならない）、そして六朝志怪の蘇生譚では死んだ者の靈魂が誰かに告げて、自分を掘り出してくれるよう手配を願うストーリーになっているのが一般的で（引用されるのは、『捜神記』顔畿、史姁の話）、ここも丹の靈が自分を助けてくれるよう犀武の舎人に告げた、ということだとする譯である。とするなら、丹と犀武は必ずしも關係があった譯ではなく、ならば何故、犀武の舎人に告げたかというと、丹と舎人が面識があったであろうということ、それに犯罪人の墓を掘るには有力者の助力が必要であったから、とする。

「吾」を「語」と讀むことは確かに可能であるが、ドナルド・ハーパーはこの部分が丹の自述として展開されていると言う。ハーパーはそれ以上のことは言わないが、敷衍するなら、最初に邸(?)丞から御史への報告として事實を説明し、復生できた理由は、丹の言うところに依ると……の如くであるとするなら、一人稱であってもそれ程不自然ではない。なお、宋氏の讀みはその後の誰が墓を掘るのかと關連しているので、その部分で改めて考えたい。

犀武［論］其［舍］人尚命［者］、［以］［丹］未當死、

冒頭の一句を何雙全初釋は「屋吉論其舍卜尚命者」と釋す。この部分は寫眞ではほとんど見えないが、第一字目は「犀」に近いと思われる。二字目を雍際春はやはり「吉」と釋し、犀首は鬼神への吉禮の禮儀を行って、舍人の丹の罪は死に當たらないと論じた、の意味としている。確かに殘畫は「吉」に類似するが、その前の「犀武」の字と比較して、同じと推測できる。「論」について、李學勤は「議」、その功罪を議するの意味とするが、宋華強は誤釋もしくは誤記であって、「侖」もしくは「籥」字であり、「籲」の義（『説文』「呼也」）とする。また、「尚」は「掌」と讀み、「其舍人掌命者」を犀武の舍人で壽命を卜算する担當者と理解する。つまり「犀武は其の舍人の命を掌る者をして、丹の未だ當に死すべからざるを以て、因りて司命史の公孫強に告げしむ」と讀むらしい。方勇は「尚」は「常」と讀み、「主」の義とするが、どう讀むのか、よく分からない。

確かにこの部分は極めて不鮮明なので何とも言えないが、「論」字の部分のコントラストを強くしてみると、下圖のような形が浮かび上がる。左側に四横畫の如きもの、その下に縦畫があり、「論」は可能性があるが、「侖」は難しいと言える。

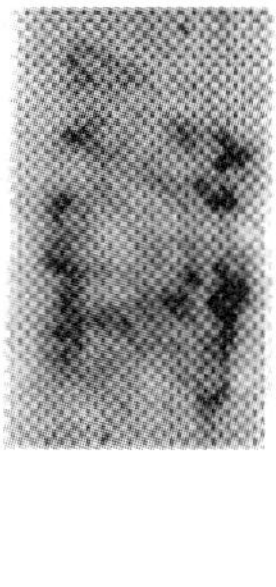

因告司命史公孫強。因令白狗穴屈出丹。

李學勤は「司命史公孫強」を司命神の下屬と理解する。字跡明白で疑問の餘地はない。「公孫強」について、ドナルド・ハーパーは『史記』曹叔世家の「公孫彊」に他ならず、歴史上の人物が、死後に司命神の下屬に任じられると考えられたことを示すとする。強いて公孫彊に當てなくとも、公孫強という個人名を持っていることは、それが曾ては生人であったことを示すものであろう。

李學勤は「狗」字は右旁は不明瞭として?を付し、[5]「屈」は「掘」として讀む。發掘報告の釋文は李學勤と同じであるが、「狗」の?はない。方勇は「狗」ではなく「狐」と釋し、宋華強は「白」を「民」、「狗」を「㽞」（淵）と釋して、「穿」の義とする。つまり「因りて民をして穴を淵（穿）ち屈（掘）りて丹を出せしむ」と讀むらしい。その根本的な理由は「白狗」であろうが、「白狐」であろうが、穴を掘ることはできない、丹を墓から救い出すのは人でなければならない、という見方にある（再び『搜神記』[6]が引用される）。しかし、ハーパーは殷代王墓における犬の隨葬、白犬の血により辟邪するという『風俗通』の記載、画像石墓の墓門に犬の像を表す事例などを擧げ、犬が死者もしくは墓の護衛者であるという信仰が「白狗」には反映していると考える。

字跡から言うなら、「白」字は確かに五號簡四文字目とは書き方が違っているが、字自體を「白」と釋することはさほど問題なく、「狗」字の左旁は「犬」であることも否定できないと思われる。もっとも右旁は「句」には似ない。可能性があるとしたら「り」のような形であろうか。宋氏の解釋は本文書が志怪であることを前提にして、志怪のストーリーに合わせる讀みのように思われる。確かにそのように解釋すれば、話全體は理性的に理解しやすくなるが、六朝時代の志怪の意識を戰國時代の本文書に投影することは危險であろう。(7) ハーパーが描き出したように、本文書は戰國後期の宗教的觀念の上に成立した話であると考えるべきである。

立墓上三日、因與司命史公孫強北出趙氏、之北地相丘之上、

何雙全は「北出趙氏之北。邽相立之上盈四年」で句とし、秦による趙の征伐と解する。張修桂はそれを元に、丹が趙の征伐に參加したと考えるが、宋華強が言うように、手足が動かない丹が戰役に參加するのは無理がある。李學勤は丹が北行して趙國に出（經由して）、そこから北地（秦の北地郡、現在の甘肅省寧縣西北）へ行くと解する。方勇は「出」字を「之」と解する。實はこれは悩ましい點である。摹本は「出」と見て書いたが、コントラストを上げると、下圖のようになり、確かに「之」のようにも見える。「相丘」を李學勤、何雙全『簡牘』、方勇は「柏丘」に作る。發掘報告が「相」に作るのは初釋に戻ったことになるが、寫眞ではやはり「柏」のように見える。

盈四年、乃聞犬⿰口市鶏鳴而人食、

何雙全は「犬吠」と釋し、李學勤は「犻」と釋し、音通で「吠(吠・吠)」とする（『字林』、『文選』注）。「⿰口市」は「市」に従うとは見られ得るが、左旁の作りはよく分からない。方勇、宋華強は「吠」とするが、右旁をなぜ「犬」としたのか、筆者には不明であった。

其状類益、少麋墨、四支不用。

「狀」について、宋華強は三號簡の「狗」字と同様（但し、左右反轉）、「岍」と釋して、「岍」「干」音通から「奸」（『説文』「面黑氣也」）の義とする。確かに「狀」字の右側が「犬」に作るか、疑問は殘るが、やはり「岍」は無理だと思われる。「類」字は何雙全初釋に「頭」、李學勤は「類」として、「纇」に通じ、「疵（きず）」の義（『老子』四十一章「夷道若類」、『釋文』「簡文云疵。河上作類、一本作纇。」）、「益」は「嗌（のど）」で、のどに傷ありと解する。宋華強は「類」を「纇」とし、音通で「戾」、意味は「止」「定」とした上で、「岍（奸）類（戾）」は顔の黑氣は次第に良くなった、の意味であるとする。

李學勤は「麋」字を「眉」と讀み（『荀子』非相「面無須麋」）、その下を「墨」と釋し、「黑」と解す（『孟子』滕文公上「面深墨」注）。何雙全初釋は「田」と「金」に從う字と解する。この二文字を宋華強は『論衡』感類篇の「晉文反國、命徹麋墨」に當たると考え、『韓非子』外儲説左上「面目黧黑」、『淮南子』説山「黴墨」と同じく、色黑のことであるとする。これは充分に可能性があろう。

考えるに、「嗌」には喉の意味の他に、喉を絞める、むせぶ、の義がある（『莊子』大宗師「其嗌言若哇」『釋文』「嗌咽喉也、……言咽喉之氣結礙不通也。……哇、嘔也。」『列子』湯問「醉而露我、使我嗌疾而腰急。」許維遹注『説文』口部「嗌、咽也。」『方言』云、「嗌、噎也。秦晉或曰嗌、又曰噎。」『説文』「噎、飯窒也。」『詩』王風（黍離）「中心如噎。」毛傳「噎、憂不能息也。」嗌疾義同。噎憂不能息者、謂喉窒而氣息不調也」）。ここは「其狀類嗌、少麋墨」（其の狀は嗌に類し、少しく麋墨なり）、喉を絞められているような聲で、少し色黑である、ということではないか。

「四支（肢）不用」を宋華強は「不通」として解する。醫書に言う血氣の凝滯として理解する譯で、もちろんそれでも解釋可能である。

丹言曰、死者不欲多衣、

「衣」について李學勤は不清として?をつけ、もし他字であるなら、下「市」字（李學勤は下文「死人」を「市人」と釋す）と連讀の可能性を認める。「衣」字も極めて不鮮明で、何とも言えないが、「衣」とすることは可能ではある。

死人以白茅爲富、其鬼勝於它而富。

李學勤は「死」を「市」と釋するが、方勇が言うように「死」で間違いない。「白茅」については、李學勤は、古人は食物を包むのに白茅を用いたとし、『詩』野有死麇「野有死麇、白茅包之」傳「白茅、取絜清也」を引く。「富」を方勇は「福」（福氣）として讀み、「もし死人が白茅に包まれた祭品を受け取るなら、福氣を得ることができる」の意味とするが、この部分はそのままでも意味を取ることができる。むしろ分からないのは「其鬼勝於它而富」の方であり、李學勤は「勝」字を「受(?)」と見て、「鬼は他人から得るところがありさえすれば、それが富なのだ」と譯しているが、本人も?を付して不確かであることを示している。雍際春の譯は「鬼は得ることができさえすれば、他人に對して富になる」である。方勇は「勝」字を「賤」と釋して「薦」と讀み、「鬼は白茅に包まれた祭品を享祭すれば、福氣を得る」意味だとするが、どのように讀むのか、理解できない。

發掘報告が「勝」と釋した字は、何故そう釋したのか理解できない。「受」の方がはるかに近いが、やはり別字であろう。また、どちらにしても「其の鬼は它に勝ちて（または、受けて）富む」とはどういうことなのか、不明である。

丹言、祠墓者毋敢㱿〻鬼去敬走。

この釋文は李學勤の釋文と同じである。彼は「㱿（カク）」を「嘔」、嘔吐（『左傳』哀公二十五年注「㱿、嘔吐也。」『說文』「㱿、歐皃」）、「敬」を「驚」と讀む。李紀祥も同じ。

已收腏而⿱𣪊里之。如此、鬼終身不食毆

李學勤は「腏」を「祭飯」と解し（馬王堆『五十二病法』「取内戸旁黍腏」を引く）、「⿱𣪊里」を「罄」（から、うつろ）の誤字で、祭飯を撤去したらすぐに食べてしまうの義とする。案ずるに、『漢書』郊祀志上に「泰一所用、……而五帝獨有俎豆醴進、其下四方地、爲腏食、群神從者及北斗云、已祠、胙餘皆燎之」（注「師古曰、腏字、與餟同、謂聯續而祭也」）とあり、その部分を『史記』孝武本紀には「其下四方地、爲餟食」に作り（注「索隱、餟音竹芮反、謂聯續而祭之。漢志作「腏」。『古字通』『説文』云、「餟、祭酹。」正義、劉伯莊云、「謂繞壇、設諸神祭座、相連綴也」」）、『説文』には「酹、餟祭也」とあって、段注に「食部餟下曰酹祭也、…蓋餟、酹、皆於地、餟謂肉、故漢書作腏、酹謂酒、故从酉」と言う。段玉裁に依るなら、酹（ライ）は酒を地に注いで神を祭ること、供物を地に降す祭りの場合は「餟」と稱することになる。これはおそらく『儀禮』に言う「挼祭」に相當すると思われるが、『漢書』の場合は壇上に供える供物ということであろう（注が「聯續して祭る」と言うのは、「叕」の義（『説文』「綴聯」）に由來するのであろう）。

「⿱𣪊里」とされる字を何雙全『簡帛』は「嗀」に釋し、方勇は「釐」と釋す。前者は全く形が異なる（あるいは誤植だろうか）が、「釐」字は充分に可能性がある。その場合は「未」「殳」「厂」「里」の要素から成る「⿱鼓里」のような形で、方氏は「賜與」の義とするが、前文「已收腏」から見て「あらためる」の義の方が良い（『後漢書』梁統傳「豈一朝所釐」注「釐、猶改也」）。ただ、「未・厂」（「聲」）、「里」（「呈」）の部分は不明瞭で、確かとはしがたい。

いずれにせよ、この一句は供物の肉を収めたら、すぐに撤収せよ、そうすれば鬼はずっと供物を食べることはできない、という意味になる。少し不思議なのは、「墓を祠」りに來ながら、なぜ「鬼」が食べられないようにするのか、ということである（「鬼」が食べられないから撤収するなの意味なら、「毋」を使うはずである）。これは文末の「毋……、鬼弗食毆」とも矛盾する。おそらくここには二種類の「鬼」が存在することが前提とされているのではないか。一つは縁者の「祠墓」を受ける祖先であり、もう一種類は無縁の死者である。衆多の考古發掘報告を引くまでもなく、この時代は一つの墓域に多くの墓が作られるのが普通で、その死者の全てが子孫の祭りを受けられる譯ではない。祖先への供物を墓に長くとどめておけば、それは無縁の死者（後世の用語を使うなら餓鬼）に横取りされるから、早く撤収せよ、ということであったと推測できる。この推測が許されるなら、前文の「其鬼勝（または受）於它而富」も「鬼」は「它」（無縁者）供物を得て富む、という意味だった可能性がある。この場合、言うまでもなく、「勝」より「受」の方が都合がよい。ただ「其」が何を意味するのかは氣になる。

なお、「毆」字を何雙全『簡帛』は「矣」と釋する。

・丹言、祠者必謹騷除、

冒頭（上の編繩の上）に圏點を存する。「騷」字を李學勤・李紀祥は「掃」と讀む。

毋以淘海祠所。毋以羹沃腏上、鬼弗食毆。

「以」後の發掘報告が「淘」と釋した字を李學勤は欠釋（左が「水」旁、右は不明とする）、方勇は「氵」と「匋」から成る字で、「醄」（『説文』「黍酒」）と解する。王輝は「注」と釋し、傾瀉、注射の義とする。その次の發掘報告が「海」と釋した字を、李學勤は「洒」と釋し、「氵」「西」に従うので「洒」（洗淨）と讀み、李紀祥、方勇、王輝共に従う。つまり、方勇は「……を以て祠所を洒う毋れ」、王輝は「以て祠所を注ぎ洒う毋れ」と讀むわけである。上の字が「注」であるというのは確かではない（それ以外の要素があるように見える）が、「海」字なら「毋」の要素が菱形になり、横畫が突出するはずだが、そうなっていないと王輝が言うのはもっともで、やはり「洒」の上に何かが付け加わった形であろう。

「沃」字を李學勤は「澆注」（そそぐ）の義と解する。何雙全『簡帛』が「毆」字を「矣」とすることは前と同じである。

（四）訓讀

發掘報告の釋文をそれ程訂正したわけでもなく、また未確定の部分も多いので、筆者獨自の釋文は省略し、訓讀を試みておきたい。内容についてドナルド・ハーパーが三段落に分けるのが當を得ていると思うので、それに從う（ただ少し變える）。

八年八月己巳、邸の丞、赤は敢えて御史に謁ぐ。大梁の人、王里樊野の丹と曰う、□今七年、丹は人を垣雍里の中に矢傷し、因りて自ら刺すなり。これを市に棄つ。三日、これを垣雍南門の外に葬る。三年、丹は復生す。丹の復生するを得る所以は、吾 犀武の舍人にして、犀武は其の舍人の尚お命あるを論じ、丹の未だ當に死すべからざるを以て、因りて司命史の公孫強に告ぐ。因りて白狗をして穴掘して丹を出さしむ。墓上に立つこと三日、因りて司命史の公孫強と北して趙氏に出で、北地の柏丘の上に之く。盈つること四年、乃ち犬吠鶏鳴を聞きて人食す。其の狀は嗌に類し、少しく麋墨なり。四肢用いず。

丹言いて曰く、「死する者は衣多きを欲せず。死人は白茅を以て富となし、其の鬼は它(他)に受けて富む(?)。」丹言う、「墓を祠る者は敢えて嘔く毋れ。嘔けば、鬼は去り驚き走ぐ。已に腏を收めてこれを釐めよ、此の如くすれば、鬼は終身食わざるなり。」丹言う、「祠る者は必ず謹みて掃除せよ。以て祠所を灑うなかれ。羹を以て䬾の上に沃ぐなかれ。鬼は食わざればなり。」

（五）餘論

この話が戰國から漢代にかけての死生觀全體の流れの中で、どのような位置づけになるのかは、別稿（池澤、二〇〇八）の中で既に論じた。必要最小限の範囲でそれを要約するなら、第一の特徴として、壽命を掌る、あるいは死者を蘇生させることもできる存在として「司命」が登場することが擧げられるだろう。司命という神に言及する最古の事例は、春秋金文の洹子孟姜壺（紀元前六世紀中葉）で、齊國の有力者、田文子の死に際して、その子田桓子と妻（齊公の娘）が、葬送儀禮の一環として「上天子」「大巫司誓」「南宮子」とならんで、「大嗣命」に對する祭祀を行っている。(8) 戰國時代の文獻では『莊子』至樂、(9)『管子』法法、(10)『韓非子』喩老などに生死・壽命を司る神としての用例が見え、(11)『楚辭』九歌には「大司命」「小司命」の兩篇があり、包山楚簡ほかの卜筮祭禱簡にも司命を祭祀對象に含めていたこと、『史記』封禪書では「晉巫」「荊巫」が司命を祭ったとすること、(12)『禮記』王制、祭法では五祀の一つで「人の間に居り、小過を司察する」小神とされる一方で、(13)『周禮』大宗伯、『史記』天官書では天神（星神）と考えられたこと、(14) 後漢以降、冥界の神機構の中に組み込まれ、人間の罪過を觀察し、壽命を決定する神として信仰されたことなど、(15) よく知られているし、多くの議論があるので、(16) ここで論じるまでもないと思う。

もっとも、この話に登場するのは司命神の本體ではなく、「司命史公孫強」だけである。「司命史」はおそらく司命神の部下なのであろう。ということは、それが單獨の神なのではなく、官僚的機構として把握されていたことを意味する。

劉屹は「司命史」の背後に指揮系統を有する官僚體制が存在していたことを予想する（劉屹、六六～七一頁、參照）が、放馬灘秦簡の段階で、それが系統的と言えるほどの體系であったのかは疑問であり、少なくとも簡文からは司命以外の官僚制的神世界への廣がりを持っていたことは確かめられない。しかし、神々の世界が上司-部下關係によって構成されていると考えられたことは疑いない。のみならず、この司命神の屬官が「公孫強」という個人名を持っていることは、それが人間的な存在として（地上の生人とあまり變わらない存在として）イメージされていたことを示している。六朝志怪に描かれるように、人間は死後に、神世界（冥界）により官吏に任命されるという考え方が既に存在したと推測することも不可能ではあるまい。

次に、蘇生は主人公丹の主人である犀武が司命神に掛け合うことで可能になった。この文書の時間設定が昭王八年であるとするなら、犀武はその時點で存命である。つまり、現世の官僚は冥界の官吏（司命）と直接交流を持ち、人間の生死の決定に關與する力を持っていると考えられていたことがわかる。ドナルド・ハーパーが言うように、その關與が文書に依る訴訟という形式を取ったとするなら（ハーパーは、犀武は丹の「未だ當に死するべから」ざることを論じた文書をその墓に隨葬したのではないかと推測している）、紀元前二世紀の告地文に見られる、地上の官吏が冥界の官吏に對して死者の移管を報告することで、死のプロセスが完了するという考え方、冥界による死の決定には錯誤がありえるという、紀元二世紀の鎮墓文に見られる考え方が、既に本文書ができたときに潛在的に存在していたことになる。

しかし、最も重要なのは、本文書が何を目的に書かれたか、である。李學勤は、本文書の死者蘇生の話は、『搜神記』を始めとする六朝志怪の淵源であり、佛敎の輪廻思想に影響される前の死後に關する宗敎思想を反映するものであるとした。その説が受け入れられたからこそ、發掘報告では「墓主記」という原名を廢棄し、「志怪故事」という名稱を採用したわけである。確かに、死んだ人物が蘇生したという點だけでなく、蘇生を可能にするのが壽命を司る司命神である點でも、六朝志怪の冥界訪問譚に近い。そして、既に引用した宋華強の議論にも見られるように、「志怪故事」という命名は、本文書の性格をどう捉えるかに關する議論に影響を與えている。ただ、李學勤は次のようにも指摘していた。「丹なる人物は實在したかも知れないが、（魏から）秦に逃亡して、この話を捏造し、巫鬼迷信に從事して生活の糧としたのであろう。話の中で祭祀の時に注意すべき事項に言及しており、竹簡（引用者注：「日書」甲と乙）の中にこの話が含まれたのはそのような理由からだと思われる。」丹という人物が本當に存在したのか、存在したとして、巫覡として活動したのかは分からないが、本文書が書かれ、「日書」と共に隨葬されたのは、後半部分、即ち、墓における祖先の祭り（墓祭）の行い方に關して敎唆する文書であったためと考えることができる。李紀祥が正しく指摘しているように、この簡文の主眼は、丹が一度死ぬことで知り得た死者祭祀の方法と禁忌――死者へ衣服を多く贈っても意味がないこと（これは斂衣や襚衣のことであろうか）、墓では唾を吐いてはいけないこと、供物は速やかに撤収すべきであること、掃除をすること、しかし洗ってはいけないこと、供物の上にスープをかけないこと――を開示する實用的な部分にあるのであって、怪異に對する興味や、あるいは怪異の實在を示すことで、讀者をして信仰に目覺めさせることを目的とするものではない(17)。

そのように考えるなら、次のような點が注目に値するだろう。先ず、本文書で墓における死者の祭祀が前提にされていることである。もとより「古は墓祭せず」（『後漢書』明帝紀注、禮儀上注、祭祀下）という儒教の理念は事實であるとは考えられないし、『孟子』離婁下には墓における供物を記載しているので(18)、目新しいことではないが、本文書を保持し、あるいは必要としたであろう、それ程階級が高くない人々の間では、墓で親しい死者の祭祀を行うことが當然であると考えられたことを示している(19)。

しかし、墓での祭祀は基本的に清潔と敬意が要求されるのではあるが、祭祀によって祭祀者に如何なる恩寵が降されるのかは、全く記載がない。「嘔けば、鬼は去り驚き走ぐ」云々という點からは、それが恩寵を垂れる尊い存在であるという認識はうかがえない。むしろ、蘇生後の丹がうまく喋ることができず、淺黒で、手足が動かない状態であったという記載からは、死者の世界が破壊的な力を持つ、恐るべきものであるという認識を示している。蘇生という事件そのものは生の世界と死の世界の連續性を示すものであり、その接觸ゆえに死者に關する情報がもたらされるわけではあるが、同時に生と死の斷絶が暗示されていると言える。

更に、既に觸れたように、供物を放置せず、速やかに撤収するようにという指示からは、親しい死者（墓祭の祭祀對象）と無縁の死者が區別されていると見ることが可能である。この場合、意圖的に供物を放置し、無縁の「鬼」に給するやり方を選擇することも可能なはずであるが（ちょうど、後世の施餓鬼がそうであるように）、それが禁止されていることは、死の世界、なかんずく近親死者以外の死者との接觸は忌避の對象であったと推測することができるだろう。睡虎地『日書』「詰」篇にエントリーされている非業の死を遂げた死者が、災いをもたらす禍々しい存在であり、從って排除の對象であるのと同様に、無縁の死者は穢れをもたらす危險な存在であると考えられていた可能性が高い。

最後に、本文書の目的が以上の如き死の世界に關する情報を提示することにあったとすると、それが隨葬されていた意味と、墓主との關係についても、從來の研究とは別の假説を提示することが可能になる。

何雙全は、發掘簡報において「墓主記」という名稱の下に本文書を報告して以來、ほぼ一貫して本文書の丹が墓主に他ならないとしている。この見方は「志怪故事」と改名した發掘報告でも基本的に維持され、「それ（本文書）は一號墓主と內在的關係があり、完全に何の關係もない神話傳説と見ることはできない。その葬俗も比較的特殊であるので、必ず理由があるのであろう」（一二七頁）、「內容に依って見るに、奇怪な神怪傳説故事ではあるが、一號墓主と關係がないのではなく、墓主の特殊な經歷によって編まれた故事である可能性が高く、よって一定の寫實的な要素がある」（一三〇頁)。この見解の影響は大きく、例えば雍際春は、墓主丹は天文・地理・術數にたけた方士・日者の類であり、秦相犀首の舍人としても活躍したが、自身の殺人の前科を隱匿するために、復活したと稱して世人を騙した詐欺師であり、この地の人々に深く尊崇された、それ故に縣丞はこの奇事を御史に報告し、丹本人もこの詐稱した前歴を誇りにしてその寫しを隨葬したのだとする(三五～三七頁)。王輝の見方もほぼ同樣である。既に引用したように、本文書を最初に「志怪故事」であるとした李學勤は「丹なる人物は實在したかも知れないが、秦に逃亡して、この話を捏造し、巫鬼迷信に從事して生活の糧としたのであろう」としたのであって、丹＝墓主であると見方と、本文書は「迷信」に係わるとする見方を統合するなら、雍際春の假説が成立することになる。丹＝墓主であることを明瞭に否定したのは李紀祥の論文くらいである(20)。

前述のように、本文書を「志怪故事」と規定することは正鵠を射ていると思えないが、この話が墓主自身の經歴を表すと考えなければならない必然性も、あまりない。もとより「日書」が出土していることは、墓主が「巫鬼迷信に從事して生活の糧とし」ていた可能性を示唆するものではあるが、本文書が墓祭の方法を指南することを目的としていたなら、リアリティのある死者蘇生の話に託することによって説得力を増すねらいがあったと考えるべきであって、それが宗教者であった墓主本人の實體驗である必要性は必ずしもない(もちろん、李學勤が「丹なる人物は實在したかもしれない」と言うように、雍際春のような假説が成立する可能性はあるが、どうしてもそう考えなければならない必然性はない、ということである)。

本文書が「日書」と共に出土していることも、本文書の性格についての示唆になるのではないだろうか。本稿冒頭で要約しておいたように、放馬灘一號墓竹簡は棺内頭部からまとまって出土し、「日書」甲を一番内側に、次に「日書」乙、一番外側に本文書を一巻きにした状態で發見された。「日書」乙と本文書は簡册制度と字體が同じであり、發掘報告は愼重に同册になっていたかは不明であるとするが、その可能性はかなり高いと見るべきであろう。もとより本文書は日書そのものではありえない。しかし、日書と同じく、神靈や儀禮にかかわる文書として、「日書」乙の巻後に附録としてつけられた可能性はあるのではないか。九店楚簡『日書』に武夷君への禱辭が含まれていることを考慮するなら、その可能性は充分にあるはずである。

従って、筆者の暫定的な結論としては、本文書は死者に對する墓祭の方法を教えるマニュアルとして、「日書」乙に附載されたものであり、死者の蘇生の話は、その確からしさを保證するための設定であった、ということになる。本文書が縣丞から御史への上奏という體裁を取っているのも、そのような確からしさを保證するための設定であったとみることが可能で、もとより實際に存在した公文書からの轉寫であったのか、全くの創作であったのかは、今となっては分からないが、少なくとも本文書における紀年が完全に事實を反映すると考える必要はないように思われる。

本文書のタイトルについて、最後に付言しておきたい。王輝は本文書を墓主の經歷詐稱を反映すると考えるので、筆者とは全く見方が異なるが、彼はこの文書は「丹」あるいは「丹記」と稱せられるべきとしている。「墓主記」にせよ、「志怪故事」にせよ、論者の見方を反映した主觀的呼稱であり、より中立的なタイトルとして、筆者は王輝の提案を全面的に支持するものである。

注

(1)　一號墓墓室平面圖では頭箱にある（番號33）が、發掘簡報（九頁）でも、發掘報告（一一九頁）でも「竹簡と同出」とされているので、それが正しいのであろう。

(2) 摹本は模寫の後、寫真をスキャンし、不鮮明な部分のコントラストと濃度を上げることで確認し、コンピューター上で書き加える方式で作成した。ただ、この方法では、既發表の釋文に合うような模寫になりやすいという欠點がある。

(3) 西曆は論者本人が記載している場合には、それを用いる。張修桂は記載していないので、平勢隆雄『新編史記東周年表』、一七九頁（東京大學出版會、一九九五）に依った。

(4) 平勢前掲書、一八六頁。

(5) 李學勤は「白狗」の語は『儀禮』既夕に見えると注を付けるが、これは既夕の記で、服喪中に乗車する「惡車」に「白狗の幦（ちりよけ）」（鄭注「古文幦爲冪」）を用いるという部分で、内容的には關係ない。

(6) 『風俗通』祀典「今人殺白犬以血題門戸、正月白犬血辟除不祥、取法於此也。」

(7) 例えば、『搜神記』の干寶の自序に「雖考先志於載籍、收遺逸於當時、蓋非一耳一目之所親聞睹也、又安敢謂無失實者哉。……從此觀之、聞見之難、由來尚矣。……況仰述千載之前、記殊俗之表、綴片言於殘闕、訪行事於故老、將使事不二跡、言無異途、然後爲信者、固亦前史之所病。……今之所集、設有承於前載者、則非余之罪也。若使採訪近世之事、苟有虛錯、願與先賢前儒、分其譏謗。及其著述、亦足以發明神道之不誣也。」と言って、傳聞の誤りが入ることは避け得ないが、できる限り事實を調べ、信頼に足るものを集めるのは、神々の話が虛妄ではないことを證明するためであると述べている。六朝志怪には強烈な事實性への志向があり、それは當然、漢代までの「怪」に對する懷疑の風潮に對するアンチテーゼとして出てくると考えるべきであろう。後述するように、本文書にも獨自の事實性への志向が存するが、「怪」に對する懷疑に反論するという方向性はうかがわれない。

(8) 白川靜『今文通釋』（巻四、三八八～四〇三頁）、馬承源主編『商周青銅器銘文集』（第四巻、五四九～五五一頁）などによるなら、洹子孟姜壷の銘文は以下の通りである。

齊侯女䨓雷（聿）肆（喪其𣪘）舅）。齊侯命大子乘〓□句宗伯、聑（聽）命于天子、曰、期則爾期、余不其事、女（汝）受〓、謚傳气御、爾其遺（躋）受御。齊侯拜嘉命、于上天子、用璧玉備（佩）一䦎。于大無（巫）䦎折（誓）于大䦎命、用璧・兩壺・八鼎。于南宮子、用璧二・備（佩）玉二䦎・鼓鐘一銉（肆）。齊侯既遺洹子孟姜喪、人民都邑、堇（謹）宴無（舞）、用從爾大樂。用鑄爾羞銅、用御天子之事。洹子孟姜、用乞嘉命、用旂（祈）眉壽萬年無疆、用御爾事。」（ⓐ齊侯の女、雷は、肆（ここ）に其の𣪘（舅）を喪（うしな）う。ⓑ齊侯は大（太）子に命じ、乘□（未確。一説に「遽」と釋し、『周禮』行夫の「傳遽」にあてる）□（未確。一説に「來」）宗伯に句し、命を天子に聽かしむ。曰く、「期ならば則ち爾期とせよ、余は其れ事わざらん。汝、□（未確。一説に「册」）を受くれば、謚（すみ）やかに傳え□御せよ、爾は其れ躋（のぼ）りて御（すすめもの）（白川は賻賵であるとする）を受けよ」と。ⓒ齊侯は嘉命を拜し、上天子（楊華、四四頁は二天子とする）に璧・玉佩一䦎（笥）を用い、大無（巫）䦎（司）折（誓）と大䦎（司）命（楊華は大巫・司愼・大司命の三者とする）とに璧・兩壺・八鼎を用い、南宮子に璧二・備（佩）玉二䦎（笥）・鼓鐘一銉（肆）を用う。ⓓ齊侯は既に洹子孟姜の喪を□（す）ませ、人民都邑は謹みて宴舞し、用て爾の大樂に從えり。ⓔ用て爾の羞銅を鑄す、用て天子の事に御（もち）いよ。ⓕ洹子孟姜は、用て嘉命を乞い、用て眉壽萬年無疆を祈り、用て爾の事に御いん。）

ⓐ段は田文子の死を田桓子の妻（齊公の娘）から述べたもの、ⓑは齊公が田文子のために自ら期の喪に服する許可を天子に申請し、それが認められたこと、ⓓは喪の終了後に宴舞が行われたことを述べるわけだから、ⓒの「上天子」「大巫司誓」「大嗣命」「南宮子」を對象とする祭祀が、服喪期間中に行われた内容になる。ⓔは田氏（作器者）が齊侯に對する感謝を表すために獻上する銅器を鑄造し、ⓕかつ自分たちが幸福を祈願するための彝器を鑄造したことを言う。この例においては、田文子は既に死んでいる譯だから、壽命を延ばすための祭祀ではなく、冥福を祈るための祭祀と考えるのが穩當である。これは奇しくも、香港中文大學藏序寧簡（後漢建初四年（79CE））の中で、序寧の死後も司命に對する祭祀が行われたのと一致し、石川三佐男（一三四頁）が言うように、司命神は「死者の魂の昇仙を援助する」と考えられたと言える。

(9)『莊子』至樂「吾使司命復生子形、爲子骨肉肌膚、反子父母妻子閭里知識、子欲之乎。」

(10)『管子』法法「曰、人君也、故從而貴之、不敢論其德行之高卑。有故、爲其殺生、急於司命也。」

(11)『韓非子』喩老「扁鵲曰、疾在腠理、湯熨之所及也、在肌膚、鍼石之所及也、在腸胃、火齊之所及也、在骨髓、司命之所屬、無奈何也。」『史記』扁鵲傳「扁鵲過齊、齊桓侯客之、……扁鵲曰、疾之居腠理也、湯熨之所及也。在血脈、鍼石之所及也。其在腸胃、酒醪之所及也。其在骨髓、雖司命無奈之何。」

(12)『史記』封禪書「晉巫祠五帝・東君・雲中・司命・巫社・巫祠、族人・先炊之屬、……荊巫祠堂下・巫先・司命・施糜之屬。」

(13)『禮記』王制「天子祭天地、諸侯祭社稷、大夫祭五祀。」鄭注「五祀、謂司命也、中霤也、門也、行也、厲也。此祭謂大夫有地者、其無地、祭三耳。」『禮記』祭法「王爲群姓立七祀、曰司命、曰中霤、曰國門、曰國行、曰泰厲、曰戶、曰竈。王自爲立七祀。諸侯爲國立五祀、曰司命、曰中霤、曰國門、曰國行、曰公厲。諸侯自爲立七祀。大夫立三祀、曰族厲、曰門、曰行。適士立二祠、曰門、曰行。庶士庶人立一祀、或立戶、或立曰竈。」鄭注「此非大神所報大事者也、小神居人之間、司察小過、作譴告者爾。…司命、主督察三命。……(『儀禮』)士喪禮曰、疾病禱於五祀。司命與厲、其時不著。今時民家、或春秋祠司命・行神・山神、門・戶・竈在旁。是必春祠司命、秋祠厲也。或者合而祠之。山即厲也。民悪言厲、巫祝以厲山爲之、謬乎。『春秋傳』(昭公七年)曰、鬼有所歸、乃不爲厲。」

(14)『周禮』大宗伯「以槱燎、祀司中・司命・飌師・雨師」注「鄭司農云、…司中、三能三階也。司命、文昌宮星。…(鄭)玄謂、…司中・司命、文昌第五第四星。或曰、中能上能也。」『史記』天官書「斗魁戴匡六星、曰文昌宮、一曰上將、二曰次將、三曰貴相、四曰司命、五曰司中、六曰司祿。」注「司命主老幼。」

(15)『風俗通』祀典「今民間獨祀司命耳、刻木長尺二寸爲人像、行者檐篋中、居者別作小屋。汝南諸郡亦多有、皆祠以豬、率以春秋之月。」『太平経』巻一一四・見誠不觸悪訣「夫人皆欲承天、欲得其意、無有怨言。……人居世間、大不容易、……各有怨辭、使天忿怒而不愛人、言壽命無常。……乃爲人壽従中出、不在他人。故言司命、近在胸心、不離人遠、司人是非、有過輒退、何有失時、輒減人年命。……天大寛柔忍人、不一朝而得刑罰也。積過累之甚多、乃下主者之曹、收取其人魂神、……。」葛洪『抱朴子』對俗「行悪事大者、司命奪紀、小過奪筭、隨所輕重、故所奪有多少也。凡人之受命得壽、自有本數、數本多者、則紀筭難盡而遲死。若所稟本少、而所犯者多、則紀筭速盡而早死。」

(16) 例えば、楊華「楚簡中的諸「司」及其經學意義」、二〇〇七所収など。

(17) 注(7)參照。

(18) 『孟子』離婁下「齊人有一妻一妾而處室者。其良人出、則必饜酒食而後反。其妻問所與飲食者、則盡富貴也。其妻告其妾曰『良人出、則必饜酒食而後反、問其與飲食者、盡富貴也、而未嘗有顯者來、吾将良人之所之也。』蚤起、施從良人之所之、遍國中、無與立談者、卒之東郭墦間之祭者、乞其餘（注「墦間、郭外冢間也、乞其祭者所餘酒肉也」）、不足、又顧而之他。此其爲饜足之道也。」

(19) 李紀祥は丹自身が一種の「厲」（無主の鬼）であると言えるので、民衆は彼を死者（「厲」）と同一視して信仰の對象としたとするが、後述するように、墓での祭祀の主對象は近親死者（祖先）であり、むしろ「厲」は墓での祭祀から除外しようとする意識が働いていたとすべきであろう。

(20) 李紀祥は、文書中の丹は民間の宗教者であり、御史への上呈文を所持できるような身分ではなく、それを隨葬したのは公文書を保有できるような役人、おそらくは邽丞赤その人であったとする。但し、縣の長官の墓にしてはややみすぼらしいようである。

【參照文獻】

方勇「讀放馬灘秦簡《志怪故事》札記（一）」、2009-11-6、http://www.gwz.fudan.edu.cn/SrcShow.asp?Src_ID=965
甘肅省文物考古研究所・天水市北道區文化館「甘肅省天水放馬灘戰國秦漢墓群的發掘」、『文物』一九八九‐二（發掘簡報と略稱）。

甘肅省文物考古研究所『天水放馬灘秦簡』、中華書局、二〇〇九。（發掘報告と略稱）

Harper, Donald. "Resurrection in Warring States Popular Religion," *Taoist Resources* 5-2, 1994（陳松長・熊建國譯「戰國民間宗教中的復活問題」『簡帛研究譯叢』第一輯、一九九六）。

何雙全「天水放馬灘秦墓出土地圖初探」「天水放馬灘秦簡綜述」、『文物』一九八九‐二。

何雙全『簡牘』、敦煌文藝出版社、二〇〇三。

池澤優「中国における〝死者性〟の諸相と変遷――古代・中世の出土資料を中心に」、熊野純彦・下田正弘編『シリーズ死生学』第2巻、東京大学出版会、二〇〇八。

石川三佐男『楚辭新研究』、研文書院、二〇〇二。

李紀祥「甘肅天水放馬灘《墓主記》秦簡所反映的民俗信仰初探」、『民間信仰與中國文化國際研討會論文集』、一九九四。

李學勤「放馬灘簡中的志怪故事」、『文物』一九九〇‐四。（李學勤『簡帛佚籍與學術史』、時報文化出版、一九九四、所収）。

劉屹『敬天與崇道――中古經教道教形成的思想史背景』、中華書局、二〇〇五。

馬承源主編『商周青銅器銘文集』、文物出版社、一九九〇。

白川靜『今文通釋』巻四、白鶴美術館、一九七三。

宋華強「放馬灘秦簡《志怪故事》札記」、2010-03-05、簡帛網http://www.bsm.org.cn/show_article.php?id=1229

王輝『秦出土文獻編年』、新文豐、二〇〇〇。

王輝「《天水放馬灘秦簡》校讀記」、2010-07-30、簡帛網http://www.bsm.org.cn/show_article.php?id=1278

楊華『新出簡帛與禮制研究』、臺灣古籍出版、二〇〇七。

雍際春『天水放馬灘木板地圖研究』、二〇〇二。

張修桂「天水〈放馬灘地圖〉的繪製年代」、『復旦學報（社會科學版）』一九九一－一。

曹方向「秦簡《志怪故事》6號簡芻議」、2009-11-07、簡帛網http://www.bsm.org.cn/show_article.php?id=1169

曹婉如「有關天水放馬灘秦墓出土地圖的幾個問題」、『文物』一九八九－一二。

『老子』第一章「名」に關する問題の再檢討
―北大漢簡『老子』の公開を契機として―

曹　峰

『國際漢學研究通訊』第一期[1]は北京大學が所藏する漢簡『老子』（以下、「北大漢簡『老子』」と稱す）の寫眞を三枚公開している。その中の『老子』（一）は今本『老子』第一章に對應する。

●道可道、非恆道毆[2]。名可命、非恆名也。無名、萬物之始也。有名、萬物之母也。

まず、今本『老子』第一章を引用しておく。

道可道、非常道。名可名、非常名。無名、天地之始。有名、萬物之母。故常無欲以觀其妙、常有欲以觀其徼。此兩者同出而異名、同謂之玄。玄之又玄、衆妙之門。

次は馬王堆漢墓帛書本（以下、「馬王堆本」と稱す）甲本第一章である。

道、可道也、非恆道也。名、可名也、非恆名也。无名、萬物之始也。有名、萬物之母也。〔故〕恆无欲也、以觀其眇（妙）。恆有欲也、以觀其所噭。兩者同出、異名同胃（謂）。玄之有（又）玄、衆眇（妙）之〔門〕。

最後に、馬王堆本乙本第一章を掲げる。

道、可道也、〔非恆道也。名、可名也、非〕恆名也。无名、萬物之始也。有名、萬物之母也。故恆无欲也、〔以觀其眇（妙）〕。恆又（有）欲也、以觀其所噭。兩者同出、異名同胃（謂）。玄之又玄、衆眇（妙）之門。

以上を比較すると、北大漢簡『老子』は馬王堆本に比較的近いことが分かる。(3) しかし、大きな差異が一つある。それは、馬王堆本も含めたすべてのテキストは「名可名」に作るが、北大漢簡『老子』は「名可命」に作る。「名」・「命」は假借關係にあり、「名」はしばしば名詞として用いられ、「命」はしばしば動詞として用いられるから、「名」・「命」は同じだと考えても差し支えない。例えば、今本十四章に相當する部分について、馬王堆本乙本は、

視之而弗見、〔命〕之曰微。聽之而弗聞、命之曰希。捪之而弗得、命之曰夷。……其上不謬、其下不忽、尋尋呵、不可命也。

に作るが、馬王堆本甲本では、「命」の字がすべて「名」に作られている。

「名」・「命」の關係を單なる假借關係と見なしても特に問題ないが、そう見なすことによって、檢討すべき思想史的現象が見逃される可能性があるのではなかろうか。つまり、注目したいのは、北大漢簡『老子』はなぜわざわざこのようなこなれない表現の仕方を使用したのか、ということである。『老子』第一章の「名可名、非常名」は元來難解とされる個所であり、北大漢簡『老子』の公開は、この難解な個所を理解する重要な情報を提供したのではないだろうか。

一

「道可道、非常道。名可名、非常名」について、「一般的でありふれた、言葉で説明できる「道」は「常道」(恆常の道・不變の道)ではない。一般的でありふれた、言葉で説明できる「名」は「常名」(恆常の名・不變の名)ではない。」[4]という解釋はもっともよく見られるものであろう。

しかし、このような解釋は、「道可道、非常道」に對する説明としては理解できるが、「名可名、非常名」の説明としては理解しがたい。なぜなら、『老子』は次のことを繰り返し強調しているからである。「道」は無名である。道・物二世界の區分によると、「名」は形而下の世界にある。形而下の世界は「有形」・「有名」であり、「形」・「名」によって構建され、また名稱・名分によって世界の制度・秩序・等級が確立される。この點については、『老子』第一章で明確に表され、また他の道家系文獻でも度々説明されている。[5]しかし、「常名」はいったいどういうものなのか、「道」は「名」で表せない以上、なぜ「常名」が存在し得るのか、これは矛盾ではなかろうか?古典文獻には「常名」・「恆名」

の用例が見えない。だが管見の限り、『老子』研究史上において、これまでこの矛盾が問題視されることはなかった。

『老子』の「名」は、時には「名譽」として用いられている。ここでは「名譽」以外の用例を検討する。まず今本『老子』を見てみよう。

第一。「道」は「無名」であり、またありふれた、言葉で説明することができないという意味で使われる「名」は以下の通りである。

無名、天地之始。（第一章）

其上不皦、其下不昧。繩繩不可名、復歸於無物。（第十四章）

有物混成、先天地生。寂兮寥兮、獨立不改、周行而不殆、可以爲天下母。吾不知其名、字之曰道、強爲之名曰大。（第二十五章）

道常無名。樸雖小、天下莫能臣也。侯王若能守之、萬物將自賓。天地相合、以降甘露。民莫之令而自均。（第三十二章）

道常無爲而無不爲、侯王若能守之、萬物將自化。化而欲作、吾將鎭之以無名之樸。無名之樸、夫亦將無欲。不欲以靜、天下將自定。（第三十七章）

道隱無名。（第四十一章）

第二。形而下の世界は「形」・「名」によって構成されるという意味で使われる「名」は以下の通りである。

有名、萬物之母。（第一章）

始制有名、名亦既有、夫亦將知止、知止可以不殆。譬道之在天下、猶川谷之於江海。（第三十二章）

第四十一章以外の「名」の用例はいずれも道經部分にしか見えない。これも注目すべき現象である。郭店楚簡《老子》（以下、「郭店本」と稱す）では今本第一章に相當する部分がない。今本第二十五・三十二章に相當する郭店本は、その内容が今本と基本的に同じである。郭店本では「鎮之以亡名之樸」（今本第三十七章）の表現も見える。「名」は甲本にのみ見え、乙本・丙本には見えない。「名」によって表された内容は、ここでも二つに分けられる。即ち「道」は無名であり、ありふれた言葉では「道」を表現できない。また「名」は、形而下の世界と人間社會とを構成する重要な元素である。しかし、郭店本では今本第一章「有名、萬物之母」のような明確な表現は見えない。

馬王堆本は基本的に今本と同樣である。しかし、『道經』最後の一章（今本第三十七章）の始まりは「道常無爲而無不爲」ではなく、「道恆無名」となっている。郭店本は「道恆無爲」に作る。「道恆無名」と同じ章に「鎮之以無名之樸」とあるから、馬王堆本は最善のテキストではないかと考えられる。注目したいのは、馬王堆本の道經部分の第一章と最後の一章は、「道」と「名」の關係を強調する。ここには、故意に最後の一章を第一章に對應させる意圖があったのではなかろうか？

また、今本第二十一章の内容も目を引く。

孔德之容、惟道是從。道之爲物、惟恍惟惚。惚兮恍兮、其中有象。恍兮惚兮、其中有物。窈兮冥兮、其中有精。其精甚眞、其中有信。自古及今、其名不去、以閱衆甫。吾何以知衆甫之狀哉、以此。(6)

ここの「名」は、「道」の「名」と理解した方がよいだろう。「道」の「名」を把握すれば、「以て衆甫を閲る」、つまりあらゆるものの始まりをみてとれる。しかし、こうした表現は、「道は恆に名無し」、「化して欲作らば、吾れ將に之を鎮むるに無名の樸を以てす」の方向性と正反對であるかのように見える。『老子』における「名」の意味の多様性に對して、馮友蘭は次のように解釋しようとする。「「道常無名、樸。」所以，常道就是無名之道。常道既是無名，所以不可道。然而，既稱之曰「道」，道就是個無名之名。「自古及今，其名不去，以閲衆甫。」（第二十一章）道是任何事物所由以生成者，所以，其名不去。不去之名，就是常名。常名實在是無名之名，實則是不可名底。所以說，「名可名，非常名。」(7)」つまり、馮友蘭は「道」の「名」は無名の名であり、名付けることができないと認める一方、「道」の「名」は「常名」であり、この「常名」は存在し續けると主張する。これまで『老子』における「名」の解釋は、類似するものがよく見える。(8)しかし、こうした解釋から矛盾した現象が生ずる。前述のように、同じ『老子』、ひいてはその同じ章（たとえば第一章）の中で、『老子』は「道」が無名であるか「名」づけられないと明確に述べる一方で、同時にいわゆる「道」の「名」が存在すると主張する。これは奇妙なことではないだろうか。このような奇妙なことがなぜあり得るのか、なぜ「道」の「名」を強調しなければならないのか、ということについては、未だ合理的な解釋が行われていない。

ここで、漢代以前の文獻がどうやって「道可道、非常道。名可名、非常名」を解釋したのか、いま一度見てみることにする。まず最初に『淮南子』道應篇を檢討してみよう。

桓公讀書於堂、輪扁斲輪於堂下、釋其椎鑿而問桓公曰、「君之所讀書者、何書也。」桓公曰、「聖人之書。」輪扁曰、「其人焉在。」桓公曰、「已死矣。」輪扁曰、「是直聖人之糟粕耳。」桓公悖然作色而怒曰、「寡人讀書、工人焉得而譏之哉。有說則可、無說則死。」輪扁曰、「然、有說。臣試以臣之斲輪語之。大疾、則苦而不入。大徐、則甘而不固。

不甘不苦、應於手、猒于心、而可以至妙者、臣不能以教臣之子、而臣之子亦不能得之於臣。是以行年六十、老而爲輪。今聖人之所言者、亦以懷其實、窮而死、獨其糟粕在耳。」故老子曰、「道可道、非常道。名可名、非常名。」

これは、「扁」という車輪を作る職人が、齊の桓公に對して、桓公が讀んでいるものは全て「糟粕」であると直言した説話である。この説話では、「道」は、言葉で説明することはできず、一般的な知識・教誨はただの「糟粕」でしかないと強調されている。しかし、この解釋は、「常名」がいったいどういうものなのかという問いに對して、直接示唆を與えることはない。このことに關連して、『文子』上仁篇に次のような文章がある。

文子問治國之本。老子曰、本在於治身、未嘗聞身治而國亂、身亂而國治也。故曰、「修之身、其德迺眞。」道之所以至妙者、父不能以教子、子亦不能受之於父、故「道可道、非常道、名可名、非常名也。」

ここでも「道」は至妙なものであり、言葉では傳えられないことが述べられている。だがやはり、「常名」はいったいどういうものなのかという問いに對する答えはない。次に『淮南子』本經篇を見てみよう。

今至人生亂世之中、含德懷道、抱無窮之智、鉗口寢説、遂不言而死者衆矣、然天下莫知貴其不言也。故「道可道、非常道、名可名、非常名。」著於竹帛、鏤於金石、可傳於人者、其粗也。

ここのポイントは「不言」を貴ぶことにあり、書面上・有形の知識や教誨は、いずれも「粗」いものであることが強調されている。これも「常名」の理解の助けにはならない。『文子』精誠篇の次の文章も、『淮南子』本經篇に類似している。

故至人之治、含德抱道、推誠樂施、抱無窮之智、寢説而不言、天下莫之知貴其不言者、故「道可道、非常道也、名可名、非常名也。」著於竹帛、鏤於金石、可傳於人者、皆其粗也。

從って、以上の用例に見える「道可道、非常道也。名可名、非常名」に關する解釋はいずれも、ありふれた有形の知識や言葉では、「道」の玄妙を把握することができないところに重點が置かれている。この解釋は、「道可道、非常道」を理解するにはよいが、なぜ「名可名、非常名」を特に言う必要があるかについては、ほとんど示唆するところがない。

王弼の『老子』注釋も、基本的にその解釋の延長線上にあると考えられる。王弼はこの二句について、次のように解釋している。

可道之道、可名之名、指事造形、非其常也。故不可道也、不可名也。

「可道之道、可名之名、指事造形」は、形而下の世界に存在する、可視的なもの・認識可能なもの・形象的具體的なものを指している。こうしたものはその「常」ではない。ここで王弼は「常名」を認めている。「名」について、王弼『老子指略』は更に次のように解説する。

『老子』之文、欲辯而詰者、則失其旨也。欲名而責者、則違其義也。夫物之所以生、功之所以成、必生乎無形、由乎無名。無形無名者、萬物之宗也。……是故天生五物、無物爲用。聖行五教、不言爲化。是以「道可道、非常道。名可名、非常名」也。五物之母、不炎不寒、不柔不剛。五教之母、不皦不昧、不恩不傷。雖古今不同、時移俗易、此不變也、所謂「自古及今、其名不去」者也。

名也者、定彼者也。稱也者、從謂者也。名生乎彼、稱出乎我。故涉之乎無物而不由、則稱之曰道。求之乎無妙而不出、則謂之曰玄。

然則、言之者失其常、名之者离其眞、爲之者則敗其性、執之者則失其原矣。是以聖人不以言爲主、則不違其常。不以名爲常、則不离其眞。不以爲爲事、則不敗其性。不以執爲制、則不失其原矣。

王弼は「自古及今、其名不去」という「常名」の存在を認め、またこの「常名」は「古今不同、時移俗易、此不變也」という性格を持つと主張している。しかし、同時に王弼は「名」・「稱」は單に人爲的な物であるのみで、「無物而不由」・「無妙而不出」という「道」・「玄」の領域では役に立たないと述べる。「欲辯而詰者，則失其旨也。欲名而責者，則違其義也」、「言之者失其常、名之者離其眞」、「不以名爲常、則不離其眞」という解説から見れば、王弼はやはり「常名」の存在を認めていない。なぜなら、王弼は「名」を「常」の反對側に置くからである。無論、「常名」に關して、王弼の解釋にも矛盾があることは間違いない。

古典文獻の中には、『老子』第一章におけるこの二句に對する、これまでに述べてきた解釋とは方向性が異なる、もう一つの解釋ルートがある。例えば『文子』道原篇に、

老子曰、夫事生者應變而動、變生於時、知時者無常之行。故「道可道、非常道、名可名、非常名。」書者言之所生也、言出於智、智者不知、非常道也。名可名、非藏書者也。(9)

とある。この一段落の文章では省略されている箇所があるため理解が難しいが、全體において「道」が「常變易、無常行」であることを強調している。作者は明確に指摘していないが、この一文は、「道」は無名で無形だという原理を把握した「事生者」・「知時者」が普通の人と異なり、文字で書かれてない、書籍に記録されていない、變易無常の「道」と「名」を認識することができ、また行動において「應變而動」、「無常之行」の姿勢を取ることができる、というように理解しても差し支えないであろう。

類似する論述は『文子』上義篇にも見える。

老子曰、治國有常而利民爲本、政教有道而令行爲右、苟利於民、不必法古、苟周於事、不必循俗。故聖人法與時變、禮與俗化、衣服器械、各便其用、法度制令、各因其宜、故變古未可非、而循俗未足多也。誦先王之書、不若聞其言、聞其言、不若得其所以言、得其所以言者、言不能言也、故「道可道、非常道也、名可名、非常名也。」

この文章の最後の部分は、また『淮南子』汜論篇にも見える。

百川異源而皆歸於海、百家殊業而皆務於治。王道缺而『詩』作、周室廢、禮義壞而『春秋』作。『詩』・『春秋』、學之美者也、皆衰世之造也、儒者循之以教導於世、豈若三代之盛哉。以『詩』・『春秋』爲古之道而貴之、又有未作

『詩』、『春秋』之時。夫道其缺也、不若道其全也。誦先王之『詩』・『書』、不若聞得其言。聞得其言、不若得其所以言。得其所以言者、言弗能言也。故道可道者、非常道也。

兩者を比べてみると、二つの相異があると分かる。まず『淮南子』氾論篇に「名可名、非常名」が見えない。しかし有ってもなくても、事實上差異がないだろう。つぎに、兩者はいずれも先王の書（『詩』・『書』・『禮』・『春秋』）の背後にまた「弗能言」（「不能言」）のものがあり、それは「常道」であると強調しているが、『文子』上義篇の主旨は變易の問題、聖人の政治的姿勢の問題を論じる方向へ転じ、これは『淮南子』氾論篇には見えないものである。この二つの文章の中に、注目したいのは「言不能言」という特殊的表現である。なぜなら、前述した一番目の解釋ルートは「道」を言葉で傳えられないことを強調しているが、二番目の解釋ルートは逆に聖人が「得其所以言」ということをしなければならない、また、それだけではなく、さらに「言不能言」ということをしなければならない、と主張している。特に黄老道家の系統の中に、「言不能言」は非常に重要な話題であり、例えば『管子』の以下の用例はその代表であろう。

故必知不言〔之言〕、無爲之事、然後知道之紀。（『心術上』）(10)

不言之言、聞於雷鼓。金心之形、明於日月、察於父母。（『心術下』）(11)

馬王堆帛書「物則有形」圖は式盤に類似する内圓外方の形をしている圖である。その中には殘缺があるものの、三層に分けて書かれた文字が見える。その内容は道家の道物二元論と心術理論を用いて君臣關係を述べるものである。(12)その中の、一番外側の文字、つまり方形枠の内側に殘存した文字に「物則有形、物則有名、物則有言、言則可言」という内容があり、それは形而下の世界に相應した臣下の立場を指している。また、圓形枠の内側に殘存した文字に「終日言、不爲言。終日不言、不〔爲〕无言」という内容があり、それは君主の取るべき姿勢である。「終日不言、不〔爲〕无言」は『心術上』の「不言之言」、「無形」の言に類似し、こうした「言」は臣下の「終日」の「言」より優れたものである。「終日」の言は實際には「不爲言」つまり實質的意義を持たない「言」であり、逆に「不言」つまり「陰」の立場に立ち、「應」の姿勢を取った者は實際には「不〔爲〕无言」つまり何も言っていないというわけではない。(13) 要するに、「物則有形」圖は「言」を完全には否定せず、逆にもっと高いレベルの「言」の重要性を強調し、「道」を把握する聖人はより高度な表現方法を持つべきことを強調している。(14)

次に『文子』上禮篇を見てみよう。

故先王之法度、有變易者也、故曰「名可名、非常名也。」……故聖人之制禮樂者、不制於禮樂、制物者、不制於物、制法者、不制於法、故曰「道可道、非常道也。」

『文子』の上義篇と上禮篇はいずれも「道」が常に變易不居である特徴を強調し、またそれによって聖人が時に伴って變易するという政治哲學を導いてくる。『文子』上禮篇はさらに聖人が「不制於禮樂」（禮樂に支配されない）、「不制於物」（物に支配されない）、「不制於法」（法に支配されない）ということを明確に指摘している。

『韓非子』解老篇に次の文章があり、その中ではただ「道之可道、非常道也」のみ見え、「名之可名、非常名也」に言及されていない。これには當時「名之可名、非常名也」という文がまだ作られていなかったという可能性も考えられるであろう。

凡理者、方圓、短長、麤靡、堅脆之分也、故理定而後可得道也。故定理有存亡、有死生、有盛衰。夫物之一存一亡、乍死乍生、初盛而後衰者、不可謂常。唯夫與天與地之剖判也具生、至天地之消散也不死不衰者謂「常」。而常者、無攸易、無定理。無定理、非在於常所、是以不可道也。聖人観其玄虛、用其周行、強字之曰「道」、然而可論。故曰、「道之可道、非常道也。」

ここでは「常」を「不死不衰者」・「無攸易、無定理」・「非在於常所」というように定義している。それによると、『韓非子』解老篇では、「道」の絶對不變的な側面だけでなく、常變的な側面も強調され、絶對不變的な側面と常變的な側面が互いに統一しあうことが分かる。この文章の裏には「道」と「理」が相對しあう或いは道物論の思想背景が見える。「理」は「物」に相應するため、「分」けることができ、「定」めることができる。反對に「道」は「無攸易、無定理」であり、「非在於常所」であるとされている。

河上公章句本は「道可道」を「經術政教之道」と解釋し、「非常道」を「非自然長生之道也。常道當以無爲養神、無事安民、含光藏暉。滅跡匿端、不可稱道。」というように解釋し、「名可名」を「謂富貴尊榮、高世之名也」というように解釋し、「非常名」を「非自然常在之名也。常名當如嬰兒之未言、鷄子之未分、明珠在蚌中、美玉處石間、内雖昭昭、外如愚頑。」というように解釋している。

これも政治哲學の角度から行った解釋であり、「非常名」は「恆常で不變的な名」というのではなく、最高の「名」は無形であり、不鮮明であり、不確定であり、外物によって把握されない。逆に普通の「名」は「富貴尊榮、高世之名」であり、「自然常在」のものである、というのである。

従って、二番目の解釋の方向性は、「道」が言葉で表現できるかどうか、經驗で感知できるかどうかというところに重點を置かず、「道」が無形・無名であり、常變不定であるという側面を重點とし、また「不言之言」をレベルがより高い「言」とするというところに重點を置く。このロジックで推理していくと、我々は「不言之言」を「非常名」と見なしてもよいであろう。『文子』上禮篇は明確に「非常道」・「非常名」を聖人が取るべき姿勢とし、「制物者、不制於物、制法者、不制於法」と主張している。これはある種の實用主義政治哲學と見なしてよい。河上公本の「非常名」つまり「非自然常在之名」も同様に理解できる。

この二つの解釋方法の最大の區別は「名」が知識の領域で把握できる對象なのか、それとも政治の領域で把握できる對象なのかというところにある。前者の立場では、たとえ「常道」に相應する「常名」が本當に存在しても、それは認識できないものとされる。後者の立場では、特に黄老道家の場合、「道」と「名」は聖人が必ず把握する對象となる。今本『老子』第二十一章も後者の角度から理解してよい。

後の時代の學者はこうした二つの解釋方法に對して、基本的には前者に從う。しかし、近代の學者朱謙之のように、兩者を折衷して調和しようとした學者もいた。朱謙之は「道」を變化の總名とし、清代の學者俞正燮が『老子』のこの二句に對する「老子此二語、「道」・「名」、與他語「道」・「名」異。此言「道」者言詞也。「名」者文字也。」という解説に同意し、さらに次のように述べている。「『老子』一書、無之以爲用、有之以爲利、非不可言説也。曰「美言」、曰「言有君」、曰「正言若反」、曰「吾言甚易知、甚易行」、皆言也、皆可道可名也。(15)」つまり、朱謙之は、「道」は言葉で説明でき、永久不變の「道」は實際に存在していない、「名」は文字で書寫でき、永久不變の「名」は實際に存在していない、と考えている。このようにして朱謙之は二種類の方向性の解釋方法を一つに融合し、「道」が言葉で表現できるかという問題（朱謙之は表現できないと思わない）を述べた上、永遠不變の「道」が存在していないと述べている。

この二種類の解釋方法は「常」に對する理解を正反對にしている。いったい「恆常不變」なのか、それとも「變動含混」なのか、それに對する理解の差異によって解釋する方向も異なっていく。文法から見てみれば、一番目の解釋はより合理的であり、二番目の解釋はやや無理があると考えられる。從って一番目の解釋、すなわち「一般的でありふれた、言葉で説明できる「道」は「常道」(恆常の道・不變の道)ではない。一般的でありふれた、言葉で説明できる「名」は「常名」(恆常の名・不變の名)ではない。」というものが一般的な解釋になったのもおかしくはないだろう。しかし一番目の解釋の中に内在した矛盾が依然として殘された。つまり、いわゆる「常名」はいったいどういうものなのか、「道」は無形・無名である以上、なぜ「常名」の存在する必要性があるのか、という難題である。

二

筆者は『老子』第一章のこの二句のために三番目の合理的解釋を探しだし、あるいは前述した二種類の解釋ルートをより調和させてそれぞれを成立させるつもりではない。筆者がここで述べたいのは、このような矛盾の發生には實際に歷史的な合理性があると考えられることである。我々には、「名可名、非常名」という句が作成された合理性がどこにあるのか、前述した二種類の解釋ルートが出てきた合理性はどこにあるのか、ということを答える必要がある。ここではまず結論を述べておく。「名可名、非常名」が作られたのは、「名」の政治思想がある時代(特に戰國中晚期)に極めて流行した思想背景と關係づけられる可能性が高い。こうした思想は、「道」が言葉で表現できず、名稱で命名できないことを認めているが、ポイントはここにあるわけではない。道物二元論を思想背景として、どのように「道」の名を利用することができるのか、どのように聖人を「無名」・「無形」の立場に立たせ、「名」もあり「形」もある、また

「分」も「定」もできる世界を把握することができるのか、ということを中心的テーマとしている。「名」は形而下の世界を構成する主要な要素である以上、また「名」は「命」じることができるものである以上、誰によって「命」じるのか、如何にして「命」じるのか、如何にして自發的に「物」の「名」に規範・規則の役割を果たさせるのか、ということが政治の重要的テーマの一つとなっている。よって、このような政治思想を背景とした「道」・「名」關係では、「名」が決してあってもなくてもよいというものではなく、聖人は「道」だけではなく「名」も把握しなければならない。「不可道」、「不可名」のみをもって説明しきれるものではない。

郭店楚簡『太一生水』に次のような文章がある。

道亦其字也、請問其名。以道從事者、必託其名、故事成而身長。聖人之從事也、亦託其名、故功成而身不傷。

ここでは聖人が「道」に與えた假託の名を利用する必要があると述べているが、實際は「道」が元來「無名」であることを強調している。(16)しかし『太一生水』の目的は、「道」が元來無名であることを述べることではなく、「以道從事」ということ、そしてそれによって「事成而身長」・「功成而身不傷」という結果となることにある。このように、この「道」の名は重大な政治的役割を備えていると言ってよい。

上博楚簡『恒先』の上篇は宇宙生成論であると考えられ、その中に二つの生成系統が見える。第一番目は、「自厭不自忍、或作。有或焉有氣、有氣焉有有、有有焉有始、有始焉有往者」によって表された「或→氣→有→始→往」という系統である。筆者は、この系統によって特に強調されているのは「無」から「有」へ、形而上から形而下への生成過程である、と考える。これは人間を含めた整體的・抽象的生成系統であるため、「氣」に重點をおいて論述し、人間社會が詳しく述べられていない。二番目は、「有出於或、生出於有、音（意）出於生、言出於音（意）、名出於言、事出於名」によって表された「或→有→生→意→言→名→事」という系統である。この系統の順序は人間社會を詳しく論じるため、「氣」・「有」などの抽象的原理が省略されている。「或」から始まっているのは、恐らく「或」（不確定なもの）より出發したものの、導かれたのは確定性をもつ人文的構築を強調するためであろう。『莊子』齊物論篇の言葉で言えば、この過程は「是非之彰」に相應する。注目すべきは、この系統における「名」と「事」（すなわち人事・政事）が密接な關係にある點であり、こうした關連性はまた『鶡冠子』・『管子』等の文獻にも見える。(17)

戰國時代の人はしばしば「名」に關する問題を取り上げ、様々な角度からこの問題を論じている。その中でも、黄老道家が「道」と「名」の關係について最も言及している。黄老道家は無名の「道」を重視するだけでなく、「名」が形而下の世界を構築する際に果たす役割も重視している。例えば『經法』道法篇に次のような文章がある。

見知之道、唯虛无（無）有。虛无（無）有、秋稿（毫）成之、必有刑（形）名。刑（形）名立、則黑白之分已。故執道者之觀於天下殹、无（無）執殹、无（無）処（處）也、无（無）爲殹、无（無）私殹。是故天下有事、无（無）不自爲刑（形）名聲號矣。刑（形）名已立、聲號已建、則无（無）所逃迹匿正矣。

この文章の意味は、以下の通り。

「見知」（世界を認識し把握する）の道とは、ただ「虛無有」の姿勢をとるのみである。「虛無有」の姿勢を取れば、たとえ細かい事物であっても、必ず「形名」があることを知る。事物の「形名」がはっきりすれば、「黑白之分」すなわち對象物の特徴・位置とその對象物に關する是非の基準もはっきりするようになる。故に、「道」を把握・堅持する者が天下の事を観る際は、「無執」・「無處」・「無爲」・「無私」の態度をとる。天下の有事の際には、「刑名」（既定の秩序・規範）と「聲號」（政策・法令）が自動的に役割を發揮することができる。「刑名」と「聲號」が建てられると、その支配・管理から誰も逃れることができない。

ここでの「刑名」は一つのまとまった言葉であり、「名」と「形」を相對する概念として見る必要はない。「刑」にしろ「名」にしろ、いずれも秩序・基準に合わせた姿勢である。(18)「刑名」が「立」った結果が「黒白之分」となる。つまり、天下萬物のあるべき位置と姿勢が確定した後、是非もはっきりするようになる。是非の基準が確定してはじめて「聲號」すなわち政策・法令が確立できるので、いかなる者も政治の支配から逃がれられなくなる。ほぼ同様の表現は『經法』の論約篇と名理篇にも見える。

故執道者之觀於天下也、必審觀事之所始起、審亓（其）刑（形）名。刑（形）名已定、逆順有立（位）、死生有分、存亡興壞有処（處）。然后參之於天地之恆道、乃定禍福死生存亡興壞之所在。是故萬擧不失理、論天下而无遺筴。〔故〕能立天子、置三公、而天下化之、之胃（謂）有道。（『經法』論約篇）

故執道者之觀於天下〔也〕、見正道循理、能與曲直、能與冬（終）始。故能循名廄理。刑（形）名出聲、聲實調合、禍〈福〉䄆（災）廢立、如景（影）之隋（隨）刑（形）、如向（響）之隋（隨）聲、如衡之不臧（藏）重與輕。（『經法』名理篇）

いったん「名」（ある時は「形名」と稱される）のシステムが確立され、また「正名」の狀態を保っていれば、「執道者」は「名」（「形名」）が自ら働きかけるのに任せて、「無爲」という政治の最高レベルに達することが可能になる。

凡事無小大、物自爲舍。逆順死生、物自爲名。名刑（形）已定、物自爲正。（『經法』道法篇）

是故天下有事、无（無）不自爲刑（形）名聲號矣。刑（形）名已立、聲號已建、則无（無）所逃迹匿正矣。（『經法』道法篇）

勿（物）自正也、名自命也、事自定也。（『經法』論篇）

欲知得失請（情）〔僞〕、必審名察刑（形）。刑（形）恆自定、是我兪（愈）靜。事恆自施、是我无爲。（『十六經』）

ここで特に注目すべきは、「名自命也」がその前後にある「物自正也」・「事自定也」と同じく、形而下の世界の中で「物」・「名」・「事」はいずれも自ら行動し、自ら確定し、自ら監督し、自ら成し遂げるという效果があるという點である。最高の支配者はまさにこのような自發性を利用して、「天下無事」・「無爲而治」を實現するのである。この「名自命也」を北大漢簡『老子』の「名可命」と對照してみれば、我々は以下のように推測してもよいのではないだろうか。つまりこの「命」は、言葉で傳えるという意味より、「命名」という意味が強調されており、「名可命、非恆名也」とは、形而下の世界にある「物」を命名することができ、或いは「名」の役割を利用して自分自身を規範し制約することができる、という意味ではなかろうか。反對に形而上の世界で「恆名」の立場に立つ者は、命名され支配されることができない。

「名正」・「名倚」及び「物自正也、名自命也、事自定也」と類似する表現は他の文獻にも見えるが、これらの文獻はいずれも道家思想と關係がある。たとえば『管子』白心篇と『韓非子』主道篇・揚權篇は、道家思想と密接な關係があることは衆知の通りである。これらの文獻が論述する重點は『黄帝四經』といくらか異なっているが、「道」を出發點とし、「名」を君主にとっての主要な政治目標とする思想構造は全く同じである。以下の用例を見てみよう。

是以聖人之治也、靜身以待之、物至而名自治之。正名自治之、奇身名廢。名正法備、則聖人無事。（『管子』白心篇）(19)

道者、萬物之始、是非之紀也。是以明君守始、以知萬物之源、治紀以知善敗之端。故虚靜以待、令名自命也、令事自定也。（『韓非子』主道篇）

用一之道、以名爲首。名正物定、名倚物徙。故聖人執一以靜、使名自命、令事自定。（『韓非子』揚權篇）(20)

聖人が「無形」・「無名」を通して「有形」・「有名」を把握するという思想は、『老子』からの影響を受けたのであろう。それは「天下萬物生於有、有生於無」（第四十章）、「無名天地之始、有名萬物之母」（第一章）に見える生成論と相關するところもあり、また「爲之於未有、治之於未亂」（第六十四章）という思想とも關係づけられる。戰國中晩期になって、このような思想が道名法三者を結合させた思想家によって政治の領域に用いられた。ただ聖人だけが「道」から「名」を導き、また政治的秩序を作り出すことができるという考え方によって、政治上の獨占權が君主に保證される。より具體的に言うと、ただ聖人だけが「無形」・「無名」の立場から、形成されつつある「形名」を見極める能力がある。そのようにして、「執道者」は「道」を根源とする最も根本的な政治資源を把握し、誰でも挑戰できない絶對的地位に到達するようになる。

中國古代思想史とは、廣い意味で言うと政治思想史であり、思想家は「無益于治」なものに對して興味を持たなかった。まさに「名」が重要な政治の道具であったからこそ、如何にそれを把握し、管理し、誰がそれを把握し、管理するかということが重要な議題となったのである。このような重視は、「名者、聖人所以紀萬物也」（『管子』心術上篇）、「有名則治、無名則亂、治者以其名」（『管子』樞言篇）、「名者、天地之綱、聖人之符」（『申子』）、「治天下之要在於正名、……苟能正名、天成地平」（『尸子』分篇）、「名正則治、名喪則亂」（『呂氏春秋』正名篇）、「至治之務、在于正名」（『呂氏春秋』審分篇）という高みまで達すると、是非を確立し、秩序を制定する根本的な法則にさえなったのである。

三

従って、「名可名、非常名」が作られた理由について、以下のような可能性があるのではないかと筆者は推測する。

第一、もともとはただ修辭する必要から、「道可道、非常道」と並べられた文句が作られたが、その意味もやはり「道」が言葉で傳えられないことを強調するためのものである。よって「常名」は修辭する必要から作られたものであって、作者が實際「常名」の存在を認めているというわけではない。内在的な矛盾があっても、歴代の多くの學者はこうした矛盾を無視してきた。『老子』第一章のこの二句に對する早期の文獻に見える解釋、及び後の諸家の解釋を見てみても、多くが「名可名、非常名」に對する解説を避け、「道可道、非常道」への解釋をもって「名可名、非常名」への解釋を代替して總括していることがわかる。これは前述した第一の解釋ルートであり、このルートは『老子』第一章のこの二句の裏に強い政治哲學的傾向があることをあまり考えていない。

第二、「道可道、非常道。名可名、非常名」は、「名」に關する議論が盛んに行われ、「道」・「名」關係がかなり重視された時代に改めて解釋されている。郭店本にはまだ見えない「道可道、非常道。名可名、非常名」は、「名」に關する議論が盛んに行われ、「道」・「名」關係がかなり重視された時代になって初めて形成されたのである。その獨特的な思惟方式や修辭方式も名辯思想の流行の影響を受けたかもしれない。「道可道、非常道」・「名可名、非常名」は名實が一致するかしないかへの關心を表している。『公孫龍子』名實論には、「夫名、實謂也。知此之非此也、知此之不在此也、則不謂也。知彼之非彼也、知彼之不在彼也、則不謂也。」とある。ここで述べているのは道名關係ではないが、『老子』第一章のこの二句に表された道名論は、形而下の世界だけに注目した公孫龍子式の名實關係論を乗り越えようとするためにできたのではなかろうか。

我々は他の文獻に類似の表現を見ることができる。例えば『公孫龍子』指物論に「物莫非指、而指非指」とあり、上海博物館藏楚竹書『恆先』に「或非或、無謂或。有非有、無謂有。生非生、無謂生。音（意）非音（意）、無謂音（意）。言非言、無謂言。名非名、無謂名。事非事、無謂事。」とある。『恆先』には道家的思想の背景がはっきりと見える。その中では「道」・「名」關係が明確に述べられていないものの、前述のように、「名」が形而下の人文世界で重要な役割を果たす政治的概念とされているのは間違いない。

また周知の通り、『莊子』齊物論は當時の名辯思想を全面的に批判して超越しようとするものである。よって、今本『老子』第一章の形成及びその意味については、このような思想背景を充分考慮しなければならないのではないだろうか。

從って、今本『老子』第一章の形成は、名の政治思想が戰國時代に大いに流行したことと關係している可能性がある。「常道」と「常名」は、「道」・「名」をすることができないように見えるが、實際言いたいのは「道」と「名」が現實政治の中で最も重要な二つの要素であり、執道者こそ「不可道」の「道」、「不可名」の「名」を把握することができるというものである。ここの「名」は「道」の「名」であると言ってよいが、しかし「道」が「無名」であるという前提を強調したうえで、特に「常名」の問題を取り上げているのは、恐らく「名」が重要視されるようになったことと關係がある。その結果として、『太一生水』が述べるように、「以道從事者、必託其名」、つまり聖人が「道」ばかりでなく、同時に「道」の「名」も把握すべきだと強調されるようになった。

恐らく「名可名、非常名」の原型は北大漢簡『老子』の示すように、「名可命、非常名」のはずであるが、整齊統一という文學的修辭效果をもたらすために、意圖的に「命」を使わなかったのだろう。北大漢簡『老子』に見える「名可命」を誤って抄寫された結果と見なす必要はなく、また一般的な假借關係と理解する必要もない。戰國秦漢時期における「名」の政治思想の流行と關連づけて更なる分析を行う必要があろう。

馬王堆本の道經の首章と終章では、「道」・「名」關係の上で相互に呼應している。これは作者が意識的にアレンジしたのではなかろうか。郭店本と比べて、馬王堆本はさらに後の時代に書かれたものである。戰國時代末期はまさに名思想が極めて重視された時代である。恐らく馬王堆本の構造は、黄老思想家が絕對的・根源的な「道」だけでなく、人間秩序を形成する際に重要な役割を擔う「名」も重視する、というような「道」・「物」二元世界論を反映している。今本『老子』道經は馬王堆本の首章をそのままにしているものの、終章が「名」を強調していないのは、漢代以後になって「名」に對する重視が以前のようではなくなったことを示しているのだろう。

こうした思想背景を考慮してみると、「名可名、非常名」の創作には特別な意義があったと考えられる。つまり、命名できる「名」、あるいは政治的に支配され管理される「名」は、「常名」ではない。ただ最高の支配者だけが「常道」を把握することができ、命名されず制約されない「常名」の立場に立ち、そして自分自身を政治の頂點に立たせることができる。字面においては、「常名」を「道」の「名」と見なしてもよいが、實際に主張したいのは「道」の「名」が言葉で表現できないということだけでなく、聖人が「常道」と「常名」を把握すべき、つまり絕對的・變動的「道」と絕對的・變動的「名」を把握すべきであるということである。それによって聖人が無形によって有形を把握し、無名によって有名を把握することができるようになる。これが前述した第二の解釋ルートである。

後の時代になると、名辯思潮や黄老思想の影響が弱くなり、ただ聖人だけが「常道」と「常名」を把握できるという理念が重視されないようになり、第一の解釋ルート即ち「道」が言葉で表現できないという傳統的解釋がより重視されるようになった。第二の解釋ルートはただ『文子』の上禮篇や上義篇等の文獻にのみ痕跡を殘している。朱謙之等の學者は二種類の解釋ルートに面した際、なるべく調和させて解釋しようとするほかなかったのである。

本論文を作成するにおいて、小寺敦氏（東京大學東洋文化研究所准教授）、田中良明（大東文化大學博士課程）、西山尚志氏（山東大學文史哲研究院講師）には多くの時間と精力を費やして日本語を添削して頂いた。ここに記して深く感謝の意を示します。

注

(1) 北京大學國際漢學家研修基地編集『國際漢學研究通訊』第一期（中華書局、二〇一〇年三月）。

(2) 「道」の次の文字は「也」ではない。写眞は不鮮明なので斷定しがたいが、「殹」の可能性が高い。句讀は筆者が行うものである。

(3) 『老子』の各種のテキストは島邦男『老子校正』（汲古書院、一九七三年）を參考にした。

(4) 例えば、任繼愈『老子新譯』（上海古籍出版社、一九七八年）、陳鼓應『老子注譯及評介』（中華書局、一九八四年）はいずれもこのように解釋している。日本の研究も基本的には變わらない。

(5) 『莊子』知北游篇は鮮明に「道不當名」を主張する。原文は「道不可聞、聞而非也。道不可見、見而非也。道不可言、言而非也。知形形之不形乎。道不當名。」となっている。

(6) 馬王堆本は基本的に同じだが、郭店本には無い。

(7) 馮友蘭『新原道』(『三松堂全集』第五卷、河南人民出版社、二〇〇一年、所収)第四五頁。

(8) たとえば陳鼓應『老子注譯及評介』五五頁、一五二頁。

(9) この一段落の最後の二句は、『韓非子』喩老篇の次の文章を讀んだうえではじめて理解することができる。「王壽負書而行、見徐馮於周塗。馮曰、「事者爲也、爲生於時、知者無常事。書者言也、言生於知、知者不藏書。今子何獨負之而行。」於是王壽因焚其書而儛之。」

(10) この句は經文であり、次の句「不言之言」は解文である。經文と解文が對照しあう原則によって、ここで「之言」二字を補うべきことがわかる。

(11) 『内業』に類似の内容が見える。「不言之聲、疾於雷鼓。心氣之形、明於日月、察於父母。」『心術上』に「不出於口、不見於色、言無形也。四海之人、孰知其則、言深囿也。」とあり、直接に「不言之言」を言っていないが、「言無形」・「言深囿」という表現も、「不言之言」に類似していると言ってよいだろう。

(12) 詳しくは曹峰『馬王堆帛書「物則有形」圖試解』(『楚地出土文獻與先秦思想研究』、台灣書房出版有限公司、二〇一〇年、所収)を參照されたい。

(13) 馬王堆帛書「物則有形」圖の圓形枠の眞ん中に「應於陰、行於□」があり、「行於」の直後の文字は殘缺していないものの、不鮮明なので斷定しがたい。「應於陰、行於□」の意味は『淮南子』説林篇「聖人處於陰、衆人處於陽。聖人行於水、〔無迹也〕。衆人行於霜、〔有迹也〕」と對照すれば理解しやすい。圓形枠の眞ん中にある文字の周りにまた四字が見え、「陰」・「無」・「應」三字が確認できる。

(14) 道家の「不言之言」に關する社會性・政治性の論述については、池田知久『道家思想の新研究――『莊子』を中心として』(汲古書院、二〇〇九年) 第十三章『「無知」、「不言」の提唱と辯證法的な論理』に詳しく論證されている。
(15) 朱謙之『老子校釋』、中華書局、一九八四年、第三～四頁。
(16) ここの解釋は、裘錫圭『〈太一生水〉「名字」章解釋――兼論〈太一生水〉的分章問題』(『中國出土古文獻十講』、復旦大學出版社、第二四二～二五八頁、所收) の解釋に從う。
(17) 詳しくは曹峰『〈恆先〉研究』(香港中文大學簡帛工作坊論文、二〇一〇年八月) を參照。
(18) 王博『老子思想的史官特色』(台灣文津出版社、一九九三年) 第十二章第三節『〈黃帝四經〉的形名思想』もこのことを指摘している。
(19) 王念孫は「正名自治之、奇身名廢」が「正名自治、奇名自廢」の誤りであると主張する。王念孫『讀書雜誌』(江蘇古籍出版社、二〇〇〇年、第四七〇頁) を參照。
(20) その他の文獻にも類似の表現が見え、これらの文獻は多かれ少なかれ道家思想と關係がある。
・示人有余者人奪之、示人不足者人與之。剛者折、危者覆。動者搖、靜者安。名自正也、事自定也。是以有道者自名而正之、隨事而定之也。……昔者堯者治天下也以名、其名正則天下治。桀之治天下也亦以名、其名倚則天下亂、是以聖人之貴名正也。(『群書治要』所錄『申子』大體篇)
・明王之治民也、事少而功立、身逸而國治、言寡而令行。事少而功多、守要也。身逸而國治、用賢也。言寡而令行、正名也。君人者、苟能正名、愚智盡情、執一以靜、令名自正、令事自定。賞罰隨名、民莫不敬。(『尸子』分篇)
・明主者、南面而正、清虛而靜、令名自命、物自定、如鑑之應、如衡之稱。(『賈誼新書』道術篇)
・聲自召也、貌自示也、名自命也、文自官也。(『淮南子』繆稱篇)

「難波津」の落書再考
―「習書」と「落書（すさび書き）」のあいだ―

八木京子

一、はじめに―「歌木簡」について―

かつて、難波津の歌を含む、和歌を記した木簡は、漠然と「歌木簡」「和歌木簡」などと總稱的に述べられていた。加えて、そこに書かれている文字列にのみ、多くの注目が集まり、それを「木簡」として取り扱う視點に缺けていた。そのことについて、木簡を「モノ」として見る立場から、その規格（長さ・厚さ・整形・書體を含む）に注意し、狹義の「歌木簡」を定義附けた、榮原永遠男氏の論説は、國語學國文學者たちが見失っていた視點に新たな風を呼び込むもので、實にセンセーショナルなものであった。(1)

現在、榮原永遠男氏の「歌木簡」の分類整理は、連續的に發表された以下のご論の中で、少しずつ變化が見られるもののの、その骨子となった「歌を書くために材が用意され」（廢棄利用ではない）、それが二尺～二尺半にも及ぶ長大なものであるとの「歌木簡」の定義は、近時、報告が相次ぐ「あきはぎ」木簡（馬場南遺跡）等に、對象範囲を廣げてもなお、その確實性をさらに増すものと予想される。

①「木簡としてみた歌木簡」（『美夫君志』七五號 2007・11、以下、榮原氏①）

②「歌木簡の實態とその機能」（『木簡研究』三〇號 2008・1、以下、榮原氏②）

③「歌木簡その後―あさかやま木簡出現の經緯とその後―」（『萬葉語文研究』五集 2009・10、以下、榮原氏③）

榮原氏は、①論文に加筆の上、②論文にて、歌木簡のⅡ類型を、次のように整理された。

- Ⅰ類　歌木簡
  - ①歌全體が書かれた木簡
  - ②上記①の二次利用
    - ア歌やその一部を二次的に書いた木簡
    - イ習書・落書、刻書（歌やその一部ではない）を書いた木簡
  - ③削屑……①や②アの削屑
- Ⅱ類　歌木簡以外の木簡
  - ④歌の一部を習書・落書した木簡
  - ⑤本來の墨書（歌やその一部ではない）の餘白や裏面に歌の一部を書いた木簡
  - ⑥上記④の餘白や裏面に歌の一部を書いた木簡
  - ⑦上記④⑥や⑤の歌の一部の部分の削屑

右に提示されたⅠ類の「歌木簡」の意義は大きく、榮原氏③では、總數十六例にわたり、その調査報告がなされてい

る。さらにⅠ類は、Aタイプ（「フォーマルな場において手でかかげて詠う時に用いられ」たもの）、Bタイプ（「それ以外のさまざまな場でさまざまに用いられ」たもの）に分けられ（榮原氏②）、その性格と機能のことが論じられている。

しかし、Ⅰ類Bタイプに分類される「幹部クラスも含めてもっと下級の人々までとも關わり、さまざまな歌に關わる集まりで使用された」木簡類と、Ⅱ類「歌木簡以外の木簡」（歌の一部らしきものが習書・落書に混じって、本來の墨書の餘白に書かれている例等）については、その性質において――、何よりプライベートであるという點において――、いまなお、相通じる要素があるように思われる。

乾善彦氏は、「『歌木簡』の射程」の論にて、具體的にBタイプの「あまるとも」の歌とⅡ類の「つくよよみ」の歌について、書風の面から、「習書」に近いものと考え、Bタイプの『歌木簡』とⅡ類の「歌木簡以外の木簡」は、連續的にとらえる視點が必要であると述べている。さらに、「『文字に書く』という觀點を導入すれば、また、『典禮の場』とは異なる利用の場が考えうるのである。」とした上で、習書・落書の嚴密な定義と、Ⅱ類のウタが書かれた木簡の分類整理が急務であることを指摘している。(2)

本稿では、その驥尾に附すにすぎないのであるが、以前に拙稿「難波津の落書―假名書きの文字資料のなかで―」(3)の中で示した「習書・落書」の問題について、私なりに再檢討を加える必要性を感じており、本稿では、榮原氏がⅠ類Bタイプ・Ⅱ類に分類する木簡の諸相について、それが書かれた「環境」を基礎的な考察對象としながら、以下に考えていく所存である。

二、習書・落書の問題

前節に述べたように、そもそも「歌木簡」が提唱された所以は、それまで「習書」「落書」とひとしなみに扱われてきた、和歌が書かれた木簡について、「歌」を記すために、わざわざ長大な規格の木簡が準備され、清書して書かれたものがある、との指摘に基づく。從來、特に「難波津の歌」については、直木孝次郎氏が述べたように、出土數の多さや、木簡以外にも木器・土器・建造物・瓦などにも書かれるという状況性から、その汎用面・機能面において、「萬葉假名習得の手本」と考えられてきた。(4)

しかし、いま現在、「難波津の歌」は、「奈尔皮（波）」の部分こそ、ほぼ一定の文字列を示すものの（後述）、「ふゆこもりいまははるへと」と、第三句以降が發見されるに從って、その文字列がさまざまに書かれることが、實態として明らかになってきた。

A平城宮跡木簡（和銅六〔七一三〕年頃か）

a・×□〔見カ〕矢己乃者奈夫由己□□〔利〕伊真者々留部止（表面）

b・×□〔夫〕伊己冊〔マヽ〕利伊真役春マ止作古矢己乃者奈（裏面）　（（251）×20×13）

右の平城宮跡木簡の両面に書かれた二つの難波津歌は、例えば、どちらかの面をテキスト化して、文字を表から裏に引き寫したものではなく、(5)訓字や訓假名を交えながら、それぞれが自由に一回的に書かれていることが、特に注目される。舊拙稿にて、「テキスト」の存在を考えながら「習書」と「落書」の違いを指摘した佐藤信氏の論を引きつつ、(6)「難波津の歌」の「落書」（すさび書き）の可能性を述べたのは、かようなことを直接的な理由とする。

この例は、榮原氏①が、「歌木簡」（Aタイプ）と認定するものであるが、それによると、b面が先に書かれ歌木簡として使われた後、その裏に「習書・落書」が書かれたもの、と推測しておられる。氏は、①論文の注に「習書と落書とを區別することは、實際問題として難しい。その判別をすることが本稿の目的ではない」ため、「習書・落書」と總稱することを斷っておられ、そこでテキストの有無について、觸れることはない（この點、直木氏も同）。

夙に、直木孝次郎氏が、難波津の歌を「常用假名の手本」と指摘されたのは、當時、發見されていた難波津歌の使用字母を調査し、それが常用假名で書かれていることを歸納的に導き出した上での、發言に據るものであった。これは、論文發表當時（一九七八年初出）、上の句だけの出土例が多かった「難波津歌」の使用字母を調査したものであり、いま同樣にそれを調査するならば、訓假名「児・矢・者・部（マ）」等を含む、さまざまな「假名」が想定されなければならないことは、論を俟たない。その多岐にわたるヴァリアントは、それを一定の文字列（テキスト）に還元できない汎用性をもって、いま、われわれの前に現出している。

「特定の文字列に限定されないこれらの書記の在り方は、一見、記憶のままに『うた』をすさび書いたような趣きを感じさせる。（中略）嚴密にいって、それは文字を學習するための『習書』と呼べるものであったのか、若干の疑問を禁じ得ない。」

と、舊稿で述べたのは、難波津の歌を「實用的な假名習得の暗誦用」[7]と考えるには、學習するべき文字に規範が見出せないことを理由とするものであった（實際のところ、略字〔ツ〕〔マ〕や誤字と覺しき例〔册〕もある）。

人々が共有し得る歌として、記憶のもとに詠われた「難波津の歌」が、〈モノ〉に書きつけられたとき――、たまたま、そこにその當時の「假名」が、個人の書き癖のもと、現れ出たのだ、と改めて問題を捉え直すべきではないか。近年、「難波津の歌」について、「筆おろし」と考える向きもあるが[8]、そのように言ってしまうとき、すでに「落書（すさび書き）」との一線は、限りなく引きがたいものとなろう[9]。そして、さらなる重要な問題提起は、記憶のもとに詠われる普遍的な歌が「難波津の歌」であったとして、では、一回的な私的な和歌は、當時、どのように詠われ、書かれたのかといった問題である。

近時、發見報告が陸續となされる、和歌が記された木簡・木製品について、萬葉集の収載歌との關連が多く説かれるが、そもそも全歌が記されることのない、歌の一部が記される和歌について、それが萬葉歌であると即座に斷定することに、多くの實りはあると言えるのであろうか。

「記憶」と「すさび書く」こと――、との實體的な在りようを見渡すことをもって、紙媒體ではない「うた」（後世に殘すことを目的としていない習書・落書）の實態について考えることを、本稿の主目的として確認しておきたい。(10)

三、難波津の歌の場合―繰り返し書かれる難波津の歌―

前節にて、習書・落書のことについて述べたが、下の句まで書かれる「難波津の歌」に（一首の歌を書きつけようとする意圖のもとに）、文字のバリエーションが多く見られることを指摘した。次のB歌に見られる下の句でも同様、「ハルヘ」は、「皮留マ」と記され、先に見たA平城宮跡木簡の「者留部」「春マ」を加えると、實に三首三様の書き方が見受けられる。

B藤原京跡左京七条一坊西南坪木簡（大寳初年頃か）

a・奈尓皮ツ尓佐久矢己乃皮奈布由己母利伊真皮々留マ止

大　太夫

佐久□〔矢カ〕　□□　□□〔皮奈カ〕□　職職　［　］□　□與

b・［　］皮皮職職職馬来田評　　（387×（34）×4）

＊「布由」は「泊留」かと釋讀されていたが、訂正釋文に據る。(11)

C石神遺跡木簡（伴出木簡に「乙丑年」天智四〔六六五〕年の木簡あり）

・「奈尓皮×

・「移久佐　□〔止カ〕×（反轉）　　削屑　（（62）×（18）×2）(12)

なお、Bの木簡は、二行書きであることや、本來の長さが三九センチほど（上下端が保存されている）であることから、榮原氏③論文にて、Bタイプに分類される歌木簡である。榮原氏①によると、a面の習書・落書は二次的なもの、b面の習書・落書は、さらに整形後のもの（a面左端が切られた後）と想定しておられるが、確かにa面の二行目は木簡の左端が切られているために文字が半分ほどしか見えないものの、その字數・字幅からして、難波津の歌を最後まで書いた後に續けて「職職」の文字が書かれているように思われる。また、二行目下部の「大」や「夫」の習書の最終畫の払いは、專門外ながら、上の「久」「矢」などに通じる筆のようにも見受けられ、これを二次的な習書・落書と見なすには、それ程までの積極的な根據が伺えないように思われる。

いったい、「難波津の歌」は、いま確認されている木簡・土器等の例を見ても、その半數以上が、表裏のどちらかに難波津歌が繰り返し書かれていたり、表裏のあいた部分に習書（難波津以外）を伴ったものとして、出土している。このことは、「難波津の歌」が、ひとたび文字として書かれたときには、それと同時か二次的であるかはいったん措くとしても、近接する部分に「難波津歌」が繰り返し書かれたり、その餘白に「文字習書」がなされる、という特性を實態として持っていることを示している。「難波津の歌」は、それを目にしたものにとって、繰り返しそれを書くか、また別の文字の練習をするか、というかたちで、常に「書寫」という行爲の對象として、捉えられてきたのである。C歌や前節に指摘したA歌も同様、片面に書かれた難波津を見て、その歌を知り得る者が、もう片面に繰り返し書いた（あるいは同一時に續けて書いた）ものと考えられるであろう（C歌は「乃皮奈己」の削屑とともに出土しており、同一時の可能性が高い）。

以上のことから、「難波津の歌」が書かれた「環境」の基礎的な考察が、問題整理のためにも急務であると思われるが、以下に「繰り返し書かれる難波津の歌」の例を、幾つか取り上げることで、考えを述べていくことにしたい。

D奈良県桜井市山田寺跡出土ヘラ書き瓦(13)**（刻書）**

（山田寺創建期、舒明一三〔六四一〕年〜大化五〔六四九〕年頃か）

「奈尓皮」

「奈尓皮」

E平城宮跡出土墨書土器(14)（奈良時代）

「奈尓尓」

F平城宮跡出土墨書土器(15)（奈良時代後半）

「□」尓波都

奈」

このように、同じ文字を續けて書くような場合、それが一首の歌を書く意識とは、およそ異なったところで思考が働いているのであろうことは、豫想に容易い。

そもそも「習書」には、『論語』や『文選』、漢字學習の手始めとしての『千字文』の例などが擧げられるが、やはり同じ文字について、繰り返し練習されることが多い。(16)しかし、それらは「漢字體（字訓文字）」のそれとして、テキストを伴った漢籍・漢詩文の中で、「書體・書風」とともに學習されている趣きが感じられる。[17] いま残されている「東大寺獻物帳」には、「眞草千字文二百三行」とあるもので、『千字文』のテキストに、眞書（楷書）と草書の二つの本が傳わっていたことが知られ、興味深い。

渡辺晃宏氏「今後の平城京研究と木簡研究」[18] は、單なる習書にも注意を払うべきであると斷った上で、習書文字二十傑なるものを掲示しているが（「①大、②人、③道、④天、⑤月、⑥部、⑦爲、⑧有、⑧十、⑩日、⑪國、⑫長、⑬是、⑭之、⑮呂、⑯子、⑰鳥、⑱一、⑲麻、⑳郡」）、これらを見渡しても、「大」「人」「道」など、筆の「はらい」や「しんにょう」を、運筆の手習いとして（「筆ならし」として）、用いたと思われる例が多いことに注目される。そしてさらに特筆されるべきは、これらの二十の中に、人名や部民名に使われる「部」「麻」「呂」は別として、「萬葉假名」が、まったく入ってこないという事實であろう。

上代文字資料に、假名書き文の實際例が、限られた數しか見られないことは、既に周知のことであるが、[19] これらの事實から導かれることとして、果たして萬葉人は、「萬葉假名」は既に普く知られる文字として、あらためて學習する必要などなかった、とでも言うのであろうか。

G平城京跡左京一条三坊東三条大路木簡（天長年間〔八二四〜八三三〕頃か）

a 」仁彼波ツ仁佐

b 仁彼ツ〃仁佐久□〔己カ〕　（（116）×50×4）[20]

＊E墨書土器史料と同地點から出土。

H觀音寺遺跡木簡（七世紀後半）

「奈尓波ツ尓作久矢己乃波奈×　（（161）×45×7）[21]

＊異筆かと思われるが、表面の文字の右側に「奈尓」「己」「矢己」が見られ（報告書による）、同じ文字をなぞらった習書かと推測される。

I 觀音寺遺跡一二號木簡(22)

・□尓□〔波カ〕□尓／奈尓波□〔都カ〕尓佐久□□〔夜己カ〕乃波□〔奈カ〕／奈尓波

J 法隆寺五重塔初層天井組子裏面墨書(23)（和銅四〔七一一〕年以前）

「奈尓」

「奈尓波都尓佐久夜己」

＊「奈尓」は、「奈尓波都尓佐久夜己」に對して横向きに書かれ「尓」文字の途中で缺けている。

＊難波津の歌に平行して「道道／道其」などの習書がある。

K 醍醐寺五重塔初層天井板落書(24)（天暦五〔九五一〕年）

「奈尓
那那那　い末」

＊天井板に草假名・片假名・平假名による和歌等の落書があり、天井板の彩色に加わった工人の筆になると考えられる。

Gの木簡の例では、單に表から裏に引き寫したのではなく、一方では、文字が修正されていることに留意したい。實際には、a面二字目の「彼」は墨で塗り潰されており、すぐ下に「波」（三水が小さいがこの字形の「波」は七世紀半ば以來、例が多い）と直して書いたように見られる。筆跡は癖のある字であり、「ツ」の字形からも両面同筆と考えてよさそうである。「仁」の假名は、「尓」とは異なっていることから、当該例の時代が少し下ることを考慮したとしても（後掲P木簡參考）、難波津歌がテキストを伴い、それを臨模することで學習されたのではないことを物語っている。

しかし、規範となる文字テキストを持たないながらに、「萬葉假名」は繰り返し練習されていた。そしてそれは、記憶の中の「なにはつ」の歌の音律を、「假名」で書き表わすことで、繰り返し行われていたと考える他はない。ここに掲出したような、繰り返し書かれる「難波津歌」は、以上のことを前提として、把捉できる例であろう。

「難波津の歌」の多くが、表裏や同面に繰り返し書かれることは、A～Kの諸例に見た通りであるが、ところで、このことは必ずしも同じ筆者が二度續けて、練習書きをする場合ばかりを想定しているのではなく、次のようなさまざまなケースが考えられるように思われる。即ち、一次的に書かれた文字列をテキスト化して二次的に書く場合（Hの例に顯著）、また、一次的に書かれた難波津の歌を目にした何者かが、二次的に同じ歌を知識の共有として記す場合（A・Jの例に顯著）、など多くのケースが想定できるように思われる。嚴密な意味でいえば、前者は「習書」、後者は「落書」に分類されるであろう。

例えば、J法隆寺五重塔の例は、材に横向きに別筆で「奈尓」とやや大きく書かれ、その下に左斜めになりながら、「奈尓波都尓佐久夜己」が流麗とはいえない筆遣いで書かれている。おそらく、「奈尓」と大きく書かれた文字は、組子に加工する前に書かれたものであり（「尓」の下半分が組板に整形するために切られている）、それを組子に仕立てる段階で、二次的に目にした誰かが、「奈尓」とあるのに觸發されて、「難波津の歌」を途中まで組板の整形にそって落書したものと推測される。その筆致や状況性からも、五重塔建築にあたった工人が書いたとする、從來からの見方は正しいと思われる。(25) 同じ一つの組子材の中には、「道」（「奈尓波都尓佐久夜己」と同筆と思われる）などの習書が見られるが、運筆確認の「筆ならし」に多い「道」の文字が、三回續けて書かれていることからも、これを「筆すさび（落書）」の類と考えることに問題はないように思われる。

既に述べたように、「難波津の歌」を記した木簡は、漢字の習書を伴う例が少なくない（B）。山田寺出土瓦（D）に伴出する同時期の瓦には、九九のヘラ書きも見つかっているほか、平城宮墨書土器の例（F）では、「尓波都」と「奈」が離れて書かれている周辺一体に、「等」の文字習書や戯畫などが、乱雑に書かれている。法隆寺五重塔の例（J）でも同様、難波津の他にも、文字や鼻の長い男の戯畫などが見られるという。いま、繪畫までを一括りにするには、神呪的な要素をどの程度まで斟酌するかが難しく、別途、考察が必要となろうが、「落書」の基準のひとつとして、こういった環境下に書かれるものが多いということは、指摘しておくべきことであろうと思われる。[26] さらに多種の和歌の落書を伴う場合もあるが（K）、このことについては、以下に再び触れることになろう。

四、難波津の歌の場合――漢字習書・假名習書を伴う難波津の歌――

前節に、繰り返し書かれる難波津の歌、また表裏に書かれる難波津の歌の例を見てきた。第二節に擧げた、A平城宮跡出土の下句まで書かれる難波津の歌も同様、片面に難波津の歌が書かれていたからこそ、二次的に裏面に難波津の歌を書いたものであり、どちらが先かという問題はさておいて、「難波津の歌」の重要な特異點として、近接する餘白に、複數回書かれるという、いわば「難波津の歌」の生態とでも言うべきか――、難波津の歌は、繰り返し書かれることで、『古今集假名序』に至るまで、その命脈を保ってきたのである――、ことが指摘できたものと思われる。

そしてまた、複數回書かれるということと、「習書」の實用的な在りかたとは、もちろん連動して考えていく必要がある。本節では、「難波津の歌」が書かれた「環境」の基礎的考察として、第二の要素である、「習書とともに現われる難波津の歌」の例を擧げていくことにしたい。既に擧げたBの例の他、次のような例が認められる。

L平城宮跡木簡（奈良時代）

・「□〔合カ〕請請解謹解謹解申事解□奈尓波津尓」

・「佐久夜己乃波奈　□□□〔夫由己カ〕　」　（535×（38）×4）（27）

M石神遺跡木簡（伴出木簡に「乙丑年」天智四〔六六五〕年の木簡あり）

・奈尓波ツ尓佐児矢己乃波奈□□〔布由カ〕×

・□○□倭マ物マ矢田マ丈マ□〔丈カ〕×　（（295）×（29）×4）（28）

N辻井遺跡木簡（奈良時代前半）

・「□□□〔波ツカ〕□尓佐久□〔弥己カ〕□乃［　］　夫□〔由カ〕己母利□〔伊カ〕

・「□〔己カ〕知知知屋　屋屋　屋□屋　屋　屋　□□　（（344）×34×3）（29）

O平城宮跡木簡

・奈尓波□□□本□　（右側面）　（145×78×13）（30）

＊裏面に「□□□之寸之□」、表面に「花写崇□一乃□□／花　伊□□都／都／化〃□□〔太太カ〕」などの習書あり。

P平安京跡右京六条三坊木簡（九世紀）

・「奈仁波都□佐久夜」

「［　　　」□□」　（180×38×7）（31）

＊表面に数種類の習書が重ね書きされている（『木簡研究』三〇號一九四頁）。

＊榮原氏②は、全體が書かれておらず、初めから八文字であることから「習書」とし、Ⅱ④に分類。

L平城宮木簡の例は、表から裏に續けて一首を書いたと考えられる例であり、看過できない。習書木簡としては、比較的長大な木簡に、律令文書用語の習書に續けて、難波津の歌が書かれた事例である。文書木簡のために用意された資材が、途中から習書に轉用されたのか、用途は不明としか言えないが、榮原氏②では、a面からではなくb面から書かれた可能性も殘しておられる。しかし、實見の限りでは、比較的大ぶりな筆の払いは、表裏ともに同筆のように見受けられるほか、榮原氏②でも指摘するように、第二句目から「難波津の歌」を書いたとは思われないことから、やはり表面から裏面へと連續して書いたと考えるのが穩當であろう。(32) 一般的に「習書」に分類される木簡類には、削屑や刻書(33)が少なくなく、二次的利用と思われる木簡が多いが、存外、三十センチ前後の通常規格の木簡や、更に長大な材に両面とも習書をした例も、見られないわけではない。(34)

以上のB、L~Pの例で注意されるのは、習書文字と難波津歌が當時に現出してくることであるが、とりわけ、問題としたいのは、「馬来田」(B)、「矢田マ」(M)、「知」「屋」(N)などの「假名書き」の習書が見られることである。B「馬来田評」は『倭名類聚抄』にある上總國望陀郡のことであるが、假名書きで練習されている。(36)「矢田部」も、同じ石神遺跡に刻書「矢田」の例が見られるほか、(35)七世紀中葉もしくは前半に比定される飛鳥板葺宮跡木簡に、「長ツ谷マ」「丈マ」「大田マ」などと供に、「矢田マ」と習書されている例を見る。後者の例は、現存最古の訓假名の例として、沖森卓也氏(37)が、指摘するものであるが、それによれば、「ヤタ」は仁德皇后の八田皇女(仁德紀即位前紀)の名代であり、本來、「ヤ」は「多數」の意を示す「八」で表わすべきであるところ、訓假名「矢」で記したものと述べている(但し、借訓の意識が書き手にあったかどうかは疑問であると、附け加えておられる)。

いま、これらの地名や部民名が「假名書き」されることは、なかば自明のこととされているが、果たして、「音列」のもとに「假名」で、一字一字文字を書いていくことは、當時、誰もが簡單にできることであったと、假定してよいものであろうか。實際、音列の通りに「仮名」を逐一書き留めていくことは、漢字文のテキストに則って、「漢字」を、次々と習書（臨寫）・學習していくのとは、原理的にまったく異なった「書記の方法（書記の技術）」である。

再確認するが、難波津歌は、一定の文字列（規範となるテキスト化された文字列）の習得を目的として、繰り返し書かれているのではない。天地のうた、いろは歌、とは異なってあるその在り方は、「假名文字」を習得することにその目的があるのではなく、「假名書き」の實踐練習として用いられていることに、その最たる特色がある。

知りうる限りの歌でもって、「假名書き」の練習、いま「假名書き」というとき、文のイメージをつきまとうのであれば、それは「表音表記の練習・一字一音書きの練習」と言い換えるべきかもしれない。「假名書き」の代表といえば、「なにはつ」であり、それと密接する關係性のなかで、「和歌」の代表といえば、「なにはつ」であった。既に見たような「難波津の歌」に引き續いて書かれる「馬来田」「矢田マ」、辻井遺跡の「知」「屋」などの假名書き習書の在りようは、このような考え方のなかで、把握することができるように思われる。

そして、このことはまた、「假名書き」の習書は、實体的なテキストが存在しない中で、和歌や「歌ことば」のような「倭語（やまとことば）」にのせて練習するよりほかに、適當な方策がなかった、と言うことでもある（習書に多い文字の例に「萬葉假名」が入ってこないのは、ある意味で當然のことでもある）。實際のところ、「和歌（難波津の歌を含む）」を媒介としない「假名書き」だけの習書例は、木簡の習書のなかで、決してその數を多しとしない。

Q石神遺跡木簡

・阿木□□□
・「阿木□」　（裏面刻書）　(183×21×4)（38）

R飛鳥池遺跡出土木簡（「丁丑（天武六）年」〔六七七〕の木簡が伴出）

・見見母母母母母
・尓見百恵恵見　（155×12×3）[39]
＊「止求止佐田目手…」木簡と同溝より出土。

S平城宮木簡（年代未詳、奈良時代を降らない）

「　　加
阿多加多毛□加□加□」　（（280）×（26）×3）[40]

＊官人と覚しき戯書や「道」「夜」「予」などの習書とともに書かれているが、他の漢字習書の餘白に、極小さい文字で書かれている。

Q～Sの例は、明らかに「和歌」と断定できない「假名」の習書の例であるが、[41] その背後に何らかの「倭語」が見え隠れするもので（Sはあるいは「歌ことば」か）、先ほどの假説を、その底辺から支える事例であると思われる。[42] また、次に見るような例は、「歌ことば」の周辺に現出することで、やはりその證左となっているものである。節を改めて示したい。

五、和歌・歌ことばが書かれた木簡―習書を伴うもの・歌の一部が書かれるもの―

T檜扇墨書（平安時代初頭頃）[43]

「徳道爲輦輿輿」
「波波乃□尓波止支□〔佐カ〕」

「比□可夕乃」

「己乃己米米米津米己甲」

＊他にも幾つかの習書を伴う。いずれも流麗とはいえない筆遣いで書かれている。

U平城宮跡木簡（天平末頃）

□　□〔乃カ〕

爲（反轉）乃　多

・　多□可　夜　万　〔

及　爲

・爲（反轉）□及　久久

爲爲夜及　（（129））×（29）×7[44]

＊他にも「大大」「長　夜　及一□」などの習書が重書されている。鳥のような戯畫を伴う。

既に、「難波津の歌」に近接して書かれる習書に、假名書きの例が多いことを指摘したが、右に見るように、同様のことは、「歌ことば」と思われるT「比佐可夕乃」（二文字目は釋讀されていないが「佐」でよいか）[45]、U「多可夜万」の周辺にも見られるもので實に興味深く思われる。

しかし、このような例は、改めて別の始點で見るとき、それを「習書」と呼ぶべきであるのか、「落書」と呼ぶべきであるのか、再び考えを巡らさねばならない例でもある。次に擧げるような、主たる文字列の餘白に書かれる假名書きの和歌は、それが假名書きの練習として認識されていたのか、手すさびに歌そのものを書いたものか、判断はとても難しい。

V平城宮木簡（天平末頃）

津玖余々美宇我礼□□□□□　（(349)×(64)×8）(46)

＊他にも「解」「皇」「讃」「雁」「未」などの漢字習書が、複数行に渡って表裏に何度も重書されている。

W平城宮木簡（天平末頃）

・天平十八年九月四日交易紙百□〔廿張カ〕□

・田□〔正カ〕之比等等々流刀毛意夜志己々呂曽　（(344)×(22)×8）(47)

＊表面に「味」「實」「都」などの習書を伴う。あるいは萬葉假名の習書か。

X平城宮木簡（天平末頃）

」□〔道カ〕守臣老　玉梓「　」□□君来□　（(255)×(21)×8）(48)

VWXは平城宮跡の同じ土坑から出土したものであるが、Xは、村田右富実氏の論考により(49)、和歌の例としてここに掲出した。

V木簡は、他にも多くの習書を伴うが、いずれも均整の取れた筆致であり、周辺の習書と和歌は、同筆と考えてよいように思われる。但し、他の漢字習書の例が、同じ文字を何度も繰り返し書いているのと異なり、「津玖余々美宇我礼」と一定の間隔をあけて、一氣に書き下ろした樣相は、それが假名の「學習」として書かれたのか、餘興として和歌の一節を「すさび書いた」のか、やはり一考の餘地があるように思われる。

WXは、主たる文字列の餘白に、小さい文字で書かれたものであり、Wは裏面、Xは表面という違いはあるが、文字學習のために書かれたというよりは、歌の一部を、木簡のあいている部分に宛て處もなく落書したもののように見受けられる。Wは、明らかに中央より下半分の位置から第一文字目が書き始められており、初めから一首全體を書く意圖があったのかどうか、が問われる資料でもある（全體が三〇センチ程度の木簡であり、かなり小さい文字で書かれていることも注意される）。

なお、Wのように歌の数句だけを書いたものに、正倉院文書の書状の餘白に書かれた次のような資料があるが（①）、これらについては、資料紹介とともに、既に幾つかの論考があるもので、ここでは参考に擧げるに留めたい。

①正倉院文書（書状に天平寶字六〔七六二〕年とある）

「春佐米乃　阿波礼—」(50)

＊石山寺の僧正美が造石山院所の下道主宛てに宛てた漢文の書状の餘白に書かれている。

②正倉院文書紙背（書状に天平勝寶三〔七四九〕年とある）(51)

「□家之韓藍花今見者難寫成鴨」

＊「□家の韓藍の花今見れば寫し難くも成りにけるかも」と訓める。寫經所の装潢生が、手實（傳票）の裏に殘した歌。他に殘る漢詩の落書とともに、他田水主の筆になると言われている。Xの例とともに、正訓字で韻文を書いた例となる。

また、先に提示した醍醐寺五重塔和歌（K）には、いくつかの和歌が記されるが、なかには出典未詳のものも見られるという。「サシカハス〜」と片假名で一首書かれた和歌を、草假名で「さしかはす」の五句のみ、すぐ近くに書き添えたような例もある。(52)「奈尓」に対して「那（草体）」の仮名を書いた「難波津の歌」（K）も、歌句の一部が書かれる例として、このような動態の中で考えていくべきであろう。

そもそも、現在殘っている和歌が書かれた木簡の例は、殆どが一首全體（三十一文字すべて）を書いたものではない。それは、いわゆる「歌木簡」が長大であるため、破棄の際に中折れしてしまうものが多いことを、直接的な要因としているが、Wのように初めから數句しか書く目的がなかったと思われる例も少なくなく、「うた」はそもそも、一首全體を書くもの、と前提されていたのかどうか、いま問い直して見る必要があるように思われる。從來、「落書」と説明されてきたような和歌は、正倉院文書①の例にも見るように、歌の一部らしきものを「すさび書く」例が多かったことを、その最たる理由としている。

Y石神遺跡木簡

「留之良奈你麻久」

「阿佐奈伎尓伎也」（刻書）　(91×55×6)(53)

Z石神遺跡木簡

「方原戸仕丁米一斗」

「阿之乃皮尓之母□」（別筆）　(168×29×2)(54)

Yは、左から右に書かれた羽子板状の木製品であるが、文字が刃物で刻み記された「刻書」であり、今までの史料と一括りにできない特異な事例である。石神遺跡には、Qの刻書のほか、既に擧げたように「矢田」部と書いた例など、刻書による習書の例が少なくないが、(55)Yのような形状のものは特殊であって、注意を要する。裏面には何も記載はないようであるが、第二句の途中の七音で行替えをし、もとより小さい木製品であることを考慮しても、初めから一首すべてを書く目的があったのかどうか、疑問に思われるものである。

「三」や「五」などの漢數字を刻んだような例は、刃の切れ味を試すための「ためし書き」の類とも考えられようが(このような例は多い)、これほどの文字を刻むということには、歌の音律を留めるという意識のもとに、これらの所作がなされた、とまずもって前提するほかはないであろう。歌の「すさび書き」とも、一概に判斷がつきかねるが、文字遣いの在りよう（脱字や、ヨの音をヤで表記するなど）からは、書記者の「記憶」のもとに、文字が自由に一回的に連ねられたような様相が、多分に感じられるものである。このような例に、平安朝に多く見られる、かわらけの和歌などに近似する性質を感じるのは、時代の重さというものを甘く見過ぎている、との誹りを受けるであろうか。

「記憶」の限りの歌を「すさび書く」「筆にのせる」、ということは、歌の三十一文字を、讀まれることを前提として、一字一句「書き記す」という行爲ではない。その意味で、榮原氏の提言するような、公的な場が要請される「歌木簡」とも異なり、また當然のことながら、歌集として殘る『萬葉集』の和歌の文字とも、(56)大きく異なるはずである。そして「記憶」のなかの「うた」は、歌の一部を口遊むことはあっても、歌一首すべてを「誦詠する」「（音列にのせて）文字學習する」といった意識とは、まったく別次元のものとして、本來、想定されるべきものであろう。「記憶」に殘る「うた」は、大仰にいって、多少の歌句を換えようが、一向に構わないレヴェルのものなのである（「創作」の萌芽的要素は、既にそこに胚胎しているのであるが）。

既に掲出した「あさなぎ」木簡（石神遺跡）、馬場南遺跡から出土した「あきはぎ」木簡などの歌が記された木簡は、萬葉集に収載される和歌と同一かということで、話題にもなり、また、歌資料として考えていく可能性を拓くものであったが、いったいこれらを萬葉歌一首と同じであると斷定する満足は、萬葉集の「類同歌」や「傳誦歌」というものの、豊かな地平を考えていく満足に及ぶと、果たして言えるものであろうか。

數句しか書かれない和歌について、その一首全體を復元することは、現實的に不可能であるというより、和歌研究にとって、そもそも生産的でない。本論で「うた」の「落書」の可能性を繙いていくことは、もとより、このような論理構成にその出發点を持つものである。

六、「難波津の歌」の生成―孝徳王朝と定型短歌―

先に、難波津の歌が、習書、とくに假名習書を多く伴うことを指摘してきたが、それと逆の見地で、難波津以外の和歌には、文字を繰り返し書くなどの明らかな習書のあとが見られないものが、概して多い（WX①②YZ）。これらに、「とくとさだめて」「あまるとも」「はるなれば」「めもみずある（但し、裏面に「奈尓」あり）」などの和歌が書かれた木簡を、さらに加えてもよいであろう。物差し木簡（「めもみずある」木簡）の例について、少しく言を添えれば、表面に書かれた「めもみずある」の和歌を目にした何者かが、二次的に、自身が知り得る和歌の冒頭、すなわち難波津の歌の「奈尓（異筆）」を、一部だけ書いたものと考えられる。

一回的に記されて終わり、繰り返して書かれることのないこれらの和歌と、複数回書かれる「難波津の歌」との違いは、いったい何であろうか。「難波津の歌」の出土例の多さとともに、同一の素材に繰り返して書かれる「難波津の歌」の在りようは、明らかに他の和歌とは、書かれた状況の違いを考えさせられる。最後に「難波津の歌」の生成を考えていくことで、この問題を切り拓く鍵としておきたい。

「難波津の歌」は、普く知られる歌謡であり、その成り立ちもかなり古いと考えられることは論を俟たない。そもそも、歌謡の形式を有し、繰り返し句を持つということは、それが詠われた歌のかたちであるということに、注意を払う必要があろう。(57)歌句に「この花」と、二回繰り返して詠み込む、現場指示性の強い在りかたは、それを現前にして、即興的に詠まれた歌謡の類として、その成り立ちを考えることを可能にしている。實際に、都に咲いた花を賞でるという表現性でもって、「宮讃め」を代辯するような例は、萬葉集を見る限りでも、枚擧に暇がない。

a　あをによし奈良の都は咲く花の薫ふがごとく今盛りなり（小野老③三二八）

b藤波の花は盛りになりにけり平城の京を思ほすや君（大伴四綱③三三〇）

c桜花今盛りなり難波の海おしてる宮に聞こしめすなへ（家持⑳四三六一）

これらは、それぞれ平城京、難波京を賞め讃えた歌であるが、そこに咲いた花をモチーフとして作歌している點、「難波津の歌」の影響を色濃く承けているものと考えられる。難波津の歌が、その本性として有している讃歌性は、「難波津」に咲いた「この花（梅の花）」を賞でるという、歌句そのものの中に胚胎しているのであった。

ところで、「難波津」の讃歌が、歌謠として（詠われることをもって）、眞に機能したとするならば、それは正しく「難波朝（なにはのみかど）」「難波宮」を讚めるためのものでなければならない。いま、難波宮の繁榮について、少しく述べておきたい。

「難波の津」は、難波の堀江を掘削して新しく作った、政治的な色彩の濃い人工港である。早く仁德紀に、掘削に關わる記事かと推測される、水利工事のことが書かれているものの（仁德紀十一年）、實際には、仁德朝よりは下り、五～六世紀の間に、工事が行われたと考えられている。直木孝次郎氏によれば、現在の大阪市中央區大手町で發掘された大倉庫群が、五世紀後半頃の遺構に比定されるということで、それと同時期に、難波の堀江も開削されたものと、推測しておられる。難波宮に近接することで、外港として發展した「難波津」の繁榮は、具體的に、その頃に淵源を辿ることができるようである。(58)

前期難波宮（長柄豊碕宮）の造營については、その時期について諸論あったが、(59)難波宮跡から出土した「戊申年」の紀年銘木簡により、ほぼ論爭に決着を見たと言える。戊申年は、大化四〔六四八〕年であり、難波の地に都城を築いた、孝德朝黎明期の史料であることは疑いようがない。孝德王朝は、蘇我氏滅亡のクーデターの後に、孝德天皇を擁する中大兄の主導のもと、近江令・淨御原令に遡って「改新之詔」（大化元年）が發せられた、畫期的新政權の時代であった。すでに實際的な皇都としての機能は、大化年間に始まっていたと考えられ、「秦人凡國評」と書かれた「國評制」を示す木簡や、「贄」制度を伺わせる物産名を附した木簡は、(60) 先の紀年木簡に伴出するもので、のちの令制度に匹敵する中央集權のための法整備が、着々と進められていたことが知られるのである。「はるくさ」木簡は、このような時代の副産物として、現出することとなった。(61) この「はるくさ」木簡が、既に言われるように「新年の言祝ぎ」にまつわる節会などの場で歌われたもの、(62) と假に想定されるのであれば、難波津の歌は、當然、難波の宮の「宮讃め」に關連して、「孝徳朝」の發展とともに、すでに普く傳誦されていた歌謡が、繰り返し詠われたものと、推測されるところであろう（そこに公的・私的の境を設けるべきかは、現段階では疑問である）。「難波津の歌」が賞め讃える「難波朝（なにはのみかど）」「難波宮」とは、實際問題として考えるとき、史實を跳び越えた附會を許さないとするならば、そこに、孝徳天皇の「難波王朝」を設定する他はない、と結論されるのである。

「難波津の歌」の地方への波及がいつ頃に比定できるのかは、難しい問題であるが、難波の津が、運輸・通商の要地であったことを考えると、その傳播は、以外に早かったものと考えられようか。(63) D山田寺の文字瓦「奈尓波」が、やはり大化改新前後のものとして、飛鳥から出土し、これらの歴史的動向に合致する史料として、現出してきていることは、看過できない問題をはらむ。天武朝のものと思われる觀音寺出土の「難波津」木簡も、觀音寺という地が、阿波國府であり、瀬戸内の航路の要衝であったことからも、難波宮を發信源とした、その傳播の道すじを辿ることができるように思われる。

そしてもう一つ、興味深く、かつは重要なことであるが、この幅廣い波及のあとを、「書く」という行爲の上で裏附ける事がらとして、上代文字資料に見られる難波津歌が、ほとんど「奈尓皮（波）」と書かれるという實態について、指摘しておく必要があろう。

「ナ」「ニ」「ハ」は、比較的頻度が高く用いられる音節であり、實際のところ、多くの字母を有するものである

（音假名「ナ」は、「那」の使用もかなりの數が見られる）。しかし、「ナニハ」の地名を「假名書き」したものとしては、上代文字資料を見渡して、ほぼ「奈尓皮」という表記に落ち着いていることは、「難波津の歌」が「ナニハ」の地名を（その表記とともに）定着させることに、少なくない影響を与えたものと考える他はないであろう。(64)そもそも「難波津の歌」を繰り返し詠うことの効用は、「ナニハ」の宮を讃美し、その榮光を傳え、「ナニハ」の地名を、誰もが知っているものとして、流布させていくことにあったのであろう。そしてそれを繰り返し「假名」で「書く」（地名を一字一音で「書く」ことと連動する問題）ことは、結果的に「奈尓波」の地名表記の定着に繋がっていった、と考えられるのである。試みに萬葉集を繙くと、「ナニハ」は、「難波津」「難波潟」などと詠まれるが、「奈尓波」以外の假名書きは、「那尓波」「名庭」の二例が見られるのみである。(65)

「難波の津」の繁榮を繰り返し詠うことで、「奈尓波」を禮贊し、傳誦していくことは、そのことそのまま、孝德王朝の時代、緊迫する朝鮮三國をにらみつつ、律令政治に先駆けて、皇親による中央集權化がはかられた時代――、孝德朝にみなぎる翼贊力とでも言おうか――、を象徴するものであったとも言える。そしてそこに、萬葉人たちの文芸として定着・普遍化しつつあった「うた」（定型短歌）の萌芽的なすがたを、いま重ね合わせることで、「難波津の歌」の生成を、眞に考えることができるのではないだろうか。

七、おわりに

繰り返し、「詠われ」「書かれ」ることを通して、「ナニハ（奈尓波）」の地の繁榮は傳えられ、そして、さらに後の世には、仁德朝の難波宮の傳承譚として、「難波津の歌」は傳世していくこととなる。現存する萬葉集には「難波津の歌」は殘らず、その理由も問われるところであるが、既に七世紀後半には、廣く人々に知られる歌謠となっていたであろうことは、畿内に限らず、各地から出土する在りように明らかである。そしてそれが「奈尓波」と普く書かれることとは、「書く」ことと、當該歌謠を連動して考えていくことの論理性を、その内部から保證する事がらのように思われる。(66)

本論では、「難波津の歌」が現出する「環境」の考察から、それが習書文字と同時に繰り返して現われる例を多くすること（但しテキストと伴う文字學習とは異なる）を指摘した。そしてそのなかで、「假名書き（一字一音書き）」の實際例として、その多くが現われてくることについて述べきたった。また、それとの相違として、難波津以外の和歌が、原則として一回的に現われること、歌の一部だけが書かれるような性質を有することから、その落書性（すさび書き）について、考えを巡らせたものである。もちろん、これらが整然と分類できるものではなく、多くの文字の習書のなかに落書される和歌の例など、現前する文字資料は、いまださまざまの可能性を持つものとして、我々の前にある。

年々、發見が相次ぐ、歌が記された木簡全般については、まだまだ多くの問題が殘されている。今回、おもに榮原氏がⅠ類（Bタイプ）・Ⅱ類に分類した和歌について、その多くを扱ったが、本稿に取り上げなかった和歌や、いわゆる狹義の「歌木簡」（Aタイプの木簡）の實態論など、「難波津の歌」の特異な用いられ方の可能性について、今後、再び考えを深めていく必要があろう。殘された課題は多い。

注

(1)　渡辺晃宏氏「今後の平城京研究と木簡研究」（『上代文學會公開シンポジウム　平城京研究と木簡研究の最前線―新たなる上

代文學研究のために 資料』 2010・5）にも、「文字だけが木簡のもつ情報なのではない」という注意喚起のもと、「眞に木簡をよむためには、木簡のもつさまざまな情報を有機的に理解する必要がある」ことを提言しておられる。

(2) 乾善彦氏「『歌木簡』の射程」（『文學・語學』第一九六號 2010・3）

(3) 拙稿「難波津の落書―假名書きの文字資料のなかで―」（『國文目白』四四號 2005・2）

(4) 東野治之氏a「平城京出土資料よりみた難波津の歌」（『萬葉』九八號 1978・9初出、『日本古代木簡の研究』塙書房 1983・3所収）。同氏b「出土資料からみた漢文の受容―漢文學展開の背景」（『國文學』四四巻一號 1999・11）では、前稿をまとめた上で「その結論は、難波津の歌が八世紀初頭以降、常用字音假名を習得する手段として、官人以下、下層の人々にまで普及していたというものであった。」と述べる。

(5) 『平城宮發掘調査出土木簡概報（三十六）』（2001）、釋文は『木簡研究』二三號（2001・11p12）。ただし、表面削り部分は、私見では「册」に見え、裏面の引き寫しかとも思われる。なお、「役」は「彼」、「作」は「佐」の可能性ありか（2009年3月、奈良文化財研究所都城發掘調査部（平城地区）・山本崇主任研究員（當時）のご助力のもと實見。釋文は佐藤氏談による）。

(6) 佐藤信氏は、習書・落書について、「筆者の主觀に立ち入った區別となることから、両者の境界を明確にすることは困難である。」としながらも、「學習的意欲の有無」という觀點のもと、「習書的性格の方がテキスト（の存在）に近く、落書的性格の方がテキストから遠い」と述べる（「習書と落書」岸俊男編『日本の古代14 ことばと文字』中央公論社 1996・11初出、『日本古代の宮都と木簡』吉川弘文館 1997・4所収）。なお、同氏「古代における漢字受容」「文字資料と書寫の場」（『出土史料の古代史』東京大學出版會 2002・11）にも關連した記述が見える。

(7) 東野治之氏注(4)b論文

(8) 品田悦一氏「漢字と『萬葉集』古代列島社會の言語状況」（東京大學教養學部國文・漢文學部會編『古典日本語の世界—漢字がつくる日本』2007・4）は、難波津の歌の効用について、「筆記作業を開始する前の筆馴らしではないでしょうか。難波津の歌にナ・ニ・ハなど、比較的出現頻度の高い音節が繰り返し現れる點も、字母の習得に不向きである反面、筆馴らしにはかえって好都合だったように思われます。」と述べている。さらに、「多少歌ごころのある官人は、自身の舊作か、日常愛吟の歌で筆馴らしをすることもあった—業務の合間を縫って作歌に耽ったとか、いつか自作を發表する日のために歌の書き方を練習したなどと見るよりは、このほうが無理のない想定ではないでしょうか。」と述べ、難波津歌以外の和歌にも、その行爲は及ぶであろうことを豫見的に述べている。

(9) 乾善彦氏「難波津木簡再検討」（『國文學』五四卷六號 2009・4）では、難波津の歌に「文字の上達、ウタを書くことの上達を願ってウタを『書く』という側面」を指摘し、「手習い」の要素を考えておられる。ただし、その「手習い」には、文字習得のための習書だけでなく、ウタを書くための習書やためし書き、筆おろしのためのためし書き、落書などの手すさび、淨書も含むもの、と注の中で補足している。

(10) 岸俊男氏は（「木と紙—木簡研究の一齣」『宮都と木簡—よみがえる古代史』吉川弘文館 1977・1、1976初出）、大宰府や平城宮の典籍習書木簡について、書物を紙本に書寫する「書寫の場」に木簡と紙とがあったことを指摘し、寫本は紙に行い、その際の習書は木簡に行うことがあったことを指摘している。また、木簡と墨書土器の間にもその親近關係が推定できるとする。また、佐藤信氏「文字資料と書寫の場」（注(6)著書）の中にも具體例が擧げられている。

(11) 奈良文化財研究所史料第八二冊別冊『飛鳥藤原京木簡二—藤原京木簡一—解説』（2009・3p126）

(12)『木簡研究』二六號（2004・11p23）

(13)『奈良文化財研究所年報 一九九四』に據る。花谷浩氏他「山田寺出土瓦の調査」（同年報）では、三文字目を「波」と翻字するが、東野治之氏(4)b論文に「皮」とするのに従う。

(14) 『平城宮發掘調査報告Ⅵ』(1975p73)

(15) 奈良國立文化財研究所『奈良國立文化財研究所二十年史』(1973)、『平城宮出土墨書土器集成Ⅰ』(1982)、『木簡研究』八號(1986・11p150)。駒井鵞靜氏(『日本書道大系』(1)圖版七五解説)に「難波津の歌」との指摘があること、東野治之氏(注4)a論文に擧げる。

(16) 東野治之氏『正倉院文書と木簡の研究』(塙書房 1977・9)、同氏『日本古代木簡の研究』(塙書房 1983・3)、同氏『木簡が語る日本の古代』(岩波新書 1983・5)、佐藤信氏「習書と落書」注(6)論文に諸例がある。

(17) 新井重行氏「習書・落書の世界」(平川南・沖森卓也・榮原永遠男・山中章編『文字と古代日本5 文字表現の獲得』吉川弘文館 2006・2)は、佐藤信氏の分類を参考にしつつ、「難波津の歌」を「落書」と考える方向性を示す。なお、新井氏は、寫經生によってなされる習書の目的は、「書體を習得することにあった」と、述べておられる。

(18) 渡辺晃宏氏注(1)資料に據る。

(19) 東野治之氏「日本語論」(『長屋王家木簡の研究』塙書房1996・11)、神野志隆光氏「文字と歌 序説」(『上代文學』八四號2000・4)など。

(20) 『木簡研究』一六號(1994・11p190)、『上代木簡資料集成』(おうふう 1994・2p82)。後者の釋文に據る。

(21) 釋文・法量は、財団法人徳島埋藏文化財センター編『觀音寺遺跡Ⅰ(觀音寺遺跡木簡篇)—一般國道一九二號徳島南環状道路改築に伴う埋藏文化財發掘調査—』(2002・3)に據る。『木簡研究』二一號(1999・11)參考。

(22) 乾善彦氏注(9)論文に掲出する。釋文はそれに準據した。

(23) 釋文は、福山敏男氏「法隆寺五重塔の落書の和歌」(『日本建築史研究 續編』墨水書房 1971・1)に據る。

(24) 伊藤卓治氏「初層天井板の落書」（高田修氏編『醍醐寺五重塔の壁畫』吉川弘文館 1959・3）

(25) 犬飼隆氏『木簡から探る和歌の起源―『難波津の歌』がうたわれ書かれた時代―』（笠間書院 2008・9）は、「組み上げる前に並べられていた材に半ば公然と書かれた」ことの特異性を指摘し、岩田恵子氏の助言を引きながら、「建物の安泰を祈願してわざとする瑕瑾の類という考え方」を支持する。本論にも觸れたように、横に大きく書かれた「奈尓」と、組板の幅に合わせてやや斜めに書かれた「奈尓波都尓佐久夜己」は、筆跡や書いた時點が異なるように思われるが、いずれも殘された寫眞からの判斷であり(23)、推測の域を出るものではない。

(26) 犬飼隆氏(25)著書（p101）は、Fの例について、「『難波津の歌』が日常の戯れ書きの素材になることもあったと考えるのがすなおであろう。」と述べる。

(27) 『平城宮發掘調査出土木簡概報（十九）』（1987）『木簡研究』九號（1987・11p13）、釋文は、「木簡データベース」に據る。『上代木簡資料集成』（63 p26）に圖版あり。

(28) 『木簡研究』二六號（2004・11p23）

(29) 『奈良文化財研究所紀要 2006』（2006・6）、『木簡研究』二八號（2006・11p207）、同誌八號で文字なしとしていた面が赤外線カメラにて觀察可。釋文は後者に據る。

(30) 『平城宮發掘調査出土木簡概報（三十四）』（1998）、木簡データベースに據る。

(31) 『木簡研究』二四號（2002・11p29）。『木簡研究』三〇號（2008・11p194）に、訂正釋文がある。

(32) 確認までに述べれば、Mについて榮原氏①は「a面の文字は細く緊張感のある文字」、「b面の文字の緊張感はa面より落ちる」（p7）として、裏面を別筆と考えている。Nは、整形前に両面が書かれた可能性を述べつつも、aの「難波津の歌」（歌木簡Aタイプ）と裏面の習書・落書は、別時點で書かれたものと結論しておられる（榮原氏②p281）。本稿の立場は、表裏の先後に言及するものではなく、現象として、あくまで「難波津の歌」が習書とともに現出することを、指摘しておきたいと思うものである。

(33) 西河原宮ノ内遺跡からは（八世紀半ば〜九世紀半ば）、「奈尓波□〔都カ〕尓佐」とある削屑が、「□吉麻□〔呂カ〕」「□寸錦□」「寺」「□〔歳カ〕□儀」などの削屑とともに出土している（『木簡研究』一九號1997·11p99〜p100）。

(34) 秋田城木簡に『文選』巻十九・洛神賦を習書した木簡など（木簡學會『日本古代木簡選』岩波書店1990·11）「・而察察察察察察察察察之之之之之之灼灼灼灼灼若若・若若若若若夫夫夫蕖蕖蕖蕖出緑緑波波波波醲醲醲醲」（458×26×9）など。

(35) 『飛鳥藤原宮發掘調査出土木簡概報（十七）』（2004）、木簡データベースに據る。

(36) 『日本古代木簡選』（1990·11）、なお同著、木簡データベースに「長小谷マ」とあるのを、假に「長ツ谷マ」と釋讀してみたものである。

(37) 沖森卓也氏「文字の展開5 萬葉假名」（平川南・沖森卓也・榮原永遠男・山中章編『文字と古代日本5 文字表現の獲得』吉川弘文館 2006·2）

(38) 『飛鳥藤原宮發掘調査出土木簡概報（十七）』（2004）、木簡データベースに據る。

(39) 奈良文化財研究所史料第七十九冊別冊『飛鳥藤原京木簡一—飛鳥池・山田寺木簡—解説』（2007·3p226）

(40) 『平城宮發掘調査出土木簡概報（六）』（1969）、『奈良國立文化財研究所年報』（1968）、『上代木簡資料集成』p82

(41) 平城宮木簡に「□登宇波伊伊」（削屑ＳＫ二一〇一）（『平城宮木簡二 解説』、『上代資料木簡集成』p31）の例もある。

(42) 馬場南遺跡木簡（奈良時代中期〜後期、七五〇年〜七八〇年頃か）には、裏面に「馬馬馬馬」の習書が見られるというが（『木簡研究』三二號 2009·11p28）、「萬葉假名」であるか「字訓文字」か、いま判断が付かない。

(43) 『木簡研究』一六號（1994·11p15）

(44)『平城宮木簡一』(1969・11)、『上代木簡資料集成』p30

(45) 村田右富実氏「木簡研究が切り拓く文學研究」(『上代文學會公開シンポジウム 平城京研究と木簡研究の最前線―新たなる上代文學研究のために 資料』2010・5) も、「佐 (左)」の文字を假定しておられる。『木簡研究』注(43)には、「枕詞の『ひさかたの』であろう」とするが、釋讀はしていない。

(46)『平城宮木簡一』、『上代木簡資料集成』p28

(47)『平城宮木簡一』、『上代木簡資料集成』p29

(48)『平城宮木簡一』、『上代木簡資料集成』(p20) の解説にも「和歌表記の一部と指摘されている」との説明がある。

(49) 村田右富実氏「日本語韻文表記についてのモデル論構想」(『文學・語學』一九六號 2010・3)

(50)「礼」は「のぎへん」に作る。『正倉院文書』續修別集第四十八巻所收。

(51)『正倉院文書』續々修第五帙第二巻所收。なお、これら正倉院文書のものを含む和歌落書については、森岡隆氏『圖説かなの成り立ち事典』(教育出版 2006・8) が多くの圖版を伴うもので、參考にさせていただいた。

(52) 森岡隆氏注(51)著書に詳しい。なお、出典未詳の歌のほか、伊勢の歌も見られるというが、伊勢の没後すぐの書寫であり、『伊勢集』からのものではないという指摘も示唆的である。生きた「うた」とはテキストなど必要としないものなのかもしれない。

(53)『木簡研究』二七號 (2005・11p38)、なお、森岡隆氏注(51)著書 (p182) に、當該歌が萬葉集巻七・一三九一歌と同じ歌であることの指摘がある。

(54)『木簡研究』二七號 (2005・11p37) に「下端を二次的に削って尖らせる。本來的には仕丁五日分の米支給帳簿であろう。裏面は別筆で和歌のようなものを記す。」(p40) とある。もし「歌木簡」である (b面が先に書かれた) とすれば、裏面 (a

面）が習書・落書ではなく、目的をもって再利用された形跡をもつもので、特異な例となる。

(55) 刻書木簡は、全國各地、時代を問わず見られる史料であるが、難波跡・飛鳥池遺跡・飛鳥京跡苑池遺跡などに、比較的多く見られるものである。

(56) 犬飼隆氏に「うた」の文字の「精錬」ということで諸論がある（同氏注(25)著書、『上代文字言語の研究（増補版）』笠間書院 2005・12、『木簡による日本語書記史』笠間書院 2005・12）。

(57) 内田賢德氏「定型とその背景―短歌の黎明期―」（『國語と國文學』第七十八巻第十一號 2001・11、のち『上代日本語表現と訓詁』塙書房 2005・9所収）

(58) 直木孝次郎氏「難波津と難波の堀江」（小笠原好彦・直木孝次郎編『クラと古代王權』ミネルヴァ書房 1991・12、のち『難波宮と難波津の研究』吉川弘文館 1994・2所収）

(59) 孝徳天皇の「難波朝」は、近年、歴史學の方面から、「長柄豊碕宮」の實態が解明されつつあるもので看過できない。前期難波宮跡（現大阪市中央區）については、孝徳朝の長柄豊碕宮なのか、のちに再興した宮なのか、歴史家の間でも長く意見が二分する状況にあった。各立場からの論争の整理は、直木孝次郎氏「孝徳朝の難波宮―小郡宮を中心に―」「難波長柄豊碕宮と前期難波宮―その異同をめぐって―」注(58)著書に詳しい。同氏編『古代を考える　難波』（吉川弘文館 1992・12）をも參照のこと。

(60) 『東アジアの古代文化』一〇三號（2000・5）

(61) 現在、六五二年以前、六五〇年頃のものかと考えられている（藤田幸夫氏「難波宮跡の調査と萬葉假名木簡」第二八回木簡學會研究集會配布資料二〇〇六ほか）。

(62) 例えば乾善彦氏注(2)論文は、「歳のはじめのことほぎか、あるいは遷都、改元などなんらかの祝いの席での祝言の歌であろう」かと推測する。

(63) 原田敦子氏「難波津の變遷と二つの『難波津』歌」（『古代中世文學論考』第十五集 新典社 2005・5）に、難波津歌の成立と、地方への傳播について詳論がある。

(64) この點、拙稿注(3)の注において、若干觸れたことがある。

(65) 仁徳紀歌謠に「那珥波」、摂津風土記逸文に「那尓波」と見られる。なおまた、二〇〇九年、韓國で報告された「那尓波連」の日本人名を記す木簡の出現も、齊明期前後と推定される例であり、この際、注意しておく必要がある。「那（異体字）」で書かれる當該表記は、「奈尓波」の定着の時期と、その揺れ幅を考える例として、示唆的である。

(66) このことについては、孝徳朝の和歌の問題として、拙稿に述べたことがある（「巻四・巻頭歌『難波天皇』をめぐって―八世紀における孝徳天皇像―」（上代文學會研究叢書 梶川信行編『初期萬葉論』笠間書院 2007・5）。今後、孝徳朝の多くの歌が萬葉集に殘らないこととともに、舒明天皇を出發點とする天武王朝で、傍系である孝徳天皇の「難波宮」を禮讃するような「難波津の歌」はどのように理解されていたものか（既に仁徳王朝の傳誦譚として認識されていたのか）、當該歌謠にその公的性を考える余地があるのかどうか、十分に考えていかねばなるまい。

（追記）本稿執筆にあたり、二〇〇九年三月二十四日、奈良文化財研究所城發掘調査部（平城地区）・山本崇主任研究員（當時）のご助力のもと、平城宮跡出土の「難波津の歌」木簡・歌が書かれた「木簡」について、十點あまりの木簡の實見が可能となった。年度末にもかかわらず、快く調査に應じて下さった、山本崇氏をはじめ奈良文化財研究所の研究員の方々に、記して謝意を表したい。なお、前記二〇〇八年度の調査は、谷中信一氏代表科研（科研基盤研究Ｂ-20320009）の研究協力員として行ったものである。二〇一〇年度以降の調査研究は、ＲＰＤ特別研究員奨励費（22・40151）の助成を受けたものである。

絕"之家"女兒"的財產"承受"權利，值得參考。

（54）即滋賀秀三先生所謂"關於戶絕財產的處分，按道理各種各樣的方法都是可能的。作為其中之一，通常首先限於將女兒作為其取得者來考慮，在女兒這方面應全額取得該財產的天賦權利並沒有被承認。"，見上引氏著《中國家族法原理》，第366頁。

（55）《張家山漢墓竹簡（二四七號墓）》（釋文修訂本），文物出版社2006年，第59頁。

（56）賈麗英：《從長沙東牌樓簡牘看漢代出嫁女的財產繼承》，《光明日報》，2007年7月13日。

（57）錢大群：《中國古代盜竊罪探索》，載《中國法律史論考》，南京師範大學出版社2001年，第246頁。

律史國際研討會論文集》，中國民主法制出版社 1996 年，第 9-12 頁。

（48） Wen-yen Tsao:Equity in Chinese Customary Law,in:Essays in Jurisprudence in Honor of Roscoe Pond, indianapolis.New York:Bobbsmerrill,1962,pp.21-43。轉引自滋賀秀三：《清代訴訟制度之民事法源的概括性考察——情、理、法》，載《明清時期的民事審判與民事契約》，法律出版社 1998 年，第 24 頁。

（49）黃宗智：《清代的法律、社會與文化——民法的表達與實踐》，上海書店出版社 2001 年，第 65 頁。

（50） 黃宗智說：“說國法在這裡無關緊要是不對的，因為一旦提起訴訟，或祇是威脅要提起訴訟，官方法律就為妥協設定了談判的底線。”這也從一方面說明“調解”或“相互妥協”的基礎，仍是以官方法律的規定為底線的。見氏著《清代的法律、社會與文化——民法的表達與實踐》，第 67 頁。

（51） 李祖年為徐士林《徐雨峰中丞勘語》所作序言中，曾指出：“乃觀是書，握一獄之關鍵，晰眾口之異同，而折以是非之至當。揆之天理而安，推知人情而準，比之國家律法而無毫釐之出入。”按照中國傳統的觀念，“安天理”、“準人情”皆源於個人修為，或者是主觀能動性的發揮；而與國家律法“無毫釐之出入”，作為規範性原則，或曰“實定性判斷基準”（滋賀秀三語），則是判決的最基本的要求。考慮到審判者的地位、名望，最基本的要求其實也就是最重要的要求；情理則作為經驗法則、公序良俗之原則（或曰折中辦法，因此不具有規範意義），僅僅是“自然判斷基準”（滋賀秀三），則不具有任何實定性，僅僅是與審判者個人修為、操守有關的內容，從而實際情況上退居次要位置。

（52） 上揭瞿著，第 115-116 頁。

（53） 分見《中國家族法原理》（滋賀秀三著，張建國、李力譯，法律出版社 2003 年）第 325 頁、第 364 頁、365 頁。又，滋賀秀三先生書中，第三章《圍繞無親生子者的諸問題》第三節“承繼人的不存在——‘戶絕’”、第四章《婦女的地位》第二節“未婚女子”中，均詳細探討了“戶由官府之吏依照受害人之表述，製作"牒"類文書，以記錄"自言"之內容，而非僅僅是"口頭表達"。

（33）《漢書·田叔傳》則曰："相初至官，民以王取其財物自言者百餘人。"案《史記》斷句似有不妥，應以《漢書》爲準。意即"多達百餘人的人民至魯相處提出"自訴"，控訴王侵奪財務的不法行為。

（34）轉引自劉海年：《秦的訴訟制度（上）》，《中國法學》1985年第1期。

（35）轉引自楊鴻烈：《中國法律發達史》，中國政法大學出版社2009年，第112頁。

（36）張學正；《甘穀漢簡考釋》，《漢簡研究文集》，甘肅人民出版社1984年，第87頁。

（37）轉引自蔡萬進：《張家山漢簡<奏讞書>研究》，廣西師範大學出版社2006年，第169頁。

（38）見前引《中國法制通史·戰國秦漢卷》，第625頁。

（39）"移病"為辭職的代名詞，即移書稱病，作為辭職的借口。又案，瞿同祖先生給出兩種解釋："移病"即辭職；移即"移動"之義，"移病"即"以病移居"之義。見《漢代社會結構》，上海人民出版社2007年，第267頁腳註。案，我們同意瞿先生前說。

（40）滋賀秀三指出："強制還是同意，正是區別審判與調解的最根本的特徵。"見氏著《關於清代的民事審判》，《中國——社會與文化》，1998年第13號。

（41）曾憲義：《關於中國傳統調解制度的若干問題研究》，《中國法學》2009年第4期。

（42）張晉藩：《論中國古代法律的傳統》，《中國法律的傳統與現代化——1993 年中國法律史國際研討會論文集》，中國民主法制出版社1996年，第7-9頁。

（43）　曾憲義：《關於中國傳統調解制度的若干問題研究》，《中國法學》2009年第4期。

（44）Kung Chuan Hsiao（蕭公權）:Compromise in Imperial China（《帝制時代的妥協和解》）,Parerga 6,Seattle:University of Washington,1979.

（45）瞿同祖：《瞿同祖法學論著集》，法律出版社2004年，第409頁。

（46）黃宗智：《民事審判與民間調解:清代的表達與實踐》，中國社會科學出版社1998年，第12頁。

（47）參張晉藩：《論中國古代法律的傳統》，《中國法律的傳統與現代化——1993 年中國法

（29）此處參考了大庭修《爰書考》（姜鎮慶譯文載《簡牘研究譯叢》，第一輯，1983 年）、高敏《釋"爰書"》的觀點。

（30）主要研究成果有：甘肅居延考古隊簡冊整理小組：《"建武三年侯粟君所責寇恩事"釋文》，《文物》1978 年第 1 期。肖亢達：《"粟君所責寇恩事"簡冊略考》，《文物》1978 年第 1 期。俞偉超：《略釋漢代獄詞文例——一份治獄材料初探》，《文物》1978 年第 1 期。陳仲安：《關於<粟君責寇恩簡>的一處釋文》，《文史》第七輯，1979 年。初仕賓等：《居延新簡責寇恩事的幾個問題》，《考古與文物》1981 年第 3 期。大庭修：《居延新出土的"候粟君所責寇恩事"冊書——爰書補考》，《東洋史研究》第 29 卷第 1 號,1981 年；另，姜鎮慶譯文載《簡牘研究譯叢》第 2 輯，1987 年。許倬雲：《跋居延出土的寇恩爰書》，《求古篇》，台灣聯經出版事業公司 1982 年，第 607-618 頁。楊劍虹：《從居延漢簡<建武三年侯粟君所責寇恩事>看東漢的雇傭勞動》，《西北史地》1986 年第 2 期。劉海年：《東漢初年的一宗訴訟案卷》，《中國法律史國際學術討論會論文集》，陝西人民出版社 1990 年。謝桂華：《<建武三年十二月侯粟君所責寇恩事>考釋》，《史泉》，關西大學，1991 年。籾山明：《中國古代訴訟制度研究·居延出土的冊書與漢代的訴訟》（李力譯），上海古籍出版社 2009 年，第 123-144，159-163 頁。張建國：《居延新漢簡"侯粟君債寇恩"民事訴訟個案研究》，《中外法學》1996 年第 5 期。邢義田：《漢代書佐、文書用語"它如某某"及"建武三年十二月侯粟君所責寇恩事"簡冊檔案的構成》，《歷史語言研究所集刊》第 70 本 3 分，1999 年。張建國：《粟君債寇恩簡冊新探》，《考古與文物》2000 年第 1 期。

（31）籾山明先生指出：將私人對於官府進行申訴、申請的行為稱之為"自言"。見氏著：《爰書新探·"自言"簡的問題》，載《中國古代訴訟制度研究》，第 184 頁。

（32）見張晉藩總主編，徐世虹主編之《中國法制通史·戰國秦漢卷》，法律出版社 1999 年，第 577 頁。又，徐世虹先生在解釋"口訴"（"告"之一種）時指出："口訴，是指告訴者以口頭表達的方式向司法機關提出訴訟，漢代稱為'自言'。"案，此處表述似有誤，根據"自相和縱文書"中"民自言，辭如牒"的說法，說明當時百姓向官府提出"自言"訴訟時，或由本人、或有他人、或

(23) 劉海年：《秦的訴訟制度》（《中國法學》1985年第1、3期，1986年第3、6期，1987年第1期）。張晉藩：《中國古代民事訴訟制度通論》，《法制與社會發展》，1996年第3期。徐世虹：《中國法制通史·戰國秦漢卷·兩漢時期的訴訟程序》，法律出版社1999年；《漢代民事訴訟程式考述》，《政法論壇》2001年第6期。籾山明：《中國古代訴訟制度研究》，上海古籍出版社2009年。

(24) 此觀點主要參考徐世虹主編之《中國法制通史·戰國秦漢卷》及氏著《漢代民事訴訟程式考述》等文獻。

(25) 見上引氏著，第50-76頁。

(26) 此處採納高敏先生之説。見氏作《釋"爰書"》，載《秦漢史探討》，中州古籍出版社1998年，第257頁。

(27) 大庭修將之合併一起，作為其中一道程序。高敏先生指出："'如老獄吏'，即很符合漢代審訊罪犯時，從'劾'（即起訴）開始、經過'訊鞫（即審問）、'論報'（即判決上報）'、'具獄'（公佈罪狀）及'磔堂下'等治獄程序……"高先生將"訊鞫"、"論報"，理解為審問、判決上報兩個程序。根據後文中"具獄"、"磔堂下"的記述，可知此案件到"論報"程序，案件並未審理結束；從程序上講，既然案件未結束，不可能"判決上報"。因此，高氏之説當有訛誤。根據上下文語境、上所述審判程序，"訊鞫"、"論報"似分別為動賓式（支配式）詞組，兩詞組置於一處，構成一個表示遞進關係的短語；那麼，"訊鞫論報"的確切含義，也就是即訊問以獲取口供，（進而）討論有關口供給予相應處罰。由此，裴駰《集解》引張晏所謂："鞫，一吏為讀狀，論其報行也。"，亦似有不妥之處。另外，湛玉書《張家山漢簡<奏讞書>中的司法程序詞語研究》（《河南社會科學》2005年第6期）亦討論此內容，可參考。

(28) 此處採納徐世虹先生意見。徐先生指出："具獄，即漢代地方司法機關鞫審案件過程中，所形成的所有文字材料的總彙。"見《中國法制通史·戰國秦漢卷》，法律出版社1998年，第625頁。高敏將"具獄"理解為公佈罪狀；前面既然已經"判決上報"，後面又有"公佈罪狀"，似將程序顛倒；因此，高先生之説似有不妥。

（15）周群：《用"六畝三分"來解釋長沙東牌樓東漢簡牘'石'時應謹慎》，《簡帛研究網》2007年7月1日。

（16）葉氏發表於《廈門大學學報》之文，則又據吳慧"漢畝1大畝折合0.6912市畝"的看法，作為論說依據。

（17）又，關於"石"字除播種面積說、產量面積說外，業師吳企玄先生曾見告"租稅面積說"（即繳納一石糧食之土地面積），亦有參考價值。

（18）寧可：《有關漢代農業生產的幾個數字》。張澤咸等：《略論我國封建時代的糧食畝產》《中國史研究》1980 年第3 期。徐揚傑：《漢代的農業生產水準問題淺探》，《史學月刊》1982年第3期。高志新：《漢代畝產量與鐘容量考辨》，《中國史研究》1984年第1期。吳慧：《中國歷代糧食畝產研究》第194 頁，農業出版社1985 年。周國林：《關於漢代畝產的估計》，《中國農史》1987 年第 3 期。臧知非：《漢代田稅及其相關問題——兼與周國林同志商榷》《中國經濟史研究》1991 年第3 期。楊際平：《從東海郡<集簿>看漢代的畝制、畝產與漢魏租額》，《中國經濟史研究》1998 年第 2 期；《再談漢代的畝制、畝產——與吳慧先生商榷》，《中國社會經濟史研究》2000年第2期。

（19）仔細審讀圖版，其中"百二"似有誤，似當為"百一 一"（即111）。因為圖版中，百下之二字皆作"一"；與其他文字比較，每一"一"字均占完整一字的位置。另外，下文第七行有"上廣二石"，其中"二"字兩橫筆間距較小，且共同佔有一字的位置。

（20）我們曾請教過復旦大學古籍所劉曉南先生，先生贊同"產量說"並提供研究線索，謹致謝意。

（21）大庭修：《秦漢法制史研究》，林劍鳴等譯，上海人民出版社1991年，第531頁。

（22）永田先生指出："從古文書學的這個定義上來看，簿籍本身並不能稱之為文書，但是，簿籍一旦附上了呈送狀，它就變成了文書。"見氏著《居延漢簡研究》，張學鋒譯，廣西師範大學出版社2007年，第266頁。又，學者關於"和從書"書寫載體之性質，有封檢（王素、鄔文玲等）、船型木牘說（裘錫圭先生）兩種。如此文書確為"呈送狀"，則為探索該文書載體之性質，提供新思路。擬另撰文分析。

重大意義；借鑒瞿同祖、滋賀秀三先生關於女性是否具有繼承權的論述，指出精娫應具有"承受"保管權、李建爲第一繼承人的實際情況。限於學力，囿於見識，可能仍有諸多不足之處，敬請方家指正。

注

(1) 載《文物》，2005 年第 12 期，下簡稱"選釋"。又同氏《長沙東牌樓東漢簡牘概述》（載《長沙東牌樓東漢簡牘》），亦可參考。

(2) 載《湖南省博物館館刊》第 3 期，嶽麓書社 2006 年版。下面簡稱"黎文"。

(3) 載《簡帛研究（2005）》，廣西師範大學出版社 2008 年，下簡稱"校訂稿"。

(4) 載《南都學壇》，2010 年第 3 期，下簡稱"鄔文"。

(5) 載復旦大學出土文獻與古文字研究中心網站 2010 年 2 月 17 日，下簡稱"葉文"。葉氏又有《長沙簡牘〈和從書〉所見東漢若干制度探索》（《廈門大學學報》2009 年第 6 期）一文，似為網站之文重新調整、壓縮後的相同文章。

(6) 案，隸定文本括號中的阿拉伯數字編號，為原封檢分行編號。

(7) 裘錫圭：《讀<長沙東牌樓七號古井（J7）發掘簡報>等文小記》，《湖南省博物館館刊》，第 3 輯，嶽麓書社 2006 年。

(8) 侯旭東：《長沙東牌樓漢簡<光和六年自相和從書>考釋與研究》，待刊。侯文未得見，轉引自"鄔文"腳註③，第 11 頁。

(9) 轉引自"鄔文"腳註③，第 11 頁。

(10) 即莊小霞《東牌樓東漢簡牘所見"督盜賊"補考》（載《南都學壇》2010 年第 3 期）。

(11) 見"校訂稿"，第 147 頁。

(12) 即尾注 10 所記之"莊文"。

(13) 高文：《漢碑集釋》，河南大學出版社 1997 年，第 234 頁。

(14) 曹旅寧：《長沙東牌樓東漢簡牘"李建與精張諍田案"中"石"的解釋》，《簡帛研究網》2007 年 6 月 24 日。

人，皆有權耕種逝者之田產）等情況，但李建作爲第一繼承人的身份，不會改變。因此，才會有李建成年後索要財產之事；索要未果，又有"自言"、訴訟之事。另外，還需要指出的是：根據張家山漢簡所示，精張的兒子與精昔地位相同，都是第八繼承人；之所以僅出現張、昔二人，則說明雖然貴爲家族長，與精宗相同，精張亦無子。

另外，文書中"張、昔今強搶奪取[田]八石"、"宗無男、有餘財，田八石田"、"上廣石二石與張，下六石悉畀還建"等語，這些均說明，控辯雙方爭訟的標的即"八石田"－－精宗所留下的八石田。上面我們已經指出，精宗的獨女精娗沒有繼承權，但精宗的外孫李建卻有此權利－－李建"自言"也就是爲了重新奪回這"八石田"的財產。最終的法律判決沒有完全支持原告的主張，而是判決上廣二石給精張、下六石從實際佔有者手中收回並歸還李建。至於審判機關將"上二石"仍給精張的原因，賈麗英指出：西漢到東漢時期家族、宗族觀念更強，則本該有出嫁女優先享用的田產繼承權，受到了娘家近親的分[56]割。我們基本同意賈氏說，除此之外，可能還有別的原因：首先，錢大群先生曾指出：對於親屬之間，特別是同居家庭成員之間的盜竊行為，中國古代的法律處置都輕於外人間一般盜罪之處罰，這還是根源于家族間的特殊關[57]係。雖然張、昔等人事實佔有八石田，但官府在作出判決基礎上，仍然是以"和從"方式以"息訟"。其次，如文書所示，安葬精宗、精娗後，李升"還羅"，即帶領孩子們回原籍居住。趁此機會，張、昔等隨即自行耕種精宗所遺留之八石田。然張、昔畢竟耕種多年，不僅享有土地收益，還得照章繳納租稅（下文"當分稅"－－即田地分割後，需要分別承擔繳納賦稅的義務－－即此義。相反，土地閒置，國家則無法徵收租稅），於己、於國皆有便利。官府似考慮到這些原因，才做出如上判決。

綜上所述，本文著重就文書結構、訴訟與民事調解制度、精娗的權利等方面做了一些探討。我們在校讀文辭的同時，析離出12份具有不同特點、處於不同層次的原始文書，並指出"和從書"當屬於"呈送狀"式的彙報文書；結合傳世、出土文獻復原該文書的訴訟程序後，著重探討了"和從"作爲民事調解之一種的特點與情爲底蘊、理爲基礎的觀點，可能是更接近歷史真實的表述。

三、精姃的權利

關於李建母精姃，現在討論最多是繼承權問題。我們這裡提出一些新的思考，以利於這個問題的解決。首先，通過文書分析，我們知道了精宗"無男"的事實。換言之，精宗僅僅有一個女兒——李建的母親精姃。自己身故後遺產如何繼承，當是精宗最牽掛的問題。其次，應該考慮的是，東漢時期，家庭中如無兒子，女兒是否可以繼承財產；如女兒不能繼承，當如何解決面臨的"戶絕"的問題。關於這一方面，瞿同祖、滋賀秀三先生的觀點，同樣具有啓發意義。瞿氏認爲："中國古代的法律在宗祧繼承之下，根本否認妻有繼承夫財的權利，繼承遺產的不是她，而是她的兒子或嗣子。在子未成年之前她只有行使管理權的資格。"[(52)]滋賀氏指出，"和兒子們的承繼期待權是一種即便由父親的遺言也不能動搖的情況不同，女兒取得戶絕財產並未被承認爲不可動搖的權利"，"從權利與義務兩方面來看，可以規定：未婚女子在其娘家不是主體的權利者，而是附從的受益者"，"此時父親之遺產的確就會全部歸於女兒……根據第一章已給出的定義，這仍是'承受'而不是'承繼'"。[(53)]借鑒二氏之觀點、思路，我們是否可以認爲：因爲精宗無子，精姃其實沒有繼承遺產的權利，她祇是擁有"承受"並保有財產的權利；[(54)]但是精姃嫁給李升，並生育了長子李建，因此，真正具有繼承權當是李建——精宗的外孫。

關於此問題，張家山漢簡《二年律令·置後律》中記載，也給出了參考答案，文中有曰："死毋子男代戶，令父若母；毋父母令寡，毋寡令女，毋女令孫，毋孫令耳孫，毋耳孫令大父母，毋大父母令同產子代戶。"[(55)]（379）葉玉英曾概括此律所指出的繼承順序：子①——父母②——妻子③——女兒④——孫子⑤——外孫⑥——祖父母⑦——同產子⑧。據此，本文書中有關當事人的繼承順序也就一目了然了：精宗之女姃是第四繼承人，精宗之外孫李建是第六繼承人，精宗之侄精昔則是第八繼承人。文書中雖然有"替、建尚幼小"（即第六繼承人未成年）、"升還羅"（第四繼承人之夫帶領李建等回羅縣生活）、"張、昔自墾食宗田"（精宗死後，精張當爲家族之長<張負責料理精宗、精姃的葬禮>、精昔則是第八繼承種"和從"式民事調解具有如下特點：首先，它是一種官府（第三方）介入並行使判決權（或曰調解權、仲裁權）的行爲；這種介入是基於情理與職責，不具有明顯的高壓與強制——而這正是審判與調解的[40]根本區別。其次，它包括了官府原則性調解、宗族具體調解、當事人自行執行調解內容等三部份。這種半官半民的調解方式，是中國傳統調解[41]方式之一。復次，此種"和從"方式，包含了尊崇傳統儒家倫理觀念（如"親親"）的思想，是張晉藩先生所謂"禮法互補，**綜合爲治**"[42]的典範。另外，還需要指出的是，長期以來，這種調解活動僅僅是作爲司法實踐表現的一種，直至元代才正式入律並具有[43]法律意義。

這種"和從"式民事調解，具有多方面的意義：首先，在考慮法律及一般是非觀念的情況下，"和從"式調解，在"親親"觀念指導下，主要使用的方法是妥協互讓——這對於朝夕相處、緊密組織在一起的宗族甚至是社區的和睦相處，具有重大意義。其次，以上兩案件皆屬民事訴訟範疇，提倡民事和解（或庭外和解）這種更人性化的方式，不僅能根本解決矛盾，還能促進德化教育的開展，可以影響或改變一地風氣。再次，古代社會中，人民多視公門爲畏途，不願涉訟；如有爭訟，也習慣性地採用宗族調停、和解甚至[44]仲裁之法解決；以上兩個案例也體現了這個特點，這也就是瞿同祖先生所說的"習慣和各人民團體中的準則對人民的關係，遠較法[45]律爲重要"。最後，這些調處案件的官員"更像一位調停子女爭吵的仁愛父母，而非執法嚴厲[46]的裁判官"，通過道德教化達到息事息訟、地方無訟的目的，即是地方政績的主要表現，更符合國家對"循吏"、"良吏"的基本要求；長遠來看也符合中國歷史上"德主刑輔"的法制準則、"明德無訟"的[47]治國境界。

最後，以上所述兩個案例，還深刻體現了古代審判依據中情、理、法三者不同地位。曹文彥曾指出："在糾紛解決中，首先依據的是情（human sentiment），其次是理（reason），最後才是法（law），這是中國人自古**以來的傳統**。[48]"通過以上分析，曹氏所述情、理、法三者之地位，似仍未準確概括古代的審判活動。我們基本贊同黃宗智的觀點，即"認爲民間調解受天理和人情的指導（而非法律），是過分簡[49]單化的看法"。其實，中國古代的判決，基本上都是在不違背現有[50]法律的基礎上，首先考慮"情"，[51]其次考慮**"理"**。這也就是《論衡·程材篇》所謂的"文吏治事，必問家法；縣官事務，莫大法令"的真實含義。由此，法爲根本、份內容是審判機構直接的判決意見，具有法律強制性。與曾憲義先生"官府對糾紛的解決，並不祗是調解一種方式……裁判也是一種方式，往往是主要的方式"觀點相同，"和從書"在給出具體判決意見的基礎上，再執行民事和解，這也說明判決是此案件得以解決的首要條件。另外，《後漢書·逸民傳·周黨傳》亦有類似例證。據《周黨傳》，黨親自至鄉縣"自言"，控訴宗人侵佔財產；有關機關通過調查與審判，判決侵權人歸還財產，因此"主乃歸之"。

第六，判決——民事和解部分，即"張、昔今年所[畀]建田六石，當分稅。張、建、昔等自相和從"。而這部份內容，則考慮到張、昔所占有之六石田，已經種植莊稼，屬於無因管理，既然張、昔將土地歸還李建，按照權利義務相一致的原則，六石田所需繳納的稅負亦並由李建承擔。主管機關考慮到當事人雙方的親緣關係，允許當事人在服從判決結果的基礎上，自行處理有關事務。

第七，執行與彙報。關於執行，即文書中所謂"無複證調，盡力實核"。在此程序中，執行不僅包括當事人執行審判機關的判決，還包括審判機關的"盡力實核"——即對當事人執行判決情況的核查。"彙報"是整個訴訟與審判程序中最後一個環節，即審判結束後，將有關文字材料（文書）向上級機關呈報。徐世虹先生將之稱爲[(38)]"上具獄"。不過，徐先生認爲"上具獄"後，讀鞫（即宣判）才是最終程序。通過分析"和從書"，我們認爲：宣判結束（結案）後，案件審理人接下來要做的是——要將有關案卷文書材料向上級機構呈送、彙報；"和從書"中的"辭有後情，續解複言"、"詣在所"、"若"表述，更說明"和從書"屬於結案後彙報文書的屬性。

其次，我們再著重討論一下"和從"的特點與意義。在討論"和從"之前，我們先以《漢書·韓延壽傳》所載之"兄弟訟田"爲例，加以論述。據《韓延壽傳》所示，延壽"拜左馮翊"之時，依據慣例，巡查屬縣。至高陵時，適逢兄弟爭訟田地。韓延壽沒有安排負責訟獄的吏員查問案件本身，而是根據儒家思想，從道德教化、整頓風氣入手，個人辭職（即文獻[(39)]中的"移病"）以承擔教化缺失之責。在縣令丞以及屬下之嗇夫、三老等皆自擔責任、宗族斥責當事人之時，當事人始幡然悔悟，願意將田地相還，不再另起爭端。

與從書中"和從"方式結案類似，"兄弟訟田"案亦以民事調解的辦法結束。這如《漢書·蕭望之傳》曰：“顯、恭恐望之自訟，下於它吏，即挾朋及待詔華龍。”《後漢書·光武帝紀》：“三月癸酉，詔隴、蜀民被略爲奴婢自訟者，及獄官未報，一切免爲庶人。”《後漢書·馮緄傳》曰：“煥從其言，上書自訟，果詐者所爲，征奮抵罪。”出土文獻中亦有記載。如甘穀漢簡中“第二”簡有“宗師劉槐、劉直，自訟爲鄉縣所侵，不行復除”[36]的記載等等。

徐世虹先生曾以《居延漢簡釋文合校》506·9A簡爲例，指出，“自言並不是一種口訴行爲,而是需要提出文書”的。我們這裡的“和從書”不僅有“自言”，更有“辭如牒”之字樣，說明自言非僅口訴行爲，而是需要提供個人撰寫或倩人代筆之“牒”書，以爲證明。

第二，立案受理並拘捕被告人，即“奉桉檄輒徑到仇重亭部”、“監部吏役攝張、昔”，與“鼠盜肉案”中之“掠治”、“候粟君所責寇恩事”中之“召恩詣鄉”相同。

第三，訊問有關當事人、證人，即“考問張、昔，訊建父升”，與“鼠盜肉案”中之“訊鞫”作用相同，與“候粟君所責寇恩事”中之“先以證財物故不以實，臧伍佰以上……爰書驗問。恩辭曰……”（訊問被告）、“寫移書到，□□□□□辭”（訊問原告）作用亦同。根據“和從書”記載，包括如下兩個步驟：審訊被告人，錄取口供；訊問證人，獲取證言——然後將這些材料分別製成文書。口供是漢代訴訟過程中，法定的證據材料之一。張家山漢簡[37]《奏讞書》之四，即爲被告口供最好例證。只有獲得充分的口供證言材料作爲證據，下一步才有可能結案宣判。另外，徐世虹先生指出：“縣級司法機構受理民事訴訟後，隨即進入驗問階段。被告若是平民，驗問則由其所在地的鄉嗇夫負責進行。”通過“和從書”之分析，我們發現“監部吏役”也可以“徑到仇重亭部”，進而開展“考問”、“訊”之任務，而不必通過鄉嗇夫來進行，可補徐說之闕。

第四，核實口供與證人證言，即“核張爲宗弟，建爲姃敵男，張、建自俱爲口分田”，與“候粟君所責寇恩事”中“鄉置辭，爰書自證”（核實被告口供）、“寫移書到，□□□□□辭，爰書自證”（特別是最後一句“爰書自證”，即核實原告證言）等接近。只有訊問、調驗屬實，被告承服，也就是傳世文獻所謂“辭服”，才可以進入判決程序。因此，徐世虹指出：“‘辭服’是定讞的前提，是結案的要據。”

第五，判決—法律強制部分，即“上廣二石種與張，下六石悉畀還建”。這部如上所言，根據李建"自言"張、昔侵犯其母精姃傳給自己田地收益權的這一內容，我們知道，"和從書"中的"自言"是一種主動對損害自身利益行爲者進行訴訟的行爲；具體言之，即原告（被害人李建）就被告（施害人精張、精昔）侵權事件，向作爲第三方的司法機關（即文書中的"中部督郵掾"）主動提起訴訟，要求被告停止侵權、返還原物、賠償損失並追究被告法律責任。[31] 因此，張湯審鼠案、"粟君責寇恩事"等內容，可爲我們分析此"諍田"案件的訴訟制度，提供借鑒。

這裡，我們首先討論訴訟程序的問題。"和從書"中所體現出的訴訟程序由如下步驟組成：

第一，提起訴訟，即文書中的"自言"，與"鼠盜肉案"中之"劾"、"侯粟君所責寇恩事"中之"甲渠侯書"（也就是甲渠侯粟君主動提起訴訟<自言、自訴>之文書）作用相同。自言，自訴，自白義近，是漢代提起訴訟的三種方式中"告"之一種。[32] 除本文書外，文獻中多有"自言"的記載。傳世文獻部份，如《史記・田叔列傳》、[33]《漢書・韓延壽傳》、《漢書・朱博傳》、《晉書・惠賈皇后傳》等均有記載。出土文獻材料中關於"自言"的文書，還有很多。以睡虎地秦簡《封診式》爲例，有《爭牛》、《奪首》、《告臣》、《遷子》、《告子》、《黥妾》、《穴盜》。[34] 以居延漢簡爲例，即有《居延漢簡釋文合校》3·4、《居延漢簡釋文合校》3·6、《居延漢簡釋文合校》6·13、《居延漢簡釋文合校》35·6、《居延漢簡釋文合校》89·2、《居延漢簡釋文合校》合 160·3、《居延漢簡釋文合校》合 178·30 等如此之多。

與"自言"同義的"自訴"一詞，文獻中亦多見，如：《後漢書・獨行傳・王忳傳》："妾不得白日自訴，每夜陳冤，客輒眠不見應，不勝感恚，故殺之。"又，《漢語大詞典》收錄"自訴"一詞，亦引《王忳傳》爲例，給出"自己訴説"之義。仔細分析《王忳傳》之敘述，"妾"是受害人（夫及家人被殺，財貨被劫），曾擔任"亭長"、今爲"門下游徼"之人爲被告人；"妾"訴訟無門，只能晚上向借宿"亭"中的人"陳冤"。由此可見，此處"自訴"確爲訴訟方式之一種，而非"自己訴説"之義，《大詞典》有誤。另外，《後漢書・皇后紀・和熹鄧皇后紀》中亦有"囚實不殺人而被考自誣，羸困輿見，畏吏不敢言，將去，舉頭若欲自訴"之語，其中"自訴"亦同此義。另外，《周禮・秋官・司寇》有言曰："凡有責者，有判書以治則聽。"鄭玄注曰："謂若今時辭訟，有券書者爲治之。"亦是"自訴"之證明。[35] 另外，還有"自訟"一詞。

研究司法訴訟制度不可或缺的重要材料。該文書已有许多[30]精深的研究，笔者在各家研究的基础上，將訴訟與審判程序匯總解析如下：

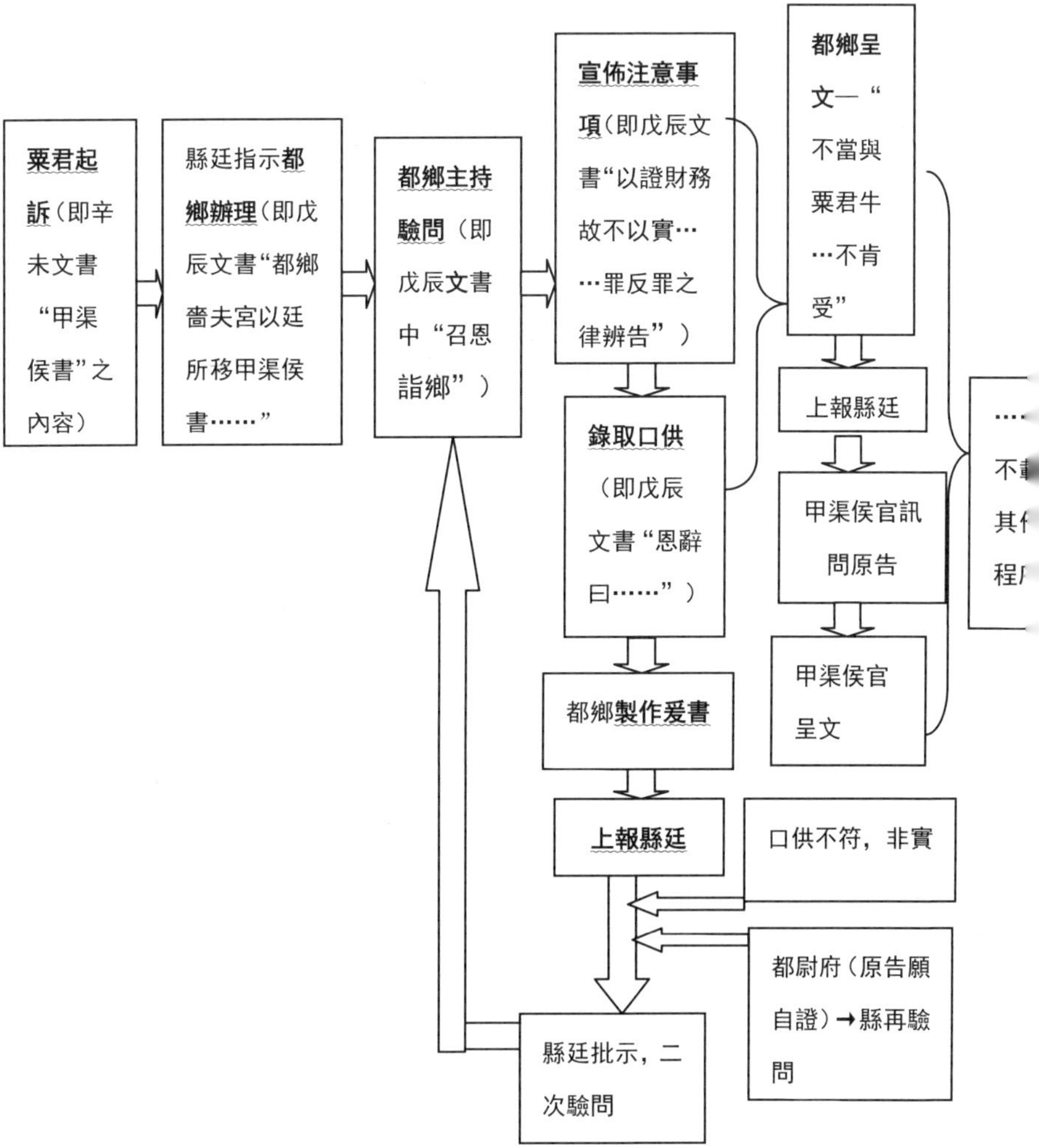

注：此表參考了徐蘋芳、俞偉超、裘錫圭、大庭修、劉海年、張建國、籾山明、邢義田等先生之觀點。

5、“詣在所……若”文書，此爲中部督郵掾接李永、殷何彙報文書後，中部督郵掾吏員收文時簽署。

通過仔細解讀，我們不僅剖析出 12 份文書，我們還知道了這些文書間的層次關係，具體而言：第一層次有 2 件，即文書 4、文書 5。第二層次有 1 件，即文書 3。第三層次有 2 件，即文書 1、文書 2。第四層面有 5 件，即文書 1-1、文書 1-2、文書 2-1、文書 2-2、文書 2-3。第五層面是有 2 件，即文書 2-1-1、文書 2-1-2。另外，根據大庭修先生分析《侯粟君所責寇恩事》冊書的經驗，我們認爲：此“和從書”僅僅是一份完整的彙報文書；向上級彙報時，除此文書外，肯定還有完整的 1-1 文書、2-1 文書、2-2 文書、2-3 文書作爲附件一併呈送。由此，作爲彙報文書的“和從書”，似即永田英正先生所謂的[22]“呈送狀”；“呈送狀”與“附件”文書一起，作爲上行文書，構成了整個案卷文書的全體。

二、文書所体現的訴訟制度及“和縱”的重要價值

關於秦漢時期的訴訟制度，劉海年、張晉藩、徐世虹、籾山明等先生均有[23]詳細論述。其中，徐氏討論主要集中於民事訴訟制度，她結合傳世、出土文獻，將漢代的訴訟程序分成提出、受理、逮捕、鞫獄（驗問）、判決[24]、執行等程序；籾山明氏主要討論刑事訴訟制度，他亦從出土文獻出發，將之分成告訴、逮捕、訊問、通知縣鄉（核實）、查封、審判（再審[25]）等程序，皆有參考價值。

秦漢時期訴訟制度的研究，以前大家引用最多的就是《史記·酷吏傳·張湯列傳》所載張湯審判盜肉老鼠之案（下簡稱“鼠盜肉案”）。此雖爲小兒遊戲，但張湯之父“視其文辭，如老獄吏”，說明湯之所爲，頗合當時獄吏審判之法則。在有關文獻多亡佚的情況下，體現漢代訴訟制度多方面線索的小兒遊戲就值得重視了。簡而言之，此訴訟包括如下程序：劾（起訴）→掠治（逮捕並“刑訊逼供”）→傳爰書（傳遞起訴書、[26]逮捕時之記錄）→訊鞫論報（審問並獲取[27]口供、證言）→具獄（匯總[28]案件材料）→磔堂下（[29]堂下行刑）。而出土文獻中，最引人注目的，當屬居延新簡中“建武三年十二月侯粟君所責寇恩事”文書。此文書有 36 枚簡構成，記載了東漢建武三年（公元 27 年）甲渠塞鄣侯官名爲粟君的人，誣陷雇工寇恩欠債，告到居延縣裏，縣官查明情況、擬做出公正判決的經過，是

另外需要說明的是，我們之所以再分出 2-1-1、2-1-2 兩件文書，主要基於如下考慮：首先，對被告、證人，官方採取了不同的審查手段，也就是上所述的“考問”、“訊”——這說明了審判工作的時空差異性。其次，既然原告人、被告人、證人具有血緣或姻親關係，那麼錄取口供或證言時，防止串供或形成攻守同盟，必然採取分別錄取證言、各自製作文書、審判人員根據供證言論，進一步核查的大致程序。

2-2、**監部吏調查文書**，“首核張爲宗弟……張、建自俱爲口分田”爲該文書之內容。監部吏人員在殷何的領導下，先後獲得口供、證言材料，製作成文書；然後又展開調查，確認了精張、李建的身份及地位等信息。

2-3、**監部吏處置文書**，“以上廣二石種與張……等自相和縱，無複證調，盡力實核”等爲該文書之文。這份文書共分成法律判決、庭下和解兩部份。“以上廣二石種與張，下六石悉畀還建”則爲法律判決之部份。“張、昔今年所畀建田六石，當分稅……無複證調”等則是被告張、昔與原告李建根據處理意見、庭下和解的部分。

3、**殷何文書**，“中部督郵掾治所檄曰……辭有[後]情，續解複言。何誠惶［誠］恐空頭死罪死罪敢言之”皆爲殷何文書之內容。其中“中部督郵掾治所檄曰……正處言”即上所述中部督郵掾治所檄書；如上所述，“何叩頭死罪死罪”等語詞，說明此中部督郵掾文書由殷何引述。“奉桉檄，輒徑到仇重亭部……盡力實核”即監部吏彙報文書之內容。最後“辭有[後]情，續解複言。何誠惶［誠］恐空頭死罪死罪敢言之”等語，也給我們提供了多方面的信息：首先，此文書均以殷何的口氣或名義書寫而成，進一步肯定了殷何作爲案件主要負責人的地位。其次，“辭有[後]情”說明“和從書”僅彙報案件處理過程的主要內容。再次，“續解複言”是並列結構的短語，“續解”與“複言”皆爲偏正結構的詞組，“續”、“複”義分別爲“繼續、後續、接續”、“重複、再次”，皆爲副詞，用來修飾後面的“解”與“言”。“續解複言”說明該案件已基本審判處理完畢，後續的處理工作會再次稟告。

4、**監臨湘李永例督盜賊殷何實核大男李建與精張諍田自相和從書**。該文書自“光和六年九月己酉［朔］［十］日戊午”開始至第 10 行“自相和縱書”爲止。在殷何文書的基礎上，李永作爲上級，署名認可該文書，並向上級條列、彙報。

詳細剖析如下：

1、**中部督郵掾治所檄書**，即李建向中部督郵掾提起自訴後，中部督郵發佈檄書，提供處理意見，供下級執行。"中部督郵掾治所檄曰……明附證驗，正處言"即檄書之文。另外，整個文書中多處有"殷何叩頭死罪"字樣，特别是本檄書中的"何叩頭死罪死罪"，似可得出如下信息：首先，"李永"是殷何的上級，在該案件中，李永僅署名且列名在前。而殷何在後，具體負責案件工作。其次，此檄書作爲下行文書，傳遞給殷何，由殷何具體負責並安排"監部吏役"實施逮捕與訊問事務。再次，檄書中"何叩頭死罪死罪"字樣，説明殷何不僅具體負責該案件，檄文本身應由其抄錄、處理（或由殷何的屬吏，以何的名義處理）。此檄書又包括如下兩個文書：

1-1、**民自言文書**，即李建的自訴狀。文書中"母姃有田十三石……比曉，張、昔不還田"爲李建自訴狀之原文。其中"民自言，辭如牒"進一步確認此爲李建自訴狀原文之節引。"而辭如牒"則説明"和從書"之後當附李建自訴狀之"牒"，以備參考。

1-2、**意見文書**，即"張、昔何緣強奪建田？檄到……明附證驗"部份。該意見文書亦爲"和從書"重要組成部份，中部督郵掾將意見分成質疑案件成因、安排屬下審理、確定審理方針、提供審理目標等内容，全面指導屬下辦理案件。

2、**監部吏之彙報文書**，"奉桉檄，輒徑到仇重亭部，考問張、昔，訊建父升……無複證調，盡力實核"即本文書之内容。此文書透露了重大信息，即：精張、精昔、李建、李升等人皆居住在臨湘縣之仇重亭之地，與李升是否爲羅縣人無關，這也爲該案件管轄權——居住地官府擁有管轄權，提供證據。另外監部吏役對當事人採取不同的審查手段，作爲"被告人"的精張、精昔皆爲"考問"，而李建之父李升作爲與原告存在血緣關係、與被告有姻親關係的當事人（或曰證人），則採用"訊"的方式。該文書該文書中又包含如下文書：

2-1、**口供文書**。該口供文書亦糅合單獨的兩份文書而成。

2-1-1、"考問"張、昔所得之口供文書。"張、昔縣民……昔則張弟男……張、升、昔供喪葬宗訖，自墾宗田"皆爲監部吏役所記錄紙張、昔的口供原文。

2-1-2、"訊"李升之證言文書。"升羅……前不處年中……顔女弟條……升還羅"等爲訊李建之父李升的口供辭。

田南三里汪家，又南二里七石田，又南二里社學里。"此處"七石田"雖是村落名，但其命名來源則可以推斷，亦可間接證明"石"的含義。二，分析漢代的畝產量，可以爲理解"石"提供借鑒。關於兩漢時期的畝產量，雖然要考慮地理位置、生產水平、土壤肥饑以及畝制、作物種類、容積單位差異等因素，但畝產量仍可大致推斷出來。關於畝產量，大家引用比較多的就是《漢書·食貨志》晁錯"能耕者不過百畝，百畝之收不過百石"的説法，也就是畝產量爲一石。不過，隨著居延漢簡、江陵鳳凰山漢簡、尹灣漢簡的出土，爲這個問題的解決提供新的資料。綜合寧可、張澤咸、徐揚傑、高志新、吳慧、周國林、臧知非、楊際平[18]諸氏觀點，晁錯所謂畝產一石可能略低於實際產量，保守估計"中田"（即普通土地）畝產約爲二三石左右。三、仔細分析"母姃有田十三石，前置三歲，[田]税禾當爲百[19]一一下石"一句，"三歲"收益爲"百一一下石"，則每年收益當爲 37 石；與 13 石田相比較，則 1"石"田產量當接近 2.85，與當時平均畝產二至三石基本相當。四、現今湖南方言中仍有用"石"表示土地面積的情況，但其主要是表示產量而[20]非播種量。

根據文義，文書中的"皇宗"之"宗"似即精姃之父"精宗"，也就是李建的外祖父，理由如下：首先，"持喪葬皇宗"的主語，應當是前文所述"母姃"，即李建的母親精姃。精姃之所以操持父親葬禮，除自己爲家中獨女外，還因爲其具有"有田十三石，前置三歲，税禾當爲百一一下石"的實力，而李升、精張、精昔等做了大量的協助工作。其次，"持喪葬皇宗"爲中部督郵掾檄書轉引自李建"自言"之內容。李建在此文書中稱呼自己的外祖父，當然得用尊稱；因此，"皇"爲尊稱，"宗"即名諱。再次，此文中之"持"與下文"張、升、昔供喪葬宗訖"中"供"字，亦説明這個問題。另外，下文有"張、升、昔供喪葬宗訖，升還羅"，也説明作爲李建父親的李升在岳父、妻子喪禮結束後，回到自己的家鄉羅縣，亦可印證了精姃操持家業的可能性。

下面，我們著重分析一下"和從書"的基本結構。大庭修先生曾指出:當時公文書的常例是，多在文書中引用作爲其前提（或依據）的[21]下達文書。"和從書"與此類似。經過分析，本文書至少可析離出多達 12 份文書之內容；當然，這些文書多非全文，只是屬於或節選、或節略、或概述的情況。需要説明的是，我們這裡不採用學術界多有爭議的"爰書"一詞，而是根據文意自擬題目。現將文書結構

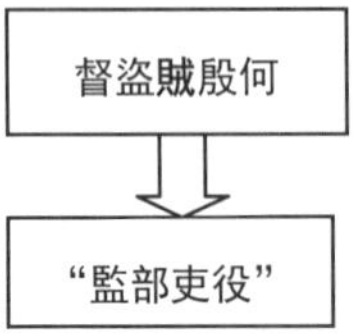

文書中“十三石”、“八石”、“下石”之“石”，亦引起學術界的重視。關於“石”，目前學術界比較一致的看法是田地計量單位。但作爲計量單位，按照一石種子可播種之面積，亦或是按照產量爲一石之土地者，則多有差異。其中，理解爲“一石種子可播種之面積”者，主要有曹旅寧、周群、葉玉英、鄔文玲等先生。曹旅寧指出：“石”是行用於長沙及其周邊地區的土地計量單位，自古一直沿用至解放前。田一石相當於舊制六畝三分。隨後引用現代作家周立波《山鄉巨變》，[14]作爲例證。而周、葉、鄔似皆承曹氏之説，略有引述、補充而已。諸位先生的主要爭議在於在此文書中所播何種之作物、東漢田制之差異方面。周群指出，安徽、太湖、蘭州等亦有用“石”或“斗”、“升”作爲田地計量單位的習俗，但“石”與“畝”有不同的對應關係，因此不能簡單用“六畝三分”直接換算此文書中[15]的“石”。“葉文”引用《漢語方言詞典》“一石或爲十畝或爲六畝三分”之説，並據趙岡“東漢每畝折合0.731 市畝”之見，指出：簡文中一石等於 13.68 畝[16]或8. 62 畝。雖做了簡單換算，仍未解決問題。“鄔文”分別以種植粟、稻爲例，利用睡虎地秦簡《倉律》及鳳凰山漢簡“鄭里簿”所提供的每畝耗種一斗計算，大致推斷出文書中“十三石”面積當爲 130 畝、48.75 畝等。當然，如作者所述，這種推算沒有考慮時代、地域、畝制、量制、耕作技術的差異，不能代表實際情形，參考價值亦有限。關於“下石”，“葉文”結合居延漢簡中大小石之換算比例，又利用走馬樓吳簡中所推算出的畝產量，將之理解爲“小石”是合理的。

關於“石”字，笔者有如下考慮：首先，仔細辨認圖版，隸定爲“石”字當無疑問。其次，根據文書上下文語境，“石”用來表示田土面積，亦無疑問。最後，如果將“石”理解爲以作物產量爲標準的面積單位，是否符合實際，需要哪些證[17]據來支撐。關於這個問題，擬從如下方面略作説明：一，文獻中有關於“石田”的記載，如《（道光）寶慶府志·疆里記·南界石腳村》載：“由常福寺甫二里達石腳，由侯

“門下督盜賊”之省稱；“例”則爲行列、曹列、條列之義，進而指出本文書的性質是“監臨湘即中部督郵李永所上督盜賊殷何實核大男李建與精張自相和從的案卷，而非二人聯名署治”[11]。與此類此，“鄔文”亦指出“例”通“列”（義即條列呈報或列言），進而認爲此文書當是李永轉呈殷何報告的自相和從之案卷。另外，通過“鄔文”，我們還間接知道侯旭東的意見，侯氏認爲“督盜賊”當爲“監臨湘”之屬下，而非“門下督盜賊”。莊小霞《東牌樓東漢簡牘所見“督盜賊”補考》[12]則根據文書的內容與特點，指出“督盜賊”當爲“門下督盜賊”之省稱，“爲漢代郡縣屬官之一”，主要職責有職主兵衛，主持調解民事糾紛等。我們同意“督盜賊”是官職名稱，如《蒼頡廟碑》亦有[13]“故督盜賊”之名。另外，通過文書結構、內容的剖析，我們注意到文書中“中部督郵掾”、“監部吏役”、“何叩頭死罪死罪”等文辭間當存在某種關聯。首先，我們已指出“監臨湘”李永爲中部督郵派駐地方之屬吏；而列名於前的情況，又説明李永官職、地位必然高於殷何。其次，仔細分析文書內容，在中部督郵掾所發“檄書”中，提到凡檄書一到，監部吏役執行有關攝取被告、實核田所等事務，則“監部吏役”當爲中部督郵掾底層之屬吏（所謂“監部”或即“中部督郵之監臨湘”的省稱，因此，“監部吏役”即李永所屬之底層吏）。再次，初觀“何叩頭死罪死罪”之語，略顯突兀，難以確定爲何文書之尾，經過仔細分析，此語接中部督郵掾治所檄書之處理意見，亦可證明殷何當爲中部督郵之屬吏，其具體負責並指揮“監部吏”審查、判決該案件。殷何處於“監臨湘”、“監部吏役”之中間位置，説明殷何似即李永之佐官。根據以上論述，我們似可給出有關職官人員之層級示意圖（見下圖）

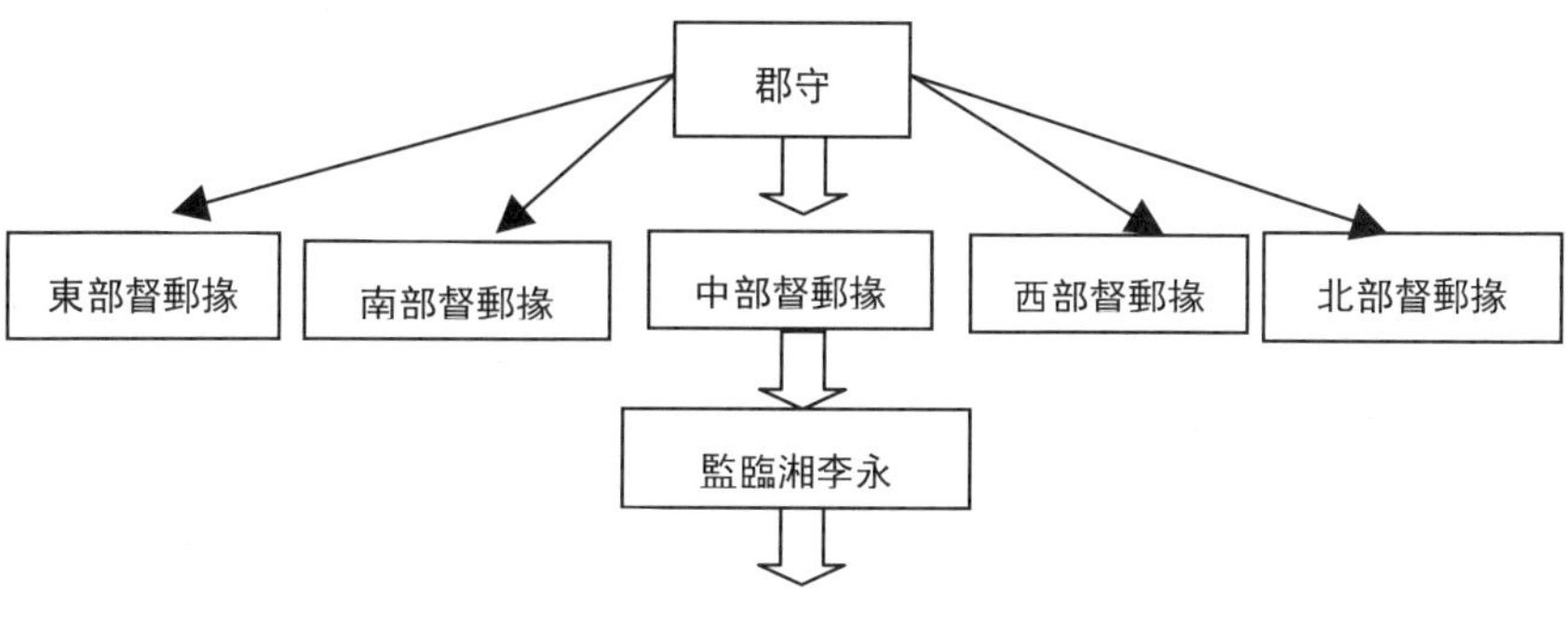

首核張爲宗弟，建爲姃敵男，張、建自俱爲口，分田。

以上廣二石種與張，下六石悉畀還建。

張、昔今年所[畀]（8）建田六石，當分税。

張、建、昔等自相和從，無複證調，盡力實核。

辭有[後]情，續解複言。

何誠惶[誠]　（9）恐叩頭死罪死罪敢言之。

（10）監臨湘李永例督盜賊殷何、言實核大男李建與精張諍田自相和從書　　詣在所

（11）　　　　　　　　　　　　九月　其廿六日若[6]

關於"監臨湘"，有中部督郵説、中部督郵屬吏説、督郵派出監部吏説等。前者以王素爲代表，而裘錫圭先生、葉玉英等皆持中部督郵屬吏説。裘先生根據對該文書性質的判斷，指出"監臨湘"可能是中部督郵派往臨湘的屬吏，不過裘先生未給出其[7]他證據。"葉文"首先指出典籍及出土文獻中，皆未見"監+地名"類型之"督郵"；繼而根據《漢官》的記載，指出"四部督郵史部掾有二十六人，可見督郵下面必有屬吏"。侯旭東則持"督郵派出監部吏説"，他認爲，督郵下面當按照縣設置監部吏，具體監察各縣政務；李永所擔任的"監臨湘"即監察臨湘政務的[8]"監部吏"。《後漢書·百官志》"本注"曰："其監屬縣，有五部督郵，曹掾一人。"*"和從書"中"中部督郵掾"即"五部督郵"之一部；"監臨湘"則爲"中部督郵" 派駐"監屬縣"中一人，亦即中部督郵之派駐臨湘之屬吏。仔細分析，侯説與裘、葉二先生説仍有相似之處，我們同意他們的觀點。

關於"例督盜賊"，有臨湘縣尉説、督郵屬吏説、縣吏説等。關於前者，主要代表人物是王素。"督郵屬吏説"代表人物有葉玉英等。"葉文"首先引用劉濤"縣尉有屬吏操辦文書，不必本人書寫"的看法，否定縣尉説，又以常理判斷"例督盜賊"非縣尉屬吏説（屬吏當以縣尉口吻書寫，而不是依個人名義），進而指出：與"監臨湘李永"相同，二人皆爲中部督郵派往臨湘縣查案的人員，其職責是捕斬群盜、核查各類案件。李明和先生堅持"縣吏説"，他指出文獻中有將"例"冠於官職前置例證，則"例督盜賊"可能是縣吏[9]。而"校訂稿"則依照"侯旭東、羅新先生的意見"、并參考莊小霞《"例督盜賊"[10]商榷》之文的看法，指出："督盜賊"爲官職名，即

的看法。

如上所述，前輩時賢之成果，多體現在文書釋義、田土性質、遺産繼承、當事人身份以及文書結構等方面。本文在吸收以上成果的基礎上，著重從簡牘古文書學、法律史角度，探討文書結構、訴訟制度、民事和解、精妵的權利等方面的内容，不當之處，敬請指正。

一、文辭釋讀與文書結構分析

該文書最早發佈在《文物》2005 年第 12 期，翌年收錄於文物出版社出版的《長沙東牌樓東漢簡牘》一書。王素、鄔文玲、葉玉英以及長沙東牌樓東漢簡牘研讀班等，先後給出不同隸定與考釋文本。本文以王、鄔文本爲基礎，參考裘錫圭先生等意見，根據古文書的結構與體式，重新考定释文，並針對有關語詞談了自己的看法。

⑴ 光和六年九月己酉[朔] [十]日戊午

監臨湘李永例督盜賊殷何叩頭死罪敢言之。

⑵ 中部督郵掾治所檄曰：

[民]大男李建自言大男精張、精昔等：“母妵有田十三石，前置三歲，[田]税禾當爲百一一下石。持喪葬皇宗 ⑶ 事以，張、昔今強奪取[田]八石；比曉張、昔，不還田。”

民自言，辭如牒。

張、昔何緣強奪建田？檄到，監部吏役攝張、昔，實核[田] ⑷ 所，畀付彈處罪法，明附證驗，正處言。

何叩頭死罪死罪。

奉桉檄，輒徑到仇重亭部，考問張、昔，訊建父升，

辭皆曰： ⑸ 升羅,張、昔縣民。前不處年中，升[娉]取張同産兄宗女妵爲妻，産女替，替弟建，建弟顔，顔女弟條。昔則張弟男。宗病物 ⑹ 故，喪屍在堂。後[妵]複物故。宗無男，有餘財，田八石種。替、建[皆]尚幼小。張、升、昔供喪葬宗訖，升還羅，張、昔自墾食宗 ⑺ 田。

東漢晚期民事訴訟與調解制度之考察
—— 以“光和六年自相和從書”爲例 ——

何立民　　呂　靜

在湖南長沙東牌樓出土東漢簡牘中，有名爲《光和六年監臨湘李永例督盜賊殷何上言李建與精張諍田自相和從書》（出土編號爲 1001，整理及圖版編號爲“五”。下皆簡稱“和從書”）的簡牘文書，書寫於“封檢”正面。該牘獨特的形制、豐富的內容，引起了學術界的極大關注，是展示東漢晚期訴訟制度、民事調解、行政管理、財産繼承、田税制度、文書制度等多方面信息的一件文書，具有重大史料價值。

該文書出土於古井第 2 層，殘損，長、寬、厚分别爲 23、8.4、0.8-2.6 釐米。文書出土後，多位學者對其進行過考釋與研究。其中，王素《長沙東牌樓東漢簡牘選釋》[(1)]一文指出此文書爲自相和從的案卷，屬公文書信檢；隨後還對“貇”、“娐（？）”等字，“監臨湘”、“例督盜賊”、“中部督郵掾”等官職名，“若”、“在所”等文書習語，發表了個人看法。黎石生《長沙東牌樓東漢簡牘〈李建與精張諍田自相和從書〉初探》[(2)]則主要對“李升爲贅婿”、遺産法定繼承、自相和從等方面展開論述。《<長沙東牌樓東漢簡牘>釋文校訂稿》[(3)]一文除修正文書部分句讀外，吸收多種意見，指出“例督盜賊”之“例”通“列”字，義即行列、曹列、條列。鄔文玲《長沙東牌樓東漢簡牘〈光和六年自相和從書〉研究》[(4)]則分成文書結構分析、簡文釋讀與理解、涉案人物身份及相關問題探討等三部分，對字詞釋讀、文書結構、訴訟管轄、遺産繼承等方面，進行詳細闡述。葉玉英《長沙東牌樓東漢簡牘<光和六年監臨湘李永、例督盜賊殷何上言李建與精張諍田自相和從書>釋讀及相關問題研究》[(5)]也對“監臨湘”“例督盜賊”、“自言”、“石”、“案檄”等用語，以及與之有關的行政制度、田税、畝産、畝制、土地制度、遺産繼承等問題談了自己

(34) 此處指人死後可能成爲鬼，因此人的身上帶有鬼氣的成份。

(35) 參郭靜云，〈由商周文字論「道」的本義〉，《甲骨文與殷商史》新一輯，北京：線裝書局，2009年，頁203-226。

(36) 參韓·金秉駿，〈如何解讀戰國秦漢簡牘中句讀符號及其與閱讀過程的關係〉，武漢大學簡帛研究中心主編，《簡帛》第四輯，上海：商海古籍出版社，2009年，頁403-410。

(4) http://www.jianbo.org/.
(5) http://www.confucius2000.com/admin/lanmu2/jianbo.htm.
(6) 美·顧史考，〈上博七《凡物流形》上半篇試探〉，復旦出土文獻與古文字研究網，2009-8-23.
(7) 日·淺野裕一，〈上博楚簡《凡物流形》之整體結構〉，復旦出土文獻與古文字研究網，2009-9-15.
(8) 李鋭，《《凡物流形》釋文新編（稿）》，清華大學簡帛研究網，2008/12/31.
(9) 復旦大學出土文獻與古文字研究中心研究生讀書會，《《上博七·凡物流形》重編釋文》，復旦出土文獻與古文字研究網，2008-12-31.
(10) 王中江，《《凡物流形》的宇宙觀、自然觀和政治哲學——圍繞“一”而展開的探究并兼及學派歸屬》，《哲學研究》2009 年 6 期，頁48-58、93。
(11) 曹峰，〈上博楚簡《凡物流形》的文本結構與思想特徵〉，《清華大學學報》，2010 年第 1 期，頁 73-82。
(12) 郭梨華〈凡物流形〉，台灣簡博研讀會，中正大學歷史系，2010 年 3 月。
(13) 秦樺林，〈從楚簡《凡物流形》看《彖傳》的成書年代〉，《周易研究》2009 年 5 期，頁 26-31。
(14) Maspero, Henri. *Mélanges posthumes sur religions et l'histoire de la Chine*. Paris: Clivilizations du Sud, S.A.E.P., 1950, vol.II *Le taoisme*.
(15) 王連成，《《上博七·同物流形》：開篇釋義》，簡帛研究網，2009-1-6;王連成，〈從《上博七·同物流形》説「同」字〉，簡帛研究網，2010-3-31.
(16) 季旭昇，〈上博七芻議三：凡物流形〉，復旦出土文獻與古文字研究網，2009-01-03.
(17) 孫廣明，〈也説「凡物流形」之「凡」——兼與郭靜云教授商榷〉，簡帛研究網，2010-2-21.
(18) 陳耀森，〈如何看待《挏物流形》的「聞之曰」〉，簡帛研究網，2010-3-2；陳耀森，《《挏物流形》「挏、同」字说补白》，簡帛研究網，2010/4/4.
(19) 廖名春，《《凡物流形》校讀零劄（一）》，清華大學簡帛研究網，2008/12/31;吳國源，《《上博（七）凡物流形》零釋》，清華大學簡帛研究網，2009/1/1.
(20) 林碧玲，《《上博七·凡物流形》簡 1-2 之宇宙生成論試解》，華梵大學中文系《第八屆「生命實踐學術研討會」》台北 2009 年 11 月。
(21) 鄔可晶，《《上博（七）·凡物流形》補釋二則》，復旦出土文獻與古文字研究網，2009-4-11.
(22) 郭沫若，〈關於鄂君啟節的研究〉，《文物》，1958 年第 4 期，頁 3-6。
(23) 殷滌非、羅長銘，〈壽縣出土的鄂君啟金節〉，《文物》，1958 年第 4 期，頁 8-11。
(24) 據《史記·曆書》秦以夏十月爲正月，周以夏曆十一月爲正月。故楚曆與秦曆差三月，楚曆與周曆則差兩月。
(25) 曾憲通，〈楚月名初探〉，《中山大學學報》，1980 年第 1 期，頁 97-107。
(26) 李學勤，《《左傳》「荊尸」與楚月名》，《文獻》，2004 年第 2 期，頁 17-19。
(27) 《總物流形》16 簡有「聖人凥於其所」之語，雖然「聖人處於其所」可通，但此一「凥」字並非「處」字，理已甚明。因此，或須進一步思考「聖人中於其所」是否亦可通。此處限於篇幅，暫不贅論。
(28) 李暐琳，〈楚簡所見儒家仁與愛關係的研究〉，《楚地出土簡帛文獻思想研究（二）》，武漢：湖北教育出版社，2005 年，頁 222。
(29) 何有祖，《《凡物流形》札記》，武漢大學簡帛網，2009/01/01.
(30) 黄碧姫，〈郭店、上博竹簡〈緇衣〉第十八章與今本合校淺釋〉，簡博研究網，2008-7-8.
(31) 參郭靜云，《親仁與天命：從〈緇衣〉看先秦儒學轉化成「經」》，臺北：萬卷樓圖書，2010，頁 252-254。
(32) 晉·杜預注、唐·孔穎達等正義，《春秋左傳正義》，頁 1584。
(33) 關於「遊」釋爲「躂」參郭靜云，《親仁與天命：從〈緇衣〉看先秦儒學轉化成「經」》，頁 228-230。

智」、「其始生」後，都有此種橫畫。楚簡符號的作用有很多不明之處，所以學界異說頗多，[36] 但是我們仍不宜完全忽略這些符號。它們多半出現在句尾的斷句處，可視爲停止記號。本篇細橫符號都在句尾，只是「始生」與「如蒴」間不在句尾，可能是爲了強調「始生」或「蒴」的概念。

從《總物流行》的細橫符號中，筆者認爲當時的祭司在唸誦時，可能也須進行一些禮拜動作。唸到一些固定的文句後，必須依停止符號暫停唸誦，而進行禮拜動作。待完成後再續唸誦、祈問。這一篇的意涵及文體源自神祕儀式，不過明顯已是表演化、文藝化的禮儀。所以，其停止符號或許正涉及禮儀的表演過程，必須在固定之處停念，並進行某些動作。

筆者贊成整理者將《總物流行》視爲近似《天問》文本的看法，並認爲此篇屬性應與先秦《天問》、《離騷》、《天問》、《九歌》、《招魂》，以及漢代《思玄賦》相近，都是部分文藝化、表演化的祭禮咒文。其文藝層次當然不如上述天才的作品，但卻是與《楚辭》同時期的儀式表演的誦辭文本。

在上述的幾篇作品中，《總物流行》應最接近戰國末期招神頌辭的原貌。而且《總物流形》的文語與《易傳》有不少交接之處，其所配用的祭禮中也包括有占骨的部份。此外，在這一郊祀酬神的頌辭中，可數次見到出自《老子》的文句。可藉此看出道文化早在先秦時期即已滲入了許多巫覡文化的傳統，除了被應用於說唱、文藝用途外，也顯示其概念的已趨於神祕化，並影響了道教的形成。這篇戰國晚期的文章中可發現被神祕化的道家概念，我們或可看到先秦時期道教萌芽的痕跡。當然，現有資料還不足以直指道教形成於先秦，然已可觀察出道的思想被神祕化，並運用在祭禮中的趨勢。

總而言之，《總物流形》的屬性包括了三個層面：祭禮活動；文藝作品；道的文化觀念。本篇的發現讓我們重新了解戰國末期的精神文化。

注

（1）曹錦炎，〈凡物流形〉，《上海博物館藏戰國楚竹書（七）》，上海：上海古籍出版社，2008 年，頁 221-222。

（2）http://www.bsm.org.cn/.

（3）http://www.gwz.fudan.edu.cn/.

下一句則闡明這次祭禮的祭主是統治者。祭禮中應有祭主和祭司兩個不同身分的參與者。祭主是國君，任務是主持郊祀；祭司乃巫師，是人與神之間的聯絡者，專門負責占卜、祈禱、祭祀活動。祭司從祭主的身份言曰：「我已經得到了百姓的和順，接下來應如何事之呢？」曹錦炎將「和」釋爲和睦、和諧，但這應指同等關係；而「我」與「百姓」的對稱則是國君與國民，上下等級的關係。吳國源又釋爲「利」的訛字。筆者認爲，讀爲和順的「和」較爲妥當。

「事」在這裡既可視爲「做」，如《論語·顏淵》曰「先事後得，非崇德與？」亦可視爲「祭」，如《國語·魯語下》：「大夫有貳車，備承事也。」韋昭注：「事，使也。」又可視爲「使」，如《周禮·天官·宮正》：「邦之事，蹕。」鄭玄注：「事，祭事也。」三種意思皆通順，筆者不敢選擇其中之一，而排除另外兩種，或許此處可兼有三義。

祭司祈禱敬天，祈求指示、顯明準確的方向，與正道的作法，如何以人鬼之身求得神之道？如何在人身飼育先王的智慧？筆者認爲，「鬼之神」也可理解爲「魄之魂」，從自己必死的魄中昇華至靈魂的層次，進而掌握先王的聖智。

在第一章的後段中，祭司唱唸曰：「如何使自己備於能聞天道？須逐步而成，猶如升高必從埤出，至遠必從邇始。十圍之木，也有始生之時。……其如蒴果中的細小種子。人能行至千里，也是自寸步開始累積。」

從結構來說，《總物流形》並非嚴謹規律的詩文，部分協韻，部分不協韻，每句的言數節奏也不一致。筆者認爲，我們不應以一般文本的角度讀此篇文章，而應以古代口唸、耳聽，唱、白交雜的順暢樂律去理解它。本文前八句是嚴謹規律的詩文，但從第九句起即變成有節奏的白文。其後又是嚴謹規律的詩句。在白文的段上，顧史考還是堅持仍以四言詩斷句，並獲得協韻的文字結構。筆者雖不贊成顧史考的斷句，但透過其研究，或可以有助於掌握這些神祕文本複雜的語音節奏，或許在唱唸時，這些內在協韻和節奏亦有其作用。在禮儀性的表言中，演唱者言談吟詠、演釋唱誦，中途更換節奏，時而說白，時而吟唱。這樣的結構常見於漢代文獻，不僅是祭禮文章，漢賦也是如此。

《總物流形》中有兩種符號，其一是粗的一橫，作爲章節結束符號；其二是細小的一橫，甲、乙兩本在「愈暲其夬」、「自飼之其來」、「鬼之神」、「先王之

「知」字可以發現，「」其實並非後期「知」字的本字)。「」字是指對卜骨所進行的某種動作，可能是指加工卜骨之類的行爲。甲骨文的「知」字刻辭記錄，均出現在「干支知乞骨數」這樣的文句中，意指某日要準備「知」三（或五、六、七、八）件乞靈之骨（三骨的數量出現最多)。此種記錄雖不是卜辭，但也與占卜之事頗爲密切。在殷商文化的信仰中，「知乞骨」的動作絶對被視爲神祕之事，必須經過占卜對象的承認。占卜對象承認這些卜骨，並同意通過這些卜骨進行溝通後，巫師纔可使用這些卜骨。「知乞骨」刻辭被用來配合占卜過程，具有神祕作用。《總物流形》祈禱神「明示骨」的意思，可能即是如此。占卜前先舉行祭禮，祭司經過這樣的祈禱，祈求神證明所備的卜骨可用來獲得神祕的靈驗。

下一句開始，又詠頌卜骨的神祕性，其說：「骨啊！既無人能通曉它的神祕，就愈使它兆象的決斷益加彰顯。」亦即禱者通過祈求神「明示於骨」，纔能掌握彰顯於骨的兆象。文本所用「夬」的概念出自《易》經。《易·夬》曰：「夬，揚於王庭。」孔穎達疏：「此陰消陽息之卦也。陽長至五，五陽共決一陰，故名爲夬也。」又曰：「澤上於天，夬。」王弼注：「夬者，明法而決斷之象也。」

其祭辭又繼續提、詠頌曰：「我們如何能盡知神骨的極至？鬼生於人，我既生爲人，又怎麼可以侍奉神骨？骨啊！萬物中沒有它見不到的事，我如何培養自己的神性，以獲得它的歸服？」

本段言：沒有憑託，我將於何時進行塞禱？祭祀中又如何貢享？「託」是某種神祕的依靠、指導，這句禱文似乎可參照甲骨文中所見，殷王祈禱能掌握吉祥的引導，即神祕的「道」[35]。此處祭司也祈禱能掌握崇高的憑藉，並靠它得知何時進行祭禮？應用何種祭品和祭法？

下一句中出現了「思」的概念，其義猶如《書·堯典》所云：「欽明文思安安。」陸德明釋文引馬融曰：「道德純備謂之思。」祭司續問：「像我這樣的人，在道德上應如何純備自己，以向順於天之道？」行祭禮時，必須符合天道，祭司必須完全向順天道，以求掌握天意、天恩，並傳達給統治者和百姓。以上禱文的意思在此。昊天賜命的來源玄遠難知，祭司祈求能了解準確的方向，故問：「我應以何處爲頭端，如何纔能合乎、朝向正道？」

依循著自然，流氣而塑形、成體而死亡，爲何有得而生？人生的造化爲何不能永恆地循環？人爲何蹎倒而死[33]？大自然和人生的對照，是全文的核心觀點，這涉及祭禮中的神祕目標：身爲人類，卻追求掌握崇高而神祕的知識。

後一句所謂：有得而成，未知其左右，或可與《易》呼應。《易·泰》《象》言：「輔相天地之宜，以左右民。」孔穎達疏：「左右，助也，以助養其人也。」廖名春將「左右」訓爲「支配、掌控」，其說亦可從。其謂：「『左右之情』，掌控的情況。指掌控『有得而成』的情況，也就是『有得而成』的奧妙。」言之，人生有得、有成，卻不知其受到幫養、支配的原由。

自下文始，即述說人如何掌握天地的規律。祭司言曰：天地既決定終絕，也決定續傳不滅，即前所言萬物造化，循環而「不死」。其後提及人生必「死」，都是由天地所決定的。天地的五行、五方、五時，我人如何能衡度，如何了解其方向？五氣普遍而通達，我人如何分別，如何尋求連同於其間？「異、同」在這裡指分別與統一，如《禮記·樂記》曰：「樂者爲同，禮者爲異。」鄭玄注：「異謂別貴賤。」這些提問均有祈禱作用，祈求神協助其掌握天地意旨，指出能通天地的正道。

接著主題開始集中於人的德性及誠心，祈禱透過神祕的方法解通神意。其說：「五德之言」在於人，如果遵守誠實、純正，則能得到公正。九州之中，出現了許多不同的學說，但若依然保持誠實純正，就能得到格正。這兩句話乃巫師或祭司在進行祭禮之前的承諾，他必須承諾保持純正、誠實，纔能獲得追求崇高的資格，以解通神祕的靈驗。他又說，自己年紀已經老了，仍純正、恭敬地奉祀卜龜。自己只是一個人，身上帶有鬼氣[34]，神爲何會願意明示於神骨？這句話又有祈禱、淨化的涵義，旨在避免占卜時，有鬼作祟干擾、欺騙，故祈求袪除自己身上的鬼氣，迎請神靈降臨。祈禱神「明示骨」的意思，可能是表達在占卜前進行祭禮，祭司經過這樣的祈禱，求神降臨而證明所備的卜骨可以用來獲得神祕的靈驗。

甲骨文有「」字，从「矢」、「口」，故可以隸爲「知」（但從金、簡文的新體，既已生成，再鳴而合交，總爲一。

第四句提問：萬物之中，有的移動不羈，有的穩定成體，其以何者爲先、何者爲後呢？也就是說，先有流氣或先有形質？先有無或先有有？是死後有生，或生後有死？綜觀《總物流形》的前四句，均與「流」、「形」的過程變化有關。東漢王充《論衡·道虛篇》曰：「人之生，其猶水也。水凝而爲冰，氣積而爲人。冰極一冬而釋，人竟百歲而死。」雖然時代較晚，但兩者觀念相同，王充的論述已完整地吸收、表達了這種死生觀。生存猶如凝結塑形的氣，死亡則如同流散的氣，這一東漢時期的概念，顯見是基於先秦時期的思想源流。

據《總物流形》在自然界造化的過程中，陰陽仲而固，水火和而不厚。「固」應有固結、凝結的意思，如《左傳·昭公四年》所言：「深山窮谷，固陰沍寒。」宋代蘇轍《服茯苓賦》以採此義，其言：「流膏液於黃泉，乘陰陽而固結。」陰陽沖氣而凝結爲萬物之形，構成萬物之體；無論在何種物質中，陰陽都是不可被分解的兩個元素。「不厚」意即「不深」、「不超」、「不大」。

如果上文的釋詁無誤，那麼「陰陽之沖」、「水火之和」應是兩種不同的過程：陰陽凝結以成萬物之體，而水火則是互相節制，以此保障宇宙中的力量平衡，莫不超，莫不勝。據《鶡冠子·度萬》所云，水火的相對恰好代表天地之交的同時，彼此互相節制的作用：

> 鶡冠子曰：「天者神也，地者形也；地濕而火生焉，天燥而水生焉。法猛刑頗則神濕，神濕則天不生水；音故聲倒則形燥，形燥則地不生火。水火不生，則陰陽無以成氣，度量無以成制，五勝無以成埶，萬物無以成類……」

亦即陰陽相合，以形成萬物眾生；水火互相節制，以提供萬物生育的條件。這兩句話表明了陰陽、水火在萬物化生時的作用。陰陽之沖，爲何得以凝結？水火之和，爲何能不彼此超勝？。陰陽互不可缺、不可分解，而水火則是互補而節制。此一過程永遠運行而不滅絶。

接著從第七句開始，由大自然的基礎轉向人生的探索。祭司唱唸曰：人類也拔。」《漢書·枚乘傳》引作：「夫十圍之木，始生如蘖。」枚乘用「蘖」字，所以學者們都以之爲釋「蒴」爲「蘖」的線索。整理者認爲，「蒴」讀音从「朔」，而「朔」從「屰」得聲，「蘖」從「辥」，「屰」、「辥」古音同。但這種想法仍有問題，「屰」的讀音爲 ŋrak，「朔」爲(s)ŋ̊r ā k，而「辥」讀爲 sŋ̊et，明顯有所不同。

筆者認爲，既然《老子》與枚乘的用詞不同，在這裡也未必相同。關於「蘖」字，顏師古注曰：「如蘖，言若蘖之生牙也。」《廣雅·釋詁一》：「蘖，始也。」此如樹木砍去後重生的枝條，亦泛指「物始生」。「蒴」乃一種乾果，内含許多種子，成熟時乾燥、裂開，經風吹拂後，會有極小的種子飛散落土，重新生長。所以，十圍之木始於蒴，在文意上也沒有錯誤。此外，不从「艸」的「朔」字是非常重要的始生概念。「朔」即生月，《説文·月部》：「朔，月一日始蘇也。」《禮記·禮器》曰：「大明生于東，月生于西。」《後漢書·馬融傳》改作：「大明生東，月朔西陂。」「朔」可借指年初一，亦即「朔旦」。《書·大禹謨》曰：「正月朔旦，受命于神宗。」「朔」的始生也被借作各種現象的初端，如《禮記·禮運》：曰「後聖有作，然後脩火之利，范金合土，以爲臺榭宮室牖戶。以炮、以燔；以亨、以炙，以爲醴酪。治其麻絲，以爲布帛，以養生送死，以事鬼神上帝，皆從其朔。」鄭玄注：「朔，亦初也。」於是，在蒴果的「蒴」字中，「朔」不僅可作聲符，也具有表義功能。

四、釋　義

《史記》描述，西漢早期天子進行郊祀時，採用了很多道文化的觀念，道的學説始在祭禮中發生關鍵性的作用，此即道教形成的重要階段。馬王堆文獻也顯示養生學與道文化的接合痕跡。西漢早期所見道學宗教化的趨勢，是否濫觴於秦滅後，或有更早的淵源？馬伯樂先生二十世紀初已提出過先秦道教萌芽的問題。筆者認爲，上博七《總物流行》即給我們提供了目前最早應用於道教祭禮的文本。

雖然這篇文章不是論述思想，而是應用於祭禮中的文藝化紀錄。但其將有限的人生對照於天地自然的永恆性，以及造化不死的循轉中，仍反映出鮮明的天地及人生觀。前一段説自然界化生的循轉規律：總爲一，結合氣流，塑形及凝結成循之解，我們始能稍稍了解《總物流形》中所反映的祭禮活動，實包括了以甲骨進行祈禱、卜吉。

此處原文有重文符號。整理者將「骨骨」釋爲骨肉，認爲後句指的是「人的肉體腐爛」。然原文的字體不符合這樣的理解，所以學者們又討論起各種假借的可能性。筆者認爲，前文既已提及大自然的永恆循環，與人生而必死的矛盾，此段重點應該放在「身爲人，如何掌握天地旨意」的問題上。前句的「蔡」字和此句的「骨」字，其意均指在神、人的溝通過程中，用作神祕聯絡者的甲骨。「骨」的原字是「」、「」，本義不是人骨，而是受兆的卜骨。

簡言之，筆者認爲「骨=」雖應讀爲兩個「骨」字，但中間須斷句。「槑」宜讀爲「明示」合文，表達指示及顯明的意思。《左傳·桓公二年》:「今滅德立違，而寘其賂器於大廟，以明示百官。」

(八) 釋「窒」、「異」、「歠」

「窒」和「異」字，整理者釋爲「塞」和「禩」(即《説文》「祀」字的或體)，其證據皆充分可從。但學者們不從祭禮文本的角度理解《總物流形》，故捨棄了本字的用意，而提出數種假借之説。若讀如本字，其實更可以理解本文是用於酬神塞禱的祭禮文章。因祭司問「奚時」即應指季節性的酬神活動，如《史記》所述「冬塞禱祠」之屬。「进」字整理者讀爲「升」，釋爲進貢的意思，亦確。

「歠」即从「人」的「餮」字，故可作「飽」或作「卿」字。然古代「」、「」可釋作「卿」或「鄉」，兩字不加區分，故「餮」亦可釋作「鄉」。「鄉川」宜讀爲「嚮順」(或「向順」)，此處整理者斷句有誤。《列子·黃帝》曰:「不知背逆，不知向順，故無利害。」「頁」宜讀爲「首」，也是方向的意思，「嚮順」與「爲首」詞義相應。

(九) 釋「蒴」

《道德經·六十四章》曰:「合抱之木，生於毫末；九層之臺，起於累土；千里之行，始於足下。」帛書《得道經》甲、乙本也同樣用「毫末」二字。西漢早期，枚乘《上書諫吳王》曰:「夫十圍之木，始生而蘖，足可搔而絕，手可擢而

《書·周官》所指：「以公滅私，民其允懷。」孔安國傳曰：「從政以公平滅私情，則民其信歸之。」《呂氏春秋·季冬紀·序意》亦云：「夫私視使目盲，私聽使耳聾，私慮使心狂。三者皆私設精則智無由公。」高誘注：「公，正也。」

甲乙本中，「[言毋]」字上半部都殘缺，整理者讀作「誨」，復旦大學讀書會則讀爲「謀」。楚簡《緇衣》中，「謀」字寫作「[母心]」，故兩種讀法都可從。《書·說命上》：「朝夕納誨，以輔台德。」孔安國傳曰：「言當納諫誨直辭以輔我德。」何有祖訓爲「拙謀」[29]然「出」字須與「在」字相應，所以不宜讀爲「拙」。

關於「[辶丰]」字的說法很多。廖名春因協韻的考量纔讀爲「逢」，但在字形和字義上都難以成立。筆者認爲，《總物流形》並非全文嚴格協韻的著作，所以不宜以協韻作爲決定性的釋讀依據。

此字在甲乙本中有字形上的差異，甲本作「[辶丰]」、乙本作「[辶丰]」。其中甲本的字體前所未見；乙本則與《緇衣》郭店 38、39 簡上的字體相同，對照《緇衣》通行本，相應處有「格」和「略」兩個字。據《說文》，「略」字籀文作[籀文略]（䂮），从「丰」、「各」、「刀」的雙聲字，而「格」的古字寫作「[古文格]」（挌），亦爲从「丰」、「各」的雙聲字。黃碧姬曾詳細地探討過「格」與「[辶丰]」字間的關係，其說可從。[30]所以《總物流形》乙本的「[辶丰]」字應釋作「格」字，甲本則殘缺了一個筆劃。

《禮記·緇衣》：「言有物而行有格也，是以生則不可奪志，死則不可奪名。」鄭玄注：「格，舊法也。」孫希旦集解：「有格則無踰矩之行。」《書·冏命》：「繩愆糾謬，格其非心。」孔穎達疏：「格其非妄之心。心有妄作則格正之。」《孟子·離婁上》：「人不足與適也，政不足間也，惟大人爲能格君心之非。」趙岐注：「格，正也。」此處上一句的「公」字，可與「格」字形成互文，兩者文意相近且互補。

（七）釋「[矢大]」、「[吅木骨]=」

「[矢大]」係「蔡」字。[31]那在《總物流形》中能作甚麼解釋？《左傳·襄公二十三年》曰：「且致大蔡焉。」杜預注：「大蔡，大龜。」《漢書·食貨志下》：「元龜爲蔡。」[32]

楚簡中的「箮」和先秦傳世文獻的「篤」字意義範圍一致。《成之聞之》第 23-25 簡曰：

> 孛（悖）之述也，強之工也，陳之弇也，詞（伺）之工也，民箮弗從。型（形）於中，癹（發）於色，其竆也固𢘃（疑），民箮弗信。是以上之亙（恆）柔才（務在）信於眾。

「悖」、「強」、「陳」、「伺」，「伺」都是負面的意思。「陳」的字義如《書·梓材》所言：「惟其陳修，爲厥疆畎。」孔安國傳曰：「惟其陳列修治，爲其疆畔畎壟。」王引之《經義述聞·尚書下》：「陳，治也。《周官·稍人》注引《小雅·信南山篇》『維禹陳敶之』，《毛詩》敶作『甸』，云：甸，治也。《多方》曰：『畋爾田。』《齊風·甫田》曰：『無田甫田。』田、甸、畋、敶、陳，古同聲而通用。陳、脩皆治也。《傳》訓『陳』爲『列』，失之。」「弇」即掩蔽、覆蓋的意思，如《墨子·耕柱》所言：「是猶弇其目而祝於叢社也。」是故民不從。後説「固疑」，所以民不信。如果「箮」讀爲「孰」，則文意不通，所以宜讀爲「篤」。其意爲：民眾堅實不從，堅實不信，因此，統治者必須取信於民眾。

上博《容成氏》第 46 簡有一句話：「文王䎽（聞）之曰：『唯居亡道，臣敢勿事虖？唯父亡道，子敢勿事虖？箮天子而可反？』」整理者讀爲「孰」，從文義來説可以通，但詞序文法的結構不順。若讀作「篤」，並以「可」（何）作爲問詞，解作「篤天子而何反」，或許更爲妥適。其意思是：「敦厚恭敬的天子，誰會反叛他？」或者「怎麼可以反叛他呢！」

簡言之，「箮」係「篤」的古字，楚簡上常用在「篤」的涵義範圍中，但在某些情況，亦可作爲「孰」的假借字。筆者認爲「箮」在《總物流形》中並非用作問詞，而需讀作「篤」。《禮記·儒行》曰：「儒有博學而不窮，篤行而不倦。」「篤行」與「篤爲」的意思接近，均指「切實、純正地履行」。

(六) 釋「逹」

「五言在人，篤爲之公；九囿出誨，篤爲之格。」其中「公」字意同而是傳流。「終」和「詒」的相對意思是「終結、斷絶」與「繼續、傳承」，而非結束與開始。

（五）釋「䈞」

曹錦炎認爲：「郭店楚簡『孰』皆作『䈞』」。實際則不然。

《説文·亯部》曰：「䈞，亭（享）也，从亯，竹聲，讀若篤」段玉裁：「䈞、篤亦古今字。」郭店《老子甲》第 24 簡言：「至虛，亙也；獸中，䈞也。」相當於《道德經·十六章》：「致虛極，守靜篤」，所以《老子甲》的這一句讀如下：「至虛，恆也；守中，篤也。」在其它楚簡文獻裡，「䈞」字被用作「篤」的文例相當多，如：：

古者吳（虞）舜䈞（篤）事……（郭店《唐虞之道》第 39 簡）
新（親）而䈞（篤）之，㤅（慨）也。（郭店《五行》第 33 簡）
䈞（篤），𢖩（仁）之方也。（郭店《性自命出》第 39 簡、上博《性情論》第 33 簡）

可見，上例「䈞」字僅可讀作「篤」，若讀作「孰」則不可通。

「䈞」（篤）在楚簡儒家文獻裡有倫理概念的作用，涉及德義仁道的行爲，「『仁』以『篤』表現方式，是屬於人的內容」。(28) 在《老子》裡被定義爲「守中」。據傳世文獻，「篤」有堅實、厚重，或純厚、忠厚、恭敬、專心的意思，其文例如次：

椒聊之實，蕃衍盈匊，彼其之子，碩大且篤。《詩·唐風·椒聊》
君子篤恭而天下平。《禮記·中庸》
子夏曰：「博學而篤志，切問而近思，仁在其中矣。」《論語·子張》
好學則智，恤孤則惠，恭則近禮，勤者有繼，堯舜篤恭，以王天下。《孔子家語·弟子行》

時有幾個不同的字皆用以表達「仲」的意思，但後來都被「仲」字取代；又或「⿸尸示」是楚、吳方言中的「仲」字；或者「⿸尸示」字本無「仲」的意思，但被用來表達中月之後，在某些具體的文句中被習慣性地借作「仲」字異文。這都是語言發展中常見的情況，純粹的讀音關係往往不足以解釋語文的演化。從「⿸尸示」字在鄂君啟節銘文及《總物流形》中的用意來看，其讀爲「仲」字相當通順。「仲」與「固」明顯不協韻，但第五、六句恐怕本來即不押韻。

從「陰陽之⿸尸示」和「水火之和」的互文結構來看，「⿸尸示」字的作用正好與「仲」（中、沖）字相符。「陰陽之仲（中、沖）」恰恰是道文化中的用語，馬王堆《德道經》曰：「中氣以爲和」，通行本曰：「萬物負陰而抱陽，沖氣以爲和。」

也就是說，「夏⿸尸示」月名乃指「仲夏月」，故「⿸尸示」字可釋爲「仲」。另一方面，「陰陽之仲」在先秦的道文化中，即用以表示陰陽的關係。故筆者推論此處「陰陽之⿸尸示」應讀爲「陰陽之仲」，即陰陽沖氣，陰陽沖，水火和，陰陽、水火沖和之

(四) 釋「⿱詞心」

有關「⿱詞心」字，目前大部分學者均讀作「始」。古代「始」與「姒」字形不分，金文中出現過幾十次的「姒」、「始」。各代常見的寫法有：殷商⿰女司㠯爵作「⿰女司」；殷商者⿰女司[illegible]罍、西周中期季⿰女司[illegible]罍、陶子盤作「⿰女司」；西周早期的新姒簋、季姒簋、鬚姒簋、衛姒簋蓋、杏簋、班簋、叔⿰食乚尊、叔⿰食乚方彝作「⿱司女」、「⿰女司」，都是从「女」的字形。只有西周早期的[illegible]甗和春秋早期的鄧公簋蓋寫作不从「女」的「⿰台司」，但後兩者也不从「言」。反倒是楚簡中出現了很多从「言」的字形，如郭店《老子甲》第 19 簡、《老子丙》第 12 簡和上博《恆先》第 1 簡有「詞」。此外，《老子甲》第 11、17簡出現從「心」的「⿰忄司」；《總物流形》則寫作既从「言」又从「心」的「⿱詞心」，但不从「女」。故可推論，楚簡的「始」的字形透露其乃近於以心想、口言的創生方式，而非由母體所成生。

不過筆者另有他想，在第 8 簡有不从「言」的「⿰台司」，即「始」字。而从「言」的字形或許不讀作「始」，而應讀作「詒」。《詩·邶風·雄雉》云：「雄雉于飛，泄泄其羽。我之懷矣，自詒伊阻。」毛傳：「詒，遺。」意思不是天地始造，

《左傳·莊公四年》:「春，王三月，楚武王荊尸授師孑焉，已伐罰隨。」……此或即「荊尸」爲楚曆正月代月名之由來。……

曾憲通先生亦曾論及鄂君啟節「夏𡰥之月」，其謂：

郭沫若……把「夏𡰥之月」理解爲夏季的「𡰥之月」，並懷疑《爾雅》「余」字本當作「𡰥」……從而推定「𡰥之月」當爲四月。現據「秦楚月名對照表」，知「夏𡰥」乃楚曆之代月名並非《爾雅》月名，它所指代的該是楚曆的二月而不是四月。(25)

不過這些討論僅限於月名，尚難知「𡰥」字的本義。

對此李學勤先生作了一些補考，闡明《左傳》中的「荊尸」實際上並非月名：

而應是組織兵員的一種方式……這麼説，是否《左傳》的「荊尸」同楚月名全部相干呢?我認爲不是的。楚月名各個的涵義，我們還不清楚，似若與各月行事，或者歷史上一定事件有關……。(26)

李學勤先生的説法很關鍵，月名都有其命名由來，「𡰥」字當然也有月名之外的本義。祇不過依目前所知的線索，仍難以準確地考證出來。例如春秋早期郱大宰簠銘文中有「畱鑄」一詞，但這對解釋「畱𡰥」恐無幫助。若從「𡰥」和「杘」的關係來看，《説文》中有「杘」字，釋爲「柅」，即「柄」的意思。然在「陰陽之𡰥」中，釋爲「柅」、「坭」、「泥」皆不可通。

因此，筆者重新思索將「夏𡰥之月」釋爲夏季「𡰥」月的可能性。根據秦楚月名對照表，「夏杘」是秦曆五月，如果「夏杘」與「夏𡰥」同名，則應均指夏季仲月。目前對於殷、周、楚、秦曆法間的關係，仍有許多不明之處，但「孟、仲、季」月令系統的出現時間應該頗早，以「夏仲」作爲月名是相當有可能的。

雖然「𡰥」字的讀音與「仲」字不同，但是語言的演化是多元的。或許先秦據鄂君啟節另知「𡰥」字可用作月名。對此，學界已有些辯論，如郭沫若先生謂：

「𩕄」是「夏」字，古璽「夏侯」之「夏」作「頣」，此从「女」之殆从「夊」之訛變。「𡰥」是月名。《爾雅·釋天》十二月月名爲陬、如、寎、余、皋、且、相、壯、玄、陽、辜、涂。屈原的《離騷》：「攝提真於孟陬」，即攝提格之歲的孟春正月。既用《爾雅》月名，則夏季三個月月名爲余、皋、且，卻無一字相合。余意：《爾雅》「余」字當是後來的訛變，本當作「𡰥」，因後人不識而誤寫爲余。故「𡰥之月」當爲四月。(22)

郭沫若的邏輯是「𡰥」的字形从「尸」、「示」，或从「人」、「示」，和「佘」的結構相同；而「佘」與「余」形近，容易混淆。不過殷滌非和羅長銘先生不贊成此說，殷滌非先生認爲「𡰥」要讀爲「禘」。(23)然而，若從「陰陽之𡰥」來看，無論讀爲「余」或「禘」都不可通。

睡虎地秦簡《日書》秦楚月名的對照中，有「𠜱𡰥」和「夏𡰪」兩個月名。曾憲通先生曾論曰：

根據「秦楚月名對照表」，我們認爲楚簡「𠜱𡰥」及秦簡「刑夷」，「𠜱」从「刑」聲，「𠜱」、「刑」古通。「𡰥」字雖不見於字書，但對照表上的「刑夷」，秦簡《日書》它處又寫作「刑尸」（見秦簡乙 149 號），或「刑𡰥」（乙反 148 號）。又表上「夏𡰪」它處亦寫作「夏尸」（乙反 148 號）或「夏夷」（乙 26 號），鄂君啟節則作「夏𡰥」。可證古夷、尸、𡰪、𡰥皆音近相通。

「秦楚月名對照表」上「刑夷」當秦正月，已知秦曆正月乃沿用夏正，戰國時楚用夏曆，故楚簡「𠜱𡰥之月」在楚曆當爲正月，入秦後改屬四月。(24)

因《左傳》有「荊尸」一詞，曾憲通先生認爲「𠜱𡰥」與「荊尸」相關：

堇。」通行本寫作：「夫物云云，各歸其根。」所以，整理者乃據以讀爲「根」字。然筆者認爲或可直接以本字作解。《玉篇·木部》：「槿，柄也。」《易·繫辭下》：「謙，德之柄也。復，德之本也。」《國語·齊語》：「治國家不失其柄。」韋昭注：「柄，謂本也。」「柄」字在先秦語文中除有「根本」的意思外，也可以表達「掌握、停定」的涵義，與「本」、「根」等字義並不完全相同。《易·乾》曰：「樂則行之，憂則違之，確乎其不可拔，潛龍也。」陸德明引鄭玄曰：「可拔，移也。」「桌」則正與「槿」字相反，其字義是「移轉」、「穩定」，相當於氣流的運轉與塑形過程。

(三) 釋「㞷」

曹錦炎將「㞷」字釋爲「尻」（處）的異文，理解爲「居」、「穩固」、「固定」。王連成釋爲「施」的假借字。此處，筆者認爲或可有其他假設。

鄔可晶曾質疑「處」、「居」的釋讀，其謂：「感到『陰陽之處』或『陰陽之居』的說法頗爲陌生，文義不易講通」(21)。另外，若從「陰陽之㞷」和「水火之和」的互文結構來考慮，將「㞷」釋爲「尻」（處），很明顯地不甚妥當。「和」是「協和互補」的意思，所以「㞷」應該也用以表達類似「陰陽和」的意思。但文獻中，「處」字即使作爲「交往」解，也不會有「合」的意思。如《詩·小雅·黄鳥》曰：「此邦之人，不可與處。」「與處」是指一起在某地同處、交往，但非聯合，也沒有彼此結合、互不可缺的關係。因此，文獻中未見有以「陰陽相處」來表達陰陽和的用法。「居」（曹錦炎先生的理解）字同樣沒有這層意思。

在前吳國境内出土，戰國中期的楚鄂君啟車節以及鄂君啟舟節銘文中皆有此字，其文曰：

襄陵之歲，𩒨（夏）㞷之月，乙亥之日，王尻（處）於蔵郢之遊宮。

學者們將「㞷」讀爲「尻」，是因爲希望找到能與「固」協韻的字。但在鄂君啟節銘文上，「㞷」與「尻」（處）兩個字同時出現，可見「㞷」與「尻」（處）不可能是同一字。從字形，字義，及鄂君啟車節的佐證，我們都不能將「尻」和「㞷」視爲同一個字。所以，「㞷」字的用義仍須重新再作思考。

布成形。」《管子·水地》言：「男女精氣合，而水流形。」注亦謂：「陰陽交感，流布成形也。」陳耀森釋讀「流形」一詞爲：「氣變流化成形」，亦與之相近，但並未解釋兩字的句法。然據傳統經書的注疏，「流形」是「流布成形」，即兩種動作的合稱。林碧玲認爲：「『流形』一詞爲『聯合式合義複詞』，『流』和『形』兩動詞的意義。」[20] 鄙見認爲應以此說爲是。「流形」是兩個動詞的複合詞，因此，本篇首句的意思是「由物質聚合而成的萬物，又將流布四散，以形成新的形質」。此處並不是描述萬物的創生元始，而是說自然界中的永恆化生過程。

以「形」字爲動詞者，如《楚辭·天問》：「上下未形，何由考之？」《淮南子·原道》：「故音者，宮立而五音形矣；味者，甘立而五味亭矣；色者，白立而五色成矣；道者，一立而萬物生矣。」「流」字則應表示「氣流」的狀態，如上博簡三《恆先》所言：「有氣焉有有」，「形」即「成有」的動作。另一方面，「流」的狀態或許也接近莊子「逍遙遊」的概念。綜言之，「流」表達的是一種抓不住、無定無形的狀態；而「形」則是已成形質「有」的狀態。

首句提問：聚合萬物，又流氣四散、合氣而塑造形質，如何得以完成？次句續問：流氣、塑形而後凝結成體，爲何這個過程永遠循環，既不僵化也不停止？綜言之，這兩句話以設問的方式，陳述了總物合氣、流氣、再塑形而成新體之間，永恆不滅的過程。《淮南子·說山》曰：「魄問於魂曰：『道何以爲體？』曰：『以無有爲體』。」在《總物流形》中，「流」是指在物質、形質產生以先的狀態，所以相當於「無」，而「形」則相當於「有」，「流形成體」，即「已無有爲體」。

學界關於第三句的說法甚多，筆者認爲，顧史考將「鳴」釋爲配偶之相互叫應，其說可從；但「寡」字卻不必通假爲「顧」。此處，筆者贊同林碧玲的看法，「寡」即是寡獨的意思。有生萬物不欲寡獨，爲求能「總爲一」，彼此聚合，故須鳴叫。《左傳·僖公二十二年》曰：「彼眾我寡，及其未既濟也，請擊之。」《道德經·四十二章》云：「人之所惡，唯孤寡不轂，而王公以爲稱。」詩文提問：「已成已生，又爲何因孤寡而鳴叫？」《道德經》則曰：「人們恨惡孤寡，萬物恨惡孤寡。」所以既已成體、有生，還要進而追求「總爲一」，參與合氣之流，故須鳴叫夥伴、配偶。

關於「槿」字，郭店《老子甲》第 24 簡曰：「天道員員，各[辶复]（復）其但也可能只是未發現中間的連接資料，兩者仍屬同一個字。過去很多人懷疑宋代《汗簡》、《古文四聲韻》的字體，但現已知道其中載有很多源自先秦的字形，因此从「手」、「公」的字形未必即是後世「總」字俗文，或有更早的來源。先秦古文字迄今未見从「囪」的「總」字，或許「總」原本由「公」得聲，故音皆同。

從該字的結構來說，應視爲會意兼形聲字，其會意的涵義是指用手聚束，合爲公同、公誼的公道，也就是物之「合」，也就是物之「總」，無「總」則無生的根源。《淮南子》曰：

　萬物之總，皆閱一孔；百事之根，皆出一門。〈原道〉

　夫天地運而相通，萬物總而爲一。〈精神〉

可見「總」與「根」可作互文。古代觀念中，萬物之「生」有「合」爲本；沒有集合，即無萬物之「根」，陰陽聯合，萬物聚束，纔能順利產生萬物；萬物總，而天地相通；張衡《東京賦》曰：「總集瑞命，備致嘉祥。」故「總」與「根」乃相互呼應。

原來「」字釋爲「凡」，違背了字形，並失去了第一句的確切涵義。首字非虛字，其文義更非述說「物的流形」，而是提出「物的流形是如何發生，而又能不停的運行？」惟有從「總物流形」的涵義，我們纔能更容易地理解該篇文章的內容所指。

（二）自然「流」與「形」的概念

一般多以爲「流形」二字應屬動詞和賓語的關係。曹錦炎釋之爲「萬物運動變化其形體」。就目前網路所發表的百餘篇文章來看，尚無人反對此說。如此理解，是根據《易·乾》《彖傳》所言：「雲行雨施，品物流形。大明終始，六位時成」，高亨注曰：「流形謂運動其形體。此二句言天有雲行雨降，萬物受其滋育，始能運動形體于宇宙之間。」然《總物流形》下一句云：「流形成體」，可見「形」、「體」爲兩種不同的概念，高亨的「運動其形體」應與本篇所指不同。廖名春和吳國源認爲兩者的說法都是將「流形」釋作「成形」，爲動詞接賓語結構。[19]

然而，《周易正義》對「品物流形」的解釋與此不同，其謂：「品類之物，流而非「」字。。據此可見，雖然「凡物流形」文句通順，但字形上卻不是如此。若爲求文句通順而忽略了其中的差異，恐非研究者從事研究工作的初衷。根據實際的字形，該字左半部只能隸定爲「」。當然，上面的圓形筆畫可能不是「口」字，但也絕對不會是「凡」字。

「」、「」、「」三字的右半部皆與「」字不同。「」字右側明顯是「戈」，而「」、「」、「」的右側都是「手」字寫法。其中，篇名「」字的「手」形最明顯，甲本的寫法則無疑是「手」的字形，而乙本「」字右側與上博一《緇衣》的「」字左下部分相同，都是「手」字旁。是故，該字應隸爲「」。無論如何解釋此字，但嚴格隸定應是如此，其他隸定方法，都基本上違背了原字的字形。簡言之，「」、「」、「」都沒有「凡」字偏旁，也絕非「凡」字。其左部是「」，而右部是「手」，故其字形只能隸定爲「」字。

「」字的「」部即「公」字異文，在金簡文中，「公」字均寫作「」，然而在春秋早期蘇公子簋的銘文上，其「公」字寫作「」，正與上博此字的右部完全相同。因此，「」字確實是「公」字的異文。循之，「」、「」、「」字應隸爲「」字。

「」字只見於晚期的字典，未見於古文字中。如《正字通·手部》將之釋爲「忪」的訛字。因此在歷史證據上難以無疑。不過筆者推論，若將「」字視爲「捴」，據《龍龕手鑑·手部》所載：「捴，普也，皆也，合也，衆也。」本字或作「揔」，可釋爲「摠」、「總」字的異文。當然，《龍龕手鑑》是遼代字典，成書時代太晚，但是我們不能否定《龍龕手鑑》出現的字形可能源自先秦。換言之，我們在先秦楚簡和遼代字典看到同形字，雖可能因時代差距太遠而沒有關聯，

一語，故將該字釋爲「品」字的異文。[16] 孫廣明視爲「帆」字異構。[17] 陳耀森將其字形準確地隸作「拴」，但還是通假爲「挏」。[18]

依筆者淺見，季旭昇的釋讀雖可找到文獻證據，但難以解決字形上的問題。而曹錦炎和王連成的釋讀雖從文義可通，卻在字形判讀上也很難成立。該字的左上部寫成「」、「」，隸爲「凡」實與字形不合。「」字雖殘，但也看不出有「凡」字偏旁的跡象。對此，筆者遂以甲骨、金、簡文的「凡」字與本篇的首字作對照。

「凡」在甲骨文中寫作「」；金文中，西周早期的天亡簋寫作「」；西周中期的㝬簋則作「」；在西周晚期的散氏盤，此字作「」；到了戰國末年，秦王新郪虎符作「」。在簡文中，曾侯乙墓第 120 簡亦有此字，但多了一筆畫，作寫：「」；包山楚墓第 2、137、153、204 簡有「」字，字形从「凡」、「力」，應可隸爲「」，讀爲「凡」。上博二《從政》甲本第 9 簡，該字寫作「」，整理者張光裕先生隸定爲「」，讀爲「凡」，雖然釋文應該無誤，不過若隸爲「戙」可能會更準確。《總物流形》甲本第十四簡也有同樣的字，寫作「」；與乙本第九簡的「」字，都是「戙」的結構，學者們讀爲「凡」，或假借爲「風」。這些字型皆从「凡」，但它們的寫法與本篇首字寫法不同，包括同一篇甲本第十四、乙本第九簡的字體與首字的寫法、用法皆不相同，不宜看作同一字。

仔細觀察上博七的「」、「」、「」字，皆無「凡」字偏旁。其左上部份分別是「」、「」與「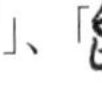」絕不同型，甲本第一字雖殘，但從剩下的「」來看，結構也和「」、「」相同，「」的左上部是「」的右側，

死既城既生糸寡而鳴既巢既槿糸遂I
之糸先会易之屌系㝵而固水火之和系
㝵而不厚䎽之曰民人流型系㝵而生 II
流型城豊系遊而死又㝵而城未智左右
之請天陛立㝍立憩天陛五宅虐系III
奐系從五既竝至虐系異系同五言才
人篙爲之公九区出謝篙爲之達虐既長
而 IV
或老篙爲妖奉魂生於人系古神褁骨=
之既秫其智愈暲其夬_系壹篙智 V
其疆魂生於人虐系古事之骨=之既秫
身豊不見虐系自飤之其㚇_亡尾VI
虐系旹之窒祭異系进虐女之可思𪗇川
天之道虐系以爲頁虐既㝵VII
百眚之和虐系事之敬天之褁系㝵魂之
神_系飤先王之智_系備䎽之曰？进
VIII
高從埤至遠從迩十回之木其訇生_女
蒴足牺至千里必從犇訇■

拔既槿，奚後之奚先？陰陽之仲，奚得而固？水火之和，奚得而不厚？問之曰：民人流形，奚得而生？流形成體，奚𨂂而死？有得而成，未知左右之情。
天地立終，立詒。天地五度，吾奚衡奚從？五氣並至，吾奚異奚同？
五言在人，篤爲之公。九囿出誨，篤爲之格。吾既長而或老，篤爲蔡奉。
鬼生於人，奚故神明示骨？骨之，既莫其知，愈暲其夬。_
奚適篤知其疆？鬼生於人，吾奚故事之骨？骨之，既莫身體不見，吾奚自飼之其來？_
無託吾奚時之塞？祭禖（祀）奚升？吾如之，何思饗順天之道？吾奚以爲首？吾既得百姓之和，吾奚事之？敬天之明示！奚得鬼之神？_……奚飼先王之智？_
奚備聞之曰？升高從埤，至遠從邇。十圍之木，其始生……_如蒴。足將至千里，必從寸始。■

三、文字釋詁

(一) 釋「」字

本篇甲本首字殘缺，僅存的部份爲「」，但第三簡簡背上另有篇名，首字爲「」。乙本第一字寫作「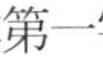」，這三個字形應是同一字。曹錦炎先生認爲，該字左上部份是「凡」字偏旁，故隸爲「𠮛」（或「𣅀」）讀爲「凡」。王連成也同意左上部是「凡」字，而右部則釋爲「戈」，故此字可隸作「戙」，爲「同」字異文。(15) 季旭昇先生雖然不否定整理者的隸定，然因爲《周易》《彖傳》有「品物流形」

這兩篇文章確實都不是敘述性的論文，而是應用於神祕儀禮中的文獻。

本篇從嚴謹規律的詩文變成有節奏的白文，其後又是嚴謹規律的詩句。這樣的結構常見於漢代文獻中，不僅是祭禮文章，漢賦也是如此。其中，最近似《總物流形》者即張衡《思玄賦》，這雖然是東漢時期的著作，但張衡在撰寫《思玄賦》時即刻意地模仿戰國時期的《離騷》。在《思玄賦》中，張衡表現出占卜時的神祕禮儀，並彰顯自己對占卜的理解和感情。不具備占卜知識的讀者根本無法理解《思玄賦》所描述的神祕形象。張衡用文藝化的風格，描繪卜卦的具體過程及其所得的靈驗。然後說：「懼筮氏之長短兮，鑽東龜以觀禎……占既吉而無悔兮，簡元辰而俶裝」換言之，在《彖傳》、《離騷》、《天問》、《思玄賦》間，《總物流形》是一篇題材、類型、文體均與之相近的文本，但又更接近原始的祭禮詠唱文獻。

《總物流形》還有一項特殊性，即其在神祕的祭禮中大量運用了道家的概念。鄙見以爲，《總物流形》反映了早在先秦時期，道文化即已滲入了許多巫覡文化的傳統，將道家思想應用於文藝、演唱化的禮儀中，顯示其概念的已趨於神祕化，並影響了道教的形成。早期學者多半認爲道教歷史僅能溯至魏晉時期，不過有些學者（如馬伯樂）在二十世紀初即已提出，不僅是道家，道教也應始於先秦，聞[14]一多、張光直也提過相同的想法，只是並非主流。後來馬王堆的發現也充分地證明了西漢時已有道教。現在這篇戰國晚期的文章中，亦可發現被神祕化的道家概念，我們或可看到先秦時期道教萌芽的痕跡。

本文著重於解讀《總物流形》的前八簡，即全篇之中，甲、乙本沒有異文的第一章。筆者擬稍微調整釋文，並提出自己對於文意解讀的一些管見，以述說前所提對篇文屬性的理解，請各方學者批評斧正。

二、原文和筆者的釋文

原文	釋文
㧗勿流型系旱而成流型城豊系旱而不	總物流形，奚得而成？流形成體，奚得而不死？既成既生，奚寡而鳴？既

精緻的邏輯結構、展開長篇複雜的論述。……能夠用普通人喜聞樂見的通俗形式把高深的哲理表達出來。」[11] 郭梨華則認爲此篇近於分享個人生活、思考經驗的散文。[12] 秦樺林先生對照《老子》、《中庸》、《彖傳》，發現各有與本篇相同的文句，但《彖傳》的觀念出現最多，因此認爲本篇與《彖傳》關係密切。[13]

筆者認爲《總物流形》的文體很像後期道教用於祈禱、祭祀或占卜的咒文，並具有祭祀咒文的特徵。首先，其文義並非建基於嚴謹的論述結構，而是著重於隱含在詞句形象之内的神祕意義。其中，第一章的意義在於將天地、神祇與人生作一對應。前幾句雖然提到「物」、「形」、「生」、「陰陽」等概念，但這應是對大自然造化循環的描述，並非宇宙創生論。演唱者詠頌大自然的造化不死、永恆循環，接著又歎慨地提問：「爲何人生不能如同大自然一般地循環恆生，而終須得死？」並繼而探求：人如何纔能掌握天意？統治者如何纔能順天而吉祥？整體而言，此篇頗似國君所用的占卜、祭祀文章。

其二，《總物流形》甲、乙本間的異同處，正像是不同祭禮所用的咒文。咒文大多會有一些固定的套語，由這些套語所建立的神祕結構，可依不同的情況填入不同的内容，甲、乙本的差異正好反映了類似的狀況。

其三，文中出現很多祭祀的常用語彙，並提及「塞禱祠」等郊祀酬神活動，且有對天、神進行祈禱的功能。禱人具有統治者身分，所以他說「我既得百姓之和」。同時，在祭禮中也含有占卜的動作。

其四，《總物流形》是結構鬆散的半詩文體，部分協韻，部分沒有；每句的言數、節奏也不一致。閱讀這篇文章時，不應以單純的文字角度視之，必須同時考慮到古代口耳傳播的文化現象。《總物流形》或即兼有唱、白，可用於音律的文體。演唱者言談吟詠、演釋唱誦，中途更換節奏，時而說白，時而吟唱。

《總物流行》的文體及意涵均源自神祕儀式，不過已是表演化、文藝化的儀式。學者們多認爲《楚辭·天問》是一種近於文學化的咒文，因此筆者基本上贊同曹錦炎先生對《總物流形》與《天問》的比類。當然《天問》和《離騷》的文藝層次更高，但《總物流形》所表現的，可能正是屈原《離騷》、《天問》、《九歌》，以及宋玉《招魂》等創作的儀式文獻原型，或是時人模仿這類傑出作品的半祭禮半文藝著作。此外，秦樺林先生將此篇與《彖傳》的對比也頗具參考價值，

從《總物流形》第一章釋詁論戰國末期道教祭辭的萌芽

郭　靜云

一 前 言

新近發現的先秦簡牘文獻使學界大爲震動。整理單位抓緊時間公布釋文，學者們則急著討論新公布的文獻。2008 年纔公布的《總物流形》很快地成爲 2009 年最熱門的討論主題。這年僅僅在武漢大學簡帛網、復旦出土文獻與古文字研究網、簡帛研究網、清華大學簡帛研究網上，就共有 126 篇的討論文章；到了 2010 年，又有好幾篇相關討論出現。此外，學術期刊也刊載了幾篇討論《總物流形》思想的論文，至於大大小小各種研討會上的發表數量更是不可勝數。其中包括幾位學者或團體重新整理的釋文，如美國顧史考、日本淺野裕一、李銳、復旦大學出土文獻與古文字研究中心研究生讀書會等；其他則大多是以這些釋文爲基礎的論述，針對個別字體、全篇結構、思想以及甲乙本關係所作的探討。

儘管如此，這篇文獻的釋讀仍許多需要思考之處，甚至必須從最基本的字形、字義、文法上慢慢地推敲文獻的本意，以進一步了解其屬性，及其在當時文化脈絡中的作用。

鄙見以爲，各家釋文都有一些不同的疑問和牽強之處，且同樣都存在兩項問題：其一是簡上有些符號，雖然它們肯定不是用作標點符號，但也不宜完全忽略不提；此外，篇名首字辨識有誤。

關於《總物流形》的屬性，整理者曹錦炎先生認爲應與《楚辭·天問》相類。李銳不贊成此說，認爲這是：「取材廣泛的思想作品」王中江先生認爲此篇具有深厚的哲學思想內涵及結構，屬於黃老學派的著作。曹峰先生則認爲它的思想乃基於管子和黃老的學說，但這「不是學術論文，無法使用大量的哲學概念、構築

（65）劉國勝：《楚喪葬簡牘集釋》，武漢大學博士學位論文，2005年3月修改，頁11、102、144、147、154、123。

（66）李明曉：〈試談戰國、西漢遣策中的「亡童」與「明童」〉，武漢大學簡帛網，2010年2月16日。

（67）董珊：〈讀《上博藏戰國楚竹書（四）》雜記〉，簡帛研究網，2005年2月20日。

（68）黃人二：〈上博藏簡《昭王毀室》試釋〉，頁469-471。

（69）鄒濬智：〈《上海博物館藏戰國楚竹書（四）・昭王毀室》校——兼談楚昭王的歷史形象〉，頁52-55。

（70）史杰鵬：〈昭王毀室〉，頁72-73。

（71）〔日〕湯淺邦宏：〈父母の合葬——『昭王毀室』〉，頁280，此段譯文由黃川田修博士翻譯，謹此致謝。

（72）孫希旦：《禮記集解》，上冊，頁166。

（73）林素娟：〈喪禮飲食的象徵、通過意涵及教化功能——以禮書及漢代爲論述核心〉，《漢學研究》，第27卷第4期，頁10。

（74）《簡帛書法選》編輯組：《郭店楚墓竹簡・老子》，北京：文物出版社，2002年10月，「概說」，頁57。

上聲四十五〈厚韻〉收「培」、「附」同音「薄口切」，下引《博雅》：「培塿，冢也」，或作「附」。春按：「博」當作「博」。

(50) 孫希旦：《禮記集解》，臺北：文史哲出版社，1990 年 8 月，上冊，頁 308。

(51) 梁靜：〈《上博六・景公瘧》衝編新釋與版本對比〉，武漢大學簡帛網，2008 年 11 月 25 日，「釋文與校釋」中作「埔（溥）情而不愈（過）」，對應《左傳》分作「無隱情」、「竭情無私」，解爲「這兩句話都可以有兩種解釋。一種是范武子的私吏治獄公正無私；另一種是范武子的私吏在治獄過程中能進可能地瞭解全部事實，沒有遺漏。」

(52) 洪家義：〈令命的分化〉，《古文字研究》，北京：中華書局，1983 年 7 月，第 10 輯，頁 122-126。

(53) 陳年福：《甲骨文動詞詞匯研究》，成都：巴蜀書社，2001 年 9 月，頁 116。

(54) 張玉金：《甲骨文語法學》，上海：學林出版社，2001 年 9 月，頁 252-253。

(55) 參見中文大辭典編纂委員會：《中文大辭典》，臺北：中國文化大學出版社，1990 年 9 月 8 版，第七冊，頁 1208-1211；《戰國楚簡帛電子文字編》，http://140.122.115.157/shnew-work/page1.php；《中國古代簡帛字形辭例數據庫》，http://www.bsm-whu.org/zx.index.php。

(56) 〔清〕孫希旦：《禮記集解》，臺北：文史哲出版社，1990 年 8 月，上冊，頁 297。

(57) 雷少：〈梁帶村西周木俑的清理與修護〉，《文博》，2009 年第 3 期，頁 71-75。

(58) 〔宋〕朱熹：《四書章句集注》，臺北：大安出版社，1994 年 11 月，頁 284-285。

(59) 〔清〕孫希旦：《禮記集解》，臺北：文史哲出版社，1990 年 8 月，上冊，頁 264-265。

(60) 《廣韻・腫韻》：「俑，木人送葬，設關而能跳踊，故名之，出《埤蒼》。」〔宋〕陳彭年等：《新校宋本廣韻》，臺北：洪葉文化事業有限公司，2001 年 9 月，頁 238-239。

(61) 邱東聯：〈楚墓中人殉與俑葬及其關係初探〉，《江漢考古》，1996 年第 1 期，頁 75，並可參閱所附表二「楚墓中俑葬一覽表（本表限"士"以上貴族階層墓）」，頁 79-80。另參于保田：〈楚俑研究〉，《東南文化》，1998 年第 4 期總第 122 期，頁 89 附表一 11「春秋戰國時代楚俑發現一覽表」、小澤正人：〈荊州地区における楚俑についての一考察〉，《社会イノベーション研究》，第 2 卷第 2 號（21-35），2007 年 3 月，頁 25，第 1 表「荊州地区出土の木俑 1」。

(62) 見楊茂：〈楚人牲、人殉試探〉，《西南農業大學學報（社會科學版）》，頁 94-95。

(63) 傅有舉：〈湖南出土的"俑"〉，《湖南省博物館開館三十周年暨馬王堆漢墓發掘十五周年紀念文集》，長沙：湖南省博物館，1986 年 10 月，頁 109-115。文中區分楚漢俑爲侍俑、歌舞俑和奏樂俑、生產俑、雜役俑、武士俑、臣屬俑、少數民族人俑等七類。

(64) 于保田：〈楚俑研究〉，《東南文化》，1998 年第 4 期，總第 122 期，頁 87。

（31）黃人二：〈上博藏簡《昭王毀室》試釋〉，頁468。

（32）張崇禮：〈讀上博四〈昭王毀室〉劄記〉，武漢大學簡帛網，2007年4月21日，http://www.bsm.org.cn/show_article.php?id=551；張崇禮：〈釋《景公瘧》中的「敷情不偷」〉，簡帛研究網，2007年7月24日，http://jianbo.sdu.edu.cn/admin3/2007/zhangchongli003.htm。

（33）梁靜：《上博（四）〈采風曲目〉等六篇集釋》，武漢大學碩士學位論文，2006年6月，頁46注1。

（34）單育辰：〈佔畢隨錄之五〉，http://www.gwz.fudan.edu.cn/SrcShow.asp?Src_ID=316（復旦大學出土文獻與古文字研究中心），2008年1月17日，頁2-3。

（35）高亨：《古字通假會典》，濟南：齊魯書社，1989年7月，頁365-368。

（36）按：段注《呂氏春秋》「七月紀」、「十月紀」蓋指〈孟秋紀〉、〈孟冬紀〉。陳奇猷：《呂氏春秋校釋》，上海：學林出版社，1990年12月，頁376、516。

（37）〔漢〕許慎撰、〔清〕段玉裁注：《說文解字注》，臺北：藝文印書館，2005年10月，頁696、4。

（38）湯餘惠等：《戰國文字編》，福州：福建人民出版社，2001年12月，頁887。

（39）何琳儀：《戰國古文字典：戰國文字聲系》，北京：中華書局，1998年9月，頁392。

（40）張立文：《帛書周易註譯》，鄭州：中州古籍出版社，1992年9月，頁292-293。

（41）季旭昇主編：《上海博物館藏戰國楚竹書（三）讀本》，臺北：萬卷樓圖書股份有限公司，2005年10月，頁148、152。

（42）〔魏〕王弼、韓康伯注、〔唐〕孔穎達正義《周易正易》，臺北：藝文印書館，十三經注疏附校勘記，1979年3月，第1冊，頁126。

（43）馬承源主編：《上海博物館藏戰國楚竹書（六）》，上海：上海古籍出版社，2007年7月，頁174、178。

（44）劉信芳：〈上博藏六《景公瘧》簡4、7試解〉，簡帛研究網，2007年7月28日。

（45）董珊：〈讀《上博六》雜記（續二）〉，武漢大學簡帛網，2007年7月11日。

（46）張崇禮：〈釋《景公虐》中的「敷情不偷」〉，簡帛研究網，2007年7月24日。高榮鴻從張崇禮、董珊之說訓此句爲：「據實情以報而不怠惰」，參高榮鴻：《上博楚簡齊國史料研究》，中興大學碩士學位論文，2008年5月，頁23、160-161。

（47）陳偉：〈讀《上博六》條記〉，武漢大學簡帛網，2007年7月6日。

（48）〔唐〕陸德明釋文、孔穎達疏：《春秋左傳注疏》，臺北：藝文印書館，十三經注疏附校勘記，1979年3月，第6冊，頁647、857；〔日〕谷中信一：《晏子春秋》，下冊，頁192。

（49）〔宋〕丁度等編：《集韻附索引》，臺北：學海出版社，1986年11月，上冊，頁438。

（15）劉仕驥：《中國葬俗搜奇（三）》，香港：上海書局，1957年，頁24-25。

（16）〔日〕町田章：〈漢河南縣城墓葬考〉，《考古學雜誌》，1968年，第54卷第2號，頁8（138）。

（17）〔日〕田村晃：〈楽浪郡地域の木槨墓－－漢墓綜考二〉，，《三上博士頌寿記念論集》，京都：朋友書店，1979年（昭54），頁615-622。

（18）完顏紹元：〈從兄妹相配到周公禮制－－中國婚俗〉，《古籍新書報》，2010年4月28日，頁7。

（19）尹盛平：《周原文化與西周文明》，南京：江蘇教育出版社，2005年4月，「導論」，頁9。

（20）〔日〕太田有子：〈中國古代的夫妻合葬墓〉，《華夏考古》，1989年第4期，頁105、110。

（21）表據劉潔：〈周代的夫妻合葬墓〉，《青島大學師範學院學報》，2009年6月，第26卷第2期，頁79與〔日〕太田有子：〈中國古代的夫妻合葬墓〉整理。

（22）見劉潔：〈周代的夫妻合葬墓〉，頁80。

（23）丁蘭：《湖北地區楚墓分區研究》，北京：民族出版社，2006年1月，頁222。

（24）劉國勝：《楚喪葬簡牘集釋》，武漢：武漢大學博士論文，2005年3月修改本，頁1、頁144注2。另劉潔：〈周代的夫妻合葬墓〉，《青島大學師範學院學報》，2009年6月，第26卷第2期，頁80亦云：「事實上，各種傳統禮儀都是要按男左女右，輩分親疏，依次排列……生時，行禮坐席講究『男左女右』，以示男尊女卑，死後合葬也不能破壞這個規矩。夫妻死時有先後，築墓時就需要或虛左以待男，或虛右以待女，這是不許搞錯的。」

（25）譚燕：〈漢代夫妻合葬習俗的思想史解讀〉，《重慶師範大學學報（哲學社會科學版）》，2009年第3期，頁40。

（26）河南省文物考古研究所：〈河南省濟源市桐花溝漢墓發掘簡報〉，《文物》，1999年第12期，頁19。

（27）〔日〕谷中信一：《晏子春秋》，東京：明治書院，平成12年4月，上冊，頁196-197。

（28）《集韻·姥韻》：「塼，闕。人名，衛有石塼。」〔宋〕丁度等：《集韻附索引》，臺北：學海出版社，1986年11月，頁337。

（29）馬承源主編：《上海博物館藏戰國楚竹書（四）》，頁185；季旭昇主編、袁國華協編，陳思婷、張繼凌、高佑仁、朱賜麟合撰：《《上海博物館藏戰國楚竹書（四）》讀本》，頁56。

（30）鄒濬智：〈《上海博物館藏戰國楚竹書（四）·昭王毀室》校－－兼談楚昭王的歷史形象〉，《東方人文學誌》，頁51。

http://ealc.uchicago.edu/earlychina/paleography2005/papers/chenjian_figures.pdf，又中國文字學會、河北大學漢字研究中心：《漢字研究》第一輯，北京：學苑出版社，2005年6月；單育辰：〈佔畢隨錄之五〉，http://www.gwz.fudan.edu.cn/SrcShow.asp?Src_ID=316（復旦大學出土文獻與古文字研究中心），2008年1月17日首發，頁2-3，又單育辰：《楚地戰國簡帛與傳世文獻對讀之研究》，吉林大學士論文，2010年4月，頁123；袁國華：〈上博楚竹書（四）〈昭王毀室〉新釋〉，第三屆簡帛學術研討會論文，臺北：中國文化大學，2005年5月18-19日；鄒濬智：〈《上海博物館藏戰國楚竹書（四）・昭王毀室》校——兼談楚昭王的歷史形象〉，《東方人文學誌》，第4卷第3期，2005年9月，頁41-55；邱德修：〈《上博》（四）〈楚昭王毀室〉簡「訠条之」〉，出土簡帛文獻與古代學術國際研討會論文，臺北：國立政治大學，2005年12月2日；〔日〕大西克也：〈試釋上博楚簡《昭王毀室》中的"刑刉"——楚簡文字中的"夊""廾""旡"〉，簡帛研究網址：
http://jianbo.sdu.edu.cn/admin3/2008/daxikeye001.htm；黃人二：〈上博藏簡《昭王毀室》試釋〉，《考古學報》，2008年第4期，頁461-474；史杰鵬：〈昭王毀室〉，《中華文化畫報》，2006年第3期，頁71-73；季旭昇主編、袁國華協編，陳思婷、張繼凌、高佑仁、朱賜麟合撰：《《上海博物館藏戰國楚竹書（四）》讀本》，臺北：萬卷樓圖書股份有限公司，2007年3月，頁54、60。

(5) 袁國華：〈上博楚竹書（四）〈昭王毀室〉新釋〉，第三屆簡帛學術研討會論文，中國文化大學，2005年5月18-19日，http://nuhm.pccu.edu.tw/seminar2005/papers/08.htm。

(6) 季旭昇主編、袁國華協編，陳思婷、張繼凌、高佑仁、朱賜麟合撰：《《上海博物館藏戰國楚竹書（四）》讀本》，頁54、60。其中，季旭昇按語則以陳劍「致庸」和袁國華「致俑」說「皆可從，姑並存」，不置可否。另鄒濬智：〈《上海博物館藏戰國楚竹書（四）・昭王毀室》校——兼談楚昭王的歷史形象〉，2005年9月，頁45，也以此推斷「君子應擁有貴族或官員身份……由此可見楚國『君子』地位之高。」

(7) 黃人二：〈上博藏簡《昭王毀室》試釋〉，頁464。

(8) 參見史杰鵬：〈昭王毀室〉，頁71-73。

(9) 〔日〕湯淺邦宏編：《上博楚簡研究》，東京：汲古書院，2007年5月，頁266。湯淺邦宏於〈父母の合葬——『昭王毀室』〉一章云：「また、本文献の背景として、楚地域における合葬の實態も問題となるであろう。これについて、近年の考古學的知見を基に，楚地域における代表的な墓地・墓葬形態を確認し、『昭王毀室』の持つリァリティについて検討する。」

(10) 〔日〕湯淺邦宏：〈父母の合葬——『昭王毀室』〉，頁278、280。

(11) 劉樂賢：〈讀上博（四）劄記〉，簡帛研究網，2005年2月15日。

(12) 袁國華：〈上博楚竹書（四）〈昭王毀室〉新釋〉，第三屆簡帛學術研討會論文，臺北：中國文化大學，2005年5月18-19日。

(13) 袁國華：〈上博楚竹書（四）〈昭王毀室〉新釋〉。

(14) 季旭昇主編、袁國華協編，陳思婷、張繼凌、高佑仁、朱賜麟合撰：《《上海博物館藏戰國楚竹書（四）》讀本》，頁56。

			並穴合葬	妻華容夫人
孝義張家莊	西漢	山西	豎穴並穴合葬	
臨沂銀雀山	西漢	山東	豎穴並穴合葬	小地主或地方官吏
陝縣後川2010號墓	西漢	河南	追葬同穴合葬	
北京懷柔	西漢	河北	同墳異穴合葬（8座）、同穴合葬（4座）	
營城子	西漢	遼寧	同墳異穴、同穴合葬	
洛陽燒溝	西漢中期	河南	同穴合葬	
金谷園	西漢中期	河南	拱頂墓式合葬	
高縣古堡城	西漢後期	山西	木室合葬	
武威磨嘴子	西漢末年至東漢	甘肅	土洞墓合葬	

注

（1）馬承源主編：《上海博物館藏戰國楚竹書（四）》，上海：上海古籍出版社，2004年12月。

（2）馬承源主編：《上海博物館藏戰國楚竹書（四）》，頁181。

（3）馬承源主編：《上海博物館藏戰國楚竹書（四）》，182-186。

（4）孟蓬生：〈上博竹書（四）閒詁〉，簡帛研究網，2005年2月15日；劉樂賢：〈讀上博（四）札記〉，簡帛研究網，2005年2月15日；董珊：〈讀《上博藏戰國楚竹書（四）》雜記〉，簡帛研究網，2005年2月20日；陳偉：〈關於楚簡"視日"的新推測〉，簡帛研究網，2005年3月6日；魏宜輝：〈讀《讀上博藏楚簡（四）》劄記〉，簡帛研究網，2005年3月10日；鄭玉姍：〈《上博四‧昭王毀室》劄記〉，簡帛研究網，2005年3月31日；陳劍：〈釋上博竹書《昭王毀室》的"幸"字〉，美國芝加哥大學"中國古文字：理論與實踐"國際學術研討會，2005年5月29日，CHINESE PALEOGRAPHY, Theory and Practice, The University of Chicago, May 28-30 2005,

階層而遍及平民百姓，蔚然流行矣！

附表 1　考古發掘夫妻合葬墓概況表

名　稱	時　代	地　域	類　別	墓主身分
李家嘴 1 號墓	殷商	湖北	並穴合葬	
寶雞茹家莊	西周	陝西	並穴合葬	魚伯
曲沃北趙	西周	山西	並穴合葬	晉侯
浚縣	西周	河南	並穴合葬	衛侯
張家坡	西周	陝西	並穴合葬	多為小型墓
侯馬上馬	西周	山西	並穴合蕹 異穴合葬	
輝縣琉璃閣	春秋	河南	並穴合葬	魏國貴族
安陽後崗 26 號墓	春秋早期或中期	河南	同穴合葬	
長治分水嶺	春秋戰國	山西	並穴合葬	推估為士大夫階層
邯鄲	戰國	河北	並穴合葬	
鄭州二里岡	戰國	河南	並穴合葬	
鄭州二里岡 421 號墓	戰國早期至中期	河南	同墳異穴合葬	
侯馬澮河北岸丘陵	戰國中期至晚期	山西	同墳異穴合葬	
鄭州二里岡 271 號墓	戰國末期至西漢初期	河南	同穴合葬	
滿城陵山	西漢	河北	橫式崖墓並穴合葬	中山王劉勝及其妻竇綰
北京大葆臺	西漢	河北	橫穴式木室墓	燕王劉旦及其

其實，就簡文敘述的內容來看，君子「召寇」威脅的對象並非楚昭王，而是「稚（稚、寺）人」與「（卜）命（令）尹陳省」，所以說楚昭王礙於政治現實，屈服在貴族鋨熾氣勢的脅迫下並不能成立；而楚昭王之所以「容受直辭」，「傾聽下意而從善如流」，有理性的決定，應是有其社會文化背景的底襯。一般來講，「死生大事」，尤其喪葬是何等大事，此從《禮記·檀弓上》所載：「季武子成寢，杜氏之葬在西階之下，請合葬焉。許之。入宮而不敢哭。武子曰：『合葬，非古也，自周公以來，未之有改也。吾許其大而不許其細，何居？』命之哭。(72)」季武子認知合葬「許其大」係大事一樁，與楚昭王之所以成室毀室應如出一轍，皆出自對禮俗之「大」的制約力量的遵從，而以「死者爲大」的普遍認知在決策主導的。

觀察簡文中「君子」係在「守母喪」期間，而「守喪是孝道的實踐及教化推廣的重要時機，長期以來一直爲儒家所重視」，在「死者下葬之前由於遺體尚在，故著重事死如事生，未能視爲祖先之列；但畢竟不同於生人，因此亦無法完全以生人之法待之。初死者既非人亦非祖先神，既無法有生人般的相親，亦無法如祖先神般定期透過時享、大祭與其溝通，由於其存在狀態處於變化、中介狀態，仍無穩定管道可以與之溝通，將之馴化，因此恐懼心理最強，其所具有的禁忌性與危險感亦最強。(73)」出於如斯強烈的恐懼心理與危悚之感，再加上已死的君子之父靈正在宮殿階梯之下，上下夾擊的結果，摻雜著尊崇禮教、畏懼鬼神的複繁情懷，以此種兼容「禮之威，鬼之畏」的情形，即連楚昭王堂堂君王之尊也得屈服尊重了。

另一方面，喪禮形式過程以外表內滲透著禮教的浸潤膚受，統治者藉喪葬奠祭來籠絡人心，尤其是以此爲基調的貴族，在立文稱情底下，喪葬形式變成一個文化象徵的代碼，也是文化教養、德性的表露，楚昭王在此重要時刻與場域中，藉成室毀室的驚人之舉以表態行教，不失爲明智選擇，也間接宣示了「以禮治國」的旗纛，標舉一國明君的堂偉形象了。此與〈鄭子家喪〉所欲建立的禮教意義，基本上精神是一致的。順便一提的是，夫妻合葬現象在春秋晚期所反映的，讓人重新思考《郭店楚簡·六德》講的夫婦、父子、君臣相互間的關係，文中認爲在人類的社會關係中，最重要的是夫、婦、父、子、君、臣六種人，他們各有不同的職責和不同的道德要求。(74)但在排序上，竟將「夫、婦」一倫擺在首位，此種安排，或許也間接表現出何以戰國以後夫妻合葬現象的翕然成風，秦漢以後則由貴族就簡文内容首次出現「致俑」的時間點在春秋晚期來説，與考古出土所反映的現象若合符節，這些「人俑基本上是模擬主人生前擁有的奴僕，象徵墓主人地位等級與權力」[63]的，是少數貴族的特權，且是「楚人未受儒學束縛而養就的」[64]。依據戰國時期楚國墓葬情形來觀察，比如1957年河南信陽長台關戰國早期具有封君貴族身份M1墓主，後室陪葬有木俑、1965-66年湖北望山戰國中期晚段楚悼氏貴族女家族成員M2墓葬，邊箱陪葬有木俑、1992年湖北黃岡市曹家崗戰國晚期下大夫身份等級女性墓葬M5，頭箱陪葬有木俑、1951年湖南長沙市五里牌戰國楚墓大夫一級M406墓葬，墓内殘剩有木俑。新蔡葛陵楚墓、而在遣策中，也登記了可能用來下葬的木俑，如望山遣策中的「九亡（盲）童」，劉國勝《校釋》云：「《整理》：《吳越春秋·夫差内傳第五》："梧桐心空，不爲用器，但爲盲僮，與死人俱葬也。""盲僮"當即簡文之"亡童"。此墓出木俑十六件，頭上有假髮，身著絹衣，簡文所記九亡童當在其中。[65]」凡在戰國楚簡與西漢遣策簡中出現的「明童」、「亡童」、「盲僮」，都是指隨葬木俑。[66]那麼，逆推春秋晚期楚昭王不循儒家反對陪葬用「俑」的立場，「致俑」給「君子」以下母葬，則「君子」的身份地位或許在士大夫一級或之上的可能。

五、結　語

綜合以上三個面向的洄溯考察，除證成時賢推定的「君子」身份爲貴族階層外，並進一步確認「君子」的身份地位在士大夫一級或之上的可能。至於如何解讀簡文所欲傳達的訊息？如何確立它的性質？以及簡文所刻劃的楚昭王形象若何？時賢以墓葬與宮室地點相衝突在不同國家有不同的版本[67]，唯大同小異，簡文所欲訴求的，有説是標舉楚國在喪葬禮制上的改革變異[68]；有説是建立楚昭王能傾聽下意而從善如流、愛臣愛民且以身作則，堅持「楚國無以爲寶，惟善以爲寶」的執政理念與精神[69]；有説是楚昭王因受「君子」「召寇」的威脅而妥協，但爲政治上美化的需求，成此簡文以表彰「楚昭王善于容受直辭」的形象[70]；有説「編纂『昭王毀室』之目的並非宣傳性的思想文獻，即宣揚特定思想家或以〈孝〉、〈悌〉、〈仁〉、〈義〉爲主的倫理思路的書籍。很可能這篇所設想的讀者是楚國的君王、太子及貴族等，可説它是相當重視當地社會的文獻。昭王的理性及決定，應在楚國當地社會獲得高度讚揚的事。[71]」

性的。

當然，我們也注意到，這是「俑」字第一次出現在記錄春秋晚期史料的戰國文字中。本來，中國出土的「俑」數量龐大，早在 2007 年陝西省考古研究院發掘梁帶村西周晚期 M502 西周大墓中，首次發現最早的四個隨葬木俑。(57) 雖然，春秋戰國時期儒家基本上是反對陪葬用「俑」的，如大家熟知的《孟子・梁惠王上》：「仲尼曰：『始作俑者，其無後乎！』爲其象人而用之也。」朱熹《集注》：「俑，從葬木偶人也。古之葬者，束草爲人以爲從衛，謂之芻靈，略似人形而已。中古易之以俑，則有面目機發，而大似人矣。故孔子惡其不仁，而言其必無後也。孟子言此作俑者，但用象人以葬，孔子猶惡之，況實使民飢而死乎？」(58) 或是在《禮記・檀弓下》：「哀哉！死者而用生者之器，不殆於用殉乎哉！『其曰明器，神明之也。』塗車、芻靈，自古有之，明器之道也。孔子謂『爲芻靈者善』，謂『爲俑者不仁』，不殆於用人乎哉者！」鄭注：「神明之，神明死者，異於生人。芻靈，束茅爲人馬。謂之靈者，神之類。俑，偶人也，有面目機發，似於生人。孔子善古而非周。」孫希旦《集解》：「愚謂此又譏周末爲俑之非也……。俑，木偶人也。偶，寓也。以其寄寓人形於木，故曰偶。俑，踊也，以其有機發而能跳踊，故謂之俑。由芻靈而爲俑，蓋周末之禮然也。孔子以其象人而用之，故謂爲不仁。」(59) 所謂「俑，踊也」，蓋出自《埤蒼》(60)，雖未必是，但孔子所說的「以其象人而用之」則與「俑」字從人從甬（用）的字形結構能夠密合。孔子、孟子的儒家站在「似人」的立場上，以存心起念能否符合仁道來考量，認爲「周末」興起的「爲俑之非」，而「是古而非周」。

但是，春秋戰國時期，南方楚國陪葬用「俑」卻是常見的，尤其是在貴族階層。邱東聯曾將各地楚墓中級別較高的墓葬列表綜合考察，論證殉人與殉俑的關係，而體現楚文化的特殊喪葬形式——俑葬，是濫觴於春秋晚期至戰國早期，崛起於戰國中期約 50%，而鼎盛於戰國晚期，至戰國晚期俑葬率幾乎接近100%。(61) 楊茂進一步說：

> 楚俑葬產生于春秋晚期，戰國中期得到發展，戰國後期達到鼎盛，它是春秋戰國社會變革的體現，是喪葬制度由奴隸制社會向封建社會過渡的結果……俑葬迎合了楚上層貴族的心理，表現了楚人的浪漫思想，一旦被確立就迅速在楚貴族階層盛行起來，到戰國晚期，楚國“士”以上墓的俑葬率近100%。(62)

不合簡內行文慣例；反過來說，作「職官名」是最有可能的，但「至俑」是何官名？史籍文獻中卻未能找到相對應的，頂多只能依據陳劍所解讀的，「至（致）俑（庸）」爲「給人力」，如《易·繫辭》：「備物致用」，係給用來「毀室」的人力，但還是不符其稱名的原則。

那麼，有無可能如袁國華認爲的，「至」通「致」，「俑」爲「偶人」、「木俑」呢？一般來說，「令」、「命」同源分化[52]，「令」字在殷商甲文中已當「命令」來解[53]，其句式變化相當紛繁，但發出「令」這一動作的主體，一般是「王」或「帝」，他們都是大權在握者，而且「王令」是王正式下命令[54]，那麼，「王命」下理應有個施事對象，「命」或「令」句作職事動詞的語法結構爲：「S（王）＋V1（「命」或「令」）＋O（某）＋V1P（所令之事）＋V2P（所令之事）」，但此句施事主語承上省略，「命（令）」字前又受「因」字修飾，表「因而」、「於是」、「然後」、「就」義的接續性副詞，但因王正式所下的命令一個接一個來，「致俑」與「毀室」是連續兩個所令之事，而各司所掌的職責又不同，以故造成「O（某）」的省略，直接承續兩個所令之事，也是蠻合理的。進一步推想，以簡文所述的當時處境來說，楚昭王在受侵害人「君子」遭母喪正欲尋求合葬父母的同時，「致俑」就時間點來說是合乎人情的，並隱含補償虧欠過失的賠不是的「代爲致意」用義；另一方面，「毀室」則對當時「夫婦合葬」制的一種尊重，也側面反映出昭王的寬宏大量的襟懷，體恤民情。簡文從兩方面進行描述，顯得昭王身爲明理之君，思慮處置得何其圓轉周全。

且就「至」與「致」的關係來說，傳世典籍與出土文獻不乏相通的文例[55]，如《周禮·春官·太卜》：「一曰致夢」，注：「致夢，言夢之所至」，《禮記·禮器》：「禮也者，物之致也」，注：「致之言至也」，《上博．柬大王泊旱》簡 4：「釐尹至命於君王」，《說文》訓「致」爲「送詣也」，有致賜存問之意，如「致龔」、「致福」、「致膰」指贈祭物，「致贄」、「致贈」則贈送禮物，有如《禮記·檀弓下》：「虞人致百祀之木，可以爲棺槨者。不至者，廢其祀，刎其人」，孔安國傳：「既殯旬而布材，故虞人斬百祀之木可以爲周棺之椁者送之」，吳澄曰：「廢其祀，刎其人，蓋設此辭以令，以見王喪尤重於神祀。[56]」可見動詞「致」字具有贈送存問之意，「至俑」作「致俑」解，是有其合理是因土與土的「相合」，透過詞義的層層引申而不斷擴充，再加上從「阜」與從「土」義近形旁通作在古文字與《說文》中是常見的現象，如《說文》「阯」或作「址」即是，於是造成「坿」、「附」、「坿」通用不別矣。

雖然在《說文》中，「坿」、「祔」、「附」的本義分別劃然，但在簡文與傳世典籍中，合葬的「附」、「坿」、「坿」或合食的「祔」則通用而不別，如《禮記·檀弓下》：「孔子曰：『衛人之祔也離之。魯人之祔也合之，善夫！』」鄭氏曰：「祔，合葬也。離之，有以間其椁中。善夫，善魯人也。祔葬當合。」孔氏曰：「衛人離之者，象生時男女須隔居處。魯人合之者，言死異於生，不須復隔，『穀則異室，死則同穴』，故善魯之祔也。」孫希旦《集解》曰：「愚謂離之者，穿爲二壙，夫婦之棺椁各藏一壙也。合之者，穿一壙，而以夫婦之棺椁合藏於其中也。離之則乖祔之義，故孔子善魯。(50)」或是《禮記·雜記下》：「猶是附於王父也」，注：「附，皆當作祔」，正是混用通作的反映。然尋根振葉，〈昭王毀室〉的「私自坿」「坿」本字係「附」字，爲聯綿詞「附婁」，即釋「小土山」的墓塚，此處當動詞用，指私自合葬父母使同壙。單育辰受梁靜啓發解讀「坿」爲(51)「祔」字是相當有見地的，可惜個中的曲折轉變，則尚未達一間耳。

四、「因命至俑毀室」的「至俑」解讀

〈昭王毀室〉五簡末句「因命（令）至俑毀室」的「至俑」，原考釋者理解爲「人名或職官名」，理由是「因其能受王命之故」；陳劍〈釋幸〉作「至（致）俑（庸）解」爲「給人力」解，袁國華以「至」通「致」，「俑」爲「偶人」、「木俑」，季旭昇以陳、袁兩說皆可從。但兩說中宜有一說成立從而排拒另一說，「至俑」的解讀，也牽涉到「君子」的身份等級差異，誠如張繼凌引證發揮的「如依袁說，則可證明『君子』的身分並不低」。

但從竹簡內文來推敲，其稱人依序作「昭王」、「王」、「君王」、「稚人」、「卜命尹陳省」、「卜命尹」以及集合名詞的「邦夫₌（大夫）」、「夫₌（大大）」等，皆爲職官名或「職官＋人名」，而未見有逕稱人名的例子，故將「至俑」視作「人名」似乎得

「竭情無私」[45]。張崇禮讀「塼」爲「敷」，爲「敷陳、報告」之意[46]。陳偉讀爲「薄情」猶「輕情」，《左傳》的「竭情無私」的「竭」應訓作「止」，與「薄」相關[47]。然考察簡文內容語意與《左傳》所載略同者，如《左傳・襄公二十七年》載：「子木問於趙孟曰：『范武子之德何如？』對曰：『夫子之家事治，言於晉國，無隱情，其祝史陳信於鬼神，無愧辭。」另《左傳・昭公二十年》有：「夫子之家事治，言於晉國，竭情無私，其祝史祭祀，陳信不愧，其家事無猜，其祝史不祈。」《晏子春秋・外篇・景公有疾梁丘據裔款請諸祝史晏子諫》篇文字大抵相同，亦作「竭情無私」[48]。可知「塼情而不愍」意同「竭情無私」、「無隱情」，若將此句釋爲「合情而不偸」，意即「合實情而不苟且」，則既合情實，即能「無隱情」，也能「竭」盡其「情」，而「不苟且」才能「無私」，達到合情合理而問心無愧的地步，亦即《韓詩外傳》四所謂的：「不恤乎公道之達義，偸合苟同，以持祿養父者，謂之國賊也」的反差。

《說文》「附」字訓爲「附婁」，是「小土山」的意思，《說文》引《春秋傳》曰：「附婁無松柏。」段注曰：「玉裁謂土部『坿，益也』，增益之義宜用之，相近之義亦宜用之，今則盡用附，而附之本義廢矣。」按：《說文》訓「附」爲「附婁」，《左傳・襄公二十四年》則作「部婁」，係與「阜陵」相對，《玉篇》：「培塿，小阜也」，《集韻》則引《博雅》則作「培塿」，訓爲「冢也」[49]，《廣雅・釋丘》亦云：「培塿，冢也」，《方言》十三：「小者謂之塿」，注：「培塿，亦堆高之貌」。另《說文》釋「駙」字爲：「副馬也。一曰近也。一曰疾也。」在「一曰近也」下段注：「附近字今人作『附』，或作『傅』，依此當作駙。」《正字通》認爲「附與坿通」，《集韻》以「附通作搏」，由此種種推想，則從「付」、從「尃」諸字因聲符音近可通，典籍常互相爲用如前所述。那麼，推本溯源，上博四〈昭王毀室〉的「私自塼」的「塼」字義係從「附」字而來，亦即「墓冢」之意；至於上博六〈競公瘧〉「塼情而不偸」的「塼」字義，也從「附」字來，「附」釋爲「合」，如《史記・張儀列傳》中的「是我一舉而名實附也」，「附」有「合」義。「附」則從「小土堆」引申「墓塚」，再由「墓塚」引申爲「增益」，因「增益」而「堆高」，「堆高」

祀於主，蒸嘗禘於廟」[37]，可見「祔」指卒哭之後祔於先祖之廟以合食，重在祭祀部分；至於「坿」字，則偏重在起造營建的築土增益工程上，如城垣城郭的加厚（培）加高工程上，簡文的「私自塼」指的是私自將墓室因合葬所需增添加築，義符「土」旁與其將從事的墓壙土封敷治正合符契。

推本溯源，「坿」、「塼」二字甲、金文皆未見，戰國文字中則二字俱存。「坿」字多見於璽印文字[38]，作官府之「府」[39]用。唯上博三《周易》51、52 有〈豐卦〉簡文作「九四：豐丌坿，日中見斗」、「上六：豐丌芾，坿其豪（家），闚丌戶」之句，「坿」字於句中可當名詞或動詞用。唯二句馬王堆漢墓帛書作「豐丌剖」、「剖丌家」；今本則作「豐其蔀」、「蔀其家」。若依今本「蔀」字採《釋文》引馬、鄭、薛所解，訓爲「小」或「小席（蓆）」[40]，一如《讀本》所採「小席」、「席蔽」[41]，則「坿」、「剖」皆爲假借；若依《周易注疏》採「覆曖鄣光明之物」、「覆蔽」用王弼注、孔穎達疏爲說[42]，一如整理者所採，則「坿」爲本字，即《說文》訓「益也」，高《注》：「坿猶培」、「坿，益也，令高固也」所引申出來，那麼，「剖」、「蔀」就成了假借用法。其中差異，在「蔀」爲草或席覆，至於「坿」字則爲土矣！

至於讀「塼」字，除見於〈昭王毀室〉外，又見於上博六〈競公瘧〉第 4 簡：「吏（使）聖（聽）獄於晉邦，塼情而不愍（愉）」，並可參照第 7 簡：「毋專青忍辠（親）虖（乎）」。濮茅左以「專」爲「布也」，或作「溥」，讀「青」爲「情」；而將「塼」讀爲「溥」，訓作大也、廣也、塗也、施、施行諸意[43]。劉信芳進一步詮釋「塼」爲「敷」，有「徧」、「廣」的周匝、全面之意，「敷情」指窮盡性的了解全部情況，故「敷情而不隱」正與《左傳·襄公二十七年》：「言于晉國無隱情」相合[44]。董珊則讀爲「迫」，訓作「逼迫」，「迫情而不偷」意謂范武子私吏聽獄能「迫近實情，而無私情」，即《左傳·昭公二十年》：

鄒濬智從整理者讀「敷」，但指的是「先人遺留下來供後人憑弔的骨骸」[30]；黃人二讀作「摶」，認爲是「謂其服母喪期滿，將母骨入父骨摶聚一起并葬，欲其父母合葬，是吉禮也，而非喪禮」[31]；張崇禮先讀「穿地」，後改訓爲「甫」爲「陳」，「意思是向君上報告」[32]，其中以單育辰結合《禮記》和《晏子春秋》來比觀推證「塼」釋爲「祔」字最值得考慮。

單育辰已指出梁靜將「塼」釋爲「施行合葬父母之骨的行爲」[33]是對的，「但並未破讀"塼"爲"祔"，可謂失之眉睫」，「塼」、「祔」字聲符「専」、「付」同屬幫母，韻部魚、侯旁轉，音韻關係相當密切，並以《古字通假會典》中從「専」旁與從「付」旁相通的詞例窺知一斑，舉如「付」與「傅」條：《周禮・秋官・士師》：「正之以傅別約劑。」鄭注：「鄭司農云：『傅或爲付』。」又如「拊」與「搏」條：《史記・禮書》：「尚拊膈。」《集解》引徐廣曰：「一作搏膈。」又如「附」與「傅」條：《墨子・備城門》：「今之世常所以攻者臨、鉤、衝、梯、堙、水、穴、突、空洞、蟻傅、轒轀、軒車。」《孫子・謀攻》蟻傅作蟻附。[34]又如「符」與「縛」條：《呂氏春秋・恃君覽》：「縛婁、陽禺、驩兜之國，多無君。」《逸周書・王會》縛婁作符婁。又如「符」與「傅」條：《周禮・天官・小宰》：「聽稱責以傅別。」鄭注：「傅別，鄭大夫讀爲符別。」又如「怤」與「憞」條：《列子・力命》：「墨杘、單至、嘽咺、憋憞四人相與游於世。」《方言》：「憋怤，急性也。」[35]之類，不勝枚舉，可證兩字關係匪淺。

那麼，以聲符「付」替代「専」旁來說，則「塼」當是初與「坿」通而非爲「祔」字，《說文解字》訓「坿」爲「益也」，段《注》引《呂氏春秋・七月紀》：「坿城垣」，高《注》：「坿，讀如符，坿猶培也。」〈十月紀〉：「坿城郭」，高《注》：「坿，益也，令高固也。」[36]《說文解字》則訓「祔」爲「後死者合食於先祖」，段《注》引〈士虞禮〉：「卒哭，明日以其班祔。」又引《春秋左氏傳》曰：「凡君薨，卒哭而祔，祔而作主，特這或許與墓主爲女姓（春按：劉氏「性」字皆誤作「姓」）有關，《禮記·雜記上》：「凡婦人，從其夫之爵位」，鄭玄注：「婦人無專制，生禮、死事以夫爲尊卑。」從考古發掘楚墓的實際情況看，夫妻異穴合葬墓或族墓地同等級男、女墓中的女姓（春按：當作性）墓在喪禮等級方面較男姓（春按：當作性）墓略低。[24]就考古出土材料種種情形觀之，楚國貴族墓的葬制及隨葬品的特徵，仍屬「夫婦合葬」性質的，以此推斷簡文中的「君子」屬貴族階層理當毋庸置疑，頗有共識的。當然，到了漢代，漢人大抵認爲「合葬源於周代，是『先王之制』，因而從之。正是由於漢人多認爲合葬興之於周，當屬先王之制，因此合葬在儒學興盛的漢代才成爲普遍習俗。[25]」也因爲後來成爲「普遍習俗」，有時墓葬爲了配合夫妻合葬，可能不惜破壞原先結構是有例可循的，如河南省文物考古研究所在〈河南省濟源市桐花溝漢墓發掘簡報〉一文中即指出：「（M37）洞室的前部北側另有一小側室……側室前端的墓道呈不規則長方形，這可能是爲了合葬而將墓道重新挖開，另築側室，從而打破了原墓道與洞室北部。[26]」以故回頭讀《晏子春秋·內篇諫下》曾載齊景公建成路寢之臺，卻逢于何遭喪。路遇晏子訴說曰：『于何之母死，兆在路寢之臺墉下。願請合骨。』可見「合骨」係當時之「禮」，晏子才能據「禮（理）」力爭，指責景公說：「今君使侈爲宮室，奪人之居，廣爲臺榭，殘人之墓。是生者愁憂，不得安處；死者離易，不得合骨。豐樂侈遊，兼傲生死，非人君之行也。」且振振有辭的說：「削人之居，殘人之墓，凌人之喪，而禁其葬，是于生者無施，于死者無禮。詩云：『穀則異室，死則同穴』吾敢不許乎？[27]」由此可見，「合骨（合葬）」在當時已然形成一種禮制，即連一國之君也得尊重體制，無法抗衡的。

三、關於「塼」的釋讀

「塼」字在傳世字韻書僅作人名用，[28]對於簡文「塼（敷）」字的釋讀無法提供有效的幫助。整理者讀「塼」爲「敷」意爲「處理」[29]；袁國華懷疑是與喪禮有關的儀節，用音韻去推證的「塼」、「赴」音近可通假，即告喪之「訃」，「白赴」猶言「白告喪以來」；

河南縣城墓葬考〉[16]、田村晃〈楽浪郡地域の木槨墓——漢墓綜考二〉第四節「中国における夫婦合葬墓」[17]進一步歸納綜理，但反映的僅止漢代，對其前沿的情況就較少觸及。

其實，完顏紹元在〈從兄妹相配到周公禮制——中國婚俗〉中曾根據考古研究證明個體婚在中國出現的時間，距今約四千至五千年之前。鄭州滎陽青台仰韶文化遺址、陝西華陰橫陣村等地的龍山文化遺址、山東大汶口文化遺址等處都發現了成對的成年男女合葬墓。[18]另外，在尹盛平《周原文化與西周文明》「導論」中，也述及客家庄二期文化（陝西龍山文化）「墓葬中發現成年一男一女合葬例子，可能當時已出現一夫一妻制」[19]。太田有子則進一步從考古資料綜合考察中國古代的夫妻合葬墓，得出如下的結論：

> 殷商至戰國時期的合葬墓以傳統的豎穴木椁墓居多，也有陪伴殉葬的情況，墓葬的主人是屬于貴族和大夫等統治階級；與當時普遍流行的單人葬相比，殷商至春秋，合葬墓只是極少數，夫妻合葬只在統治階層極少數的一部分人中間流行；合葬還未成爲一般觀念在整個社會得到普及。
>
> 夫妻合葬在殷周開始，只是在政治階層極少數的一部分人中間流行。這一風俗最終滲透到一般民眾中，得到廣泛普及，則是戰國晚期至西漢墓葬制度發生大轉變時期的事情。[20]

結論中確立了殷商至春秋時期，夫婦合葬墓僅在「極少數」的「統治階層極少數的一部分人中間流行」；另根據劉潔在〈周代的夫妻合葬墓〉中的考訂，也可確立周代夫妻合葬的現象是比較普遍，結合文獻與考古發掘相佐，也證明了周代夫妻合葬之風的流行（見附表1）[21]。

附表中透過考古發掘匯聚的現象，呈現出「夫妻合葬墓的主人多屬於貴族或大夫一類的上層階級，而且此類墓地多分布在中原、周王畿及其附近的廣大區域內。這説明，此時夫妻合葬還沒作爲一種一般性觀念在整個社會中得到廣泛普及。[22]」而「楚爲周之封國，至春秋時期崛起，成爲南方的霸主，並一度問鼎中原。楚雖自稱蠻夷，但其禮制，特別是貴族墓的葬制及隨葬品的特徵與周禮頗相類似」[23]，而就已發掘的春秋、戰國楚墓超過 6000 座。如曹家崗 M5 戰國晚期前段下大夫等級墓葬，該墓槨室明顯偏小，用鼎數量也不足，父老」，也就是說君子的父母已然「埋葬」，要祭祀的可能不僅只於「父母」，尚且包括「父老」，儼然建宮處是他們的族墓，但是陳氏所謂的「祭祀父老」，應是根據後文第三簡對「埮亡老」解讀爲「是爲亡父啖食，就是祭祀亡父」而來，實際上「祭祀父老」只是「祭祀亡父」，那麼，君子的喪服係爲誰而服呢？陳氏並未提出明確的說法。

至於袁氏雖主張簡文乃「君子擬將其母與其父屍骨合葬同一地方」，但在解讀「儯（僕）之母（毋）辱君王不𢘿（逆）」一句時，先將「不𢘿」下讀作「不察」解，並質疑劉樂賢將「母（毋）」原字讀，[11]以爲「若從劉說則簡文應意指階下之墓爲君子之父母合葬墓，但一則先秦不流行夫妻合葬，二則君子之父母既已合葬，下文何須言『併僕父母之骨屍』？」故仍主張「母」作「毋」解。[12]「儯（僕）牆（將）埮亡老」則從劉樂賢之說，解「埮」爲「掩」、「揜」，句意謂「君子之母新喪，君子擬埋葬亡母」。但將「㠯（以）儯（僕）之不㝵（得），并儯（僕）之父母之骨厶（私）自塼（敷）」數句斷爲「㠯（以）儯（僕）之不㝵（得）并儯（僕）之父母之骨厶（屍），自塼（赴／訃）」，並以董珊據《禮記·檀弓》季武子成寢事與《晏子春秋》卷二景公路寢臺成事爲證，認爲「併父母之骨屍」不宜理解爲將父母合葬，此與古禮不合，而解爲「併父母之骨厶（屍）」是說「君子之母亡故後，君子打算將亡母的屍體埋葬於亡父墓穴附近，而非合葬。[13]」

《讀本》中，季旭昇認爲「纆」字目前沒有很好的解釋，但卻從寬解釋此句爲「告知其他人把母親的屍骨合葬（即「窆」）的日子」[14]。

那麼，楚昭王所處的春秋晚期到底有無「夫婦合葬」的禮俗呢？《禮記》所依憑的理據與考古出土實況能若合符節嗎？

早在1957年，劉仕驥談〈殮葬的方式·夫婦和親子合葬〉一文中，說「在古書上，漢以前也有關於合葬的記載，但歷來各地的古墓發掘中都沒有得到實物的證明。西漢初期的墓葬，仍和以前一樣，多是單身葬，從西漢中葉以後，就流行夫婦合葬，並逐漸成爲普遍的葬俗。[15]」當然，劉氏那時西漢以前出土資料不多，無法據以討論漢以前的夫婦合葬情況，故得出夫婦合葬墓的流行，蓋起始於西漢中葉由流行漸普遍的結論，之後經町田章〈漢

こうした考古学的知見をまとめれば、合葬には少なくとも三種の型があったと概括できるであろう。第一は、古代文化墓に見られたような公共墓地における合葬であり、棺椁は伴わず、複数の屍体を同一墓坑に埋葬するものである。第二は、多くの楚墓に見られる例で同一墓地内に密集して墓坑を掘り、その墓室の中に一体ずつ埋葬するという家族墓・同族墓の形態である。そして第三は、葛陂寺楚墓や雨台山楚墓に見られたように、同一墓坑内あるいは同一外椁内に二つの内棺を併置するというものである。

では、こうした考古学的知見を基にすれば、『昭王毀室』の合葬はどのように理解されるであろうか。まず、春秋時代の楚の昭王の治世においても、父母の合葬は一定の現實を反映する行爲であったと推測される。旧楚地からの出土例では、多くの墓群が家族墓・同族墓として捉えられた。

ただ、『昭王毀室』において合葬を願い出る人物が「君子」と表現されていることには注意を要するであろう。「君子」と言われるからには、一定の身分を備えた人物が想定されているはずである。とすれば、その「君子」が求めた合葬とは、右の第一の型のような、共同墓地に棺椁を伴わずに屍体を埋葬するというものではなかったと推測される。恐らくここで想定されているのは、第二の型、または第三の型であったと思われる。一方、昭王はここに墓所があることを知らずに宮室を建設した、とされている以上、その墓はそれほど大きな規模ではなく、封土も自然地形と見分けがつかない程度のものが想定されていたと考えられる。

これらのことから、『昭王毀室』は、特定の思想家や「孝」「悌」「仁」「義」などの倫理的要素を宣揚するために広く世界に向けて発信された思想的文献というのではなく、楚の王、太子、あるいは貴族などを主な読者対象として編纂された楚の現地性の文献である可能性が高いと考えられる。昭王の知性と決斷とは、まずはこの楚地でこそ讃えられるべきものだったはずである。[10]

然而，回頭檢視各家所言，其實關於「喪葬禮制」的主張，陳佩芬的說明與袁國華的論述是有些不一樣的。

陳氏主張「君子」的「父母的屍骨就埋葬在新宮的階前，現新宮建成，他就無法祭祀

「君子」可以逕自到達閨門，能夠透過卜令尹向楚王陳述，但是其身份當時爲顯貴人家，爲何父親的墓地被楚王興建宮室而渾然不知，故「君子」應指家道已中落的貴族。另言就出土考古資料中，可知楚墓有用「木俑」殉葬的制度，俑葬在楚國早期只有上層貴族才有，如依袁説，則可證明「君子」的身分並不低。袁國華對此用按語的形式解讀爲：「也有可能是君子本來當朝爲官，因爲父喪而停職在家」[(6)]。乃是透過簡文內容所述「君子」行徑與對應人物的反應，配合考古出土資料進一步推斷「君子」的身份問題。

除上所述以簡文內證爲主，考古資料爲輔用以推斷「君子」身份外，也有採用其它簡文與傳世文獻來比對確立的，如黃人二在〈上博藏簡《昭王毀室》試釋〉一文中，即以「漢簡、傳世文獻中常有“一男子”、“大男子”、“不知何一男子”、“不知何二男子”之語，地位不如“君子”，但語涉輕佻蔑視，同也。」從而認爲簡文中的「君子」是「表示爲士階級以上之貴族」[(7)]。但關於「君子」一語是否涉及「輕佻蔑視」，可能需經審慎考慮檢視證據外，他也認爲「君子」的身份並非一般平民百姓所可比擬的，至少是在「士」階級以上的貴族。

又或採簡文人物的稱謂用詞以及簡文提供的語境加予推敲發覆，如史杰鵬在〈昭王毀室〉一文中，考究了「闖宮者的身份是『一君子』」、「召寇的『寇』既可以理解爲普通群盜，也可以理解爲他國的軍隊」、「對守宮門的人自稱『小人』這個自稱不代表他們的社會身份，只代表官階高低」、「闖宮人對守門人的稱呼是『爾』，這是一種不很客氣的稱呼，這至少説明，那個守門人的地位不見得比他高」，「以『小人』自稱又至少説明他也不是什麼大人物」、「見到卜令尹自稱『僕』，楚國的所有民眾無論貴賤對於他們的君王來説都是僕人」等稱謂用詞，以及透過「墳墓封土規格」、「飲宴在被邀請行列與否」等面向做分析考察，結論則推斷簡文的主要用意在傳達「楚昭王善於容受直辭的一個表彰罷了」[(8)]。

除了透過稱謂用詞與簡文內容的語境推闡論證外，較全面地利用考古學的角度來進行考察的，是在《上博楚簡研究》的第十章，由湯淺邦宏所撰的〈父母の合葬－－『昭王毀室』〉一章中所採用的[(9)]，他透過「楚地域代表墓地・墓葬形態的確認」後，內外求索的結果，而得出如下的結論：

（漫），因命（令）至俑毀室。■卲（昭）王辶【簡 5】[3]

此簡文批露後，學者對陳佩芬的說法有些不同的理解，經孟蓬生、劉樂賢、董珊、陳偉、魏宜輝、鄭玉姍、陳劍、單育辰、袁國華、鄒濬智、邱德修、大西克也、黃人二、史杰鵬、季旭昇[4]等學者分別對簡文的釋讀作多方深入的討論，已解決絕大部分的問題，諸文具在，不再細表。而對簡文首句的「卲王」，亦能確指是《史記·楚世家》中繼承楚平王位的「楚昭王珍」（B.C.515-489），時代屬春秋晚期。但若要理解簡文描述的背後其所欲傳達的意義與目的何在？則必先確立它的性質，而要確立此簡的性質，則必得解釋簡文的主要核心人物之一，亦即在傳世文獻中未曾載錄名諱的「君子」身份階層為何的問題，而透過春秋晚期楚國喪葬禮制可否確立服喪服的「君子」身份階層？從而推演出楚昭王在簡文的形象凝塑建構角度當如何切入？以上種種問題，本文企圖從簡文涉及到的夫婦合葬、「墫」與「至俑」這三點上，進一步回溯確立上博（四）〈昭王毀室〉中「君子」的身份階層，以釐清環繞其身份所衍生出的諸多課題。

二、從夫婦合葬禮制的形成解讀〈昭王毀室〉的「君子」身份

其實，注意到〈昭王毀室〉中「君子」身份的並不乏其人，如袁國華在〈上博楚竹書（四）〈昭王毀室〉新釋〉一文中已有所討論，他主張：「文中君子所服應為母喪而非父喪。依文意係君子之母新喪，故服喪服，而君子擬將其母與其父屍骨合葬同一地方。」至於「君子」身份，袁氏認為：「簡文此處君子可以自由逕行王廷，並輕易接近闈門、得見卜令尹與楚昭王，若非聞世之大德，則應擁有貴族或官員身份。甚或兩者兼具。」並由簡文編連的安排推測「從〈昭王毀室〉與〈昭王與龔之脽〉合書在一處考察，疑二文以楚昭王對待才德出眾的人與臣子的故事為主題，突顯楚昭王治國的英明。」[5]張繼凌在《讀本》中也談及「君子」一詞最早的涵義是「君之子」，是指古代階級社會其中一部分貴族的通稱。到了春秋晚期時，「君子」本由統治的中高層的地位轉成具有道德內涵的人。本簡的

從夫婦合葬、「塼」與「至俑」論上博（四）〈昭王毀室〉中「君子」的身份意義

沈 寶 春

一、前 言

《上海博物館藏戰國楚竹書（四）》[(1)] 有篇 196 字的〈昭王毀室〉，整理者陳佩芬説明這篇内容主要是陳述：「昭王新宮建成後與大夫飲酒，有一位穿喪服的人踰廷而入，並訴説他父母的屍骨就埋葬在新宮的階前，現新宮建成，他就無法祭祀父老，昭王聞此即令毀室（「室」即「宮」）。[(2)]」簡文原作：

> 卲（昭）王爲室於死沍（湑）之滸（滸），室既成，𨟻（將）袼（格）之。王戒（誡）邦夫=（大夫）㠯（以）歈=（飲，飲）既。䢦条之，王内（入）𨟻（將）袼（格），又（有）一君子𣨙（喪）備（服）曼（蹣）廷，𨟻（將）迈（跖）闈。稚（稚）人𨖼（止之），曰：【簡1】君王台（始）内（入）室，君之備（服）不可（以）進。」不𨖼（止），曰：「少（小）人之告纆𨟻（將）剸（專）於含（今）日，尔必𨖼（止）少=人=（小人，小人）𨟻（將）訋寇（寇）。」稚（稚）人弗敢𨖼（止）。至【簡2】闈，𨑋（卜）命（令）尹陳省爲見日告：儥（僕）之母（毋）辱君王不譈（逆），儥（僕）之父之骨才（在）於此室之隮（階）下，儥（僕）𨟻（將）埮亡老【簡3】，㠯（以）儥（僕）之不㝵（得），并儥（僕）之父母之骨厶（私）自塼（敷），𨑋（卜）命（令）尹不爲之告，君不爲儥（僕）告，儥（僕）𨟻（將）訋寇（寇），𨑋命（令）尹爲之告【簡4】曰：虗（吾）不𥏾（知）亓（其）尔葬（葬），尔古須（鬚）既袼（格），安從事。王遲（徙）尻（居）於坪（平）瀟（漫），卒（卒）㠯（以）夫=（大夫）歈=（飲酒）於坪（平）瀟

(35) 劉彬徽、劉長武：《楚系金文匯編》第 396-403 頁，湖北教育出版社，2009 年。

(36) 荊州地區博物館：《江陵雨台山楚墓》第 80 頁，文物出版社，1984 年。

(37) 郭德維：《楚系墓葬研究》第 333-339 頁，湖北教育出版社，1995 年。

(38) 湖北省博物館：《楚都紀南城的勘查與發掘（下）》，《考古學報》1982 年第 4 期。

(39) 湖北省文物考古研究所：《江陵九店東周墓》，科學出版社，1995 年。

(40) 以下兵器的統計均以青銅兵器計算，因為弓、盾等漆木兵器在有些墓葬中可能已經腐朽，統計這些有機質器物不便於對比。

(41) 陝西省考古研究所：《隴縣店子秦墓》，三秦出版社，1998 年。

(42) 《雲夢睡虎地秦墓》編寫組：《雲夢睡虎地秦墓》，文物出版社，1981 年。

(43) 陳振裕：《略論湖北秦墓》，《文博》1986 年第 4 期。

(44) 荊州地區博物館：《江陵張家山三座漢墓出土大批竹簡》，《文物》1985 年第 1 期。

(18) 池田知久：《池田知久簡帛研究論集》第 150-151 頁、第 267-270 頁，中華書局，2006 年。

(19) 劉彬徽《關於郭店楚簡年代及相關問題的討論》，《早期文明與楚文化研究》第 232-238 頁，岳麓書社，2001 年。徐少華：《 郭店一號楚墓年代析論》，《江漢考古》2005 年第 1 期。

(20) 湖北省文物考古研究所：《江陵九店東周墓》，科學出版社，1995 年。

(21) 發掘簡報曾經認為 M1 鐵廉尖上翹而年代較晚，貽無確據。

(22) 湖北省荊州地區博物館：《江陵馬山一號楚墓》，文物出版社，1985 年。

(23) 湖北省博物館、深圳博物館：《劍舞楚天——湖北出土楚文物展圖錄》，文物出版社，2010 年。盤、匜分別見該圖錄第 76、77 頁。

(24) 王紅星：《九連墩 1、2 號楚墓的年代與墓主身份》，《楚文化研究論集》第六集第 430-438 頁，湖北教育出版社，2005 年。

(25) 湖南博物館等：《長沙楚墓》，文物出版社，2000 年第 1 月。報告報道的 2048 座楚墓中，出土銅鏡 485 件，均為圓鏡。

(26) 荊州地區博物館：《江陵雨台山楚墓》第 144 頁，文物出版社，1984 年。

(27) 湖北省文物考古研究所等：《荊門羅坡崗與子陵崗》第 179 頁，科學出版社，2004 年。

(28) 李零：《郭店楚簡研究中的兩個問題—美國達慕斯學院郭店楚簡《老子》國際學術討論會感想》，武漢大學中國文化研究院：《郭店楚簡國際學術研討會論文集》第 47-52 頁，湖北人民出版社，2000 年。

(29) 羅運環：《論郭店一號楚墓所出漆耳杯文及墓主和竹簡的年代》，《考古》2000 年第 1 期。李學勤：《先秦儒家著作的重大發現》，《郭店楚簡研究》（《中國哲學》第二十輯）第 13-17 頁，遼寧教育出版社，2000 年。

(30) 騰王生：《楚系簡帛文字編》，湖北教育出版社，2008 年。

(31) 何琳儀：《戰國古文字典——戰國文字聲系》，中華書局，1998 年。

(32) 湖北省博物館等：《湖北隨州擂鼓墩二號墓發掘簡報》，《文物》1985 年第 1 期。

(33) 饒宗頤：《談盛君簠——隨州擂鼓墩文物展側記》，《江漢考古》1985 年第 1 期。吳鬱芳：《擂鼓墩二號墓簠銘“盛君縈”小考》，《文物》1986 年第 2 期。

(34) 陳振裕：《湖北出土戰國秦漢漆器文字初探》，《古文字研究》第 17 輯，中華書局，1989 年。

(3) 湖南省博物館：《長沙楚墓》，《考古學報》1959 年第 1 期。

(4) 湖南省博物館：《長沙瀏城橋一號墓》，《考古學報》1972 年第 1 期。該墓年代應該屬於戰國早期偏晚階段。

(5) 湖北省博物館：《楚都紀南城的勘查與發掘·上、下》，《考古學報》1982 年第 3—4 期。

(6) 河南省文物研究所、河南省丹江庫區考古發掘隊、淅川縣博物館：《淅川下寺春秋楚墓》，文物出版社，1991 年。

(7) 湖北省博物館：《隨縣曽侯乙墓》，文物出版社，1980 年 4 月。

(8) 湖北省文物考古研究所：《江陵望山沙冢楚墓》，文物出版社，1996 年。

(9) 俞偉超：《關於“考古類型學”問題——為北京大學七七至七九級青海、湖北考古實習同學而講》，俞偉超主編：《考古類型學的理論和實踐》第 1-35 頁，文物出版社，1989 年。

(10) 荊州地區博物館：《江陵雨台山楚墓》，文物出版社，1984 年。

(11) 湖北宜昌地區博物館、北京大學考古系：《當陽趙家湖楚墓》，文物出版社，1992 年。

(12) 俞偉超：《序言》，湖北宜昌地區博物館、北京大學考古系：《當陽趙家湖楚墓》第 1-4 頁，文物出版社，1992 年。

(13) 湖北省荊沙鐵路考古隊：《包山楚墓》，文物出版社，1991 年。

(14) 湖北省荊沙鐵路考古隊：《包山楚墓》第 331 頁，文物出版社，1991 年。

(15) 彭浩：《郭店一號墓的年代及其相關的問題》，陳福濱：《本世紀出土思想文獻與中國古典哲學研究兩岸學術研討會會論文集》，輔仁大學出版社，1999 年。劉彬徽《關於郭店楚簡年代及相關問題的討論》，《早期文明與楚文化研究》第 232-238 頁，岳麓書社，2001 年。徐少華：《 郭店一號楚墓年代析論》，《江漢考古》2005 年第 1 期。

(16) 李承律：《郭店一號楚墓ょり見た——中國考古類型學の方法論と白起拔郢の問題》，《郭店楚簡儒教の研究》第 577-603 頁，汲古書院，2007 年。

(17) 王葆玹：《郭店楚簡的時代及其與子思學派的關系》，武漢大學中國文化研究院：《郭店楚簡國際學術研討會論文集》第 644-649 頁，湖北人民出版社，2000 年。

外來的秦人，乃至其經濟地位低於當地楚人。也就是說，九店報告中所劃分出的戰國末期墓葬包括秦文化的洞室墓，應該多屬於拔郢白起之前的墓葬，如此才能解釋上述不合理的現象。

白起拔郢之後秦人出於對原楚國政治中心的控制，當然不可能讓楚人繼續使用兵器。讓我們從這個角度來考察郭店 M1。該墓隨葬兵器包括劍 2、戈 2、鈹 1、鏃 132 件，兵器數量超出一般戰國早中期楚墓。

實際上，秦人對於兵器的使用甚至是作為隨葬品的使用，有著極其嚴格的控制。即便是在秦人墓葬中，兵器也是罕見的隨葬品。在秦人核心地區的陝西隴縣店子，發掘的 224 座戰國時期和秦代的秦人墓葬中，只出土 15 件銅戈(41)。店子墓地的墓葬規模均較小，隨葬品不甚豐富，其性質屬於平民階層的秦人。在江漢地區，1975 年發掘的雲夢睡虎地 12 座戰國晚期至秦代墓葬中，只有 M11 一座墓葬隨葬一件青銅劍(42)。睡虎地秦墓被認為是秦人占領江漢地區之後的秦人墓葬(43)，隨葬品中兵器比例同樣極低。對比上述九店所謂戰國末期墓葬以及郭店 M1，其時代背景已經很清楚了。

考古學材料的研究，需要放置在一個 Context 情景中。將某個單一的考古材料價值放大，或者將考古學材料與歷史文獻材料作出簡單的串聯，都難以得出令人信服的結論。但在郭店 M1 年代和性質的討論中，這種研究的現象并不在少數。除此而外，我們對於考古中的出現文獻材料突破對歷史文獻的認識，也似應該報以平常之態。因為畢竟歷史文獻的記載，遠非歷史的全部。1983 年江陵張家山 M247 出土的《算數書》(44)，成書年代早於歷史文獻《九章算術》三百多年，就是一個說明。

注

(1) 中國科學院考古研究所：《長沙發掘報告》，科學出版社，1957 年。

(2) 顧鐵符：《長沙 52/826 號墓在考古學上諸問題》，《文物參考資料》1954 年 10 期。

國晚期的楚文化遺存，在紀南城東南邊的鳳凰山發現了大批秦漢墓葬，……有的還直接打破了東周夯土台基”[38]。昔日的楚都宮殿，已經廢棄作為墓地。

從當時的歷史背景看，楚都紀南城的破壞，除了如學者們注意到白起攻占及占領後對楚國政治中心的武力破壞之外，當楚人戰敗，楚頃襄王“東北保於陳城”（《史記·楚世家》），楚人實際上是將都城遷徙至壽春。當時的楚國上層貴族、軍事人員、手工業生產者等重要的勞動力需要遷徙到新都，以維持新的楚都作為政治、經濟中心的運作，與此同時，當時楚國普通平民，也會大部分隨遷新都。戰國時期，各國兼并除了攻城略地之外，還有一個重要目的是得到更多人口，以滿足社會生產能力和戰爭兵源。因此，紀南城的荒廢，并不只是敵人外在打擊力量使然，更主要的原因應該是楚國東退後形成的空虛。郭店 M1 墓主隨葬品顯示其較高的政治地位，如果郢都城破，他當然會同其他楚貴族一道“東北保於陳城”的。

不過，在二十世紀八十年代距紀南城不足 2 公裡的九店墓地的發掘中，報告的整理者通過分期整理認為在 573 作楚墓中，屬於白起拔郢之後的戰國末期楚文化墓葬有 34 座[39]，占春秋晚期以來楚墓總數的 6%。九店墓地的分期整理工作較雨台山、趙家湖墓地有所調整，其中之一是首次劃分出拔郢之後的楚人墓葬。但是，現在看來，這個新的分期是存在問題的。對於何以這些墓葬年代會晚至戰國末期，分期者并沒有提出過硬的依據。相反，從一個現象可以看出劃分出這些所謂的楚遺民墓葬的不合理。在九店報告認為的白起拔郢之後戰國末期 34 座墓葬中，出土銅兵器的墓葬占 15 座[40]，比例高達 44%，而在九店 573 座楚墓中，出土兵器墓葬占 235 作，比例為 41%，低於戰國末期墓葬。有意思的是，在報告者認為屬於戰國末期的 5 座秦人墓葬中，一概不見兵器！此外值得注意的是，所謂戰國末期墓葬隨葬兵器均為劍、戈等楚式兵器，而秦人墓葬除一座墓葬之外，其他 2 座墓葬隨葬品頗少，2 座無隨葬品。顯然，這些被劃分至戰國末期的墓葬其年代并沒有報告者認為這樣的晚，而秦人墓葬可能是楚統治之下國中期青銅器銘文幾乎不見，例如包山 M1、M2 以及望山 M2 這樣的大型楚墓，出土的楚國青銅器均無銘文。但是我們知道，在同時期中原地區的青銅器中銘文是比較常見的。當時的三晉地區和秦國青銅器特別是青銅兵器上常刻勒物工名等銘文。楚國青銅器直至戰國晚期如安徽壽縣李三孤堆楚墓青銅器，才可見一些後刻的銘文。顯然，楚國青銅器刻銘是受到中原地區的影響而產生的。和青銅器一樣，楚國漆器戰國早中期不見銘文，只是在楚文化系統的曾侯乙墓漆器中見到刻寫和漆書文字。有學者過去列出鄂城鋼廠 M74 漆樽和雲夢睡虎地 M35 漆奩上的烙印文字(34)，但這兩件漆器的年代應該是屬於白起拔郢之後的戰國末期了。

但是否制刻銘文這樣一種社會習慣行為并不能夠成為一項斷代標准，特別是在戰國時期楚文化與中原文化處於高度交流這樣的文化背景之下，楚國出現中原文化因素應不足為奇。就青銅器來說，戰國中期楚國已經可見數例如中原文化那樣的鑄後刻銘。例如著名的王命虎節、龍節、車節等，器身均有銘文，劉彬徽斷其時代為戰國中期(35)。江陵雨台山 M169：出土的戈，銘文“隴公戈”(36)，也是刻銘。因此，郭店 M1 漆耳杯的刻畫文字，不能作為其年代晚於公元前 278 年的證據。另外，一個簡單的道理是，如果我們承認 M1 漆耳杯為楚國漆器，其銘文“東宮之師”為楚國文字，則其生產時間必在拔郢之前。質疑耳杯的年代實際上是不能自圓其說的作法。

公元前 278 年白起拔郢之後，原來楚都紀南城是否繼續存在較多居民，是一個很重要的歷史問題。許多考古學家認為白起拔郢對紀南城形成摧毀(37)，而持郭店 M1 晚於拔郢之年的學者質疑這一點。因為，紀南城若在拔郢後基本廢棄，則拔郢之後的楚墓必然極少，相反則墓葬較多，郭店 M1 年代在拔郢之後也就合乎清理。

拔郢之後的楚都應當基本被荒廢，其依據除了郭德維先生所論，還有如下依據。

二十世紀七十年代對紀南城的考古調查和發掘表明，“城內未見戰

三、郭店 M1 年代可能晚於白起拔郢之後？

在討論郭店 M1 年代的分歧中，M1 出土漆耳杯的性質和紀南城是否在白起拔郢之後仍然存在較多居民，是兩個頗為焦點的問題。這兩個問題，也是撇開考古學類型學分析方法，從郭店 M1 所在的社會背景，討論該墓葬的年代是否屬於 BC278 之前。

郭店 M1：B10 漆耳杯外底部刻有 4 字銘文："東宮之？"。對最後一字的釋讀，古文字學者有不同意見。發掘簡報釋作"不"，耳杯銘文意為"東宮之杯"，李零支持此說[28]。羅運環、李學勤認為應作為"帀"[29]，耳杯銘文意為"東宮之師"。楚簡帛文字中"不"、"帀"寫法接近，羅運環的結論系將耳杯銘文與簡帛文字細致堪比後得出，查《楚系簡帛文字編》[30]、《戰國古文字典——戰國文字聲系》[31]兩字各相應的字形，可知羅說有理。但是，對耳杯銘文不同的釋義，并不能夠真正影響 M1 的年代與性質。"東宮"這一孤立的材料，不能證明它與墓主的身份必然相關。實際上，在戰國時期楚文化墓葬中出土的一些單個的、內容與身份相關的隨葬器物的文字材料，往往不與墓主的身份相關，這是因為當時已無此種在墓葬中標明身份的社會風尚。在荊門左塚、江陵望山、雨台山、九店楚墓中屢屢可見銘文兵器，兵器的器主與墓葬的墓主多數明顯無關。學者試圖將隨葬品銘文材料作為墓主的努力，也常被證明是錯誤的。例如擂鼓墩 M2 出土有銘青銅器僅見一件簠[32]，器主盛君縈即被視為該墓墓主[33]，現在已知是不對的。因此，以耳杯銘文材料試圖說明郭店 M1 墓主為拔郢之前的太子師，或者為拔郢後沒落的楚國高級貴族，都無多大說服力。

持白起拔郢之後觀點的學者還認為，楚國的漆器大部分情況下沒有刻畫文字，而與之相對，秦、西漢漆器上常有針刻和烙印文字，郭店 M1 耳杯刻有文字這一點與秦漆器相似，因此其年代亦與之接近。

楚國漆器的確罕見銘文，這是受到戰國中期楚國青銅器大背景的影響所致。春秋時期楚國青銅器上常見鑄作的銘文，但至戰國時期特別是戰品的器物并非由不同時期的器物拼湊而成，它們反映了較為單一的年代。單位器物年代特征的一致性和單一性，正是考古年代學分析的重要條件。

郭店 M1 各方面器物特征的指向一致，較明確地說明了其年代確在戰國中期偏晚或晚期偏早的階段，即可能處於較包山 M2 稍晚、而較馬山 M1 稍早的年代，而不應該晚於白起拔郢之後。

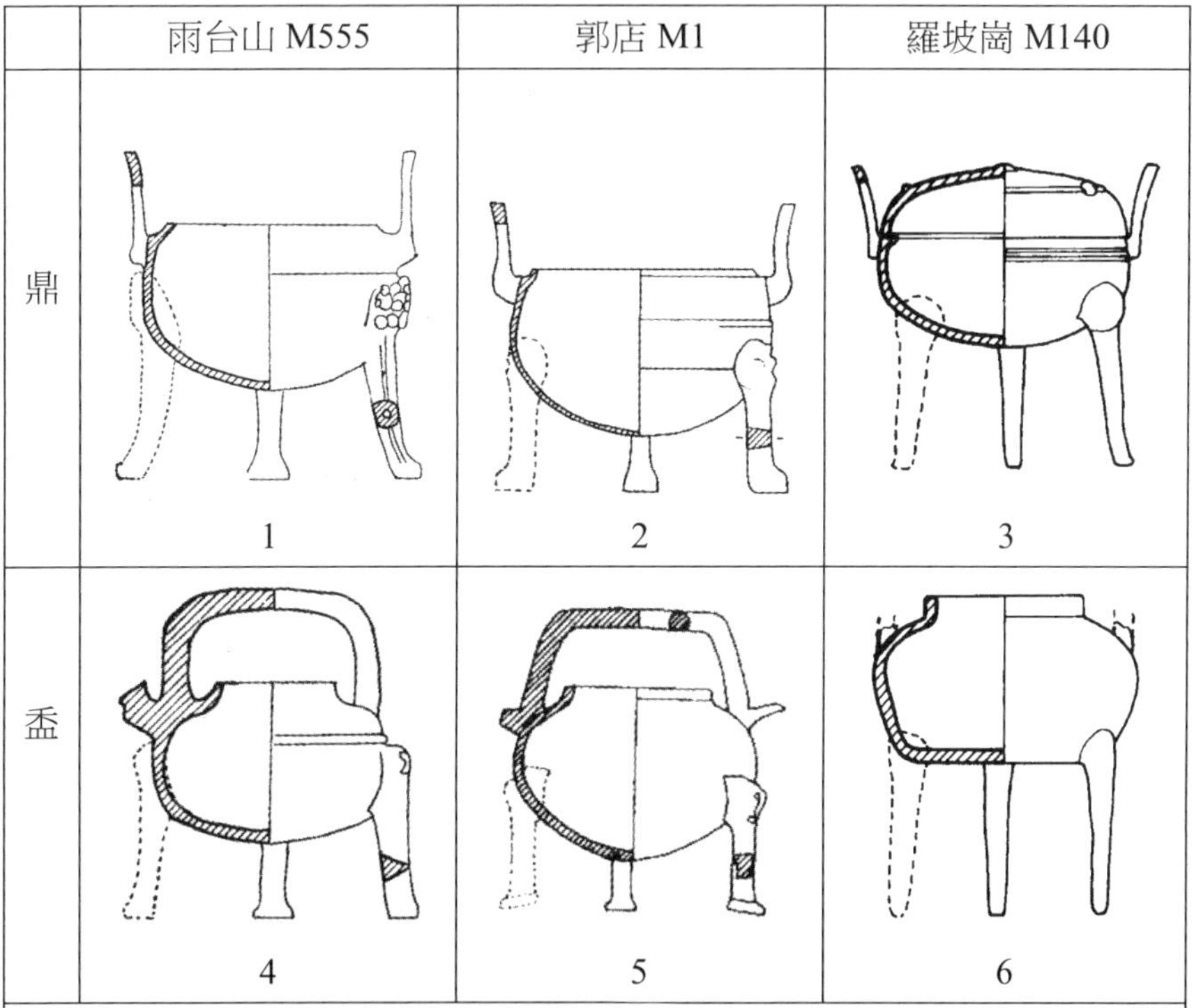

圖 5　郭店 M1 與雨台山 M555、羅坡崗 M140 陶鼎、盉對比圖

1、雨台山 M555：15 鼎，2、郭店 M1：T1 鼎，3、羅坡崗 M140：2 鼎，4、雨台山 M555：23 盉，5、郭店 M1：B4 盉，6、羅坡崗 M140：3 盉

郭店 M1 出土陶器 4 件：鼎 1、盉 1、斗 1、匕 1，均為戰國時期楚墓常見的隨葬品，包括斗、匕都屬於仿銅陶禮器的性質。考慮楚墓常見的陶禮器組合以及此墓的等級與規模，這幾件陶器顯然不是原來隨葬陶器的全部，墓葬被盜也對隨葬陶器造成破壞。這樣，討論陶禮器已不能考慮組合而只能考察其形制特征。4 件陶器中，斗、匕的時代變化特征不明顯，應該重點觀察鼎與盉。M1 鼎子口，原來的鼎蓋已失，口側附一對外撇的長方形耳。圓腹略下垂，腹底圓弧，下承三個獸蹄形足，足的橫截面作梯形。盉圓體小口，肩上設提梁，提梁一端有實心的盉嘴。盉圓腹，獸蹄形足的橫截面也近於梯形。鼎與盉具有明確一致的形制特征：腹壁外鼓、下腹圓弧、足的橫截面近於梯形。

陶鼎和盉一致的形制特征，暗示其具有時代風格。我們知道楚式仿銅陶禮器鼎、盉一類三足器中，戰國早中期器腹較深、腹壁較直、三足曲而外撇、足內側作槽狀，戰國中晚期器腹部趨淺作扁體、足較直、足橫截面作多邊形，戰國末期器腹甚至接近於平底者。將郭店 M1 與戰國中期偏晚的江陵雨台山 M555[(26)]、戰國末期的荊門羅坡崗 M140 出土陶器相比[(27)]（圖 5），這樣的變化趨勢顯示，郭店 M1 陶器更加接近雨台山 M555，而顯然與戰國末期的墓葬有明顯差異。此外，將郭店 M1 與長沙地區戰國末期白起拔郢之後的墓葬陶器相比，也無相同特征者。這說明郭店 M1 年代的確應該早於戰國末期。

以上討論還顯示郭店 M1 隨葬品這樣一個年代學特征，即所有器物均表現出戰國中期甚至是稍晚的年代特征，但絕不見有表現出戰國末期白起拔郢之後的年代特征，特別是在漆器、青銅器、陶器中均未見戰國晚期標志性器物——盒。此外，值得強調的一點是，郭店 M1 隨葬品年代特征表現出很強的一致性。兩件陶器的器形特別是腹部圓弧的年代特征一致，銅車軎和鳩仗裝飾的卷雲紋與漆奩、耳杯的紋飾風格一致，銅鏡、玉帶鉤、漆鈹鞘對稱構圖的龍形紋風格一致。一致的造型風格說明，這些作為隨葬

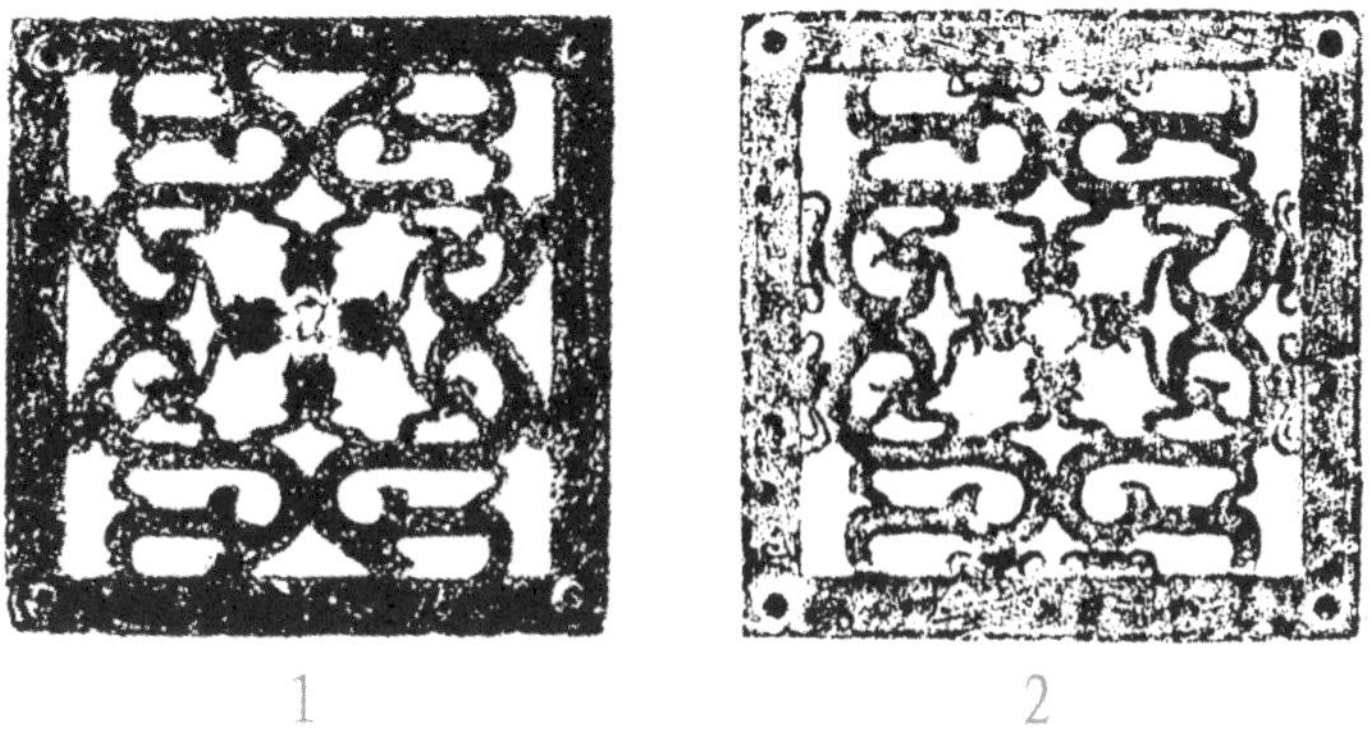

圖 3　郭店 M1 與包山 M2 銅鏡比較圖

1、郭店 M1：T19a 鏡， 2、包山 M2：432-3 鏡

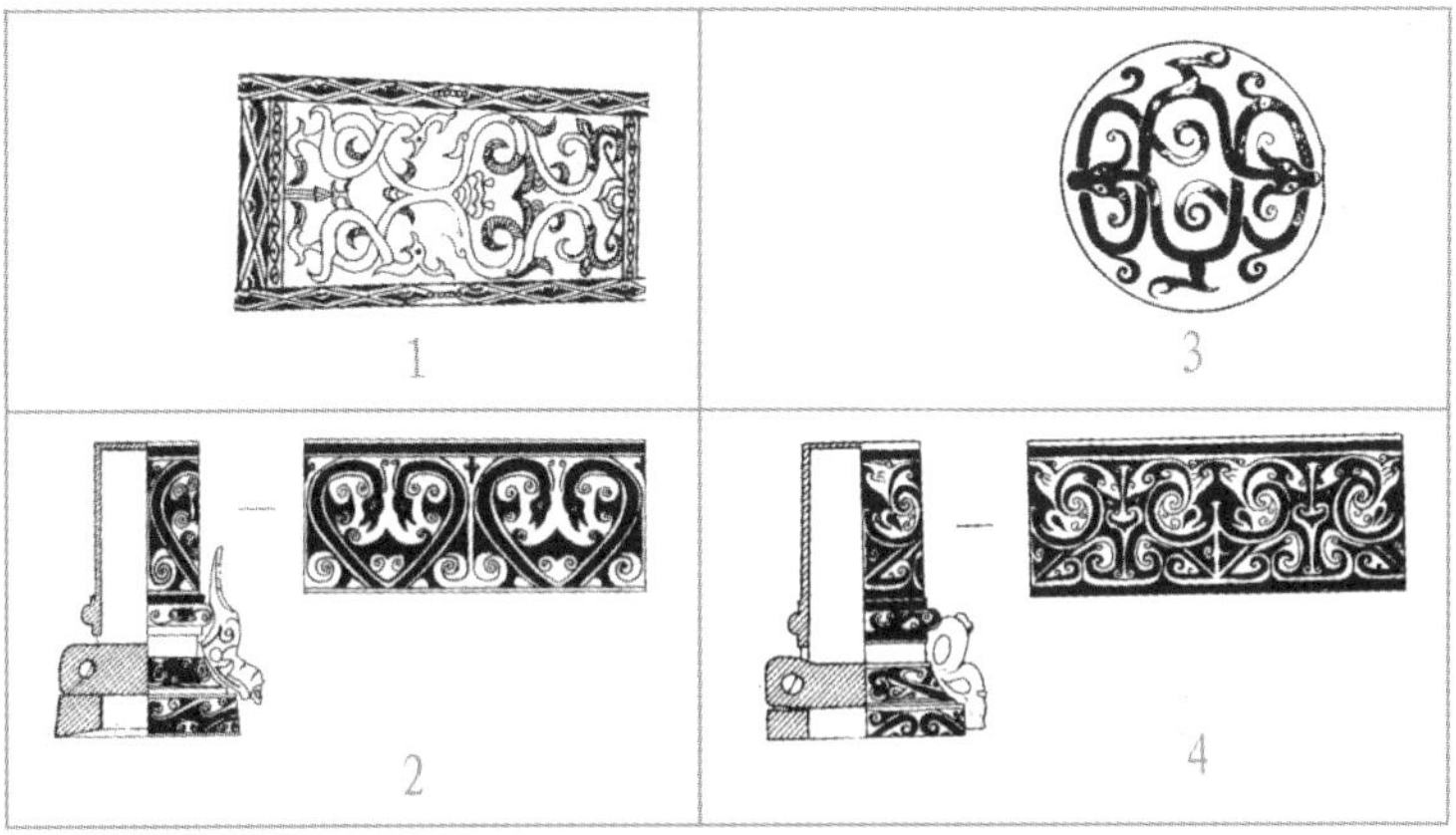

圖 4、郭店 M1 與其他楚墓紋飾比較圖

1、郭店 M1：B38 鈹鞘紋飾， 2、郭店 M1：T21-1 車軎，3 包山 M2：189 雙連杯紋飾， 4、望山 M2：T82 車軎

期。郭店 M1 盤寬沿淺腹，似較圖 1 中包山 M2 盤年代略晚，與該盤形制最為接近的，是棗陽九連墩 M2 盤。同時，九連墩 M2 的匜也帶鋪首銜環[(23)]。九連墩 M2 的年代被認為是晚於包山 M2 的戰國中晚期之交的公元前 300 左右[(24)]。郭店 M1 出土的耳杯在楚墓中少見，形制相同者則見於前面提到的馬山 M1。郭店 M1 青銅器具有年代變化特征的另一方面是青銅器紋飾。郭店 M1 出土的方形銅鏡器形、紋飾也與包山 M2 晚期相同（圖 3），又說明其接近的年代。銅鏡雖是戰國中期晚出的器類，但類似郭店 M1 的方形銅鏡在楚墓中年代較早，在長沙地區戰國晚期楚墓中，方形銅鏡幾乎不見而多見圓鏡[(25)]。郭店 M1 青銅器表現出的年代特征的另一方面，是其裝飾的紋飾。戰國中期青銅器紋飾已然罕見，但在高等級墓葬的兵器和日用品器類中常見裝飾特別是錯金銀的裝飾，這些裝飾受到當時漆器裝飾風格的影響，構圖具有較強的流動感。郭店 M1 青銅器中車軎、鏡、杖首裝飾的紋飾，與該墓漆器如鈹鞘、玉器帶鉤的紋飾，都是以龍為母題、構圖上追求左右對稱，表現出頗為一致的時代風格。這種裝飾風格，正是同時期其他楚墓青銅器、漆器中常見的（圖 4）。

以上討論郭店 M1 青銅器、漆器年代未見晚於戰國晚期偏早的結論，合乎這樣一個史實：紀南城地區在白起拔郢之後，原來屬於楚國的青銅器、漆器等高社會等級的手工業作坊，不可能繼續存在於該地區，更不可能繼續生產這些高等級楚式器物。因此，對於青銅器和漆器年代晚於白起拔郢的質疑，其實并無立論的基礎。

討論郭店 M1 年代最准確的年代學材料，是墓葬中出土的鼎、盉等仿銅陶禮器。這是因為陶禮器是專門為下葬而制作，其距離死者下葬時間較近。戰國時期仿銅陶禮器廣泛使用於低級貴族或平民級別的楚墓中，其需求量巨大而面向社會較廣的層面，因此即便是在白起拔郢之後，這些陶禮器的生產，也仍然可能繼續。如果郭店 M1 年代晚於白起拔郢，則其陶器可能提供這方面的依據。

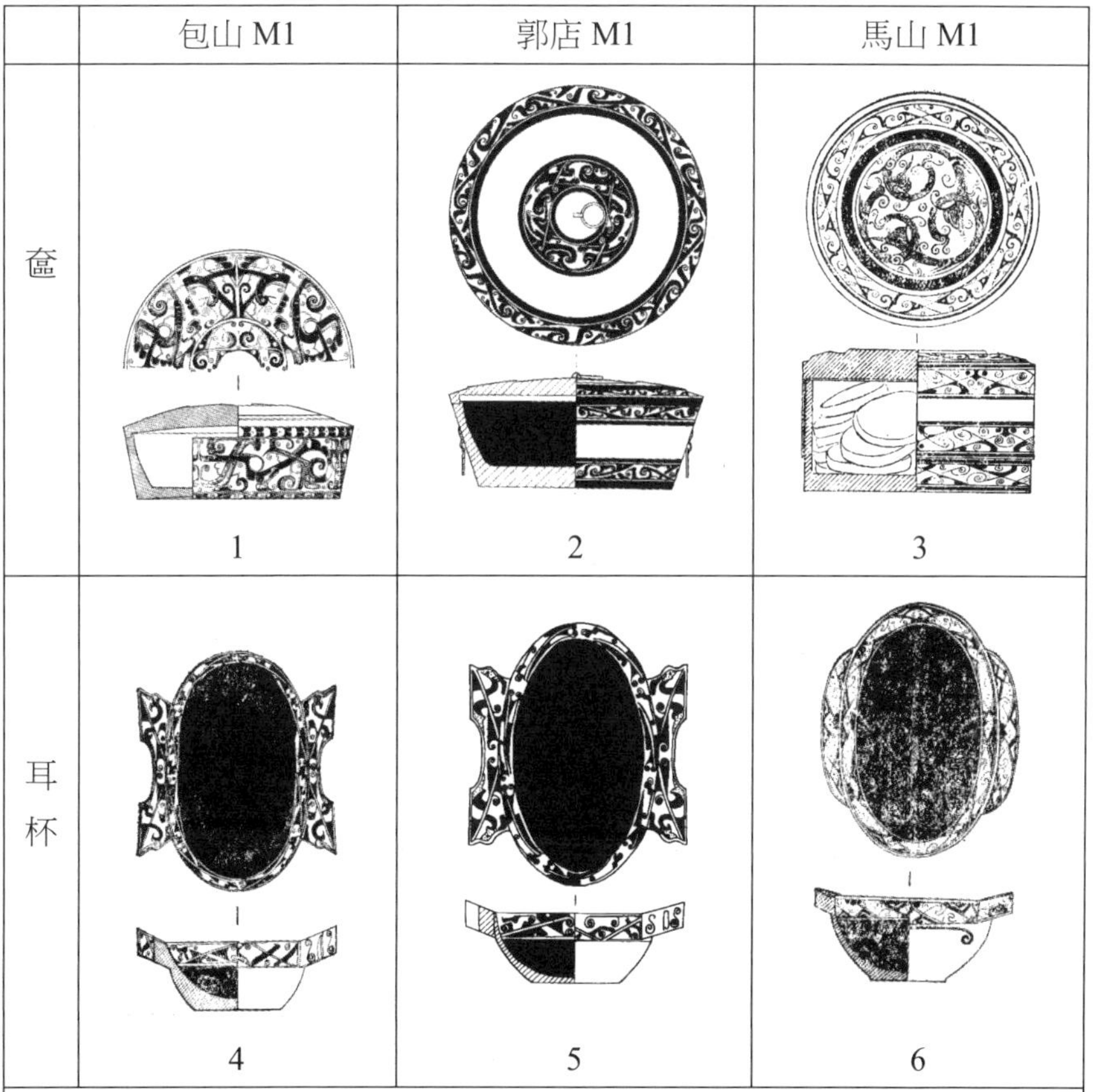

圖 2　郭店 M1 與包山 M1、馬山 M1 漆奩、耳杯對比圖
1、包山 M1：17 奩，2、郭店 M1：B26 奩，3、馬山 M1：17-14 奩，4、包山 M1：14 耳杯，5、郭店 M1：B8 耳杯，6、馬山 M1：17-3 耳杯

車馬器。這些青銅器中具有年代變化特征的有兩個方面。一是盤、匜、耳杯、鏡等器類形制表現出的年代特征。郭店 M1 盤與匜器形接近包山 M2 盤與匜，唯郭店 M1 盤與匜中只有盤帶鋪首銜環，而包山 M2 盤與匜中只有匜帶鋪首。鋪首銜環出現在盤與匜上的時間較晚，一般不早於戰國中

獸、虎座飛鳥，但這一點并不能說明其非楚墓的性質。因為這些器物雖然極具楚文化特征，但卻不是很常見的隨葬品。在九店 573 座楚墓中，出土鎮墓獸 65 件、虎座飛鳥只有 4 件(20)，大部分楚墓并未隨葬鎮墓獸和虎座飛鳥。退一步講，質疑郭店 M1 楚墓的性質，是否要證明其為秦墓？

郭店 M1 多次被盜，隨葬品已不完整，很難就隨葬品作年代組合方面的考察。尋找年代特征較明確的器物，分析其形制包含的年代特征，是訂正 M1 年代的主要途徑。M1 劫余器物中包括有漆木器、青銅器、陶器、玉器、鐵器和其他小件器物。在這些質地的器物中，都具有明確的戰國中晚期楚器的時代特征，但并非所有器類都表現出更加細化的年代特征。例如有些器物時代變化特征不明顯，有些器物較為少見，可資為年代學對比研究的價值不大。例如鐵器有鐵廉 1 件，玉器有帶鉤 1 件，均難以作出年代的對比(21)。不過，在漆器、青銅器、陶器這些主要隨葬品中，仍有不少器物年代特征明確。

郭店 M1 出土 3 件漆器，有奩、耳杯和扇，髹漆以紅或黑色為地，繪勾連雲紋和卷雲紋，幾件漆器紋飾的構圖、風格相同，表明其一致的年代。漆奩、耳杯的器形，年代特征也明確。郭店 M1 奩作隆蓋，蓋帶淺的母口，扣合帶子口的器口，腹壁斜直，上腹較大。戰國晚期及其後的奩器形作扁矮的直筒形，其器蓋下伸，包住器體的上半部。郭店 M1 耳杯為長方形耳，而戰國晚期則只見長圓形耳的耳杯。如果我們拿包山 M1 和馬山 M1(22)兩座墓葬出土的奩、耳杯比較郭店 M1 同類器（圖 2），很容易注意到郭店 M1 耳杯器形、紋飾與包山 M1 耳杯相同，兩座墓葬的奩器形相同，紋飾稍異。而馬山 M1 奩為器蓋過腹的直筒形，耳杯為長圓形耳，兩類器物形制特征均為較晚的特征。這暗示郭店 M1 年代接近於包山 M1 而可能略早於馬山 M1。包山 M1 一般被認為是早於包山 M2 的戰國中期偏晚楚墓，而馬山 M1 則被認為是戰國晚期偏早楚墓。

郭店 M1 出土青銅器包括盤、匜等禮器，耳杯、鳩杖、鏡等日用品，劍、戈、鈹、鏃等兵器，削刀、環、車軎、車轄、馬銜、蓋弓帽等工具與部分古文獻學者持此看法。我們同意拔郢之前說。由於此墓年代在拔郢之前或之後涉及的問題重大，以下在討論郭店 M1 年代問題時會兼及分析持拔郢之後說的觀點。

從考古年代學上，持白起拔郢之前說的學者強調郭店 M1 作為楚墓的性質，他們認為墓葬隨葬品中的青銅器、漆器和陶器的年代特征均與沮漳河流域戰國中晚期之際楚墓一致。有的學者認為墓葬具體年代或晚於包山 M2，但應約在公元前 300 前後[19]。持白起拔郢之後說的學者認為 M1 形制有接近秦墓的特征，他們未舉隨葬品較晚的例證，但懷疑白起拔郢之前結論中論證器物年代的方法。

郭店 M1 在文化屬性上是否為楚墓，是討論該墓年代的一個重要問題。因為如果該墓為秦墓，則其年代極可能在白起拔郢之後。而如果為楚墓，則其年代在拔郢之前的可能性較大。許多學者已經指出郭店 M1 明確為楚墓的表現：1）、墓葬葬制、葬俗為典型楚墓。M1 為帶斜坡墓道的土坑豎穴墓，墓葬為頭向東的東西方向。槨分邊箱、頭箱、館室三個單元，棺為懸底的長方形，棺底置笭床。這些要素多為典型楚墓所常見，而多與秦墓不同。2）、墓葬隨葬品特征為典型楚式。郭店 M1 未見秦人墓常見的日用器器類如釜、罐等，該墓所出青銅器的盤、匜，陶器的鼎、盉以及其他器類均為楚墓隨葬品常見之物。此外還有重要的一點是郭店 M1 位於一處楚墓墓地之中，如發掘簡報指出：墓地所在的“崗上分布有塌塚子、大陳灣塚、李家塚等 10 余座中小型楚塚”，并與其他楚塚構成高級別楚墓墓群。這樣的布局與規模，在沮漳河流域絕非秦人墓葬和墓地的性質。

質疑者認為江陵地區所見秦墓較少，不足以將這些較少的秦墓總結出不同於楚墓的特征。其實，秦墓的特征不是由江陵地區總結的，而是首先從秦人的老家關中地區、再及秦人占領的其他地區的秦人或秦文化風格的墓葬中總結出來。秦文化墓葬和楚文化墓葬的明顯區別，很容易將其區別開來。因此，即便是郭店 M1 年代處於白起拔郢之後，其性質也只可能是秦人占領區下的楚人墓葬。質疑者認為郭店 M1 未見楚墓常見的鎮墓

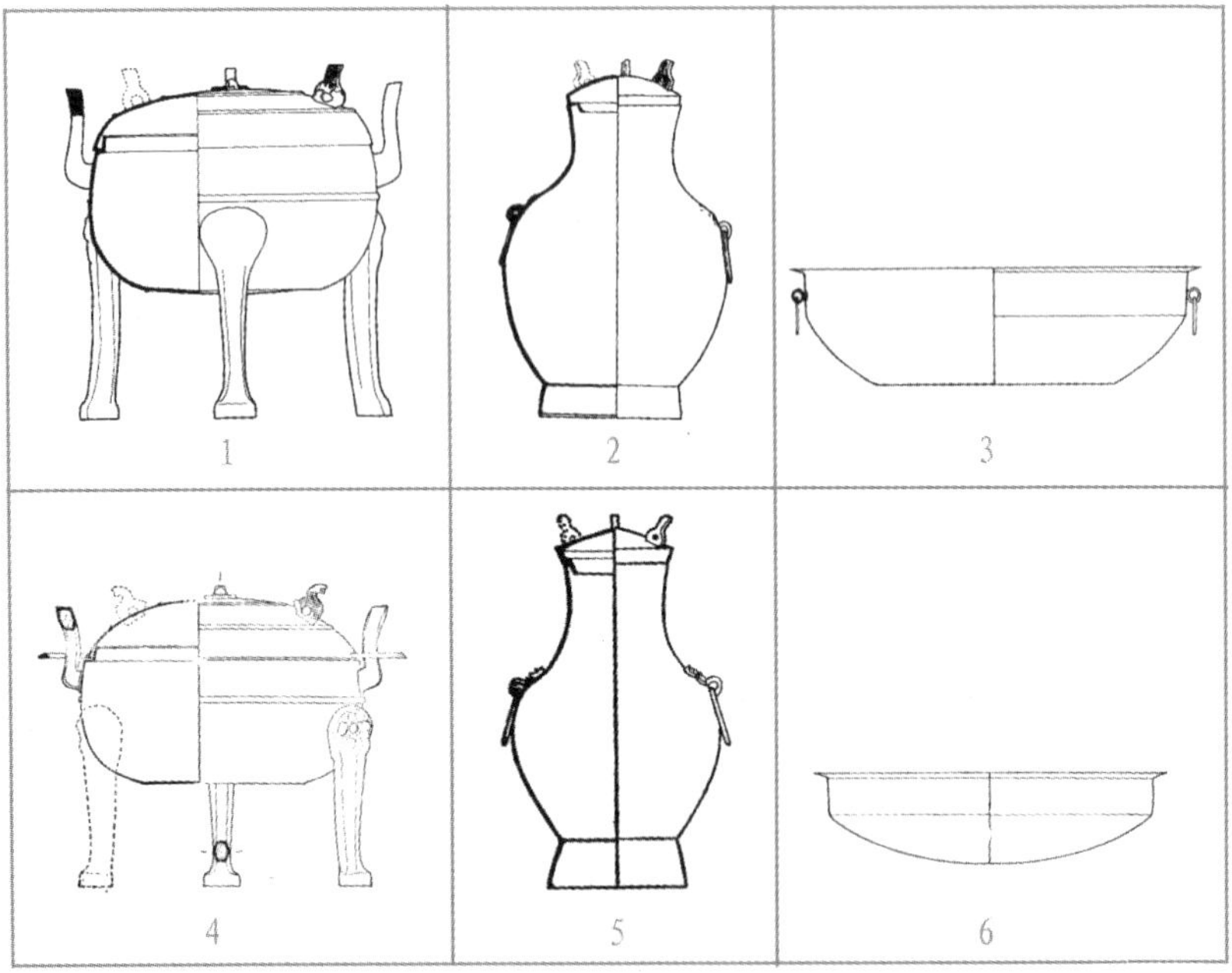

圖 1　望山 M1、包山 M2 青銅器對比圖

1、望山 M1:T35 鼎，2、望山 M1T28 壺，3、望山 M1：T49 盤

4、包山 M2：106 鼎，5、包山 M2：154 壺，6、包山 M2：128 盤

二、郭店 M1 考古學和問題的討論

關於郭店 M1 的年代，已經有許多學者作出了討論。他們的看法，大體可以分為兩種意見，一是認為墓葬在白起拔郢之前即公元前 278 年之前的戰國中晚期，考古學者和大部分古文獻學者均作如是看法(15)。二是墓葬在白起拔郢之後的戰國晚期，李承律(16)、王葆玹(17)、池田知久(18)等

晚期和戰國早、中、晚期各分一期，其中戰國中期再分兩段。這樣，如果以戰國時期開端的公元前475年至報告所認為楚墓下限的公元前278年共約 200 年，則戰國時期楚墓每期大致代表近 70 年，每段代表大約 30 多年。這也就是說，目前沮漳河流域地區楚墓分期所反映的時間框架，其細致程度，大體如此。

雨台山和趙家湖楚墓報告所反映的楚墓分期體系，基本上比較成熟，并在其後的考古發現中也得到了檢驗。1986 年，湖北荊門發掘包山墓地，其中的包山 M2 最為重要。根據包山 M2 出土的竹簡歷法材料，可以推定墓葬下葬年代在公元前 316 年(13)。這也就是說，包山 M2 的年代較望山 M1 的年代晚大約 15 年，但兩座墓葬的年代同在戰國中期偏晚的範圍。學者們注意到，包山 M2 和望山 M1 共有的青銅器器類中，其形制特征基本一致。但如果將兩座墓葬出土青銅容器作細致的比較的話(14)，包山 M2 帶蓋圓腹鼎更接近扁圓的盒形，壺的腹部更加扁瘦而圈足更高，而盤的口沿變寬、腹部變淺（圖 1）：這些變化趨勢與戰國時期相應的器類的形制變化相同。這也就是說，在資料典型、可對比性較強的條件下，可以將楚墓的早晚差距在 20 年左右的相對年代關系梳理出來。當然，這樣的結論是建立在這兩座楚墓隨葬品豐富，可供對比的器類較多的基礎上。一般情況下，楚墓分期都不能達到如此細致的年代標尺。

但無論如何，楚墓考古年代學研究已經達到了較好的准確性和可靠性。在這一條件下，從考古學上討論郭店 M1 年代是具有較好的年代學基礎。

了若干楚墓年代學標杆。這些年代標杆有如下幾個：1978 年河南淅川下寺楚墓的發掘，其中下寺 M2 可能屬於王子午，墓葬年代在 BC552 年(6)。在此基礎上，下寺墓地的十余座楚墓從春秋中期至春秋戰國之際的年代系列建立了起來。1978 年湖北隨州發現發掘曾侯乙墓，根據墓葬出土楚王五十六年酓章鐘可知墓葬下葬年代在 BC433 年(7)。下寺 M2 和曾侯乙墓年代的確定，又使此前發掘的安徽壽縣蔡侯墓（年代在公元前五——六世紀之交）、湖北江陵望山 M1（年代在公元前 331 左右）年代得到了確認(8)。以上年代標杆分別代表了春秋中期、春秋戰國之際、戰國早期、戰國中期楚墓，加上二十世紀三十年代在安徽壽縣李三故堆發現的戰國晚期大墓，楚系墓葬分期的基礎基本形成。最後也是最重要的一點，考古學分期的基本方法——類型學在這一時期基本成熟(9)，為楚墓分期工作奠定了理論基礎。

楚墓年代學的建立，大體可以《江陵雨台山楚墓》(10)和《當陽趙家湖楚墓》(11)兩本楚墓發掘報告的出版作為標志。1975 年前後，江陵雨台山發掘了 558 座楚墓，趙家湖發掘了 297 座楚墓。趙家湖楚墓的整理工作得到了俞偉超等北京大學考古系學者的參與，學者們在整理中將墓葬劃分成不同社會等級（以墓葬棺槨規模為主要區分指標），不同等級墓葬分別進行分期排隊工作。分期排隊中首先注意墓葬隨葬品組合的變化，再觀察各類型器物形制的變化，在此基礎上將隨葬品組合和形制特征接近的墓葬歸結為獨立的年代組，不同的年代組代表了不同時間段，由這些不同年代組合系列形成不同的期、段。趙家湖楚墓整理的工作，也影響到雨台山楚墓的分期，因此兩個墓地的分期和年代結論，基本是一致和平衡的(12)。自此，沮漳河流域楚墓的發掘，在年代分期上基本是以這兩本報告作為參照。

根據趙家湖和雨台山兩個發掘報告，趙家湖墓葬年代自兩周之際延續至戰國晚期，報告將其分為 7 期 12 段，即將春秋早、中、晚和戰國早、中五個時期各分兩段，墓地首尾的西周晚期和戰國晚期各分一段。雨台山楚墓年代自春秋中期延續至戰國晚期，報告將其分為 6 期，即將春秋中、座墓葬，這是中國南方地區首次的墓葬考古發掘工作，發掘者首先從年代上將楚墓與西漢、東漢時期的墓葬相互區別開來[1]，這因之成為考古學上首次認識楚墓。1952 年，文化部組織南方地區考古工作人員，繼續長沙墓葬的發掘，并試圖進一步認識楚墓的分期。在當時缺乏紀年材料和考古類型學研究基礎的條件下，對楚墓年代早晚關系的判斷，是依靠中原地區如洛陽地區東周陶器的認識基礎。例如對楚墓出土的陶鬲，研究者注意到那些鬲“和北方一般的陶鬲不同”。依照洛陽地區的經驗，當時認為隨葬鬲等日用陶器的墓“至少可以確定”早於出鼎、敦、壺等陶禮器的墓，并出土陶鬲的墓葬多屬於春秋時期楚墓[2]。在這一認識的基礎上，此次發掘簡報將墓葬分為三期，將第一期隨葬陶鬲的墓葬年代定在春秋末至戰國初，將最晚的第三期墓葬定為戰國末或晚至西漢初[3]。應該說，這樣簡單地對楚墓進行斷代，很難把握楚墓的年代變化規律。根據這樣的判斷，也會導致一些錯誤的認識。比如，長沙楚墓中出土的鐵器，因為有的同出日用陶器而被視為春秋時期制品，這一錯誤的判斷一直影響著中國鐵器起源問題的研究。對楚墓這樣一些模糊的認識一直持續到二十世紀七十年代，當 1971 年發掘長沙瀏城橋 M1，因為墓葬出土陶鬲等日用陶器，其年代即被判定為春秋晚期[4]。

二十世紀七十年代，楚文化考古以及楚墓的發掘重心轉移到東周時期楚文化中心地區即今江陵、當陽一帶的沮漳河流域，這一時期考古學研究水平的提高促進了考古界對於楚墓的年代問題認識。這些進展包括如下幾個方面：其一，1975 年冬開始對楚都紀南城遺址進行了大規模的考古發掘，發掘對象包括城牆與城門、建築台基、水井等遺跡[5]。這是考古界首次對楚文化遺址進行的大規模發掘，它使戰國時期楚文化遺存在考古地層學之下得到展示。由於楚墓缺乏相互疊壓和打破關系，不同墓葬相對的早晚關系在此前很難進行判斷。紀南城遺址發掘出的多組遺存，這使學者們依靠地層關系建立起來對許多遺跡、遺物的相對的年代認識。其二，屬於不同時期、年代明確的一些重要楚系墓葬被發現發掘，這樣就建立起來

戰國晚期楚墓的斷代與郭店 M1 楚墓的年代研究

張 昌平

1993 年發掘的湖北荊門郭店 M1，因其出土大量文獻材料，墓葬的斷代問題因此成為頗為一個頗受關注的熱點。也正是因為出土的文獻材料，思想史學者基於文獻內容的時代背景，對考古學者基於墓葬形制和隨葬品所作的考古年代學斷代的結論提出質疑，他們認為考古學者判斷的戰國中期偏晚的年代過早，M1 的年代應該在公元前 278 年（白起拔郢之年）之後。

考古年代學斷代方法是否具有對一處古代遺存年代進行判斷的可行性？郭店 M1 年代可以判定在公元前 278 年之前或之後嗎？這是本文將要討論的。

一、楚墓的年代學研究概況

考古學年代學斷代方法是判斷古代遺存年代的基本手段。中國早在二十世紀八十年代，商周時期及新石器時代的考古學年代框架就已經建立起來。其中，楚文化遺存由於數以萬計的楚墓經過考古發掘，其年代學框架在商周時期的分期中較為細致和成熟。當然，這個細致和成熟的體系是經過了長時間的努力建立起來的，它也仍然存在一些尚待完善甚至是不太合理的地方。

楚墓的考古學發掘肇始於長沙地區楚墓，楚墓的年代與分期問題幾乎同時受到關注。1951 年，中國科學院考古研究所在長沙發掘了一百多

高后呂雉諱，字體接近秦篆，抄寫年代可能在高帝時期，即公元前二〇六至一九五年間”（國家文物局古文獻研究室編《馬王堆漢墓帛書〔壹〕》，文物出版社1980年3月，第1頁）。假定《胠篋》於公元前三世紀中葉成書，我們似乎不太好想像，在此後的四五十年間，以《胠篋》爲代表的思想完成了竄改《老子》、並使《老子》原本完全退出歷史舞臺的過程。

(26)　這種情況猶如裘錫圭先生曾經指出過的，《管子・心術》等四篇成書時代較晚，但它們的精氣說和“道”的觀念卻“很可能是從前輩道家那裏繼承下來的”。（《稷下道家精氣說的研究》，《文史叢稿》，上海遠東出版社 1996 年 10 月，第 47 頁。）

(27)　同注 20 所引文，同頁；注 21 所引文，第 9 頁；《糾正我在郭店〈老子〉簡釋讀中的一個錯誤--關於“絕僞棄詐”》，《中國出土古文獻十講》，第 240 頁。

(28)　呂思勉《先秦學術概論》，東方出版中心 2008 年 1 月第 2 版，第 29 頁。

(29)　有學者對這兩處文義做了很好的解釋：“仁義禮智既然能成爲竊國大盜的護身符，竊國大盜也就靦然成爲仁義禮智的體現者……大盜竊國之後，便有所謂義士，爲他出力，替他吹捧。”（任繼愈主編《中國哲學發展史（先秦）》，人民出版社1983年10月，第395頁。）

人所引之本有關。佚注謂“或有莊周《胠篋》而充次第者”，其實未必；更非學者所說“小司馬蓋誤記而引之也”（程金造編著《史記索隱引書考實》，中華書局 1998 年 10 月，第 722 頁）。其情況應與今本《鬼谷子・符言》與《管子・九守》大致相同是類似的。由此可見“十二世有齊國”之語應無問題，不煩校改。

（17）《十過》所記“田成子遊於海”之事，應爲齊景公事，顏涿聚亦爲景公臣，此事或爲誤植到田成子頭上（參太田方《韓非子翼毳》，富山房藏版，卷三第 25 頁），但“田成子有齊國”則應是戰國時人的說法。

（18）此文句式與《胠篋》相類，其主語是“齊”，“二十四世”亦是指齊，可以作爲正確理解《胠篋》文意的比照。

（19）錢穆《先秦諸子繫年》，第 188 頁；關鋒《莊子内篇譯解和批判》，中華書局 1961 年 6 月，第 328 ～ 329 頁；曹礎基《莊子淺注（修訂重排本）》，中華書局 2007 年 3 月第 3 版，第 110 頁；谷中信一《從郭店〈老子〉看今本〈老子〉的完成》，《郭店楚簡國際學術研討會論文集》，湖北人民出版社 2000 年 5 月，第 441 頁。

（20）裘錫圭《郭店〈老子〉簡初探》，《中國出土古文獻十講》，復旦大學出版社 2004 年 12 月，第 206 ～ 207 頁。

（21）裘錫圭《關於〈老子〉的“絕仁棄義”和“絕聖”》，復旦大學出土文獻與古文字研究中心編《出土文獻與古文字研究》（第一輯），復旦大學出版社 2006 年 12 月，第 13 頁。

（22）同注 21 所引文，第 12 ～ 13 頁。

（23）同注 21 所引文，第 13 ～ 14 頁。

（24）參看注 19 所引谷中信一先生文，同頁。

（25）谷中信一先生認爲，“對於‘聖’、‘智’、‘仁’、‘義’的否定，應該看作是在郭店《老子》以後，用改寫第十九章的方法，新加進《老子》之中的思想要素。……可以認爲這與戰國末齊地的黃老思想和儒家處於尖銳對立的狀況有關係”（同注 19 所引谷中先生文，第 442 頁），是把這種“尖銳對立”放在戰國末。裘錫圭先生從另一個角度指出，“在聖賢們的仁義說教和統治者的仁義口號跟毫無仁義可言的政治和社會的現實形成強烈對比的戰國晚期，經過這種修改的本子，自然會迅速得到人們的認可，以致原本很快就退出了歷史舞臺”（同注 21 所引文，第 13 ～ 14 頁。），也是把這種“強烈對比”的形成放在戰國晚期。我們知道，馬王堆帛書《老子》甲本及卷後佚書“不避漢高帝劉邦、年 1 月；收入龐樸等《古墓新知》，臺灣古籍出版有限公司 2002 年 5 月，第 6 頁。今據後者引用。

(7)　陳偉先生已指出："簡文前一句同於《胠篋》，後一句則同於《盜跖》。"(《郭店竹書別釋》，湖北教育出版社 2003 年 1 月，第 234 ～ 235 頁。)

(8)　李學勤《從郭店簡〈語叢四〉看〈莊子・胠篋〉》，武漢大學簡帛研究中心主辦《簡帛》(第一輯)，上海世紀出版股份有限公司、上海古籍出版社 2006 年 10 月，第 73 ～ 76 頁。又收入李學勤《文物中的古文明》，商務印書館 2008 年 10 月。下引此文時，據前者引用，不再出注。

(9)　饒宗頤先生曾指出："由《語叢》所記，知此數句乃戰國以來楚人流行之重言，莊子作《胠篋》時借用之，竝不是他自己所寫的東西。"(《從新資料追溯先代耆老的"重言"--儒道學派試論》，《中原文物》，1999 年第 4 期，第 61 頁。) 饒說蒙李銳先生賜示，謹此致謝。

(10)　李先生文中亦未提及《盜跖》篇。

(11)　據雷學淇《考訂竹書紀年》，田悼子立應繫於晉烈公六年（公元前 410 年），見方詩銘、王修齡《古本竹書紀年輯證》，上海古籍出版社 1981 年 2 月，第 92 ～ 93 頁；參看方詩銘編著《中國歷史紀年表（修訂本）》，上海人民出版社 2007 年 3 月，第 25 頁。

(12)　朱右曾《汲冢紀年存真》，清歸硯齋刻本，卷下第十六葉。文中所引《史記索隱》與原文略有出入，今不詳加校正。

(13)　錢穆《先秦諸子繫年》，商務印書館 2001 年 8 月，第 189 頁。

(14)　俞樾《莊子平議》也早已指出"本文是說田成子，不當追從敬仲數起。"(《諸子平議》，中華書局 1954 年 10 月，第 348 頁。)

(15)　俞樾《諸子平議》，第 348 頁；嚴靈峰《道家四子新編》，轉引自陳鼓應《莊子今注今譯》，中華書局 1983 年 4 月，第 254 頁。

(16)　據《史記索隱》，"十二代（世）而有齊國"之語亦見《鬼谷子》，今本《鬼谷子》則無此文。按《北堂書鈔》卷一百四十八引《鬼谷子》佚文"魯酒薄而邯鄲圍"（許富宏《鬼谷子集校集注》，中華書局 2008 年 12 月，第 263 頁）見於《胠篋》篇，《長短經・反經》引《鬼谷子》"將爲胠篋"至"害天下多矣"一段，與《胠篋》文基本相同（《鬼谷子集校集注》，第 191 ～ 192 頁）。可見唐人所見《鬼谷子》確有與《莊子・胠篋》內容大致相同的一篇，今本《鬼谷子・胠亂（一本作胠篋)》已亡，其內容應與唐竊國者的事實，[29] 這似乎只是一件事情的兩個方面，竝非儒道對立後產生的變化。

2009年8月12日寫畢

2010年3月初修改

附記：此文曾在上海大學召開的“中國傳統學術的近代轉型”國際學術研討會（2009年10月17日-18日）上宣讀，會上蒙李銳先生提出寶貴意見，竝賜示未刊大作《〈莊子・胠篋〉之“十二世有齊國”補論》，十分感謝。

附：田齊世系

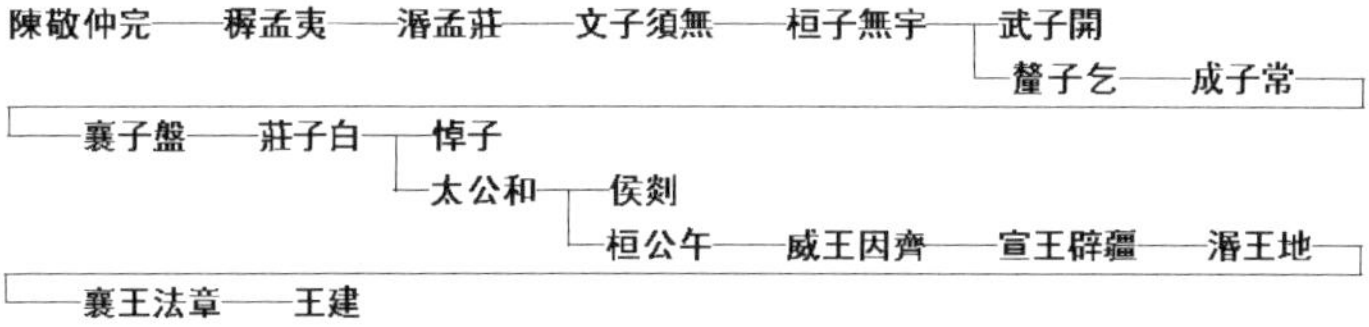

(1) 荊門市博物館《郭店楚墓竹簡》，文物出版社 1998 年 5 月，圖版第 105 頁，釋文注釋第 217 ～ 218 頁。從圖版看，“戓”字下的句讀符號之後（編繩痕跡下方）誤衍一重文號（參看《簡帛書法選》編輯組編《郭店楚墓竹簡・語叢四》，文物出版社 2002 年 12 月，第 8 頁）。

(2)《郭店楚墓竹簡》，釋文注釋第 218 頁注[七]引“裘按”。

(3) 王念孫《讀書雜志・讀書雜志餘編》“仁義存焉 義士存焉”條引王引之說，江蘇古籍出版社 2000 年 9 月，第 1013 ～ 1014 頁。

(4) 王叔岷《莊子校詮》，中華書局 2007 年 6 月，第 354 頁。王書還補充了《長短經・是非篇》引《史記・游俠列傳》文“存”下有“焉”字，亦可參考。

(5) 劉師培《莊子斠補》，《劉申叔遺書》，江蘇古籍出版社 1997 年 11 月，第 890 頁；又見王叔岷《莊子校詮》，第 1195 頁引。

(6) 龐樸《古墓新知--漫談郭店楚簡》，原載《中國哲學》第 20 輯，遼寧教育出版社 1999

期（王建的即位年是公元前264年，可大略視作其著作時代的上限[24]）。郭店《老子》下葬的年代爲戰國中期偏晚，大致可定爲公元前三百年左右。如果把《胠篋》的這種激烈反對儒家的老莊後學的思想，看成是在公元前三百年之後的幾十年中迅速興起的新思想，而這種新思想又在戰國晚期迅速得到人們的認可，竝導致以郭店《老子》爲代表的《老子》原本被竄改成帛書本和今本的面貌，就未免有些突然。[25] 我們如果不被現在看到的郭店《老子》這種原始的本子局限住的話，不妨可以設想，在郭店《老子》下葬時代的同時甚至更早一些，所謂“左派道家”的思想其實已經出現，在這種思想的影響下，當已出現了經過竄改的《老子》本子，而成書於戰國晚期的《胠篋》等篇只是把這種思想發揮到極致的作品而已。也就是說，《駢拇》、《馬蹄》、《胠篋》、《在宥》等四篇，只是戰國中期已經興起的“左派道家”學說在戰國晚期的彙編、總結。[26] 簡言之，我認爲裘先生所提出的兩種可能性，其實竝非截然對立、不可調和。只是裘先生提出帛書本和今本《老子》是“受到《胠篋》篇的這種思想影響的人”竄改的說法，似是把《胠篋》的成書和與《胠篋》等篇有關的思想產生作用看作必須有因果關係、先後順序的事情，造成了似乎不可調和的矛盾。不過我們上述所說也只是沒有多大根據的猜測，是否合理有待進一步研究。

最後附帶談談龐樸先生提出的“義士”和“仁義”之異所反映的問題。裘錫圭先生在好幾篇文章中都曾指出，《老子》以仁義爲低於道德的境界，但對仁義卻竝不持否定、鄙棄的態度。[27] 其說極是。《胠篋》則說“諸侯之門，而仁義存焉”，對“仁義”的鄙棄與其整篇所反映的“左派道家”的思想是統一的。《盜跖》和《語叢四》作“義士存焉”和“義士之所存”，其中的差異，前引龐先生文認爲反映出儒道兩家思想由和平到對立的變化。這卻似乎不能成立。《盜跖》篇同樣激烈反對儒家，唾罵孔子，即可證明。所以，說“仁義存焉”也好，說“義士存焉”也好，義各有當--《胠篋》篇說的是“不仁不義者”“竊仁義之名，以行不仁不義之實”[28] 的事實，而《盜跖》篇說的是“義士”自覺依附行爲醜惡的裘錫圭先生很早就曾指出：

究竟是《胠篋》篇作者所見到的《老子》已是經過竄改的本子呢？還是《老子》的竄改就是受到《胠篋》篇的這種思想影響的人所進行的呢？這是今後需要研究的一個問題。[20]

這前一種可能性恐怕是李先生所沒有考慮到的。

關於今本《老子》的“絕仁棄義”和“絕聖”究竟反映的是《老子》本貌，還是後人修改的結果，裘錫圭先生近年已有專文詳細辯證，他的結論是：

根據《老子》的思想體系和其他綫索來看，今本十八章和十九章開頭三句是經後人修改的，簡本則應該是反映原本面貌的。[21]

裘文論據堅強，我認爲上述結論是正確的。關於《胠篋》之文，裘先生也已指出：

羅根澤《莊子外雜篇探源》認爲《駢拇》、《馬蹄》、《胠篋》、《在宥》諸篇屬於一派，“爲戰國末年左派道家所作”。這是很有道理的（但“戰國末年”似以改成“戰國晚期”爲妥）。這一派既主張“絕聖”，也猛烈抨擊聖人。在他們那裏，“絕聖”的“聖”和“聖人”的“聖”是統一的。《胠篋》既說“聖人不死，大盜不止”，又說“故絕聖棄智，大盜乃止”，清楚地説明了這一點。[22]

我們知道，馬王堆帛書《老子》甲乙本跟今本《老子》十八、十九章相當的文字已和今本基本相同。裘錫圭先生認爲，這種“修改大概發生在戰國晚期”，竝肯定了不少學者認爲這種修改出自以《莊子·胠篋》等篇爲代表的、激烈反對儒家的老莊後學之手的意見。[23] 看來裘先生對於上面提到的這個“需要研究的”問題，已經有了比較明確的傾向。對於這一意見，我覺得似仍有考慮的餘地。

我認爲上引李學勤先生文指出的一點確是事實，即《胠篋》思想觀點和詞語多爲引申《老子》。《胠篋》的“絕聖棄知”，也有可能是引自《老子》。我們似乎不能完全否認《胠篋》寫作時，已經看到過經竄改的《老子》的可能性。上文已經說明，《胠篋》的著作年代應從舊說排在戰國晚論。

讀過《胠篋》都知道，該篇的思想觀點和許多詞語是由《老子》引申而來。……

《胠篋》有“絕聖棄知，大盜乃止”，係襲自《老子》第十九章“絕聖棄智”以至“盜賊無有”一段，實際上，《胠篋》前面大半篇都是從《老子》這一章脫胎而來，對讀兩者，就不難看清楚，《胠篋》既然作于《語叢四》之前，當時《老子》該章本爲“絕聖棄智”，是必然的。

然而，正如大家所熟悉的，與《語叢四》同出的《老子》甲本，一開頭便是與傳本第十九章對應的一章，其首句“絕聖棄智”卻作“絕智棄攴（辯）”，由之引生種種討論，以至影響到早期道家與儒家是否有思想分歧的問題。前些時候，我曾有小文，提到竹簡這一章乃是當時竄改。現在由《胠篋》時代的判定，更進一步證實了這一點。

我們理解，李先生是把《語叢四》作爲定點，通過《胠篋》這個中間環節，推論今本《老子》早於《語叢四》；而李先生又以《語叢四》與郭店《老子》甲組同出，著作時代相同，所以今本《老子》應早於簡本《老子》。

我們上文已經指出，《語叢四》抄《胠篋》這一點無法坐實，從對“十二世有齊國”的解釋看，《胠篋》早於公元前三百年的結論也不能成立，所以李先生的論證是有問題的。退一步說，即使《語叢四》是抄自《胠篋》，《胠篋》的著作年代也確實早於公元前三百年，這也只能説明郭店《老子》下葬之前的道家某一派別已經提出了“絕聖棄智”的主張，也可能《胠篋》的作者確實看到了作“絕聖棄智”的《老子》本子，但這也不能充分證明《老子》的本來面貌就是如此；也就是說，不能由此判斷郭店《老子》沒有保存《老子》原本面貌。其中道理也很簡單，不能因爲郭店《老子》和《語叢四》同出，就認爲郭店《老子》的著作年代即一定是公元前三百年而非更早。

說的“且《莊子》文明自成子起算，豈得遠引敬仲”[14]一句。其實錢氏批評《經典釋文》之說的出發點和批評朱右曾說的出發點，正是一致的，恐怕也不是沒有“切中要害”。上引李文有“最主要的原因，是篇中論及田成子的這樣幾句話”一句，説明李先生竝非沒有意識到這段話説的都是與田成子有關的事情。正如李學勤先生指出的那樣，《胠篋》全文邏輯結構緊密，絕不需要像《經典釋文》和《汲冢紀年存眞》那樣，作奇特而不合邏輯的理解。近世研究《莊子》的學者，對“十二世有齊國”的説法，亦多不同意見，如俞樾校改爲“世世有齊國”，嚴靈峰校改爲“專有齊國”，[15]都缺乏足夠根據[16]；但他們對《胠篋》文意的理解有一個共同點，即“十二世有齊國”説的就是田成子的事情。文章所要談的是田成子篡齊帶來的種種危害，作其他理解都是不合適的。

在戰國古書中也有不少明確的證據可以說明，在戰國人心目中，就是把田成子作爲田氏專有齊國的第一人：

田成子所以遂有齊國者，顏涿聚之力也。（《韓非子・十過》）[17]

以今時之所聞田成子取齊，司城子罕取宋，太宰欣取鄭，單氏取周，易牙之取衛，韓、魏、趙三子分晉，此六人，臣之弑其君者也。（《韓非子・說疑》）

其後齊日以大，至於霸，二十四世而田成子有齊國。（《呂氏春秋・長見》）[18]

田成子之所以得有國至今者，有兄曰完子，仁且有勇。（《呂氏春秋・似順》）

《呂氏春秋》是戰國晚期的作品，《似順》謂田成子“有國至今”，不正是《胠篋》“十二世有齊國”的最好注腳嗎？學者多據《胠篋》的這段話判斷其成書時代較晚，應在戰國晚期，是莊子後學的作品，[19]無疑是合理的。

李學勤先生論《胠篋》著作時代應提早，似乎還有一個更爲重要的目的：

把《胠篋》的時代定在公元前300年以前，可以得出非常重要的推

> 現在知道《語叢四》簡已經錄引《胠篋》，《史記索隱》的解說肯定是不對的。原來，“十二世有齊國”這句話可以有不一樣的理解：一種理解是田氏十二世（原注：此處“世”指繼位者，不是輩次。《左傳》莊公二十二年齊懿氏卜妻陳完，其妻占辭“五世其昌，竝于正卿；八世之後，莫之與京”，“世”也是指繼位者數。），世世享有齊國；另一種理解是田氏自入齊以後，十二世始有齊國。由陳完起算，第十二世正是始立爲諸侯的太公和。田和列于諸侯，是公元前 386 年，所以《胠篋》這句話與其寫成年代竝沒有什麼矛盾。

上述解釋蓋略本於朱右曾《汲冢紀年存眞》之說。朱氏在此書“（晉敬公）十二年田悼子立（《史記・田完世家》索隱）”(11) 條下云：

> 《索隱》曰：悼子卒乃立田和，是莊子後有悼子，蓋立年無幾，所以《系本》《史記》不得錄也（案悼子立三十六年，不得云“立年無幾”）。而莊周及《鬼谷子》竝云：田成子殺齊君，十二代而有齊國。今據《系本》《系家》，自成子至王建祇十代，若如《紀年》，則悼子及侯剡卽有十二代。右曾案：莊周當齊威宣之時，鬼谷書蘇秦所述，不應豫知湣、襄、王建。據本書齊康公二十二年田侯剡立，田之稱侯自剡始，則有齊國者當亦指剡，自剡以前有十二世也。考敬仲完生穉孟夷，夷生湣孟莊，莊生文子須無，須無生桓子無宇，無宇生僖子乞，乞生成子恆，恆生襄子盤，盤生莊子白，白生悼子，悼子生田和，和生剡，適十二世也。(12)

朱氏未數“桓子無宇”後的“武子開”一世，故比李說延後一世至侯剡。對於此說，錢穆先生已有批評：

> 信如其說，當曰：“田成子弑齊君，五世而有齊國”，乃爲近是耳。不然，自敬仲至剡，則十二世始有齊，不得謂田成子弑君，十二世有齊也。(13)

上文引及李先生文，謂《先秦諸子繫年》批評《經典釋文》之說時所講“敬仲奔齊，豈得遽謂有齊國”爲“切中要害”，卻沒有引錢先生緊接著……既然《語叢四》錄引了《胠篋》，《胠篋》的成篇就一定要早於公元前300年。

即使我們忽略《語叢四》和《胠篋》存在的不同，僅據《胠篋》邏輯嚴密、"竊鈎者誅"一段在文中不可分割等事實，也不能必然得出其他古書與此有關的内容一定就抄自《胠篋》的結論，也不能必然得出《胠篋》之文竝非從他處引來的結論。這個道理是很簡單的。因爲各書的相關内容完全有可能皆有同一來源，而不是簡單的誰抄誰的關係（對於像"竊鈎者誅"這種類似格言警句的話，尤應如此）。[9] 爲了說理透闢，《胠篋》的作者自然要使得上下文邏輯緊密，《盜跖》何嘗不是如此呢？[10] 按照李先生論證的邏輯，爲什麼不能說《語叢四》是抄《盜跖》呢？

其實李先生已經注意到把《胠篋》年代提早所要碰到的一個疑難問題：

> 《胠篋》列于《莊子》外篇，近代學者多以爲晚出。最主要的原因，是篇中論及田成子的這樣幾句話。
>
> ……故田成子有乎盜賊之名，而身處堯舜之安，小國不敢非，大國不敢誅，十二世有齊國。
>
> 關於"十二世有齊國"，歷來有多種解釋。唐成玄英疏云："田成子，齊大夫陳恆也，是敬仲七世孫。自敬仲至莊公，凡九世知齊政，自太公至威王，三世爲齊侯，通計爲十二世。莊子宣王時人，今不數宣王，故言十二世也。"此說本于陸德明《經典釋文》。《先秦諸子繫年》批評說："敬仲奔齊，豈得遽謂有齊國？"是切中要害的。
>
> 《先秦諸子繫年》採用司馬貞《史記索隱》的說法，認爲十二世應由田成子起算，依古本《紀年》，在《史記·田世家》世系中增加悼子、侯剡二世，于是十二世是成子到田齊的最後一君王建（參看附表）。這樣說來，《胠篋》竟應該是戰國末，甚至更晚的作品了。

李先生對此提出了解釋：

仔細體會龐先生的意思，他似乎主張《胠篋》本來也應作“義士存焉”，今本作“仁義”乃經後人改動。這恐怕是不合《胠篋》文義的（詳後文）。龐先生文中沒有提及《盜跖》之文的“義士”（龐先生文中已引王引之的意見，所以自然不會沒有注意《盜跖》之文），似爲偶疏。但從他的論述可以看出，《語叢四》的“義士”自可講通，不應視爲譌誤，是很明顯的。[7]

《盜跖》篇滿苟得說了“小盜者拘”幾句之後，緊接著講：

> 昔者桓公小白殺兄入嫂，而管仲爲臣；田成子常殺君竊國，而孔子受幣。論則賤之，行則下之，則是言行之情悖戰於胸中也，不亦拂乎！故《書》曰：“孰惡孰美？成者爲首，不成者爲尾。”

《盜跖》篇的作者認爲管仲、孔子這些人内心雖然看不起齊桓公、田成子，實際行爲卻委身爲臣，因此管仲、孔子無疑就是滿苟得所說的依附於“諸侯之門”的“義士”。劉師培將《盜跖》的“義士”改爲“仁義”，不但不能得到出土文獻的證明，也和《盜跖》的上下文義不合，顯不可從。

最近李學勤先生發表了《從郭店簡〈語叢四〉看〈莊子・胠篋〉》一文，也認爲《語叢四》“‘義士之所存’語意欠通，疑本作‘仁義’，‘仁’字譌爲‘仕’，又誤倒轉寫成‘士’（原注：楚文字‘仁’寫法不同，誤寫當在其他地區。）。”[8] 與劉師培說基本一致，恐怕也無法成立。李先生在此基礎上進一步提出：

> 如果上面所說不錯，《語叢四》該簡（引者按，李先生此文誤以 8、9 兩簡爲 9 號簡）同《胠篋》簡直是完全一致的。我們知道，郭店簡《語叢》乃是當時各家著作的摘錄本，例如《語叢一》錄引《坊記》，《語叢三》錄引《論語・述而》。那麼《語叢四》的這段話，也應該是錄引《胠篋》。
>
> 細讀《莊子》的《胠篋》全篇，邏輯結構十分緊密，“竊鉤者誅”這一段乃是對前半篇的綜括小結。……前後一氣貫通，足證“竊鉤者誅”一段是《胠篋》不可分割的部分，不是從他處引來。《語叢四》所錄引的，正是《胠篋》。

《語叢四》的出土也無法爲王氏的意見提供積極證據。王叔岷、裘錫圭先生的意見是正確的。

值得注意的是,《盜跖》篇跟《胠篋》篇和《游俠列傳》明顯的區別在於,《盜跖》"諸侯之門,義士存焉"句中的"義士",在後兩篇文獻中作"仁義"。對於這種差異,在郭店簡出土之前,早有學者進行討論。劉師培認爲：

> "義士"當作"仁義",《胠篋》篇云："諸侯之門,而仁義存焉。"《史記·游俠列傳》云："侯之門,仁義存。"此作"義士",詞迥不符。《淮南·齊俗訓》云："故仕鄙在時,不在行。"《論衡·命祿》篇引作"仁鄙",《淮南》書誤仁爲仕,猶此文譌仁爲士也。蓋"仁義"譌爲"仕義",校者知弗克通,因更易其文,倒字舛詞,冀通其句,幸有《胠篋》篇以正之。(5)

王叔岷先生同意劉說,竝引《史記·貨殖傳》"人富而仁義附焉"爲旁證。郭店《語叢四》相關簡文正作"義士"而不作"仁義",讓人們自然而然對劉說引起懷疑。據我所知,龐樸先生大概是最早注意到這一問題的學者。龐先生對《語叢四》8～9號簡發表了如下一段意見：

> 這段話好像熟知,蓋鑒於其中有一個詞爲大家所不熟,那就是"義士"。我們知道類似的一段話出在《莊子》,其末句爲"而仁義存焉"。"仁義存焉"的矛頭,是直接指向儒家去的,"義士"則不然,它指的是諸侯之門的那些雞鳴狗盜之徒,而這在當時是普遍的事實。
>
> 兩相比較,竹簡的義士句像是原始狀態,因爲這四句話,"誅、侯"爲韻,"門、存"爲韻,其韻皆在句末,王引之早已指出。那麽,《莊子》上的"仁義存焉",顯然是後來改的了；改動者未必是莊周,時間也不必在當時,但改動的事實表明,儒道的關係,不復開始那樣和平了。(6)

關於王引之提出的韻腳問題,我們前已引王叔岷、裘錫圭先生的意見加以否定,所以韻腳在句末,似乎不成爲《語叢四》早出的證據。另外,

再談郭店簡《語叢四》8、9號簡與《莊子・胠篋》之關係及相關問題

郭　永秉

郭店楚簡《語叢四》8、9號簡說

> 數（竊）鉤者戜（誅），數（竊）邦者爲者=侯=（諸侯，諸侯）之門，義士之所廌（薦-存）。(1)

裘錫圭先生在《郭店楚墓竹簡》注釋中指出：

> 此段内容與見於《莊子・胠篋》的下引文字基本相同："彼竊鈎者誅，竊國者爲諸侯。諸侯之門，而仁義存焉。"……上引《莊子》之文，"誅""侯"爲韻（皆侯部字），"門""存"爲韻（皆文部字）。……(2)

裘先生的注釋中還説明了"廌"字古有"薦"音，故可依《莊子》讀爲"存"。所以，《語叢四》的簡文也是"誅""侯"爲韻，"門""存"爲韻。關於《胠篋》的"仁義存焉"，清人王引之曾從叶韻角度提出應作"仁義焉存"：

> "存焉"當作"焉存"，"焉"，於是也，言仁義於是乎存也。……此四句以"誅""侯"爲韻，"門""存"爲韻，其韻皆在句末。《史記・游俠傳》作"竊鉤者誅，竊國者侯，侯之門，仁義存"，是其明證也。《盜跖》篇"小盜者拘，大盜者爲諸侯，諸侯之門，義士存焉"，"存焉"亦當作"焉存"，此皆後人不曉"焉"字之義而妄改之耳。(3)

王叔岷先生指出"焉爲語已之詞，可以不計"。(4) 可見王氏此說過於拘泥，

鍾柏生、陳昭容、黃銘崇、袁國華，《新收殷周青銅器銘文暨器影彙編》（以下簡稱《新收》），頁494-495，台北：藝文印書館，2006年4月。

(11) 林聖傑，《殷商至春秋時期金文人物名號研究》，頁224，私立東吳大學中研所博士論文，2005年6月。

(12) 林聖傑，《殷商至春秋時期金文人物名號研究》，頁224-225，私立東吳大學中研所博士論文，2005年6月。

(13) 詳注15。

(14) 古者天子之旗，上繪日月圖形。《釋名．釋兵》：「常，九旗之名。日月爲常，畫日月於其端，天子所建，言常明也。」到了西周、春秋之際，人們將一些動物猛獸畫在宮門或旗幟等物件之上，《周禮．春官．司常》中載有：「司常掌九旗之物名，各各有屬，以待國事，日月爲常，交龍爲旗，通帛爲旃，雜帛爲物，熊虎爲旗……」《商周青銅器銘文選》指出「䜌旂五日」乃「謂鸞旗上飾有五個日像。此種鸞旗的形象見《山彪鎮與琉璃閣》二一頁之圖十一銅鑑（一．五六）中層圖案之三：戰陣前所建之旗上有五個日像，此即所謂鸞旂五日。古代天子所建之旗繪有日像和月像，稱爲常，《周禮．春官宗伯．司常》云『日月爲常』。」

(15) 金文有「金膺」一詞，見〈師訊鼎〉（02830）、〈毛公鼎〉（02841）。意謂「縛於馬匹胸前的金黃色帶子」。

(16) 容庚，《金文編》（第四版），0150號，頁73-74，北京：中華書局，1992年。

(17)《耐林廎甲文說．卜辭求義》，頁6上，上海：群聯書店，1954年。

(18) 容庚，《金文編》（第四版），1455號，頁621，北京：中華書局，1992年。

(19)「匣」、「見」旁紐例，參王輝，《古文字通假釋例》，頁51及頁633，台北：藝文印書館，1993年4月。

(20)「魚」、「歌」韻通例，參王輝，《古文字通假釋例》，頁631，台北：藝文印書館，1993年4月。

(21) 季旭昇，《說文新證》（下），頁283，台北：藝文印書館，2004年11月。

⑵ 沈寶春、高佑仁、郭妍伶等，《【首陽吉金】選釋》（以下省稱《選釋》）頁91-106，台北：麗文文化事業有限公司，2009 年 11 月。

⑶ 銘文釋文除 、 兩字的隸定，「用乍（作）朕文考幽公、𢟄姬寶隮（尊）般（盤）」以及「雁 。用事。」的斷句外，其餘皆從《選釋》。該書有銘文的詳細注釋，本文不擬贅說。參沈寶春、高佑仁、郭妍伶等，《【首陽吉金】選釋》頁91-106，台北：麗文文化事業有限公司，2009 年 11 月。

⑷ 沈寶春、高佑仁、郭妍伶等，《【首陽吉金】選釋》頁 91-106，台北：麗文文化事業有限公司，2009 年 11 月。

⑸ 、 是受賞賜者的名字。作者疑字形似「寏」，卻不盡相同，故未下斷語。（如作器者確係「寏」，以下諸器可與本盤互相參照：〈師寏父鼎〉（02353）、〈師寏父簋〉（03705、03706）、〈史寏簋〉（03786）、〈師寏父盤〉（10111）。）就字的部件組合觀察，拙疑  字亦有可能是從倒「子」的「娩」字。（「娩」字字形的演變可參「圖版二」）「娩」字字形演變之研究，可參下列論文：趙平安，〈從楚簡娩的釋讀談到甲骨文的娩妿〉，《簡帛研究二00一》，頁 55-59，桂林：廣西師範大學出版社；季旭昇，〈從《新蔡葛陵》簡談戰國楚簡「娩」字—兼談《周易》「女子貞不字」〉，台中：東海大學中文系所第一屆「文字學研討會」論文，2004 年 3 月 13 日。

⑹ 括號中數字爲《殷周金文集成》一書之器號，下同。

⑺ 沈寶春、高佑仁、郭妍伶等，《【首陽吉金】選釋》頁91-106，台北：麗文文化事業有限公司，2009年11月。

⑻ 銘文如不牽涉字詞訓讀一律作寬式隸定。下同。銘文隸定及釋文，本研究參考中央研究院歷史語言研究所金文工作室製作之『殷周金文暨青銅器資料庫』http://www.ihp.sinica.edu.tw/~bronze 。特此致謝！

⑼ 吳鎮烽，《金文人名彙編》，頁 230-231，北京：中華書局，2006 年 8 月。

⑽《文物》1998 年 8 期，頁 83；又《陝西歷史博物館館刊》7（2001 年 11 月），頁 98。又

圖版　二（「娩」字字形表　取自《說文新證》）（21）

【字形表】

1 商.燕 183《甲》	2 商.林 2.30.16《甲》	3 商.鐵 13.1《甲》	4 商.後 2.34.4《甲》
5 商.乙 832《甲》	6 商.角父戊娩鼎《金》	7 戰.楚.包 288《楚》	8 戰.楚.曾 28《楚》
9 戰.楚.曾 129《楚》	10 戰.楚.郭.六 28	11 戰.楚.望 1.37	12 唐.五經文字 娩

圖版　三（取自《山彪鎮與琉璃閣》）

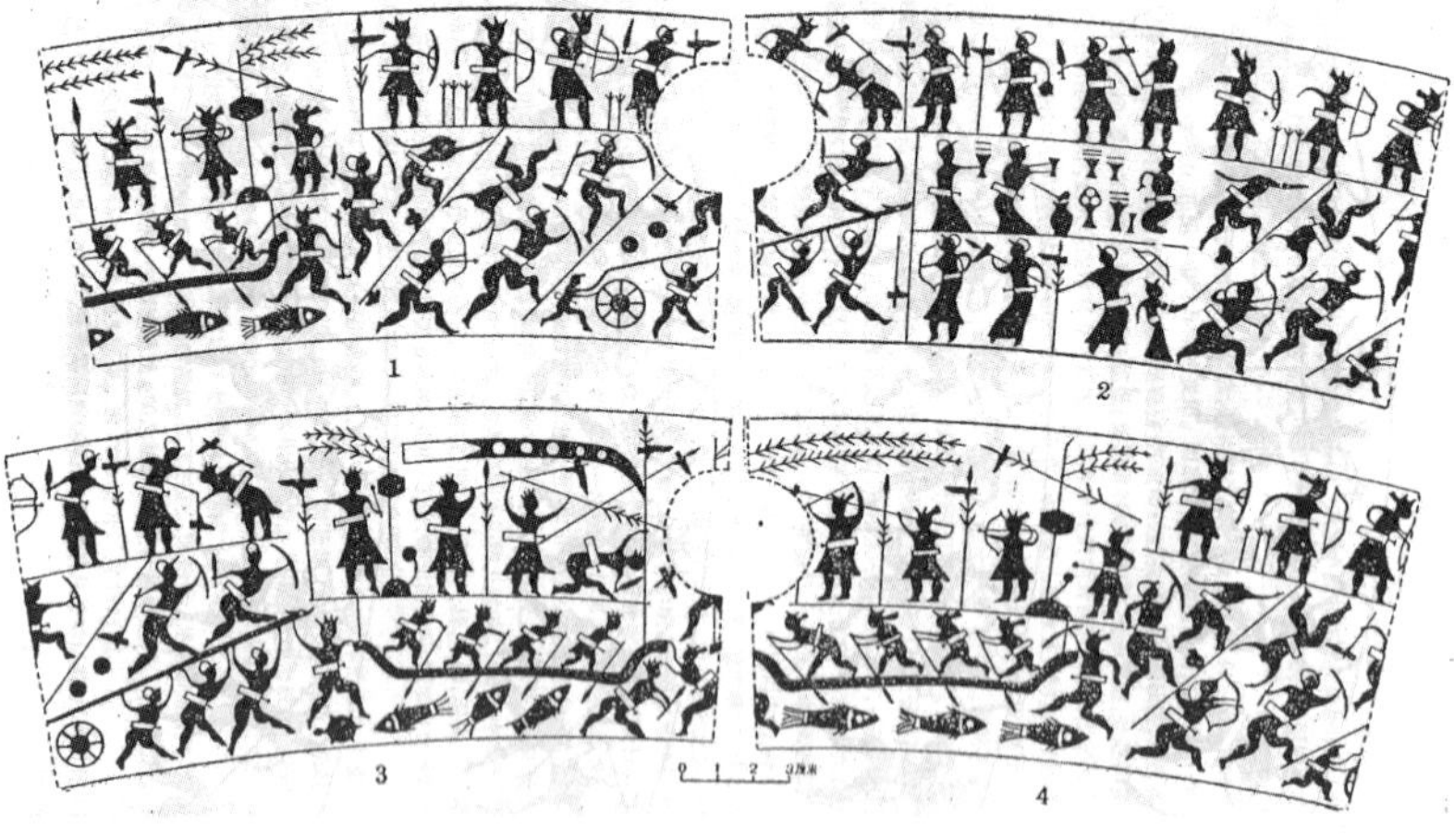

注

(1) 首陽齋、上海博物館、香港中文大學文物館，《首陽吉金——胡盈瑩、范季融藏中國古代青銅器》（以下省稱《首陽吉金》）頁104，上海：上海古籍出版社，2008年10月。

圖版　一（「龍紋盤」（娩盤）銘文拓片）

三、推測「鈘」應爲「姫姓女子–幽公之妻，作器者之母–之國（氏）名」。

四、疑「雁 」係御馬之具。「雁」通「膺」，亦即「縛於馬匹胸前的帶子」。「」，應隸定作「旟」，从「羽」得聲，古音屬「匣」紐「魚」部。疑讀若「羈」，乃「套住馬口的嘴套」。「羈」古音屬「見」紐「歌」部。「匣」、「見」旁紐，「魚」、「歌」韻通，音近可通。

後記：本文曾於北京師範大學歷史學院，中國古代史研究中心主辦之「商周文明學術研討會」（2010 年 5 月）宣讀，得到與會學者的肯定和指教，特此致謝！研討會中張光裕教授建議仔細檢查「盤」銘文，只要確定銘文爲鑄款，便可證實銘文沒有問題。謹識於此，以資參考。

從字的構形與書寫方式考量，本文認爲「」字更可能是「吹」字。金文所見「吹」字字形，選錄如後：[18]

（吹方鼎）（弔趯父卣）、（虘司寇壺）

「」字，从「口」从「」；「」應即「欠」。《說文解字》「欠」字條云：「張口氣悟」，段注云：「即打哈欠」。或疑「」不類張口之形，實則張口處筆畫，大致是因爲鑄造或刻寫時距離太接近所造成。「」字，从「口」从「」，應隸定爲「吹」。「」字，从「㫃」从「羽」从「吹」，應隸定爲「」。「㫃」在字中的功能，多用作形符或意符。本文疑字从「羽」或从「吹」得聲。「羽」，古音屬「匣」紐「魚」部；「吹」，古音屬「昌」紐「魚」部。「羈」古音屬「見」紐「歌」部，與「羽」字聲韻俱近，「匣」、「見」旁紐，[19]「魚」、「歌」韻通，[20]故可通假。

五、結 語

就上文探究所得，特作結論如下：

一、由文字發展的過程考察，在文字尚未統一以前，文字異形乃必然現象，若因此現象而懷疑《龍紋盤》銘文爲僞，似乎尚需更充份之證據。

二、西周中期以「幽」爲謚者，非止一例，若云「幽公未明何人」，由銘文內容記載可知「朕文考幽公」乃係「」之先父，似無可疑，至於「」的身份，才是值得進一步探討之課題。若因一時未詳「」和「幽公」兩者身份與來歷，即疑銘文爲仿僞者，證據似乎尚欠充份。

皆爲御馬之具。故拙意疑「雁」同樣係御馬之具。「雁」通「膺」，[15] 亦即「縛於馬匹胸前的帶子」。「」，疑讀若「羈」，乃「套住馬口的嘴套」，亦即「沒有嚼口的馬絡頭」。

「」字，由「」、「」、「」三個部件組成。「」即「㫃」；「」即「羽」，應沒有疑問。至於「」，《選釋》隸定作「各」，將「」字隸定爲「旟」，從字形考量，有一定道理。金文所見「各」字字形，選錄如後：[16]

（乙亥鼎）、（貉子卣）（榮簋）（趠鼎）（吳方彝）（免簋）（豆閉簋）（揚簋）（休盤）、（師酉簋）（曶壺）（同簋）（㝬鐘）（頌鼎）（頌壺）（頌簋）（敔簋）（弭弔簋）（克鼎）（㝬簋）（虢季子白盤）（元年師兌簋）（寧簋）（善鼎）（無惠鼎）（雁侯鐘）

楊樹達據甲骨文字形以爲「各」「字从夂，从凵，示足有所至之形」。[17] 但從「」字的構形與書寫方式，比而觀之，「」與金文「夂」似有出入。故不從此釋。

四、「雁」考釋

「雁」一語首見。銘文云：

易（賜）玄衣、黹屯、𢦏（緇）市、幽黃、䜌（鑾）赤旂五日，

雁。用事。

「用事」一語，金文屢見，每置於賞賜物之後。舉例如下：

1.〈趩鼎〉（02815）:「賜趩玄衣純黹、赤市、朱衡、鑾旂、鋚勒，用事。」
2.〈頌鼎〉（02827）:「賜汝玄衣黹純、赤市、朱衡、鑾旂、鋚勒，用事。」
3.〈弭伯師耤簋〉（04257）「賜汝玄衣黹純、鉥市、金鈧、赤舃、戈琱㦸彤沙、鋚勒、鑾旂五日，用事。」

類似的文例亦見〈伊簋〉（04287）、〈師類簋〉（04312）、〈訇簋〉（04321）、〈頌簋〉（04332）、〈曶壺蓋〉（09728）以及〈頌壺〉（09731）等。

「雁」位於「䜌（鑾）赤旂五日」[13]與「用事」之間，顯然與其他銘文中「鋚勒」的位置相當。若與〈弭伯師耤簋〉（04257）「鋚勒、鑾旂五日[14]【見圖版三】，用事」等句作比較，更可以相信「雁」一語的意義，當與「鋚勒」相同或相近。「鋚勒」，金文又作「攸勒」。「鋚」文獻作「鞗」，意謂「馬轡繩」;「勒」，意謂「有嚼口的馬絡頭」。

其實「文考、文母」並稱之例，並不常見，目前僅有一例見〈師趛鬲〉（00745）。〈師趛鬲〉（00745）銘文云：「唯九月初吉庚寅，師趛作文考聖公、文母聖姬隮彝，其萬年子孫永寶用。〔八〕。」此外，〈衛鼎〉（02616）銘文云：「衛作文考小仲、姜氏盂鼎，衛其萬年子子孫孫永寶用。　」則爲「文考」之後，不稱「文母」者之例。

作器者稱女性受祭者之美稱者所在多有，用字亦不一而足。作者所舉除〈不嬰簋〉（04328-29）、〈師訇簋〉（04342）外，還有〈訇簋〉（04321）一例，三者固然皆屬西周晚期，但作者卻忽略了在《文物》1988 年 8 期上發表時代屬西周中期的〈宰獸簋〉（663《新收殷周青銅器銘文暨器影彙編》）(10)，銘文載有一女性受祭者「益姜」，亦爲作器者稱妣輩尊長之例。(11)「益姜」的結構是「國（氏）名＋母家姓」(12)，以此類推，「钕」應爲「姬姓女子—幽公之妻，作器者之母—之國（氏）名」。

還有一組作器者稱母輩尊長受祭者的例子更值得參考。〈鮁車父壺〉（09697）云：「鮁車父作皇母醰姜寶壺，用逆姞氏，伯車父其萬年子子孫孫永寶。」〈鮁氏車父壺〉（09669）云：「鮁氏車父作醰姜隮壺，其萬年子子孫孫永寶用。」由兩銘對比可知，「醰姜」與「皇母醰姜」乃同一人，爲鮁車父之母。兩例之中〈鮁車父壺〉（09697）一器加美稱「皇母」於其名諱之前，〈鮁氏車父壺〉（09669）則不加，所指稱者，同爲一人，無庸細說。

據以上所述，作者所指「作文考幽公、钕姬寶尊盤」一語亦不合文例之說，仍有可商之處。

曹幽伯被殺，趙幽繆王亡國。」（周穆王二年，魯幽公十四年，幽公弟殺幽公，自立爲魏公。）即簋「即敢對揚天子丕顯休，用作朕文考幽叔寶簋。」

國華案：作者因幽公不知爲何許人而有所疑慮。金文中以「幽」爲謚者，除了「文考幽叔」[8]（04250〈即簋〉）外，西周中期還有：「皇祖幽大叔」（04242〈叔向父禹簋〉）、「文考幽仲」（03943〈伯〓簋〉），「我考幽伯」（04293〈琱生簋〉）等。[9]

可見西周中期以「幽」爲謚者，非止一例，若云「幽公未明何人」，由銘文內容記載可知「朕文考幽公」乃係「寰」之先父，似無可疑，至於「寰」的身份，才是值得進一步探討之課題。若因一時未詳「寰」和「幽公」兩者身份與來歷，即疑銘文爲仿僞者，證據似乎尚欠充份。

此外作者又指出「作文考幽公、〓姬寶尊盤」一語亦不合文例，其理由是：「〓姬若爲幽公之妻，作器者之母，則應有稱謂，如『文母〓姬』，直呼名諱者只見於媵器。」另外又指出龍紋盤所示之文例兩周金文凡二見：一見〈不嬰簋〉(04328-29)；一見〈師訇簋〉(04342)，兩器皆屬西周晚期。

國華案：作者舉〈不嬰簋〉（04328-29）、〈師訇簋〉（04342）爲例已可證西周確有直呼死去先妣之名諱者，因此云「直呼名諱者只見於媵器」之說，已是不用辯解的。大概是作者認爲金文固然有此用例，但時代較晚，可證仿僞之爲不誣。

透過多件與其器形、時代相仿之器物進行比勘，得知該盤重量與其他器物相距甚近，則對器物本身之疑議或可稍減。總上所述，該器銘之刻者，容或對銘文研究稍具心得，然亦不免矛盾未合之處，或疑爲仿擬玩刻之作。

首先，由上文所述可知，作者認爲龍紋盤所見字形，若與其他金文字形相類，便有抄襲之嫌；若爲不見於他器者，則有憑空揑造之可能。

國華案：文中所舉對比之字形，除陳侯因其資錞屬戰國中期，年代較晚外，其餘全爲西周早期至晚期字形，應無法得到作者所言「《龍紋盤》銘文經比對後，知其文字雖大部分仿擬西周中期之體，然間或可見上至晚商，下迄戰國者」的結論。更何況陳侯因其資錞所見「揚」字字形：「」，與《龍紋盤》「揚」字字形：「」，相去甚遠，何以見得「」乃仿照「」而成者？另外由文字發展的過程考察，在文字尚未統一以前，文字異形乃必然現象，若因此現象而懷疑《龍紋盤》銘文爲僞，似乎尚需更充份之證據。

其次指出末句云「用乍（作）朕文考幽公、伎姬寶𨻰（尊）盤」，句中「文考幽公」「伎姬」兩個稱謂，皆有可疑之處。作者於《選釋》釋文注［十］云：

> 朕文考幽公：童書業曾歸納西周、春秋史事説：「謚爲幽者，蓋非令主，且不得其死。周幽王見殺於犬戎而王其國，魯幽公被殺，鄭幽公爲韓人所殺，晉幽公淫婦人爲盜所殺，楚幽王時楚大亂，

出現受封之「」與用事之「」，二者均未見於他器，「」字之形頗似「賓」，然「賓」字上半部作「」，未可遽訂之，(5) 而「」字从㫃、羽、各者，亦未見符合者。此外，鑑別器物，不僅要透過字形觀察，亦須探討銘文内容，此器主要乃記賞賜時間「隹（唯）三月初吉丁亥」、地點「王才（在）葊各（格）大（太）室」、受賜者「」、賞賜品類「易（賜）玄衣、黹屯、戠（緇）市、幽黃、䜌（鑾）赤旂五日」及作器原因「用乍（作）朕文考幽公□姬寶[阝尊]（尊）盤，子=孫=（子子孫孫）其永寶」。其中記載時間、地點、賞賜物均與一般器銘相仿，然末句云「用乍（作）朕文考幽公、钕姬寶[阝尊]（尊）盤」則不明所指，是其可疑處。此器銘文筆畫清晰，然仿擬失眞，轉折未若西周中期文字流暢，而銘文内容、結構與他器近似，卻存語焉不詳之句，疑爲後刻者習作拼湊之例。（茹按：钕姬若爲幽公之妻，作器者之母，則應有稱謂，如「文母钕姬」，直呼名諱者只見於媵器。龍紋盤所示之文例周金僅二見：〈不嬰簋〉(4328-29，西周晚期)、(6)〈師訇簋〉(4342，西周晚期)屬少數)。(7)

而結語云：

《龍紋盤》銘文經比對後，知其文字雖大部分仿擬西周中期之體，然間或可見上至晚商，下迄戰國者，且盤銘内容雖符合一般西周中期賞賜文例及制度，然受封贈之未有其字，不知何人，又「作文考幽公钕寶尊盤」一語，幽公未明何人，而此處文例亦不合，是其破綻，故文字應爲後刻無誤。至於《龍紋盤》眞僞問題，龏各（格）大（太）室【一】，易（賜）【二】玄衣、㡭/
屯、戴（緇）市、幽黃、䜌（鑾）赤旂五日，/
雁。【三】用事。敢對揚天/
子休，用乍（作）朕文考幽公、钕/
姬寶隮（尊）般（盤），子=孫=（子子孫孫）其永寶。【四】
【銘文拓片見「圖版一」】

本文內容記載周王賞賜的事件。內容包括：
【一】賞賜的時間地點。
【二】受賞賜者。
【三】賞賜的物品。
【四】受賞賜後做器以爲紀念。

三、銘文眞僞探究

《選釋》從銘文字形，新見字，稱謂，以及相關文例時代等方面作了詳細分析，結論爲：

> 此盤銘文疑後刻，係多組句子串連而成，仿者當具備一定根柢與認識，然其文意仍見破綻。(4)

爲便討論特將《選釋》主要論據迻錄如下：

> 上舉龍紋盤諸字，其字形乍見若與他器銘文相類，然細究其筆畫則頗見出入，或部件誤植，遍檢《金文編》僅能發現近似而無相同者，或出現相似字形之器，卻與其時代不相彷者。又如銘文中

這件龍紋盤的形制與 1954 年陝西長安普渡村所出的長由盤和 1976 年陝西扶風莊白 1 號窖藏所出的史墻盤相同。從附耳聳出口沿的程度來看，更近於長由盤。長由盤與同墓所出的長由盉同爲穆王時器，史墻盤則爲恭王時代的標準器。因此，這件龍紋盤的時代應在西周中期早段。

盤内有銘文一篇，疑後刻。[1]

編者由盤之形制、紋飾觀察所得，指出龍紋盤與史墻盤、長由盤兩器形制相近；而龍紋盤器形尤近長由盤，遂將該器年代訂於「西周中期早段」。文末云「盤内有銘文一篇，疑後刻。」可能因此之故，文中並未附加釋文。至於疑僞之理由，文中並沒有交代説明。

《首陽吉金》發表以後，成功大學中文系沈寶春教授，特選其中十三篇銘文，指導博、碩士研究生從事注釋、研究工作，撰就《【首陽吉金】選釋》一書，[2]「龍紋盤」正是其中一篇被選入討論的。《選釋》經過一番縝密的比對研究，同意「龍紋盤」確爲眞物，亦同時贊同《首陽吉金》編者所言，疑銘文乃後人僞刻。本文即就《選釋》一書所論，試重新探討龍紋盤銘文之眞僞，並試對「雁」一詞加以考釋。疏陋不足處，尚期博雅君子，多所賜教。

二、銘文釋文及内容

龍紋盤共有銘文六行，五十八字（重文二），是一篇賞賜銘文。銘文據《選釋》臚列如下：[3]

佳（唯）三月初吉丁亥，王才（在）／

首陽吉金「龍紋盤」(盤) 銘文眞僞探究

袁　國華

一、前　言

《首陽吉金—胡盈瑩、范季融藏中國古代青銅器》一書，著錄美籍華人收藏家胡盈瑩、范季融伉儷珍藏的七十件（組）青銅文物。2008 年 10 月由首陽齋、上海博物館，以及香港中文大學文物館聯合編輯而成，付梓刊行，供愛好青銅文物的人士鑑賞、研究。其中多件器物載有文字，是很寶貴的學術研究資料，刊行後引起學術界熱烈討論，功不唐捐。

對於青銅器文物中銘文的眞僞，編者大都沒有異議。惟獨編號第三十五件「龍紋盤」下編者云：

> 西周中期（公元前 11 世紀末 — 前 10 世紀末）
> 高 11.8 厘米，口徑 38.2 厘米，腹深 8.4 厘米，腹徑 33.7 厘米，重 5350 克。
>
> 口沿外折，腹壁圓轉内收，腹部兩側有附耳，附耳上端高出口沿，圈足外撇形成高階。腹部飾雲雷紋襯底的顧龍紋，龍體成横 S 形，體形修長，尾巴上卷，龍冠與龍頭脱離内卷。

あとがき

科研費補助金による成果を盛り込んだ論文集『楚地出土資料と中國古代文化』を刊行してから、はや九年が經過した。その間に、中國のみならず廣く漢字文化圏からの出土資料の發見は止まることがない。本書は、この九年間に新たに加わった出土資料の研究を主な對象としている。その意味で言えば、舊編論文集の姉妹編と言うべき性格を持っている。たしかに、九年前に比べると、出土資料研究の視野は大いに擴がり、ますます研究者の關心が大きく引きつけられるばかりである。今後に公開が豫定されている湖南大學嶽麓書院所藏竹簡・清華大學所藏竹簡・北京大學所藏竹簡などが學界に提起するであろう問題はどのようなものになるであろうか。大いに樂しみである。

本論文集の十六名の執筆者は、国籍も違い、専門分野も異なるものの、全員が出土資料に長年關心を寄せる研究者である。皆それぞれ固有の關心から出土資料を材料に論じているために、あらかじめ論點を統一したうえで執筆を依頼したわけではないので、ここには體系性というようなものは殘念ながらない。本論文集は、その意味では始めから終わりまで讀み通すことを期待していない。讀者の關心の赴くままに讀んでいって頂きたい。そして各々執筆者と學問上の論争が巻き起こるならば、編者の思いはほぼ達成せられたのである。

本書は、圖書館に行けばたいてい所藏されている傳世文獻ではなく、新たに地中から出土した史資料を研究對象としているため、その具體的な樣子を讀者に紹介することも必要であると考え、口繪寫眞をできるだけ多く掲載することを心がけた。このために、貴重な寫眞を提供して下さった嶽麓書院副院長の陳松長教授、奈良文化財研究所にはこの場を借りて御禮申し上げる。また、本論文集のために貴重な時間を割いて論文を寄稿して下さった執筆者各位にも心より感謝申し上げる。

最後になったが、學術書の刊行が困難な時代に、本書の出版を快くお引き受け下さった汲古書院社長石坂叡志氏、そして面倒な編集作業をお引き受け下さった同編集部の大江英夫氏には、深甚の謝意を申し上げる。

執筆者紹介（生年順）

谷中　信一（一九四八年生　日本女子大學教授　先秦思想史）

沈　寶春（一九五五年生　國立成功大學教授　古漢字）

王　中江（一九五七年生　北京大學教授　先秦思想史、簡帛文獻所見思想、近代思想史研究）

池澤　優（一九五八年生　東京大學文學部教授　宗教學、生命倫理）

福田　哲之（一九五九年生　島根大學教育學部教授　中國文字學・書法史）

大西　克也（一九六二年生　東京大學大學院人文社會系研究科准教授　古代中國語）

名和　敏光（一九六二年生　山梨縣立大學國際政策學部國際コミュニケーション學科准教授　中國思想史・文獻學）

袁　國華（一九六三年生　香港國醫藥大學中醫學系副教授　古文字、出土文獻、古代漢語、電腦漢字等）

呂　靜（一九六三年生　副旦大學文物與博物館學系副教授　東亞歴史與社會、先秦秦漢史、出土文獻研究、漆器史）

張　昌平（一九六四年生　武漢大學歴史學院教授　中國考古學）

曹　峰（一九六五年生　清華大學哲學系教授　先秦秦漢思想史）

郭　静云　Olga Gorodetskaya（一九六五年生　國立中正大學歴史系副教授・（廣州）中山大學歴史系教授博士生導師
先秦文化史・古文字・出土文獻）

李　承律（一九六七年生　プラトンアカデミー研究員　中國古代思想史）

八木　京子（一九六八年生　日本女子大學非常勤講師・日本學術振興會RPD特別研究員　上代文學（萬葉集））

小寺　敦（一九六九年生　東京大學東洋文化研究所准教授　中國古代史）

今田　裕志（一九七五年生　二松學舍大學非常勤助手　漢代の義書）

何　立民（一九七九年生　復旦大學古籍所講師　簡牘帛書、古文字學、漢語史）

郭　永秉（一九八〇年生　復旦大學出土文獻與古文字研究中心講師　中國出土文獻、古文字學）

出土資料と漢字文化圏

二〇一一年三月三一日　発行

編　者　谷　中　信　一
発行者　石　坂　叡　志
整版印刷　富　士　リ　プ　ロ　㈱

発行所　汲　古　書　院
〒102-0072　東京都千代田区飯田橋二-五-四
電　話　〇三（三二六五）九七六四
FAX　〇三（三二二二）一八四五

ISBN978-4-7629-2893-2　C3022